Adolf Friedrich zu Mecklenburg

Ins innerste Afrika

Adolf Friedrich zu Mecklenburg
Ins innerste Afrika
ISBN/EAN: 9783956979637

Auflage: 1

Erscheinungsjahr: 2013

Erscheinungsort: Treuchtlingen, Deutschland

© Literaricon Verlag Inhaber Roswitha Werdin. www.literaricon.de. Alle Rechte beim Verlag und bei den jeweiligen Lizenzgebern.

Ins innerste Afrika

Von Adolf Friedrich
Herzog zu Mecklenburg

Bericht über den Verlauf der deutschen wissenschaftlichen Zentral-Afrika-Expedition 1907—1908.

Verlag von P. E. Lindner in Leipzig

Alle Rechte vorbehalten.

◈ Autotypie, Satz, Druck und Einband ◈
vom Graphischen Institut Julius Klinkhardt, Leipzig.

Seiner Königlichen Hoheit dem Großherzog
Friedrich Franz IV. von Mecklenburg

in Dankbarkeit gewidmet

Der Verfasser.

Vorwort.

Die Reiseerinnerungen, welche in den folgenden Blättern aufgezeichnet sind, stellen den ersten Band eines größeren Werkes dar, das über den Verlauf einer wissenschaftlichen Expedition Rechenschaft ablegen soll, die unter des Verfassers Leitung in den Jahren 1907/08 weite Gebiete Zentralafrikas durchwandert hat.

Diese Expedition bezweckte die systematische Erforschung einmal der Nordwestecke des deutsch-ostafrikanischen Schutzgebietes, sodann des zentralafrikanischen Grabens in seiner Ausdehnung vom Kiwu- bis zum Albert-See und endlich des nordöstlichen Grenzgebietes des Kongostaates. Sie endete mit einer Durchquerung des schwarzen Erdteils.

Die positiven Ergebnisse, welche diese Expedition für die Wissenschaft gezeitigt hat, werden in Spezialarbeiten niedergelegt werden. Die Männer, welche während der Expedition die einzelnen Gebiete bearbeiteten, haben auch die Herausgabe der betreffenden Bände übernommen. Außer der hier vorliegenden allgemeinen Reiseschilderung ist noch die Publikation von sechs Bänden ins Auge gefaßt. Es werden enthalten

    Band II. a) Topographie, herausgegeben von Weiß.
            b) Geologie, herausgegeben von Kirschstein.
            c) Meteorologie, herausgegeben von Oberlt. v. Wiese und Kaiserswaldau, bearbeitet von Dr. Joester.
    Band III. Botanik, herausgegeben von Mildbraed.
    Band IV u. V. Zoologie, herausgegeben von Schubotz.
    Band VI u. VII. Ethnographie } herausgegeb. von Czekanowski.
                  Anthropologie }

Um den Arbeiten meiner Expeditionskameraden in keiner Weise vorzugreifen, habe ich ein Eingehen auf Spezialthemata streng zu vermeiden gesucht.

Sitten und Gebräuche der berührten Völkerstämme sind nur an einigen Stellen oberflächlich gestreift worden; botanische, zoologische, geologische und topographische Fragen wurden nur da berührt, wo sie zum Verständnis unbedingt notwendig waren. Alles, was man bei mir in dieser Hinsicht vermißt, darf man aber hoffen, in den noch folgenden Bänden zu finden.

Die Abbildungen, die in Text und Tafeln Verwendung gefunden haben, sind aus etwa 5000 Aufnahmen ausgewählt. Wenn manche von ihnen vor kritischen Augen nicht bestehen können, so wolle man bedenken, daß viele Platten im Zelt entwickelt werden mußten. Der lästige Staub, der durch Windstöße emporgewirbelt sich während des Trocknens an die Schichtseite der Platten festsetzte, hat auch nicht zur Verbesserung der Aufnahmen beigetragen. Diejenigen, welche unentwickelt den weiten Weg vom innersten Afrika nach Europa zurücklegen mußten, sind trotz der Verlötung und sorgfältigen Verpackung großen Temperaturschwankungen unterworfen gewesen, die oft sehr nachteilig gewirkt haben. Hauptsächlich der Kunst des Herrn Rittmeister Kiesling zu Wilmersdorf, welcher, wie schon früher, so auch jetzt wieder sein Atelier in liebenswürdigster Weise zur Verfügung stellte, sowie der Firma Dr. Adolf Hesekiel & Co. in Berlin ist die Rettung mancher verloren geglaubter Platte zu danken.

Die Abbildungen sind fast alle von uns Expeditionsmitgliedern aufgenommen. Die wenigen Ausnahmen verdanke ich der Güte des Hauptmanns von Grawert und des Herrn Grauer. Es sind dies die Abbildungen des Sultans Msinga, von Kissenji, der Insel Mugarura, ferner das Kiwu-Ufer bei Katerusi und der Gebirgswald bei Kahama. Daß so zahlreiche, gute Negative erzielt werden konnten, verdankt die Expedition vor allem der Firma Voigtländer in Braunschweig, die bereitwilligst die Apparate zur Verfügung stellte. Die farbigen Tafeln sind Reproduktionen von Aquarellen, die Wilhelm Kuhnerts Meisterhand dem Buch schenkte.

Eine große Dankesschuld verpflichtet mich vor allem denen, die in hochherziger Weise durch großartige materielle Unterstützungen das Zustandekommen der Expedition überhaupt ermöglicht haben.

Mit besonderen Gefühlen der Zuneigung gedenke ich zunächst des Herrn Geheimrat Hans Meyer zu Leipzig. Seiner Initiative allein hat die Expedition ihr Zustandekommen und ihre Durchführung im vollen geplant gewesenen Umfang zu danken. Seine Tätigkeit als Vorsitzender der Kommission

für die landeskundliche Erforschung der Schutzgebiete veranlaßte das Reichs=
Kolonialamt, in hochherziger Weise eine namhafte Summe zur Erforschung
des deutschen Teiles der Reiseroute zu zeichnen, und seiner Werbetätigkeit
gelang es, die Expedition instand zu setzen, in kritischer Zeit die Fortsetzung
ihrer Arbeit zu ermöglichen.

Dem Beispiele des Reichs=Kolonialamtes folgten: Deutsche Kolonialgesell=
schaft; Königlich Preußische Akademie der Wissenschaften; Museum für
Völkerkunde zu Berlin.

Inzwischen war auch das Interesse an der Forschungsreise in private
Kreise gedrungen. So hatten sich in einigen Städten Komitees zur Förderung
meines Unternehmens gebildet. Dank ihrer Unterstützung konnten nach
Rückkehr der Expedition die großen Sammlungen, von denen Teile im Früh=
jahr 1909 in Berlin durch eine Ausstellung dem Publikum zugänglich ge=
macht worden sind, deutschen Museen und deutschen wissenschaftlichen Insti=
tuten überwiesen werden.

Größte Erkenntlichkeit schuldet die Expedition folgenden Komitees:

Leipzig.

Prof. Dr. Hans Meyer, Geheimer Hofrat, Vorsitzender.
Hermann Credner, Hofrat.
Dr. Hermann Meyer, Konsul.
Hugo Seifert, Stadtverordneter.
Paul Erttel, Konsul.

Berlin.

Erbprinz zu Hohenlohe=Langenburg, Vorsitzender.
Prof. Dr. Hellmann, Geheimer Regierungsrat, damals Vorsitz. d.
    Gesellsch. f. Erdkunde.
Emil Selberg, Kommerzienrat.
von Friedländer=Fuld, Geheimer Kommerzienrat, Schatzmeister.
Louis Ravené, Geheimer Kommerzienrat.
L. M. Goldberger, Geheimer Kommerzienrat.
Dr. Georg von Caro, Geheimer Kommerzienrat.
Westafrikanische Pflanzungsgesellsch. Viktoria (Dr. Esser).
Friedrich Lenz, Geheimer Kommerzienrat.
Julius Pintsch, Geheimer Kommerzienrat.
Dr. Schroeder=Poggelow.

Köln.

Louis Hagen, Kommerzienrat, Vorsitzender.
Th. von Guilleaume, Kommerzienrat.
E. v. d. Zypen, Kommerzienrat.
M. A. von Guilleaume, Kommerzienrat.
A. von Guilleaume.
C. A. Nissen.

In Frankfurt a. M. waren es die Herren:

Baron von Goldschmidt-Rothschild,
Otto Braunfels, Geheimer Kommerzienrat,
von Passavant, Geheimer Kommerzienrat,
Dr. Karl Sulzbach

und in Hannover die Kontinental-Kautschuk-Komp. unter Vorsitz der Herren Direktoren Tischbein und Seligmann, die hilfreich beisteuerten. Der Kontinental-Kautschuk-Komp. zu Hannover verdanke ich auch eine Zeltprobe für Träger, die sich in den ersten ¾ Jahren vortrefflich bewährt hat. Es waren dies 8×8 m haltende Zeltbahnen aus Ballonstoff, die vollständig wasserdicht blieben und Unterkunft für je 80 Träger gestatteten. Trotz der Größe wogen diese Zeltbahnen kaum je eine Trägerlast.

Eine kräftige Unterstützung fand die Expedition ferner noch durch folgende Herren:

Legationsrat Krupp von Bohlen-Halbach, Essen,
Adolf Woermann, Hamburg,
E. A. Oldemeyer, Bremen,
Dr. Heinrich Lehmann, Geheimer Kommerzienrat, Halle,
Otto Hoesch, Fabrikbesitzer, Pirna,
Feederath, Geheimer Regierungsrat, Olsberg,
C. Woermann, Hamburg,
Georg Kropf, Kommerzienrat, Kassel,
Hugo von Gahlen, Düsseldorf.

Zu nicht minderem Dank fühle ich mich verpflichtet dem Oberkommando und Kommando der Schutztruppen, sowie dem Gouvernement von Deutsch-Ostafrika für die Bereitwilligkeit, mit der sie meinen Wünschen entgegengekommen sind, sowie dem Reichsmarineamt für die Überlassung einiger Chronometer und Instrumente zur astronomischen Beobachtung. Zur Verarbeitung des wertvollen topographischen Materials wurden dem Topographen Räumlichkeiten in der Königlichen Landesaufnahme zu Berlin freundlichst gewährt.

Ich bitte den Leser, mit dem Stil des Buches nicht zu streng ins Gericht gehen zu wollen. Als Soldat erzogen, auf dem Rücken des Pferdes groß geworden, habe ich seither alles andere eher getan, als mich schriftstellerisch zu betätigen. Wenn es bescheidenen Anforderungen genügen sollte, so habe ich dies der Güte des Herrn Direktor Professor Dr. Steinmann zu Schwerin zu danken, der das Manuskript in entgegenkommendster Weise einer Durchsicht unterzog.

Die Schnelligkeit, mit der die Arbeit hat gefördert werden müssen, und der Umstand, daß es mir leider oft an der so erforderlichen Muße fehlte, hat mich veranlaßt, die Herren meiner Expedition um Beiträge zu ersuchen, die in Form der Erzählung einzelner Episoden bis ganzer Kapitel aufgenommen sind. Außer den Stellen, die als Zitate angegeben sind, stammen das fünfte Kapitel und die zweite Hälfte des zehnten Kapitels aus der Feder Dr. Schubotz', das neunte Kapitel aus der Dr. Mildbraeds. Große Teile des sechsten Kapitels, sowie die Zusammenstellung der Schlußergebnisse verdanke ich der Güte Kirschsteins.

Die vorstehenden Zeilen dürfen nicht beendet sein, ohne daß ich allen Expeditionsteilnehmern meine besondere Anerkennung ausspreche für ihre Arbeit während der Reise. — Ihrer rastlosen, unermüdlichen Tätigkeit in dem Bestreben, deutsche Wissenschaft zu fördern, verdankt die Expedition allein die Anerkennung, die ihr nach Rückkehr in die Heimat gezollt wurde.

Rabensteinfeld, im September 1909.

Der Verfasser.

Inhalts-Übersicht.

		Seite
I.	Einleitung. — Vorbereitungen	1
II.	Am Viktoria-See und im Kagera-Becken	19
III.	Auf unbetretenen Pfaden	49
IV.	Durch Ruanda zum Kiwu-See	75
V.	Der Kiwu-See und seine Inseln	153
VI.	Im Vulkangebiet	189
VII.	Zum Albert Eduard-See	291
VIII.	Durch das Semliki-Tal zu den Goldfeldern von Kilo	343
IX.	Im Schatten des Urwaldes	407
X.	Heimwärts	429
XI.	Die Ergebnisse der Expedition	469

I.
Einleitung. — Vorbereitungen.

Die Expeditionstruppe.

I.

Einleitung. — Vorbereitungen.

Das Jahr 1902 hat mich zum erstenmal nach Afrika geführt. Im März dieses Jahres befand ich mich in Ceylon, wo ich in der Nähe von Anaradjapura gejagt hatte. Dort erreichte mich die Einladung des Vizekönigs von Indien, Lord Curzon, ihn auf einigen Tigerjagden zu begleiten, und ich wäre beinahe meinem Plan, Afrika aufzusuchen, untreu geworden. Aber das Land, das ich aus Büchern kannte, dessen Entdeckungs= und Entwicklungsgeschichte mich von Jugend auf beschäftigt hatte, übte einen unwiderstehlichen Zauber aus. Ich bin heute dankbar, daß ich mich damals durch das verlockende Angebot nicht beirren ließ und Indien preisgebend mich für Afrika entschied.

Nach dem Besuche Daressalams und der großen Pflanzungen Ost= und West=Usambaras lernte ich auf einer Jagdtour, die ich mit dem damaligen Gouverneur Grafen von Götzen und dem derzeitigen Bezirksamtmann Rohde in das Hinterland von Kilwa unternahm, afrikanisches Zelt= und Lagerleben kennen, dessen Reize mich sofort ganz gefangen nahmen.

Im Jahr 1904 reifte der Plan zu einer neuen Reise nach dem Lande meiner Sehnsucht. Aber schon damals genügte sie mir nicht mehr als Vergnügungs= oder Jagdexpedition. Schon damals hoffte ich, eine wissenschaftliche Mission mit der neuen Expedition verbinden zu können. — Auf den Rat des Berliner zoologischen Museums hin entschied ich mich für die östlichen Uferländer des Viktoria=Sees, Gebiete, welche bis dahin in die heimischen Museen noch wenig Zoologica geliefert hatten.

In Begleitung des Grafen Günther Pfeil und des Rittmeisters von Jena, sowie des Präparators Knuth und meines Dieners ging ich über Neapel an Bord des „Feldmarschall" von der D.=O.=A.=Linie nach Mombassa. Von dort wurde die englische Bahn benutzt, die bekanntlich diesen Hafen= platz mit dem Viktoria=See verbindet. Nach aufregender Fahrt über den See durch schweren Sturm und Gewitter erreichten wir auf einer zerbrech= lichen englischen Steamlaunch, deren ungenügende Maschine den Elementen keinen Widerstand entgegenzusetzen vermochte, den kleinen Offiziersposten Schirati, dessen damaliger Führer, jetziger Hauptmann Göring, uns herz= lich bewillkommte. Dann wurde in der Richtung auf Ikoma aufgebrochen und in mehrmonatigen Streifereien durch die wildreichen und damals noch ziemlich unbetretenen Gebiete des Orangi und Bololedi=Flusses wurde das Interesse für unser Schutzgebiet gefestigt.

Hier traf ich auch zuerst mit dem tatkräftigen Führer meiner letzten Expedition zusammen, dem Oberleutnant von Wiese und Kaiserswaldau, welchem der verantwortungsvolle Posten Olgoß, unweit der englischen Grenze, zum Schutze gegen die Massai, anvertraut war.

Gemeinschaftlich mit ihm entwarf ich dann ein Jahr später in Berlin den Plan zu der Expedition, die ich in den folgenden Kapiteln zu schildern versucht habe und die der systematischen wissenschaftlichen Er= forschung unbekannter Gebietsstriche gelten sollte; ein Plan, der freilich bis zu seiner endgültigen Ausgestaltung vielfachen Schwankungen unterworfen gewesen ist.

Die ursprüngliche Absicht, die Quellgebiete des Nil vom Tsad=See aus zu erreichen, stieß auf so viele und unüberwindliche Schwierigkeiten, daß sie als wissenschaftlich unzweckmäßig fallen gelassen werden mußte. Statt dessen beschloß ich nach eingehender Besprechung mit unseren namhaftesten Fach= gelehrten, den Professoren Brauer, Matschie, von Luschan, Waldeyer, Engler und Branca, über den Viktoria=See nach Ruanda zu marschieren, sowie das Gebiet des zentralafrikanischen Grabens vom Kiwu=See bis zum Albert= See zu besuchen, von wo, nach Westen weitergehend, uns die Gebiete des Ituri=Aruwimi und des Uelle aufnehmen sollten.

Es nahm mich nicht wunder, anfangs überall auf Widerstand zu stoßen, als ich meine Pläne den wissenschaftlichen Instituten kund gab.

Aber unabläſſige Bemühungen ließen doch ſchon nach einigen Wochen die Möglichkeit der Durchführung näher rücken.

Nachdem das Kolonialamt durch die Vermittlung des Geheimrats Hans Meyer zu Leipzig und die dankenswerte Arbeit der landeskundlichen Kommiſſion zur Erforſchung der Schutzgebiete ſich von der Ernſthaftigkeit meiner Beſtrebungen hatte überzeugen laſſen, gelang es in raſtloſer Arbeit, die für das Unternehmen unbedingt notwendigen großen Summen aufzutreiben.

Oberleutnant W. v. Wieſe und Kaiſerswaldau,
Expeditionsführer.

Das Kolonialamt gab das Beiſpiel und nach weiteren Bemühungen freundlich geſinnter Komitees, vor allem in Leipzig, dann in Köln, Hannover, Dresden, Berlin, konnte für den Anfang des Jahres 1907 die Ausreiſe der Expedition beſchloſſen werden. So konnte ich dem Oberleutnant von Wieſe, der inzwiſchen in das Aufſtandsgebiet nach Oſtafrika zurückgekehrt und dem in bereitwilligſter Weiſe ein zweijähriger Urlaub zur Teilnahme an meiner Expedition bewilligt worden war, dieſe erfreuliche Tatſache und die Namen der Teilnehmer melden.

Als Topograph und Trigonometer meldete ſich Oberleutnant Weiß, welcher für dieſes Amt prädeſtiniert erſchien, da er als früherer Teilnehmer der großen Expedition, die in den Jahren 1902/1905 die Grenze zwischen dem deutschen und englischen Schutzgebiete reguliert hatte, mit der Vermessungsarbeit im tropischen Afrika vertraut war.

Vom geologisch-paläontologischen Institut der Universität Berlin wurde mir Herr Egon Fr. Kirschstein attachiert, dem als Spezialaufgabe die Erkundung der Virunga-Vulkane des Kiwu zugewiesen wurde. Vom zoologischen Institut wurde Dr. Schubotz, vom botanischen Museum Dr. Mildbraed gewonnen und im Auftrage des Königlichen Museums für Völkerkunde Dr. Czekanowski der Expedition zugeteilt. Als Bakteriologe und Arzt erhielt ich Dr. von Raven vom Institut für Infektionskrankheiten. Mein Diener Weidemann, welcher mich schon zweimal in den dunklen Erdteil begleitet hatte, sowie der Unteroffizier Czeczatka von der Schutztruppe für Ostafrika, dem gleichfalls ein Urlaub zur Teilnahme an der Reise bewilligt worden war, vervollständigten die Teilnehmerzahl.

Dank dem Entgegenkommen der Schutztruppe wurden mir 35 Askari zuerteilt unter der Voraussetzung, daß sie aus der Schutztruppe ausschieden, um unter gleichen Bedingungen in die Expeditionstruppe eingereiht zu werden. Um diese Mannschaft auch äußerlich von den aktiven Soldaten der Schutztruppe zu unterscheiden und sie ungehindert in den Kongostaat überführen zu können, wurde ihnen die bei der Schutztruppe gebräuchliche Kopfbedeckung, der Tarbouch mit der Kompagnienummer, genommen und mit einem roten Fez vertauscht. Statt der gewöhnlichen blauen Beinwickel erhielten sie khakifarbene. Die Chargen erhielten schmale Abzeichen in blau-gelb-roten Schnüren. Die Bewaffnung war die auch sonst übliche. Die Munition wurde außer in den Patronentaschen noch in einem quer über die Brust laufenden Patronengurt untergebracht.

Diese Askari wurden von Oberleutnant von Wiese aus der Daressalam-Kompagnie ausgesucht. Außerdem warb er dort noch eine Anzahl Boys, Köche, Präparatoren usw. an.

Am 21. April verließ Wiese mit der Begleittruppe und den vorgenannten Leuten Daressalam und fuhr nach Mombassa. Er trat hier in Verhandlungen mit der Firma O'swald, da diese den Transport der Anfang Mai aus Europa zu erwartenden Lasten übernehmen und nach dem Viktoria-See weiter befördern sollte. Diese Lasten bestanden vornehmlich aus wissenschaftlichen Instrumenten und Ausrüstung, Apotheke und Zelten mit Einrichtung, von der Firma Dingelden & Werres in vorzüglicher Qualität

Oberleutnant M. Weiß,
Topograph.

Egon Fr. Kirschstein,
Geologe.

Dr. H. Schubotz,
Zoologe.

Dr. J. Mildbraed,
Botaniker.

geliefert, sowie Verpflegungskisten für die Europäer. Die Verpflegung war so eingeteilt, daß auf je einen Europäer eine Kiste mit Mehl zum Backen von Brot, eine mit Konserven und eine mit Getränken auf den Monat entfielen. Diese Einteilung, die sich trefflich bewährt hat, war nach meinen Angaben in sehr geschickter Weise von den Gebr. Brömel in Hamburg zusammengestellt worden. — Die für die verschiedenen Gebiete in Betracht kommenden Tauschartikel wie: Stoffe, Perlen, Mützen, bunte Tücher, Messingdraht, Messer, Spiegel und für die kälteren Gebietsstriche wollene Decken wurden von Wiese mit Hilfe der Viktoria Nianza-Agentur und des deutschen Vizekonsuls später in Entebbe eingekauft.

Die große Anzahl Lasten, die nötig war, um die Expedition instandzusetzen, den vielen verschiedenartigen Aufgaben, die sie sich gestellt hatte, gerecht zu werden, möge aus folgender Aufstellung hervorgehen:

I. Wissenschaftliche Lasten.

a) topographische:
                                                                                Lasten

	Lasten
1 großes Universalinstrument für astronomische und geodätische Beobachtungen	2
1 Phototheodolit mit 2 Stativen	2
1 kleines Universalinstrument	1
2 Meßtische mit Kippregel und Stativen	2
1 kleiner Peiltisch mit Stativ, Bussole und Peillineal	1
1 Normalkompaß	2
1 Deviationsmagnetometer	1
2 Stative zu den magnetischen Instrumenten	1
2 Siedethermometer, Barometer, 2 Reservekompasse, 2 große, 6 kleine Chronometer	2
Zeichenpapier und Zeichenutensilien	1
Wissenschaftliche Bücher, Tabellen und Karten	2
1 großes Reserveuniversalinstrument	2
	19

b) geologische:

Hämmer, Lötrohrkasten, Goldwaschschüssel usw.	10

c) zoologische:

400 l Alkohol	20
Arsenikseife zum Vergiften von Bälgen	5
Übertrag	25

	Übertrag	25
Alaun zum Gerben von Häuten		10
Kartoffelmehl zum Reinigen von Bälgen		3
Raubtierfallen		2
Blech- und Glasgefäße, Netze, Leinen, Insektenkästen, Präparierinstrumente usw.		23
		63

d) botanische:

Sammelgläser, Blechbüchsen, Leinwandbeutel, Naphtalin, Bindfaden usw.	6
30 Stück Gitterpressen, Blecheinsätze, Alkohol, Kautschukpflaster zum Verschließen von Kästen	3
4 Steigeisen	1
10000 Bogen Auslegepapier sowie 1000 Bogen Papp-Papier, verpackt in 24 mit Blech ausgeschlagenen Kisten zur Aufnahme von Pflanzensammlungen usw.	26
	36

e) ethnographische:

Gips	4
Phonograph und Rollen	3
Bücher, Papier usw.	2
	9

f) ärztliches Material:

Apotheke, Verbandzeug, Instrumente, Mikroskop, Reagenzgläser, Krankenhängematte usw.	40

II. Tauschartikel.

Gemischte Lasten	45
Verschiedene Stoffe	12
Diverses	1
Kanga	10
Americani	19
Kaniki	3
Wollene Decken	10
Perlen	17
Draht	4
Salz	8
	129

Dr. J. Czekanowski,
Anthropologe.

Dr. W. von Raven,
Arzt.

Sergeant Czeczatka.

Fr. Weidemann.

III. Allgemeine Lasten.

Raubtierfallen	6
2 Faltboote	4
10 Reitausrüstungen: Sättel, Trensen, Steigbügel, Woilachs, Strickhalfter, Tränkeimer, Wassersäcke, Stricke, Striegel und Kartätschen	—
1 Reservereitzeug	1
1 Kessel mit Untersatz zum Abkochen der Gehörne und Schädel	1
400 Leuchtpatronen	2
Spaten, Beile, Feilen, Rucksäcke, Hämmer, Zangen, Laternen, Leuchter usw.	10
Patronen für: 8 mm S=Geschoß, Kaliber 7, 8, 9 und 9,3, sowie Schrot= und Teschingpatronen	20
Photographische Platten	12
Blitzlichtpatronen	2
Handwerkskasten	1
Grammophon	1
Photographische Utensilien: Entwickler, Schalen, Papier, Kopierrahmen, Trockenständer usw.	7
Anilinplatten	6
	73

IV. Persönliche Lasten.

10 Zelte à 3 Lasten	30
2 Sonnensegel	2
10 Betten	10
Stühle und Tische	14
Waschgeschirr, Ständer und Eimer	10
Taue	3
Petroleum	8
Waschseife	3
Lichte 320 ℔	8
Kochlasten	4
Menagenkörbe	3
	Übertrag 95

Übertrag	95
Filter, Saugkörbe, Schwimmer und Reservesteine	1
Zigarren	9
4 Patrouillenzelte	4
Wäschesäcke mit Laken und Bettwäsche	10
Proviant	200
Getränke	180
Mehl, Reis usw.	180
Reservelasten	50
	729

Da es natürlich unmöglich gewesen wäre, all diese Mengen von Kisten und Kasten in einer großen Trägerkolonne mitzuführen, hatte ich nur den für die erste Zeit unentbehrlichen Teil nach Bukoba dirigiert, den größeren Rest aber nach Entebbe. Da es sich ferner herausstellte, daß die Verpflegungsfrage für die große Menschenmenge der Karawane auf die Dauer schwierig zu regeln sein würde, bzw. da es als sicher feststand, daß wir Gegenden zu passieren haben würden, welche die Ernährung von 700 Menschen nicht würden leisten können, so hatte Oberleutnant von Wiese vorgeschlagen, Etappenstationen zu vereinbaren, wohin von Entebbe aus zu bestimmten Terminen Nachschubkarawanen zu dirigieren seien. Diese Extrakarawanen sollten für die Nachführung von Europäer- und Trägerverpflegung, Tauschlasten sowie wissenschaftlicher Ausrüstung usw. sorgen. Die Einrichtung hat sich vorzüglich bewährt. Alle Karawanen bis auf eine haben ihren Bestimmungsort zum angegebenen Termin erreicht, trotzdem sie genötigt gewesen sind, lange Märsche von einem bis zwei Monaten zurückzulegen.

Die Anlage von sieben solcher Depots erwies sich als notwendig und zwar:

1. Trägerverpflegungskarawane nach Mpororo 200 Mann,
2. Trägerverpflegungskarawane zum Mohasi-See 100 Mann,
3. Trägerverpflegungskarawane nach Kissenji am Nordende des Kiwu-Sees 300 Mann,
4. Nachschubkarawane nach Kissenji mit Europäerverpflegung und Tauschlasten 200 Mann,
5. Verpflegungskarawane nach Kasindi am Nordende des Albert Eduard-Sees 600 Mann,

Verpflegungsausgabe.

6. 200 Lasten Reis und Bohnen sowie
30 Kisten Verpflegung für Europäer nach Beni im Kongostaat,
7. 500 Lasten Reis usw. und
100 Lasten für Europäer, enthaltend Verpflegung und wissen=
schaftliche Ausrüstung, nach Irumu, ebenfalls im Kongostaat,
in Summa 2230 Mann.

Außer auf die Benutzung der angeführten Depots war die Expedition natürlich auf den täglichen Einkauf von Landesprodukten aus den Dörfern angewiesen. Bestandteile der Depots sollten hauptsächlich nur da zur Ver= teilung gelangen, wo, wie in der Steppe oder in ärmlichen Gebietsstrichen, keine Lebensmittel von Eingeborenen erhältlich sein würden.

Wieviel bedeutender die Kosten der Ernährung einer großen Karawane im Zentrum Afrikas sind, als in den leichter zu erreichenden Küstenländern, mag daraus hervorgehen, daß der Wert eines Reissackes, von Entebbe an den Kiwu=See gesandt, durch den Trägertransport von 5 auf 16 Rp.[1]) stieg.

Um einen Begriff von den Quantitäten an Nahrungsmitteln zu geben, welche eine Expedition von 700 Mann zu verschlingen imstande ist, sei erwähnt, daß in den ersten 14 Tagen nicht weniger als 20000 Bananen= trauben, die Traube zu 50 Bananen gerechnet, verkonsumiert wurden. Dazu kamen noch 300 Sack Bohnen, Mehllasten, über 30 Rinder, Wild usw.

Auf der Ugandabahn erreichte Wiese mit seinem Transport die End=

---

[1]) 1 Rp. = 1,37 Mark.

station Kisumu und fuhr mit dem englischen Dampfer „Winifried" nach Muansa, dem deutschen Hauptort des Viktoria=Seegebietes. Hier warb er aus der dortigen Bevölkerung einen brauchbaren Stamm von Trägern, 300 Wassukuma, an und dirigierte sie nach Bukoba an der Westküste des Viktoria=Sees, dem Ausgangspunkt der Expedition.

Mhaia.

Nach Eintreffen dort wurde ein weiterer Stamm von 250 Wahaia durch das Entgegenkommen des Residenten Hauptmann von Stuemer an= geworben. Bei dieser Gelegenheit wurden Leute vom Stamme der Wahaia zum erstenmal für lange Zeit als Träger nach außerhalb ihres Heimats= bezirkes verwendet. Dies war bis dahin vermieden worden, da die Bukoba= leute im allgemeinen als minderwertige Träger galten. Auch befürchtete man, daß sie bei eintretendem Mangel an Bananenkost, ihrer Hauptnahrung, versagen würden. Ich kann vorausnehmen, daß die Wahaia zwar die

Leistungsfähigkeit der Wassukuma nicht erreichten, mit leichteren Lasten aber gut marschierten und daß ihre Gesundheit trotz ganz veränderter Nahrungsverhältnisse niemals zu wünschen übrig ließ. Während die Wassukuma, bei der großen Nachfrage nach diesem Trägerstamm, sehr anspruchsvoll sind, 8 Rp. Monatslohn außer der völligen freien Verpflegung und Lieferung von Zelt, Kochtopf und wollener Decke verlangen, begnügen sich die Wahaia mit 4 Rp. Lohn außer dem Deputat. — Die von der Expedition angestellten Versuche mit den Wahaia dürften daher für das Gouvernement von Deutsch=Ostafrika von Interesse sein. Diese Wahaia wurden später am Kiwu=See durch 200 Mannyema ersetzt, die wir durch Vermittlung des Hauptmanns Göring aus Udjidji vom Tanganjika erhielten.

In Mombassa waren ferner für die Expedition sieben Maultiere als Reittiere angekauft und nach Bukoba geschafft worden, wo die aus Muansa bestellten Halb=Maskat= und Eingeborenen=Esel, zehn an der Zahl, bereits eingetroffen waren.

Anfang Mai meldete mir ein Telegramm, daß alles erforderliche Menschenmaterial, insgesamt gegen 700 Mann, in Bukoba bereit stände.

Die Karawane setzte sich zusammen aus: 1 Betschausch[1]), 2 Schausch[2]), 5 Ombascha[3]), 2 Ombascha=Diensttuern, 25 Askari, ferner: 20 Europäerboys, 10 Hilfsboys, 4 Köchen, 4 Küchenboys, 5 Präparatoren, 34 Soldatenboys bzw. =trägern, 28 Boyträgern, 5 Präparatorenträgern, 2 Dolmetschern, 300 Trägern für die Europäerlasten, 200 Trägern für Munition, Tauschwaren, Trägerverpflegung, Wasser, Instrumente, photographische Lasten, Sammellasten, Reservelasten usw. usw.

Inzwischen war ich selbst in Europa nicht untätig geblieben. Nachdem das Unternehmen sichergestellt war, ging es an die verantwortungsvolle Beschaffung der erforderlichen Ausrüstung. Hierbei kamen mir die während der voraufgegangenen kleineren Expeditionen gesammelten Erfahrungen zustatten. Während ich von einem Magazin zum andern eilte, Bestellungen aufgab und gelieferte prüfte, häufte sich auf meinem Schreibtische die Post, so daß ich nur mittels Diktates imstande war, alle an mich herantretenden Fragen einigermaßen zu beantworten und die Korrespondenz zu bewältigen. Daneben erwiesen sich eine Reihe von Konferenzen mit den

---

[1]) Betschausch = Feldwebel.
[2]) Schausch = Sergeant.
[3]) Ombascha = Gefreiter.

Vertretern der einschlägigen wissenschaftlichen Institute und Besprechungen mit den Mitgliedern der Expedition, von denen die meisten noch nicht in Afrika gewesen waren, als notwendig.

Endlich, in der ersten Woche des April, war die große Menge der Lasten fertiggestellt und konnte unter Aufsicht des bei der Firma Dingelden & Werres tätigen Herrn Kegel in Hamburg an Bord des Dampfers „Gouverneur" der D.-O.-A.-L. verstaut werden. Ich atmete auf.

Da ich einen zweijährigen Urlaub erhalten hatte, so schied ich aus dem mir lieb gewordenen aktiven Dienstverhältnis des zweiten Gardedragoner=Regiments, in dem ich die letzten zwei Jahre als Major beim Stabe Dienst getan hatte, aus. Meine Regimentskameraden aber, sowie viele andere meiner zahlreichen Berliner Bekannten wetteiferten in ihrer Liebenswürdigkeit, mir die letzten Abende durch reizende Feste angenehm und den Abschied schwer zu machen.

Am 9. Mai verließ ich mit Raven Berlin. Eine große Anzahl Freunde und Bekannte gab uns das Geleit zum Bahnhof. In angeregtem Gespräch vergingen die letzten Minuten in der Heimat. Dann setzte sich der Zug in Bewegung und hinaus ging es, der ungewissen Zukunft entgegen.

II.

Am Viktoria-See und im Kagera-Becken.

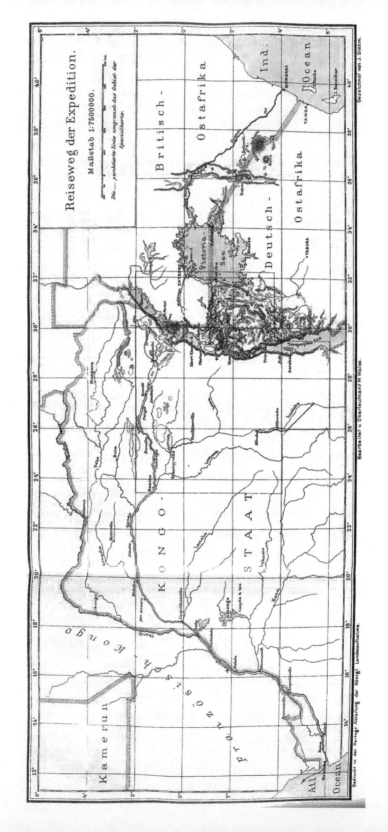

Begrüßung mit Sultan Kahigi von Kianja. Bukoba.

II.
Am Viktoria=See und im Kagera=Becken.

Am 13. Mai schiffte ich mich mit den anderen Teilnehmern der Expedition auf dem Dampfer „Bürgermeister" der D.=O.=A.=L. in Neapel ein und am 30. Mai wurde Mombassa angelaufen. Zu meiner Überraschung fand ich alle, schon mit dem letztfälligen Dampfer von Hamburg hierher gesandten Lasten noch im Zollschuppen vor, denn ich wähnte diese schon längst am See. So mußten wir also für die Weiterbeförderung selber Sorge tragen. Aber durch die Zuvorkommenheit der englischen Behörden, deren großzügige Art in der Behandlung geschäftlicher Angelegenheiten stets so wohltuend wirkt, wurden alle Schwierigkeiten behoben. Bald wälzte sich ein ungeheurer Transport von Kisten zum Bahnhof, wo dann das Verladen in die Waggons begann, deren zwei die mächtige Ladung kaum zu fassen vermochten. Mir und meinen Herren wurden außerdem noch zwei Personen= wagen zur Fahrt nach Kisumu, dem Endpunkt der Bahn am Viktoria=See, freundlichst zur Verfügung gestellt, wo wir alle nach einem Besuch der Hübnerschen Plantage Voi am 6. Juni wohlbehalten eintrafen.

Hier lag die „Sybil", eine der schmucken 500 t großen englischen Jachten, bereit, die den Verkehr auf dem Viktoria=See vermitteln.

Nach flotter Fahrt über den See erreichten wir die Hauptstadt Ugandas und gleichzeitigen Sitz des Gouvernements Entebbe. Am Abend verlebten wir ein äußerst gelungenes Fest in dem Hause des stellvertretenden Gouverneurs, das einen würdigen Abschluß in der wundervollen Illumination der großen Zufahrtsstraße fand, die sich in Serpentinen vom Gouverneurspalast zum Kai hinabwindet. Für die Nacht nahm uns die „Sybil" wieder auf.

Noch umfing Müdigkeit die Augen der Schläfer, als nach schwerem Gewitterschauer die Jacht in der Morgendämmerung des 9. Juni die Anker lichtete, um uns dem Ausgangspunkt der Reise entgegenzutragen. Und wiederum war der Tag der Dunkelheit gewichen, als die Lichter Bukobas endlich in Sicht kamen. Eine begreifliche Erregung hatte alle erfaßt und jedermann suchte mit dem Fernglase die Dämmerung zu durchdringen. Immer mehr näherten wir uns der Eingangsstraße, und als das stolze Schiff durch die Enge zwischen der Toteninsel und dem Festland von Bukoba hindurchglitt, flammten Raketen und bengalische Lichter am Ufer auf, gespenstergleiche Schattenbilder in effektvoller Weise hervorzaubernd. Eine Weile noch glitt die „Sybil" in lautloser Fahrt dahin, dann heulten die Sirenen, der Anker rasselte in die Tiefe, das Schiff erzitterte leicht und lag fest. Wir waren am Ziel.

Bald wurden die taktmäßigen Ruderschläge eines Kutters hörbar und wenige Minuten später konnten wir unsere Bukobaer Wirte, Hauptmann von Stümer, Oberleutnant von Wiese, Oberleutnant von Einsiedel, den eben auf Urlaub fahrenden Leutnant Lincke und den Oberarzt Marschall, an Bord begrüßen. Des Berichtens und Befragens wurde kein Ende und erst spät in der Nacht trennten wir uns.

Für den Morgen nach unserer Ankunft war ein feierlicher Einzug in Bukoba geplant. Als ich nach meiner Gewohnheit frühmorgens bei Sonnenaufgang im Pyjama an Deck ging, um mit dem Glase in der Hand die Ufer des Landes zu studieren, das nun für ein Jahr lang unsere Heimat werden sollte, bot sich mir ein ungemein reizvolles Schauspiel dar. Aus der Boma[1]) Bukobas und den dahinter liegenden festen Wohnplätzen für die jeweilig dort zu Besuch weilenden Groß=Sultane des Bezirkes lösten

---

[1]) Boma = Fort, Befestigung.

Begrüßung der Sultane in Bukoba.

sich aus ungeheurer Menschenmenge lange geordnete Züge ab. Die Leute, ausnahmslos in lange weiße Kansu[1]) gehüllt, marschierten unter Trommelwirbel der einheimischen Kapellen zum Landungsplatz hinab. Die Sultane, welche über eigene Truppen verfügten, sah man an ihrer Spitze. Schier endlos schien der Zug und immer neue Kolonnen tauchten auf. Es war ein stolzer Gruß deutscher Machtentfaltung, welcher vom Ufer herüberwinkte, und er gewann noch sehr an Wert durch die unverhohlene Anerkennung der englischen Offiziere und der ganzen Besatzung der „Sybil", welchen dieser Anblick völlig neu war. Der Anmarsch währte eineinhalb Stunden und wurde abgeschlossen durch die in Bukoba stationierte 7. Kompagnie, sowie durch die von Oberleutnant von Wiese angeworbene Truppe für die Expedition mit der deutschen Flagge und der Flagge meines Heimatlandes Mecklenburg.

Gegen 7000 Menschen warteten am Ufer, als ich in Begleitung des Hauptmanns von Stümer — die anderen Herren waren vorausgefahren — Punkt 10 Uhr das Land zur Begrüßung betrat. Die Kompagnien und Polizeisoldaten, sowie die Sultanstruppen salutierten. Alle Kapellen intonierten und in ihre weit über den See hinaus hallenden Klänge mischte sich auf einmal ohrenbetäubendes Geschrei und Händeklatschen der nach Landessitte zur Begrüßung niederhockenden Menge, und immer wieder tönte aus dem Chaos der wohltönende Gruß der Wahaia: Kamerēre rugāwa, Kamerēre rugāwa.

Nach herzlicher Begrüßung der Sultane durch Handschlag und einer kurzen Ansprache in den Lauten des hier allgemein üblichen Suaheli konnte ich mich endlich zu den neu angeworbenen Trägern der Expedition wenden, unter denen ich manch bekanntes Gesicht von der 1905er Reise wiederfand. Diese prächtigen Burschen schienen sich ehrlich zu freuen, sie kamen und streckten mir treuherzig ihre Hände entgegen.

Am Hause des Residenten, wohin uns die ganze Menge das Geleit gab, begrüßte ich die Missionare der Weißen Väter der Station Marienberg, an ihrer Spitze den seit über 30 Jahren in Afrika tätigen Bischof Hirth. Beim nachfolgenden Mahle, zu dem ganz unerwartet auch Professor Koch von einer Inspektionsreise zurückkehrend eintraf, lernte ich die musikalische Fertigkeit der Kapelle der Missionsschule bewundern.

Die Tage unserer Anwesenheit verflossen schnell unter Volksfesten, bei denen Tag und Nacht Goma geschlagen und getanzt wurde, mit Besuchen

---

[1]) Kansu = arabisches langes Hemd.

in Marienberg und der Residenz des Groß-Sultans Kahigi in Kianja; denn da bei unserer Ankunft in Bukoba und unserem großartigen Empfange alle Groß-Sultane anwesend waren, so war es ein Akt der Höflichkeit ebenso wie der Klugheit, diese Besuche, für welche afrikanische Herrscher ein äußerst feines Verständnis besitzen, nach Möglichkeit zu erwidern, zumal das Gelingen unserer Arbeit zum großen Teil von der materiellen Unterstützung der Sultane abhängig war.

Leibgarde des Sultans Kahigi von Kianja. Neben dem Sultan Hauptmann von Stümer.

Am 17. Juni endlich war der große Tag gekommen, der uns in das innerste Afrika entführen sollte. Die Fertigstellung der Karawane zum Abmarsch erforderte bei der großen Trägerzahl eine nicht gewöhnliche Mühe. Da aber Oberleutnant von Wiese in Voraussicht kommender Ereignisse und Zwischenfälle bereits tags zuvor den Abmarsch exerziert, d.h. allen Trägern ihre Plätze in der Karawane und einem jeden seine Last zuerteilt hatte, konnte der Aufbruch der großen Safari[1]) ohne Umstände schon um 7 Uhr vonstatten gehen. Ganz Bukoba gab der scheidenden Karawane das Geleit und zu beiden Seiten des Weges und vor den mit Trompetenschall marschierenden Askari stauten sich die Menschen zu tausenden.

---

[1]) Safari = Reise, auch für die Karawane allgemein gebraucht.

Es gilt als alte, mit Erfolg erprobte Regel, den Marsch des ersten Tages kurz zu bemessen, schon weil erfahrungsgemäß in der Aufregung des Ausmarsches unentbehrliche Gegenstände vergessen zu werden pflegen. So rasteten wir schon nach dreistündigem Marsche in der Residenz Gera des Sultans Mutahangarua von Kisiba. Hier wie in Kianja wurden wir mit großem Pomp empfangen und durch ein langes Spalier weißgekleideter

Sultan Mutahangarua von Kisiba mit seinem Orchester.

Leute bis an das an einem weiten Platz gelegene Rasthaus geleitet, in dessen Nachbarschaft die Zelte postiert wurden. Tausende von Eingeborenen erfüllten die Residenz, überall wurde getanzt und das Trommeln, Pfeifen und das Schlagen der Goma hallte bis tief in die Nacht rings an den Bergen wider.

Bemerkenswert ist der europäische Einfluß auf Sitten, Gewohnheiten und auf die Häuser der Sultane. Wie beim Sultan Kahigi, war auch hier die Häuserform ebenso wie die innere Einrichtung vollkommen der europäischen nachgeahmt. Die Rundhütte dagegen bildet die Wohnungsstätte nur für das Volk. Der Palast des Sultans zeigte die lange Dachform wie bei uns. Das Innere umfaßte mehrere Räume; Stühle und Tische, sogar eine Kommode bildeten die Einrichtung und über dieser prangte ein Öldruck des deutschen Kaiserpaares.

Dieser Sultan gilt als der fortschrittlichste in diesem Bezirk. Er zeigt reges Interesse für europäische Dinge und Einrichtungen, deren Wesen er zu ergründen sucht. Die Konstruktion unserer mitgeführten Faltboote zum Beispiel ließ er sich immer aufs neue, bis zum erlangten Verständnis erklären. Und da er ein Anfänger in der von ihm gern angewendeten

Abmarsch der Expedition von Bukoba.

deutschen Sprache ist, murmelte er fortwährend, um den bei der Besichtigung neu gelernten Satz vor dem Vergessen zu bewahren: „däs ist ain Boot, — däs ist ain Boot."

Unser Besuch galt aber auch der in einer Rundhütte größeren Stils lebenden alten Mutter des Sultans. Sie stammt wie er selbst und alle Mitglieder der Herrscherfamilie des Bukoba=Bezirkes aus dem alten und vornehmen Stamm der Wahima, mit welchem wir später in Ruanda noch nähere Bekanntschaft machen sollten.

Der Aufbruch am nächsten Morgen geschah wie üblich bei Sonnen=aufgang. Derselbe vollzog sich in den nächsten Monaten fast regelmäßig in folgender Weise: Früh um 5 Uhr Blasen des arabischen Signals, dann eiliges Zusammenraffen der Zelte, Schnüren der Lasten und Frühstück in primitivster Form. Kurz vor 6 Uhr Antreten der Askari und der Träger mit den fertig geschnürten Lasten. Oberleutnant von Wiese, dem ich die Gesamtaufsicht über das Askari= und Trägermaterial übergeben hatte, befolgte außerdem das Prinzip, um die Bummler und Kranken herauszufinden, die fertigen Träger mit ihren Lasten etwa 500 m vorauszuschicken, so daß das Unbesetztsein der übriggebliebenen Lasten sofort bemerkt werden mußte. Sobald das letzte Bündel seinen Träger gefunden hatte, ertönte das Signal

Höhlenzeichnungen bei Buanja.

„avancieren"; zwei vorher bestimmte Askari marschierten bei den Europäern, das Gros an der Spitze der Trägerkolonne, die wiederum von zwei Askari und mindestens einem Europäer beschlossen wurde. Mit enthüllter Fahne und Trägergesang, welcher in den ersten paar Minuten von taktmäßigem Schlagen der Stöcke an die Kisten begleitet zu werden pflegte, setzte sich dann die ganze Karawane in Marsch.

Schon hier waren wir Europäer nicht mehr vollzählig beisammen. Oberleutnant Weiß und der Geologe Kirschstein fehlten. Zwecks Instrumentenvergleich, der in Bukoba am besten vorgenommen wurde, hatten sie um einige Tage Urlaub gebeten. Vor Antritt einer Expedition besteht die Not=

wendigkeit, alle Instrumente auf ihre Richtigkeit hin nochmals einer genauen Prüfung zu unterziehen, da diese durch den Schiffs= und Bahntransport häufig leiden. Weiß legte daher mit Recht auf eine genaue Nachprüfung Wert. Er benutzte außerdem die Gelegenheit zu astronomischen Zeitbestimmungen. Für diese war Bukoba als Ausgangspunkt besonders geeignet, weil dieser Ort durch die Triangulation der deutsch=englischen Grenzexpedition festliegt. Weiß

Anfertigung von Rindenstoff bei den Wahaia.

beschloß daher mit Hilfe der ihm zur Verfügung stehenden sieben Chronometer eine Längenübertragung auszuführen.

Dr. Czekanowski war schon auf Marienberg abmarschiert.

In der Frühe des 18. Juni wurde ein Höhlengebilde bei Buanja berührt, welches vor kurzem von den Missionsbrüdern entdeckt war. Man fand die Wände mit seltsamen Bemalungen bedeckt, die die ursprüngliche Zeichnung des Menschen darstellen.

Eine industrielle Eigentümlichkeit dieses Gebietsstriches sind Be= kleidungsstücke aus Rindenstoff. Das Gewebe wird aus der Rinde des Lumbuebaumes hergestellt und ist oft von bedeutender Länge. Diese Stoffe, die durch Klopfen mit hölzernen Hämmern eine fast durchsichtige Dünne erhalten, sind schablonenmäßig mit in Wasser aufgelöstem Lehm bemalt und werden dann in der Sonne getrocknet.

In Buanja stieß Dr. Czekanowski wieder zu uns, der bereits eine eifrige Sammeltätigkeit entwickelt hatte; es war ihm schon gelungen, eine größere Anzahl Schädel und anderer anthropologischer Gegenstände, darunter fünf Skelette, zu erwerben.

Bei aufgehender Sonne wurde am folgenden Tage der langsam dahingleitende Ngono, ein tiefer Nebenfluß des Kagera, erreicht, über dem dichte Nebelwolken lagerten. Mühsam sandte die aufgehende Sonne ihr blasses Gesicht durch die feuchten Schleier. Das Übersetzen geschah dank der Voraussicht des uns begleitenden Hauptmanns von Stümer schnell und ohne jeden Unfall. Eine Anzahl Boote lag schon dort und mit kräftigen Ruderstößen wurde der Übergang in 1¾ Stunden bewerkstelligt.

Die schöne Gegend, durch welche der Weg uns bis dahin geführt hatte, verlor sich jetzt allmählich in öde, sumpfige Steppe; mit großer Mühe ist von der Residentur Bukoba durch diese eine breite „Barrabarra"[1]) gebaut, welche zur Hebung des Verkehrs in dem ringsum stark bevölkerten Gebiet nicht unwesentlich beigetragen hat. Überhaupt herrschen im Bukoba-Bezirke so gute Wegeverhältnisse, wie ich sie nie wieder anderswo vorgefunden habe. Vorzüglich gehaltene Straßen durchziehen das Land nach allen Richtungen, auf denen ein reger Verkehr, namentlich auch mit der Hauptstadt zu finden ist. Bald sahen wir hoch vom Berge herab den Kagera, der in vielfachen Windungen, von einem breiten Papyrusgürtel umsäumt, das Land durchzieht.

Der Richtung seines Laufes folgend gelangten wir zum Dorfe Kifumbiro, einem kleinen Unteroffizierposten hart am Flusse, wo wir das Lager bezogen. Hier wurde für einige Tage die Hauptkarawane belassen, während sich die Mitglieder der Expedition nach verschiedenen Seiten zu Extraerkundungen teilten.

Mildbraed und Schubotz besuchten den deutschen Teil des Buddu-Waldes zwecks zoologischer und botanischer Forschungen, Hauptmann von Stümer, Wiese, Raven und ich wanderten am nächsten Tage nach Kitengule am linken Flußufer, um dort zwei Tage zoologisch zu sammeln. Hier war durch Kundschafter ein Rudel Büffel gemeldet worden, und da die Erlegung eines Exemplars zu Vergleichsstudien zwischen den Büffeln des Buddu-

[1]) Barrabarra = breite Straße.

Waldes (von denen Dr. Schubotz glücklich einen erlegte) und später anzutreffenden Formen wertvoll war, so machten wir uns hinter diesen Trupp. Leider wurden unsere Bemühungen vereitelt. Trotzdem wir lange vor Morgengrauen, unter der taufeuchten Kälte leidend, an Ort und Stelle waren und das imposante Wild auch mehrfach sichteten, wollte ein Schuß nicht glücken. Statt dessen gelang es Oberleutnant von Wiese, drei Nashörner zu erlegen,

Hüttengerüst der Wahaia. Bez. Bukoba.

nebenbei die einzigen Exemplare, die überhaupt gesichtet wurden. Nur Oberleutnant Weiß sah noch bei Mtagata in Karagwe einige Tiere. Der Kagera aber bildet nach Norden und Westen die Grenze ihres Vorkommens.

Die Verschiedenheit der Interessensphäre unserer Zehn war eine naturgemäße und so lag es auf der Hand, daß ständige Teilungen der großen Karawane notwendig waren. Wir haben dieses Prinzip durchweg eingehalten und die besten Resultate damit erzielt. Aber ganz abgesehen von der Interessenverschiedenheit bedingte schon die Größe der Karawane selbst, wollte man nicht Hunger leiden, verschiedene Marschrouten. — So erfolgte in Kifumbiro abermals Teilung. Weiß und Kirschstein brachen bald nach ihrer Ankunft wieder auf, um südlich des Kagera über die Thermen von

Die heißen Quellen von Mtagata in Karagwe.

Mtagata durch Karagwe nach Mpororo zu marschieren, wir anderen wählten die Route nördlich des Flusses.

Als wir in der Frühe des 25. Juni den reißenden Kagera im Faltboot übersetzten, donnerten zum Abschied drei Salven des Kifumbiro-Postens über unsere Köpfe dahin.

Wir verließen hier Kisiba, um die Landschaft Buddu zu betreten. Nach einem kurzen, in der Kühle des Morgens leicht und angenehm zurückzulegenden Marsch näherten wir uns der Residenz Katojo des regierenden Sultans Ruhikika, der uns mit großem Pomp empfing. Alle seine Leute und Polizeitruppen bildeten Spalier. Mildbraed und Schubotz stießen hier wieder zu uns. Nach einem langen, ständig der „Barrabarra" folgenden Marsch, der für mich durch einen Hexenschuß, den ich mir in der ungewohnten Kühle der Nacht zugezogen hatte, besonders qualvoll war, wurde am Nachmittage bei glühender Sonnenhitze das Lager erreicht.

Waren bis dahin die im Bukoba-Bezirk typischen Bananen-Shamben[1]) vorherrschend gewesen, so nahm hier die Gegend allmählich Steppencharakter an und begann wildreicher zu werden. Wir lagerten inmitten einer fast ausschließlich Kandelabereuphorbien tragenden Steppe, so typischen Charakters, wie ich sie seither noch nicht gesehen. Nach allen Richtungen hin beherrschte das Auge den weiten Horizont. Hie und da tauchte in dem niedrigen Grase der Körper der zierlichen Swala-Antilope auf und hie und da flog der von uns aufgescheuchte Riedbock über die Ebene dahin. Ängstlich huschte der kleine Ducker[2]) von Deckung zu Deckung und scharf gegen den goldroten Ball der untergehenden Sonne, die in nicht zu schildernder Farbenpracht alles goldig überstrahlte, hob sich das Bild der unschönen Leierantilope ab, stutzig und starr wie eine Bildsäule nach uns äugend.

Der Weitermarsch erfolgte über Kiangwe, Kenschambi, Niawatura nach Kesimbili, wo die im Jahre 1902 von der deutsch-englischen Grenzkommission gesetzten Grenzsteine des englischen Gebietes berührt wurden.

Dieser Marsch war wohl einer der interessantesten und landschaftlich schönsten in diesem ganzen Gebiete. Der mehrfach über hohe Felspartien steil aufsteigende Pfad führte unmittelbar an den Schnellen des wild dahinrauschenden Kagera entlang, dessen Ufer, mit breitem Papyrusgürtel und Phönix-Palmen eingesäumt, eines jeden Malers Auge entzückt

---

[1]) Shamba = Feld.
[2]) Ducker = Zwergantilope.

haben würden. — Die Temperatur war der Höhenlage entsprechend in den frühen Morgen- und späten Abendstunden sehr frisch, die Durchschnittstemperatur des hundertteiligen Thermometers war vor Sonnenaufgang 8°, mittags 28° und um 7 Uhr abends 20°. Diese Temperatur erhöhte die Leistungsfähigkeit der Europäer und der Träger wesentlich. Die Abendstunden unter dem leuchtenden Sternenhimmel waren fast kalt und ein dicker europäischer Rock leistete die besten Dienste. Wir begrüßten diese klare Frische mit Freuden, denn sie bedeutete das Ende der Regenzeit, das fast gleichzeitig mit dem Tage unseres Eintreffens in Bukoba eingetreten war. Für die Sammlungen traf sich dies besonders glücklich, da die zoologischen und botanischen Präparate nunmehr in tadellosem Zustande zum Versand gelangen konnten.

Als wir die Grenze des Bukoba-Bezirkes erreicht hatten, mußte sich Hauptmann von Stuemer von uns trennen, um nach Bukoba zurückzukehren. Nur mit Bedauern sahen wir ihn scheiden, denn abgesehen von dem Verlust eines außergewöhnlich liebenswürdigen Begleiters hatte seine Gegenwart für uns das Glück einer fast überreichlichen Verpflegung bedeutet. Auf allen vorher eingerichteten Lagerplätzen lagen Tausende von Bananen, von der Bevölkerung zusammengetragen, zur Verteilung bereit.

Dies änderte sich jetzt. Die schöne Barrabarra hörte völlig auf, denn die Gegenden, die wir nun betraten, waren sehr ärmlich, der Boden schlecht und die Bevölkerung spärlich, und diese zeigte sich dazu noch sehr scheu, versteckte sich und entlief bei unserem Nahen.

Dieses Verhalten hatte seinen Grund in der Unbotmäßigkeit ihres Häuptlings Kisliwombo, der dem „regierenden" Sultan Msinga von Ruanda, dem dieses Gebiet bereits untersteht, den Gehorsam verweigerte. — Da die Residentur Ruanda aber die Unterstellung aller Nebensultane unter die Herrschaft des Msinga wünscht, so erwartete man offenbar eine Maßregelung und glaubte diese bei dem Anblick der Karawane eingetroffen. Nur mit Mühe gelang es, die Leute zu beruhigen. Durch die Versicherung unserer Freundschaft sowie durch das Versprechen von Bakschisch wurde wenigstens die Herantreibung einiger Ziegen und die Überlassung einiger anderer Lebensmittel erreicht.

Kein Wunder, daß wir uns beeilten, diese Hungergegend zu verlassen, um den früheren Posten Rufua in Mpororo zu erreichen, wo wieder neue Dispositionen ausgegeben werden sollten. Kurz vorher, am 1. Juli,

Euphorbienfteppe bei Katojo.

brachte uns aber das unerwartete Zusammentreffen mit dem Leutnant Wintgens, das wir der Liebenswürdigkeit des Residenten Ruandas, Hauptmann von Grawert, verdankten, noch eine angenehme Überraschung. In seiner Begleitung erreichten wir bald darauf den einstigen Posten, dessen zerfallene Häuser immerhin noch eine willkommene Unterkunft boten. Die

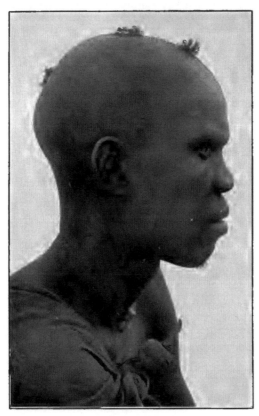

Haartracht der Wapororo.

hohe Lage dieses verlassenen Postens gewährte einen weiten Rundblick über die wellenförmige Steppe.

In Rufua gab es einige Ruhetage, die zur Vervollständigung der letzten Sammlungen und ihrer Verpackung zum Versand benutzt wurden. So konnte am 6. Juli abermals eine größere Kollektion ethnographischer, zoologischer, botanischer und geologischer Sammlungen mit einer Spezialkarawane nach Bukoba zum Weiterversand nach Europa auf den Weg gebracht werden.

Die fieberhafte Tätigkeit, die sich während eines solchen „Ruhetages" im Lager abspielt, läßt sich kaum beschreiben: in allen Zelten wird geschrieben. Der Zoologe sitzt über seine Sammlungen gebückt, eifrig mit Mikroskopieren, Bestimmung und Etikettierung beschäftigt. Jedes einzelne noch so kleine Tier bekommt seine Nummer, die wiederum im Hauptbuch vermerkt wird. Um das Zelt des Botanikers herum liegen eine Anzahl dick=

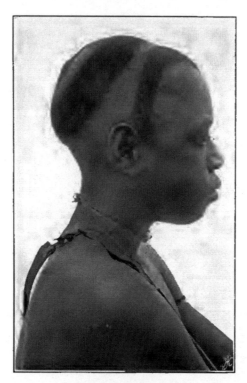

Haartracht der Wapororo.

leibiger Pressen mit getrockneten Pflanzen, daneben unzählige Stapel von Papier, das zum Trocknen derselben bestimmt ist; ein Windstoß, welcher über das Lager dahinweht, wirbelt den ganzen Haufen in die Luft. Mit fliegenden Haaren sieht man den um sein kostbares Material besorgten Doktor aus dem Zelte springen, nach hilfreichen Händen rufend, die ihm die Flüchtlinge wiederbringen sollen. Der Ethnograph hat eine Anzahl Eingeborener um sich versammelt, welche mit stoischem Gleichmut Messungen und photographische Aufnahmen über sich ergehen lassen. Gelegentlich huscht dann wohl ein Lächeln über das Antlitz eines Schwarzen und ein verständnisvoller Blick

Geisterhütten. Mpororo.

des Nachbars über die Tätigkeit des „Msungu", des Weißen, wird auf=
gefangen, der heißen soll „wasimu" (verrückt). Mein getreuer Weide=
mann ist mit der Sortierung des Europäerproviantes beschäftigt, dessen Ver=
teilung an den „Mpishi", den Koch, und an die Spezialkarawanen ihm
anvertraut war. Es war nämlich jedem Reiseteilnehmer ein bestimmter
Stamm von Askari, Boys, Trägern und Trägerführern für die Dauer der
Expedition zugeteilt worden. Es setzte sich also die große Karawane aus 10
in sich völlig abgeschlossenen kleinen „Safari"¹) zusammen. Hierdurch wurden
die lästigen Neukommandierungen auf ein Minimum beschränkt, eigentlich
nur bei Krankheits= oder Todesfällen — und das Personal arbeitete sich
auf das vortrefflichste mit dem Führer ein. Die Zuteilung des Proviantes
und der Tauschlasten aber erfolgte in Monatsraten von der Hauptleitung aus.

Vor dem Zelt des Karawanenführers sieht man Berge Tauschmaterials
aufgestapelt; hier drängen sich die Sultane, deren Leute Verpflegung gebracht
haben, zum Lohnempfang zusammen. Meinungsverschiedenheiten und vor
allem häufig unverschämte Forderungen werden vom Karawanenführer durch
ein paar Kraftausdrücke oder unzweideutige Handbewegungen erstickt.

Die Listenführung ferner über die 700 Mann starke Karawane war
für den Oberleutnant von Wiese, welcher hierin von dem Unteroffizier
Czeczatka aufs trefflichste unterstützt wurde, eine höchst verantwortungsvolle
Arbeit. Jedes einzelnen Mannes Name war mit dem ihm zustehenden Monats=
lohne in einem Hauptverzeichnis eingetragen. In Ortschaften nun, wo Inder=
oder Araberläden Gelegenheit zu Ankäufen gaben, war jedem gestattet,
Vorschuß zu erheben. Der Wert dieses Vorschusses wurde dem Antrag=
steller in Stoffen, Perlen oder Messingdraht nach Wunsch ausgeliefert und
als erhaltener Lohn wiederum in die Liste eingetragen. Der Restbestand
der vorher vereinbarten Löhnung ist allen Leuten nach Beendigung der Ex=
pedition in barem Gelde im jeweiligen Hauptorte des Heimatdistriktes,
so in Entebbe, Bukoba, Udjidji und Daressalam, aus vorher dort depo=
nierten Mitteln durch die zuständige Behörde ausgezahlt worden.

Da in größeren Orten, wie später in Kissenji am Kiwu=See, die
Leute ständig mit Forderungen kamen, so kann man sich einen Begriff von
der Arbeit machen, die in der genauen Durchführung besagter Listen ge=
legen hat.

---

¹) Safari = Reise, allgemein für die Karawanen gebraucht.

Noch in Rufua erhielt ich einen Brief von Oberleutnant Weiß, in dem er bat, anstatt nach Mpororo zu gehen, in Karagwe, südlich des Kagera,

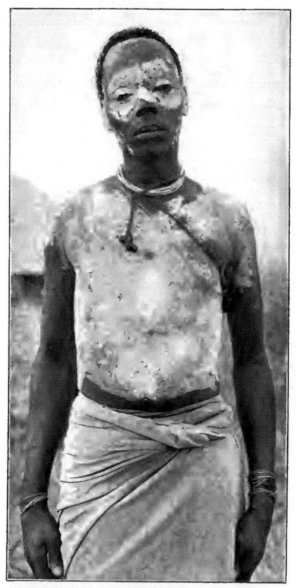

Bemalung eines Mhima=Hirten in Karagwe.

bleiben und von da direkt nach Kanjonja, einer Fähre über den Kagera, marschieren zu dürfen, um dort die ihm von der englisch=deutschen Grenz=

kommission her bekannten Signale aufzusuchen und neu zu bauen, denn das Gelände südlich von Mpororo sollte kartographisch aufgenommen werden. Gleichzeitig bat Kirschstein, in seiner Begleitung bleiben zu dürfen. Beide Forderungen konnten gewährt werden. Das Zusammenarbeiten des Topographen und des Geologen hat sich als äußerst glückliche Idee auch in der

Wanjambo=Mädchen aus Mpororo.

Folgezeit glänzend bewährt. Zum ersten Male wurde zu den topographischen Aufnahmen der Phototheodolit in Afrika verwendet. Die Eigenschaft dieses Instrumentes gestattet in leichtester Weise, die gewonnenen photographischen Aufnahmen nach jeder Richtung hin auszumessen; eine Eigenschaft, die für den Geologen wertvoll ist. So arbeiteten der Topograph und der Geologe getreulich mit= und füreinander. So haben sie zusammen ein geologisches Profil vom Viktoria=See bis zum Kiwu durch das gesamte Zwischenland gelegt.

In Rufua wurden neue Instruktionen ausgegeben. Dr. von Raven und der Botaniker sollten mit der Hauptkarawane durch die bewohnten Gegenden westlich des Kakitumbe=Baches zum Westende des Mohasi=Sees marschieren zum Studium der Sumpfflora dieses Sees und zu Blutuntersuchungen der dortigen Bevölkerung. Oberleutnant von Wiese wurde in südlicher Richtung an den Kakitumbe=Bach gesandt, um dort den Signale

Mattenflechtende Frauen in Kissaka.

bauenden Oberleutnant Weiß in der Triangulation zu unterstützen und dann Kakome, das Ostende des Mohasi=Sees, zu erreichen. Weiß und Kirschstein sollten anschließend an die erwähnten Signale der Grenzkommission des Jahres 1903, wie bereits gesagt, westlich des Kagera südwärts gehen, um das gesamte zwischen dem Mohasi und Süd=Mpororo liegende Gelände, welches bis dahin von keinem Europäer betreten und also noch nicht einmal durch Routenaufnahmen erschlossen war, kartographisch und geologisch aufzunehmen. Wintgens, Dr. Schubotz und ich beabsichtigten, zu einer Generalerkundung direkt durch dies Gebiet hindurchzuziehen und dann am Mohasi mit den anderen Herren zusammenzutreffen. Diese Vereinigung war für Anfang August, also nach Monatsfrist, vorgesehen. Dem Topographen wurde naturgemäß eine der Größe seiner Arbeit entsprechende längere Frist gewährt.

Zum Ersatz für meine schwer erkrankten europäischen Hunde, denen die gesetzmäßige lange Quarantäne in Mombassa durch Aufnahme von Krankheitskeimen des Küstenfiebers verhängnisvoll geworden war, wurden

Westende des Mohasi-Sees.

zwei eingeborene Hunde angeschafft. Es waren jüngere, schön gebaute, kräftige Tiere von gelbbrauner Färbung mit weißen Abzeichen und mit langen Behängen, in der Figur unserem Jagdhunde ähnelnd; eine eigene Rasse, wie wir sie sonst nirgends angetroffen haben. Die Wildheit dieser Hunde machte uns anfangs viel zu schaffen und die Anhänglichkeit an das Heimatsdorf ließ ihre scharfen Gebisse täglich die Stricke, mit denen sie am Zelt befestigt waren, zernagen. Aber schließlich schlossen wir doch Freundschaft, und einmal an ihren neuen Herrn gewöhnt, hielten sie treu zur Karawane. Aber nur ein einziges dieser Tiere und ein in Mombassa geborener, aber von deutschen Eltern abstammender Terrier überwanden den Weg zur Westküste und weiter nach Deutschland.

III.
Auf unbetretenen Pfaden.

Der Topograph bei der Arbeit.

III.
Auf unbetretenen Pfaden.

Am 5. Juli früh brach ich mit Schuboß und Wintgens in die unbekannten Gebiete zwischen dem Kagera und dem Kakitumbe=Bach auf. Da niemand über die Wasserverhältnisse genau orientiert war, hielten wir uns anfangs in der Nähe des wasserreichen Baches auf. Auch hier war es kühl, in der Nacht sogar kalt, und am frühen Morgen lag dichter Nebel im Flußtal. Am Schleuder=Thermometer las man frierend nur 7° Celsius ab und schleunigst fuhr man in den heimatlichen Winterrock.

So zogen wir am Kakitumbe=Bach südlich. Hier war mir eine Weidmanns= überraschung beschieden. Mit Wintgens auf einem kurzen Orientierungs= gang begriffen, bemerkte ich zum erstenmal einige 100 m vom Lager ent= fernt ein starkes Rudel Elenantilopen, darunter einige kräftige Bullen. Sofort duckte ich mich nieder, und tief an den Boden gedrückt durch das Gras kriechend, gelang es mir, auf Schußnähe heranzukommen. Ich nahm ein Tier, welches mir durch seine dunkelgelbe Färbung auffiel, ein junges Stück, aufs Korn, das im Feuer blieb. Nachdem die Decke in Sicherheit gebracht und das Gehörn mit Schädel abgeschlagen war, wurden zum Hyänenfang drei Fallen gestellt. Der folgende Morgen zeigte uns in einem Eisen weiter nichts als einen abgebrochenen Unterkiefer. Die Hyäne hatte es fertig gebracht, die Falle noch 400 m vom Fangplatz in den Busch zu schleppen, bis sie endlich diesen Rettungsversuch mit dem Verluste des Unterkiefers hatte büßen müssen. In der Tat ein schlagender Beweis von der fast unglaublichen Zähigkeit einzelner afrikanischer Tiergattungen.

Da die Zoologica sich mittlerweile aufgehäuft hatten, blieb Schubotz im Lager mit Ordnungsarbeiten beschäftigt zurück. Wintgens und ich dagegen machten einen Vorstoß in die unbetretenen Gebiete nach Osten, in der Richtung zum Kagera, von wenigen Trägern begleitet und mit Proviant nur für einen Tag versehen.

Es ist ein mit der Feder nicht wiederzugebendes Glücksgefühl des Eroberers, das den Forscher beseelt, der auf jungfräulichen Pfaden dahinzieht, die nie zuvor der Fuß eines Europäers berührte. Unwillkürlich schweifen die Gedanken bewundernd zurück zu den ersten Pionieren europäischer Kultur, die in unvergleichlicher Bravour und ohne den Komfort, der das Reisen heute so erleichtert, jahrelang unbekannte Gebiete durchforschten und täglich ungewissem Schicksal entgegengingen. — Ein Abglanz dieses Gefühls leuchtete auch auf unseren Wegen.

Noch bei Dunkelheit verließen wir das Lager und bald lichtete sich im Osten der Tag. Vor uns breitete sich die Steppe mit dünnem Akazienbestand an hügeliger Kette aus. Von Kuppe zu Kuppe strichen wir vorwärts, von oben aus alles weithin sorgsam mit dem Glase absuchend. Völlige Einsamkeit umfing uns. Nach Osten zu verlief sich der Busch immer mehr zu baumloser Buga[1]), auf der zahlreiche Wildrudel aller Art ihr Wesen trieben. Kontrastreich hoben sich von den schwarzen Abbrandflächen im Morgenlicht die gestreiften Decken der Zebras und die gelben massigen Körper der Elenantilopen ab. Auch Trappenarten sahen wir oft, und hie und da hob sich in majestätischem Fluge einer der großen Vögel in die Lüfte.

Von einer Bergkuppe aus sichteten wir endlich auch einen durch seine saftiggrüne Schilfeinfassung von der gelben Steppe sich abhebenden Wasserlauf und stellten fest, daß es ein von den Eingeborenen Kalangassa genanntes Flüßchen war, das zum Kagera abwässert und südlich Kanjonsa mündet. An seinen Ufern standen ungeheure Wildmengen, vornehmlich Zebraherden durchmischt mit Leierantilopen, daneben Riedböcke und Duckerarten. Ich beschloß, von den Zebra eine Teleaufnahme zu machen,

---

[1]) Buga = offene Steppe.

und galoppierte einem auf weite Entfernung schon flüchtig werdenden Rudel hinter einer Bergkuppe nach, meinen Boy mit meiner Büchse weit hinter mir zurücklassend. Da hörte ich plötzlich aus der Ferne drei hintereinander fallende Schüsse. Da ich vorher mit Wintgens verabredet hatte, auf kein gewöhnliches Wild, sondern nur auf Büffel oder Löwen zu schießen — der Elefant kommt in diesen Gegenden überhaupt nicht vor — so konnten jene Schüsse nur Büffeln oder Löwen gegolten haben. Ich kehrte also schleunigst um und bald gewahrte ich Wintgens, von zwei Askari begleitet, mit schußbereiter Büchse auf mich zustreifend. „Bana Leutnant amepiga simba" — der Herr Leutnant hat einen Löwen geschossen — rief mir ein Askari von weitem entgegen. „Wo steckt der Löwe?" fragte ich. „Ich weiß nicht, wir haben ihn hier am Berge verloren." „Ist er nicht vor Euch aufgestanden?" „Nein, wir haben auch das Gras nicht mehr bewegen sehen." „Also muß er hier ganz nahe sein." „Ganz nahe, bana!" Es konnte in der Tat kein Zweifel sein, daß der Löwe sich zwischen mir und Wintgens befand, fast schien es sogar, daß er, im Grase sich duckend, von den Verfolgern übergangen war. Da Wintgens mich erreichte, ohne des Löwen ansichtig geworden zu sein, blieb nur die letzte Möglichkeit. Nachdem ich dann von meinem atemlos herbeistürzenden Boy die Büchse in Empfang genommen hatte, stellten wir die Leute von neuem nebeneinander auf und streiften über die abgetriebene Fläche zurück.

Da blieb der an meiner Seite gehende Askari plötzlich stehen und deutete in der eigentümlichen, charakteristischen Geste, den Zeigefinger ausgestreckt, mit Daumen und Mittelfinger schnalzend, mit weitgeöffneten Augen und ein langgezogenes ää—ää ää ausstoßend, halb nach rechts, wo die Steppe in das hohe Schilfgras des Flusses überging: „Tasama, bana sultani, simba wengi, wengi sana"[1]), stieß er hervor. Tatsächlich bemerkte ich dort fünf Löwen, welche in dem ihnen eigentümlichen, schwerfälligen Trabe dem schützenden Flusse zueilten. Nun hieß es, im Dauerlaufe die Raubtiere abzuschneiden, denn einmal im hohen Schilf, waren sie für uns verloren. Da sich das Rudel näher bei Wintgens als bei mir befand, erreichte er es zuerst. Mit einem Schuß durch den Kopf streckte er eine Löwin nieder, welche verendet liegen blieb, eine zweite, welche ebenfalls roulierte, machte sich wieder auf und verschwand im Grase. Ich folgte mit zwei

---

[1]) Sieh, bana sultani, viele, viele Löwen!

Askari und einem Boy einer dritten Fährte, die sich deutlich im Grase abzeichnete, noch einige hundert Schritt weit, bis sie sich in einem Busch verlor. Wir umgingen nun den Busch mehrfach. Da die Fährte aber nicht hinausführte, mußte sich der Löwe dort drinnen versteckt haben, keine zehn Schritt von uns entfernt. Was war zu tun? Ich befahl den Askari, auf die andere Seite des Busches zu gehen, um den Löwen durch Geschrei herauszujagen, und stellte mich selbst in geringer Entfernung davon auf. Einer von ihnen, einer der wenigen Massai, welche nach Einstellung in die Schutztruppe die diesem kriegerischen Stamme wenig zusagende Friedensarbeit auf die Dauer ausgehalten haben, ein vorzüglicher, bildhübscher Bursche und mein ständiger Begleiter auf allen Streifereien, näherte sich furchtlos dem Busch, um ihn auf seinen Inhalt hin zu untersuchen. Da plötzlich erdröhnte, markerschütternd, in unmittelbarster Nähe das Angriffsgebrüll des Löwen dreimal kurz hintereinander. Und schon fuhr er heraus mit angelegten Gehören und offenem Rachen, mitten zwischen uns hinein, uns blitzschnell annehmend. Wir wichen alle zurück. Der Massai befand sich an meiner linken Seite, nur wenige Schritte von mir entfernt. Laut schreiend und sinnlos vor Erregung hielt er fliehend den linken Arm mit dem Gewehr dem Löwen entgegen. Aber im Nu hatte dieser ihn gepackt. Eine Pranke schmetterte auf den Arm nieder, während das Maul sich in der Hüfte des Unglücklichen vergrub. Im nächsten Augenblick lagen beide in engem Knäuel am Boden. In demselben Moment aber riß ich meine Büchse an die Backe und mit einer Kugel, auf fünf Schritt Entfernung abgegeben, aber in der Eile und Aufregung schlecht sitzend, flüchtete der Löwe in zwei langen Sätzen grollend ins Gebüsch zurück, ehe ich noch Zeit hatte, an die zweite Kugel zu denken.

Der Massai lag zwar blutüberströmt auf der Erde, aber ernstliche Verletzungen hatte er nicht davongetragen, stark mitgenommen waren nur der linke Arm, in den sich die Pranke des Löwen eingegraben hatte, und die linke Seite, die noch lange die Narben des Bisses zeigte. Ich verband nun den fast Besinnungslosen so gut es ging mit meinem Taschentuch, um das Blut zu stillen. Einige Schluck Wasser und die unglaubliche Zähigkeit der Schwarzen im Ertragen von Verwundungen ließen ihn sich bald so weit erholen, daß er den fünfstündigen Marsch zum Lager ohne große Ermüdung zurückzulegen vermochte.

Als wir kurz darauf die Nachsuche auf den verwundeten Löwen unternahmen, habe ich mich über den Schneid der schwarzen Askari gefreut. Ein Mann namens Amballa und ein Ombascha[1]), von denen der eine Zeuge des Vorfalls gewesen war, waren beherzt genug, der Fährte folgend in das bis an die Hüften reichende Wasser und in die fast undurchdringlichen Schilfdickichte vorzudringen, jeden Augenblick gewärtig, dem angeschossenen und stark schweißenden Tier auf kürzester Entfernung zu begegnen. Da ich das Zwecklose dieses Beginnens erkannte, brach ich die Verfolgung ab, doch nur mit Mühe ließen sich die Leute von ihrem gefährlichen Beginnen abbringen. Ich zweifle nicht, daß der Löwe, durch den Schweißverlust erschöpft, irgendwo im Flusse verendet sein wird.

Als wir zurückgekehrt waren, dämmerte es bereits und bald umfing uns völlige Nacht. Trotz der späten Stunde vermißten wir Schubotz, der, wie es hieß, auf dem jenseitigen Ufer mit seinen Askari und einigen Leuten einem Rudel Pferdeantilopen nachgegangen sei. Dies bedeutete nichts Außergewöhnliches; als die Uhr aber fast die neunte Stunde zeigte und wir immer noch vergeblich warteten, schossen wir eine Leuchtrakete als Signal in die Luft. Keine Antwort. Der ersten Rakete folgten andere, darauf schossen wir unsere Büchsen ab. Ohne Erfolg.

Da das Ausbleiben Schubotz' nun anfing Besorgnis zu erregen, wurde eine Askaripatrouille in die mutmaßliche Richtung seines Verbleibes abgesandt. Endlich hörten wir in weiter Ferne einzelne Ruflaute und dann blitzte auch hin und wieder das Licht der Laterne auf, die der Askari mitbekommen hatte. Es dauerte aber noch eine ganze Weile, bis wir das Plantschen im Wasser des Kakitumbe-Baches hörten, ein Zeichen, daß die Vermißten den Flußlauf durchschritten.

Auf der Verfolgung des Wildrudels hatte Schubotz die Dämmerung überrascht, und so hatte er in der Dunkelheit die Richtung verloren. Immer wieder war er an eine der vielen Krümmungen des Kakitumbe gekommen und dies hatte ihn irre gemacht. Endlich war er noch mitsamt seinem Maultiere in eine tiefe Wildgrube gefallen. Beide waren zwar ohne Verletzungen davongekommen, aber das Maultier hatte sich am Boden der Grube so festgeklemmt, daß diese erst ausgegraben werden mußte, um den Beinen des Vierfüßlers Bewegungsfreiheit zu verschaffen.

Da offensichtlich ein besserer Platz wie das Tal des Kalangassa für zoologische Erkundungen schwerlich gefunden werden konnte, so wurde am

---

[1]) Ombascha = Gefreiter der Schutztruppe.

nächsten Morgen wiederum dorthin marschiert und Standlager bezogen und zwar hart unterhalb eines aus der Buga aufragenden Felsgebildes, dem Ndama=Berge gegenüber, zwei Kilometer vom Flußlauf entfernt, mit unvergleichlicher Aussicht auf das Vorgelände. — Auf dem Marsch ins neue Standquartier bemerkten wir auf der Kuppe des Njerubanga=Berges eine Anzahl Leute, anscheinend mit dem Bau eines Signals beschäftigt. Um uns bemerkbar zu machen und ihre Zugehörigkeit zur Karawane festzustellen, griffen wir zu einem Radikalmittel. Wir zündeten die Steppe an. Das Zeichen verfehlte seine Wirkung nicht, denn ein Gegenfeuer gab bald die Antwort. Wie eine Patrouille dann feststellte, gehörten die Leute zu der Karawane Wiese, dessen augenblicklicher Aufenthaltsort aber dem führenden Askari unbekannt war.

Es erwies sich überhaupt als ungeheuer schwierig, in dem unübersichtlichen und stark wellenförmigen Gelände, in dem sich Kuppen bis zu 1500 m erhoben, die Verbindung aufrecht zu erhalten. Die Gegend ist menschenleer; die Bevölkerung hinter den Randbergen aber legte eine gewisse Scheu wegen des ungewohnten Europäerbesuches an den Tag. Diese ungerechtfertigte Furcht brachte in der Folge mancherlei Irrtümer oft recht unangenehmer Art mit sich. Die Leute gaben erlogene oder ungenaue Berichte, so daß die Patrouillen die Richtung verloren und mehrfach völlig unverrichteter Sache zurückkehrten. Anfangs wurde mit Erfolg versucht in den Abendstunden durch Lichtsignale die Stellung der Lager zu bezeichnen, als aber diese später durch den nach Süden dichter werdenden Waldbestand und die Unübersichtlichkeit des Geländes verdeckt wurden, blieben wir längere Zeit ohne Nachricht voneinander.

Die Schwierigkeiten der Verbindung brachten Oberleutnant Weiß und Kirschstein, welche mittlerweile den Kagera bei der Kanjonsa=Fähre in 1½ Tagen per Faltboot übersetzt hatten und nun zum Zweck der Triangulation an dem Fluß südlich zogen, vorübergehend in eine höchst kritische Lage, über welche Weiß sehr anregend berichtet:

„Unterstützt wurde ich beim Signalbau und bei der Topographie durch Oberleutnant von Wiese. Um uns über die Art der Ausführung der Arbeiten verständigen zu können, hatten Wiese und ich eine Zusammenkunft am neu zu erbauenden Signal Mpungu nahe dem Kakitumbe=Bach vereinbart. Kirschstein blieb zwecks Fortsetzung seiner geologischen Untersuchungen am Berge Oregero zurück, und da wir beide nur über einen

Koch verfügten, ich aber hoffte, noch an demselben Abend das gastliche Lager von Wiese zu erreichen, so blieb der Koch nebst Kücheneinrichtung bei Kirschstein. Nach achtstündigem Marsch, unterwegs noch mehrere Stunden durch Aufnahmen festgehalten, erreichte ich bei dunkler Nacht den Kakitumbe gegenüber dem Berge Mpungu. Hier begann nun ein leider vergebliches Suchen nach Wiese; weder die Alarmschüsse meiner Askari, noch die aufsteigenden Leuchtkugeln brachten uns Antwort.

Völlig erschöpft, unfähig, den Marsch noch weiter fortzusetzen, lagerte ich mit meinen 30 Mann. Es war 10 Uhr nachts. Seit neun Stunden hatte ich in der Hoffnung auf die Wieseschen Fleischtöpfe nichts gegessen. Die letzte Zigarre und ein Kognak mußten den knurrenden Magen betäuben, dann wickelte ich mich in eine Decke und schlief. Am nächsten Morgen, noch vor Tagesgrauen, ging es weiter. Zunächst überschritten wir den Kakitumbe-Bach auf einer eigenartigen Brücke: die Eingeborenen hatten den stärksten am Ufer stehenden Baum so gefällt, daß er mit seiner Krone auf dem jenseitigen Ufer lag. Es gehörte allerdings der gewandte und unbeschuhte Fuß des Negers dazu, um diese schmale Brücke mit 50 bis 60 Pfund auf dem Kopfe sicher zu passieren.

Auf dem Berge Mpungo angekommen, fand ich zwar ein neuerbautes trigonometrisches Signal, aber leider keinen Menschen. Vergeblich suchte ich nach einer Notiz über den Verbleib des liebenswürdigen Erbauers dieses Signals. Währenddessen war bereits die Mittagsstunde herangerückt. — Ich führte von dem Berge die erforderlichen Messungen aus. Da ich das Suchen nach Wiese für aussichtslos hielt, stand ich im Begriff, nach dem Oregero zurückzumarschieren, als mich meine Leute auf einige dunkle Punkte in der endlos weiten, strohgelben Grassteppe aufmerksam machten. Mit meinem Voigtländer Glase erkannte ich sehr bald eine Askaripatrouille, die sich auf unsere Alarmschüsse hin zu uns wandte. Die Leute waren bereits seit drei Tagen mit einem Schreiben Wieses auf der Suche nach mir. Von ihnen erfuhr ich seinen Aufenthalt; er war bereits weiter nach Süden marschiert und lagerte beim Sultan Katreia. Sofort brach ich unter Führung dieser Patrouille auf und erreichte ihn endlich kurz vor 6 Uhr abends müde und hungrig, während meine ermatteten Träger erst 11 Uhr nachts eintrafen."

Da die Zeit, die ich beiden Herren zur Aufnahme des „weißen Fleckens", eines Gebietes von nahezu 2000 qkm Ausdehnung, geben konnte, eine ver=

hältnismäßig kurze war, kaum zwei Monate betrug, so hatten sie angestrengt zu arbeiten. Fast täglich wurde der Lagerplatz gewechselt. Und dies hatte zur Folge, daß, besonders in dem stark zerklüfteten Gebirgsland am Kagera, die Verpflegungskarawanen die Lager nicht fanden. So waren beide Herren gezwungen, sowohl sich selbst, als ihre Leute wiederholt auf halbe, ja auf drittel Rationen zu setzen.

Besonders kritisch wurde die Lage am Berge Ndama. Weiß berichtet über damals:

„Wir hatten schon vor acht Tagen Eilboten mit der Bitte um neue Verpflegung abgesandt, dieselben blieben jedoch ohne Antwort; die Vegetabilien unserer Leute waren gänzlich aufgezehrt und schon seit zwei Tagen lebten wir nur von Fleisch. So weit das Auge reichte, keine Ansiedlung! Nacht für Nacht brannten wir auf dem Gipfel des Ndama-Berges gewaltige Holzstöße ab und verschossen den Rest unserer Leuchtpatronen, um eventuell nach uns suchenden Verpflegungskarawanen die Stellung unseres Lagers anzugeben. Aber niemals erhielten wir Antwort. Da unter diesen Umständen ein längeres Ausharren unmöglich war, beschlossen wir tiefbekümmert, unsere interessante Arbeit abzubrechen und zum nächsten Dorfe zu marschieren.

Wir waren bereits 1½ Stunden unterwegs, als plötzlich vor uns auf einer Höhe der Kopf eines Askari sichtbar wurde; bald stand er in voller Figur vor uns. Ihm folgten 20 Träger mit den sehnlichst erwarteten Verpflegungslasten. Mit Hurra wurde die Karawane von uns und mit ohrenbetäubendem Freudengeschrei von unseren Leuten begrüßt. Die Not war vorüber und wir konnten mit frischem Mut und frischer Kraft wieder an unsere Arbeit gehen.

Diese Verpflegungskarawane irrte seit fünf Tagen auf der Suche nach uns im Gelände umher. In den letzten beiden Nächten hatten sie endlich unsere Signalfeuer gesehen und waren dem Scheine folgend in der Stunde der höchsten Not mit uns zusammengetroffen."

Wintgens, Schubotz und ich hatten inzwischen die Zeit, die wir in dem Felsenlager gegenüber dem Ndama-Berge verlebten und die dem Aufenthalt Kirschsteins und Weiß' um Wochen voraufging, dazu benutzt, nach allen Richtungen die unerforschten Gebiete zu erkunden. Dies führte uns unter anderem in südöstlicher Richtung bis fast in das nördliche Kissaka. Überall sahen wir ungeheure Mengen von Wild, die sich allerdings in

Sultan Katreia.

der Hauptsache aus Zebra, Elen- und Leierantilopen, sowie aus Ried-
böcken zusammensetzten; nur einmal auf einem Streifzug in südöstlicher
Richtung wurden Pferdeantilopen gesichtet. Der Reichtum an Löwen
aber war so ungeheuer groß, wie wohl nirgends sonst auf deutschem
Gebiet. Nur im Kongostaat, am Südende des Albert Eduard-Sees, lernten
wir späterhin ähnliche Löwenbestände kennen. Nur ein Beispiel sei
erzählt:

Als Wintgens und ich nach getrennter, erfolgreicher Streiferei am
Mittag des 11. Juli uns hungrig im Zelt zum wohlverdienten Mahle zusammenfanden, erschien plötzlich der Zoologe mit der Nachricht, er sei
auf dem Rückwege zum Lager auf ein Rudel von sechs Löwen
gestoßen. Bei ihrer Verfolgung hätten die im hohen Grase unsichtbaren
Tiere ihn wiederholt bis auf wenige Schritte herankommen lassen und
seien dann, laut knurrend, flüchtig geworden. Da die Höhe des Grases
die Tiere vollständig verdeckte, hätte er nur einen Fehlschuß auf den
Kopf eines männlichen Löwen abfeuern können. Dann seien die Raubtiere abgetrollt und in steter Verfolgung habe er das Rudel bis in eine
mit dickem Akanthusgebüsch bewachsene Talmulde getrieben.

Seine Erzählung fand natürlich anfangs wenig Glauben, denn seine
Phantasie schien von den Berichten unserer Leute, die bekanntlich gerne
im Sinne ihrer Herren „erleben", stark beeinflußt zu sein. Da uns sein
Bericht aber gleichfalls in begreifliche Erregung versetzt hatte, beschlossen
wir, wenigstens den Versuch zu machen, das fragliche Gebüsch zu treiben.
Mit 80 Trägern, denen Unglauben und Zweifel auf dem Gesicht geschrieben
stand, und mit fünf Askari wurde aufgebrochen. An der fraglichen Talmulde angelangt, wurden die Träger auf die entgegengesetzte Seite des
etwa 300 m langen Akanthusgebüsches geschickt, um sich dort zu verteilen,
die Askari aber auf die Flügel postiert. Alle Leute wurden beordert zu
schreien und zu lärmen und dann das trockene Steppengras anzuzünden.
Wir hofften auf diese Weise durch den einschlagenden Rauch die Löwen
aus ihrem Versteck herauszujagen.

Dann faßten wir drei Europäer Posto: ich auf gut Glück an der
Südspitze des Busches am oberen Rande der Schlucht, weiter unterhalb der
Zoologe und Wintgens. Auf meinem Jagdstuhl sitzend, den Askari mit
der Reservebüchse hinter mir, erwartete ich die Dinge, von denen ich eigentlich nicht glaubte, daß sie kommen würden. Doch plötzlich kam Bewegung

in die Trägerkette, und mit dem Glase konnte ich erkennen, daß die Askari mit fertig gehaltener Büchse laut lärmend die Trägerflügel vorzuziehen suchten. Fester umklammerte ich den Kolbenhals der Büchse. Und wer beschreibt mein Erstaunen, als ich plötzlich den Kopf erst eines, dann eines zweiten und noch drei weiterer gemähnter Löwen im hohen Grase, gerade unterhalb meines Standortes, auftauchen sah. Zum Unglück ließ die Höhe des Grases fast gar nichts vom Rumpfe der Tiere erkennen, so daß ich auf einen Erfolg meines Schusses kaum rechnen konnte. Aber nach der Erfahrung, die in Afrika besonders gilt, daß nicht geschossen auch gefehlt ist, hielt ich auf den Kopf des ersten, ließ fahren und — fehlte, ebenso den zweiten und den dritten. Da nahm ich meine Zuflucht zu der auf der Löwen= jagd einzig richtigen Methode, zu schießen und zu laufen, solange der Atem ausreicht, denn eine regelrechte Pirsch ist meist zwecklos. Fast stets gelingt es auch ohne jede Deckung, an einen trollenden Löwen mit gutem Wind heranzukommen, da er in der Bewegung schlecht äugt. Hierauf rechnete ich. Ich nahm also die Büchse in die Hand und bahnte mir so schnell als möglich durch das Gras, welches mir bis an die Brust reichte, einen Weg in die Schlucht hinab, den Askari abschüttelnd, welcher mich vor Furcht am Rock zurückzuhalten suchte. „Simana bana, simba wengi" — bleibe stehen, Herr, es sind eine Menge Löwen — wiederholte er einmal über das andere. Aber ich ließ mich nicht beirren, denn nur, wenn es mir gelang heranzukommen, konnte ich auf Jagdglück rechnen.

Da, als ich eben in der Talsohle angelangt war, schwenkten die Tiere ab und flüchteten den jenseitigen Hang, von meinem Standort etwa 300 m entfernt, hinauf. Mit hohem Visier angelegt und Feuer! Aber die körper= liche und seelische Erregung war zu groß. Ich fehlte abermals!

Also weiter heran! Durch die Schlucht ging es nun mit wildem Arbeiten durch das hindernde hohe Gras. Auf der halben Höhe des jen= seitigen Hanges angelangt, bekam ich endlich zwei der Raubtiere frei. Ein mittelstarker männlicher Löwe quittierte die Kugel auf 150 Schritt durch Schlagen des Schweifes und jenes eigentümlich dumpfe Knurren, das jedem, der es einmal gehört, unvergeßlich bleibt. Wir fanden auf dem Anschuß Schweiß und mit vorgehaltener, entsicherter Büchse begann die Nachsuche. Wer jemals einem angeschossenen Löwen ins dichte Gras gefolgt ist, der kennt das Gefühl unheimlicher prickelnder Spannung, das auch den Mutigsten beschleicht, wenn er Schritt für Schritt mit vorgehaltener

Büchse tiefer eindringt, jeden Augenblick des Angriffs gewärtig. Meine Nerven wurden aber auf keine allzu harte Probe gestellt, denn dem ständig stärker werdenden Schweiße folgend, sah ein Askari plötzlich fünf Schritt vor sich durch das Gras das Fell des Löwen schimmern. „Kaputi, bana"[1]), wandte er sich zu mir.

Ich habe oft die Erfahrung gemacht, daß der Löwe „laut" verendet, d. h. daß er im Verenden Töne von sich gibt, die, schwer definierbar,

Kapitaler Löwe, erlegt vom Verfasser am 19. Juli 1907 am Kakitumbe-Bach.

etwa wie schmerzliches Brummen klingen. Auf dieses „Klagen" hin war inzwischen Dr. Schubotz, der schon nach meinen Schüssen seinen Posten verlassen hatte, vollends herangekommen und schüttelte mir beglückwünschend die Hand. Wir waren noch in Betrachtung des prächtigen alten Burschen vertieft, als der Boy Almas die Hand ausstreckend rief: „Sieh, Herr, noch zwei weitere." In der Tat wechselten zwei Löwinnen auf etwa 500 Schritt über die Kuppe eines Berges. Sofort ließ ich bei dem erlegten Löwen eine Wache zurück und bald im Geschwindschritt, bald im Dauerlauf ging es den Flüchtigen nach. Die Anstrengung war ungeheuer,

---

[1]) Kaputi = kaputt, beliebter Ausdruck für tot.

denn es gab unzählige Kuppen zu überwinden und das Gras reichte stellenweise bis zur Brust hinauf. Die Pulse klopften und das Herz schlug zum Zerspringen, während der Schweiß buchstäblich in Strömen am Körper herunterlief. Aber was würde man nicht alles tun, um ein solches Wild zu schießen! Lieber tot, als die Verfolgung aufgeben, solange noch etwas Aussicht auf Erfolg vorhanden ist. Aber trotz aller Anstrengung vergrößerte sich die Entfernung mehr und mehr und so gab ich schließlich die Verfolgung auf, Schubotz die Beute überlassend, und kehrte zu dem erlegten Löwen zurück, um ihn abzudecken.

Kaum hier angelangt, stürzte ein Junge auf mich zu: „Soeben sind fünf andere Löwen hier vorbeigelaufen", schrie er atemlos. Meine aufsteigenden Zweifel wurden sofort von allen Seiten widerlegt. Zehn Hände deuteten zugleich auf eine sanft abfallende Lehne in der Richtung des abgetriebenen Akanthusgebüsches. Und tatsächlich sah ich dort auch zwei Löwenköpfe aus dem Grase auftauchen. Ich befahl also einem Askari, die Arbeit des Abdeckens zu übernehmen, und machte mich auf zur neuen Verfolgung. Eine wilde Jagd begann; die Löwen immer vor mir her trottend, ich im Laufschritt folgend. So verrinnt Viertelstunde auf Viertelstunde. Schon will ich, am Ende meiner Kräfte angelangt, von der weiteren Verfolgung ablassen, da stellt sich endlich ein halb erwachsenes männliches Exemplar auf 200 Schritt breit vor mich, zurückäugend. Obwohl ich so atemlos war, daß ich kaum die Büchse ruhig zu halten vermochte, quittiert er dennoch den Schuß. Zusammenruckend und mit dem Schweife schlagend, flüchtet er ärgerlich brummend in das Akanthusgebüsch zurück. Mit ihm zwei weibliche Tiere.

Die beiden anderen Löwinnen hatten sich abgetrennt. Es galt jetzt sie zu erreichen. Nach zweistündiger weiterer Verfolgung der Fährten, während welcher ich ab und an die Löwinnen selber gewahrte, sah ich beide endlich frei oben auf der Kuppe eines Berges, auf 200 m zu mir herabäugend, ein Anblick, wie ihn Meister Kuhnerts Hand so trefflich darzustellen versteht. In scharfen Umrissen hoben sich die dunklen Silhouetten der Raubtiere von dem tiefen Rot des Abendhimmels ab. Alle meine Ruhe zusammennehmend ging ich mit dem Korn ins Ziel und schoß. Kugelschlag! Die Löwin fuhr vorne nieder und verschwand taumelnd im Grase. Schnell hatte ich repetiert und auch die zweite empfing meine Kugel. Die erste fanden wir wenige Schritte weiter im Busch verendet;

die hereinbrechende Dunkelheit aber hinderte die Nachsuche auf die andere. Sie ward nicht mehr gefunden.

Mit der Beute kehrten wir nun zu dem vorhin erlegten Löwen zurück, wo bald auch Schuboß und Wintgens eintrafen, ebenso halali wie ich. Wintgens war es durch einen Meisterschuß nach einigen vergeblichen Versuchen gelungen, eine Löwin, die über eine Brandstelle flüchtete, auf

Wanjambo-Hütte am Kagera.

350 Schritt zur Strecke zu bringen; Schuboß war nicht mehr zu Schuß gekommen. Hätte das Resultat auch besser sein können, so war die Stimmung am Abend im Lager doch sehr vergnügt und mehr als eine der eigentlich nur für Krankheitsfälle mitgenommenen Flaschen Sekt mußte die Menge der verlorenen Feuchtigkeit einigermaßen ersetzen.

Am 13. Juli beschlossen wir wiederum, eine Tagestour nach Osten zu unternehmen, um womöglich den Kagera zu erreichen. Mit 20 Trägern erfolgte bei Sonnenaufgang der Aufbruch. Wir überschritten den Kalangassa und passierten den Ndama-Berg an seinem Nordabhang. Je weiter nach Osten, desto gebirgiger und romantischer wurde die Gegend, belebt durch

Ins innerste Afrika. 5

starke Rudel von Elenantilopen, Jimära (Leierantilopen) und Zebra. Die Steppe ist vorwiegend mit Schirmakazien bestanden, die sich stellenweise zu hochstämmigem, schattigem Walde verdichten. An einem solchen Teil am Hange einer Bergkuppe bemerkten wir auch ein aus fünf Köpfen bestehendes Rudel der Pferdeantilope.

Wir hatten die Entfernung bis zum Kagera aber wesentlich unterschätzt. Dazu kam noch der Umstand, daß wir durch die vielfach vorgelagerten Kuppen unwillkürlich etwas nach Südosten abgewichen waren. Als der Spätnachmittag hereingebrochen war, blieb uns daher nur die Umkehr übrig. Bei völliger Dunkelheit, nach 14stündiger Abwesenheit, erreichten wir müde das Lager.

Schon am folgenden Tage wurde der Lagerplatz weiter nach Süden verlegt. Die neue Verteilung der Lasten erforderte nicht geringe Mühe, da die große Anzahl hinzugekommener zoologischer Sammlungen ein erhebliches Mehr von Trägern notwendig machte. Wir waren in arger Verlegenheit, als zum Glück eine aus den bewohnten Gegenden westlich des Kakitumbe=Baches bestellte Verpflegungskarawane anlangte. Von dieser wurden die kräftigsten Leute zu Hilfsträgern gedingt. Auf dem Marsch stießen wir auf eine von der Hauptkarawane vom Mohasi=See kommende, für Weiß bestimmte Verpflegungskarawane, welche uns die erste Post aus Deutschland brachte. Von ihr erhielten wir auch die ersten authentischen Nachrichten über Weiß, sowie über Wiese, dessen Lager am Mohasi=See sie passiert hatte. Wohl hatte ich vereinzelte Meldungen erhalten, doch hatten die Ereignisse dieselben meist überholt und mehr oder minder illusorisch gemacht. Die Karawane war an den Kagera südlich des Oregero=Berges beordert. Ein paar Zeilen verständigten Weiß und Kirschstein über unsere Maßnahmen.

Das neue Lager lag hart an einem weit ausgedehnten, sich nach Süden zu erstreckenden Papyrussumpf, einem Dorado für Büffel. Ebenso unbekannt wie die eben verlassene Gegend, mußten zoologische Sammlungen aus ihr unbedingt Überraschungen bringen.

Wie alle Forscher, so hatten auch wir unseren Ehrgeiz darein gesetzt, der Zeit entsprechend möglichst lückenlose Sammlungen heimzubringen. Und da ich die Vorliebe des Professors Matschie vom zoologischen Museum zu Berlin speziell für die Artenverbreitung der Büffel kannte, so wünschte ich sehr, dies gewichtige Glied in der sich ständig mehr schließenden Kette seiner Beobachtungen zu ergänzen. Fünf volle Tage habe ich auf die Büffeljagd verwandt, aber alle meine Anstrengungen, ein Exemplar zu erlegen, schlugen fehl. Oft kam ich an ein Rudel heran, aber nicht zu vermeidende Geräusche, das Krachen eines Papyrusstengels oder ein falscher Windstoß verrieten den Jäger und machten seine Bemühungen zuschanden. Bei herrlichem Vollmondschein habe ich auch die Nachtruhe geopfert, um mein Ziel zu erreichen. Vom Lager, welches eine Stunde südlich verlegt worden war, pirschte ich bis Mitternacht in diesem unwirtlichen und unglaublich schwierigen Gelände umher. Oft hörte ich die Büffel rings um mich her durch den Papyrus ziehen und mit der Büchse an der Wange erwartete ich ihr Erscheinen auf einer der vielfachen Lichtungen. Alles vergebens. Ich kam nicht ein einziges Mal zum Schuß und enttäuscht kehrte ich ins Lager zurück, von Moskitos entsetzlich zerstochen. Lange vor Tagesanbruch brach ich schon wieder auf. Das charakteristische, kurz ausgestoßene Gebrüll eines Leoparden fesselte mich zuerst. Aber trotz des Vollmondscheines sichtete ich ihn nicht. Abermals ging es hinein in den Sumpf, nur mit dem getreuen Ombascha Mtoni, meinem Begleiter aus der Massaisteppe von 1905. Alle anderen Leute blieben am Eingang des Sumpfes zurück. Resultatlos wieder bei den Leuten angelangt, zeigten sie mir die frischen Fährten zweier Löwen, die auf Büchsenschußweite herangekommen, auf ihr Geschrei sich aber davon gemacht hatten. Auch das noch!

Der 23. Juli brachte wieder Korrespondenz. Ein Brief von Weiß, vom Oregero datiert, mit der Bitte um Nahrungsmittel lief ein. Er hatte sich augenscheinlich mit der Verpflegungskarawane gekreuzt. Ferner erhielt ich einen Brief von Hauptmann von Grawert, dem Residenten von Ruanda, welcher mich einlud, auf dem Weitermarsche vom Mohasi zum Kiwu=See die Residenz des Sultans Msinga von Ruanda zu besuchen, wo er uns erwarten wollte und wo zu unserem Empfange schon große Vorbereitungen getroffen würden. Ein Bericht nach Leipzig nahm ferner den ganzen Vormittag in Anspruch.

Die einlaufende Verpflegung nahm so erschreckend ab, daß unseres Bleibens in der Gegend nicht mehr war, wollten wir ernstliche Konflikte vermeiden. So wurde der Aufbruch zum Mohasi vereinbart. Schubotz, dem es daran lag, einige Tage zur systematischen Untersuchung der Sumpffauna am Mohasi=See zuzubringen, trennte sich von uns, um den See direkt zu erreichen. So blieb ich mit Wintgens und Weidemann allein. Diesem passierte noch das Abenteuer, daß er, kaum 100 Schritt vom Lager entfernt, mit einem kapitalen Büffelbullen waffenlos zusammentraf, als er von der Abnahme des Blitzlichtapparates zurückkehrte. Da sein Gewehrträger aber weit ab war, entkam auch diesmal das ersehnte Wild.

In dieser Gegend schien sich alles gegen uns verschworen zu haben, denn auch Wintgens hatte Grund, mit dem Schicksal zu hadern. Zu einem letzten Versuche kehrte er in den Büffelsumpf zurück und hatte das Glück, in der Morgendämmerung ein Rudel auf einer Lichtung zu gewahren. Schußmäßig herangekommen, hielt er auf den Kopf eines ihn spitz von vorne anäugenden kapitalen Bullen, der im Feuer zusammenbrach.

Als darauf das Rudel flüchtig werdend durcheinandertobte, krachte ein zweiter Schuß auf eine Büffelkuh. Eine Zeitlang noch hörte er das Brechen der Papyrusstengel und das Getrampel der davonjagenden Tiere. Dann wurde es still. Als Wintgens nun freudestrahlend dahin lief, wo der Bulle liegen mußte, verzog sich sein Gesicht zu unförmlicher Länge, denn — der war fort! Die Kugel war wohl auf das starke Gehörn geschlagen und die Erschütterung hatte den Büffel momentan betäubt. Voilà tout. Die Nachsuche auf die stark schweißende Kuh zeitigte auch kein Resultat.

Je mehr wir uns dem Süden näherten, desto bevölkerter wurde die Gegend. Vereinzelt traten uns schon die prachtvollen schlanken Gestalten der Ruanda-Beherrscher, der Watussi, entgegen, die Verpflegung bringend den Karawanen vorausschritten. Auf den kahlen Bergkegeln und den langgezogenen Rücken bemerkte man Dörfer, teilweise mit hohen Wolfsmilchhecken umgeben. Die Bevölkerung zeigte sich zugänglich und war auf gutes Zureden zu allem willig. — Der Höhenlage entsprechend konnte es sehr kalt sein, und den europäischen Winterrock mochte man am Abend im Freien nur ungern entbehren.

Am 27. früh 5 Uhr durchschritten wir bei hellem Mondlicht den Russenje. Der Weg zieht sich dann anfangs durch bewohnte Gegenden hindurch, bis er sich in weiter Grassteppe, die mit wenigen Schirmakazien bestanden ist, verliert. Es zeigten sich viele Rudel Leierantilopen, Swala, Zebra, Riedböcke und Zwergantilopen. Hier gab es endlich wieder Fleisch für unsere Träger, ein Umstand, der die gute Stimmung erhöhte. Auf der Spitze des Lubona-Berges wurde Lager bezogen.

Als wir in der Frühe des 28. Juli über die langgestreckten Höhen
Ost-Ruandas marschierten, lag plötzlich der schmale Spiegel des Mohasi-
Sees vor uns, den wir nach Angaben der Eingeborenen erst am nächsten
Tage zu erreichen hofften. Es sollte auch das Lager Wieses nicht weit
entfernt sein, und eine Stunde später konnten wir ihm tatsächlich nach
dreiwöchiger Trennung wieder die Hand schütteln. Er war ebenso erstaunt wie wir und nicht minder erfreut, da er nach Schluß seiner

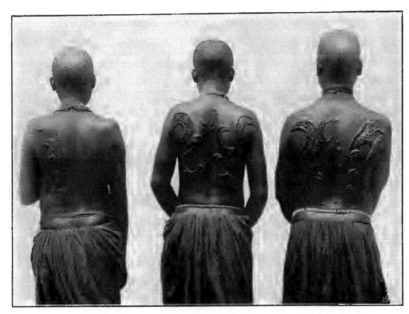

Ziernarben der Wakondjo am Albert Eduard-See.

Routenaufnahme, welche ihn vom Kakitumbe-Bach bis hierher geführt
hatte, bereits seit 14 Tagen unserer harrte. Sein hart am Ufer des
Sees gelegenes Standlager wurde von einem mächtigen Ficus beschattet,
auf dem eine Reiherkolonie, unbekümmert um das sich unter ihr abspielende
Lagerleben, ihr Wesen trieb. Wiese hatte diesen Aufenthalt benutzt, um eine
umfangreiche Sammlung aller Arten Tätowierungen und der sehr interessanten
Ziernarben anzulegen, die er bis an den Kongo vervollständigte.

Das Studium der Tätowierungen und der Ziernarben, die über ganz
Zentralafrika verbreitet sind, ist außerordentlich bemerkenswert. Es bedarf
aber großen Fleißes und eingehender Forschung, um dem Wesen und dem
Gedankenwege, der dieser Sitte zugrunde zu liegen scheint, auf die Spur zu

kommen. Wiese fand beispielsweise bei den vielen Hunderten von Mustern, die er kopierte, immer wiederkehrende Formen mit häufig wechselnden Nebenzeichen. Sie bedeuteten nach Aussagen der Eingeborenen Stammesabzeichen, an denen die Mitglieder ihre Zusammengehörigkeit zu erkennen scheinen. Die Ziernarben, die bei den Bewohnern des Albert-Eduard-Sees und des gesamten Kongo-Beckens am stärksten ausgeprägt zu finden sind, werden durch eine Reizung resp. künstliche Entzündung der Haut hervorgerufen. Diese wird in der Form des gewünschten Musters mit einem Messer geritzt. Die Wunden scheinen alsdann mit allerlei Pflanzenstoff und Schmutz, bei welchem der Ruß eine große Rolle spielt, beschmiert zu werden, wodurch sie anschwellen, oft zu fabelhafter Dicke. Bei den Bangala, dem Hauptstamm des Mittel-Kongo, sahen wir auf der Stirne Narbenwulste, die fast die Höhe von 2 cm erreichten. Man findet ungezählte Variationen, in denen die Halbmondform am meisten wiederkehrt.

Wiese und ich fanden viel Arbeit vor, da eine ungeheure Post uns erwartete. Vor allem mußten neue Dispositionen ausgegeben werden. Das verbündete Paar Weiß-Kirschstein erhielt detaillierte Nachrichten über unseren nunmehr einzuschlagenden Weg und über unsere Absichten. Mohasi-West wurde von der Ankunft benachrichtigt. Ein Brief, für Hauptmann von Grawert bestimmt, wurde nach Niansa gerichtet und bald flogen die postbefördernden Askari-Patrouillen nach allen Seiten ab. Zwei volle Tage hielt uns die Erledigung schriftlicher Arbeiten ans Zelt gefesselt und die Nomaden wurden zu seßhaften Leuten.

Nachdem Wintgens bereits tags zuvor zum Westende des Sees aufgebrochen war, folgten Wiese und ich am 30. Anfangs bewegten wir uns auf ziemlich bequemen Pfaden, die sich an oder auf den Bergen hinzogen und ab und zu einen Blick auf den schmalen, langgestreckten Spiegel des Mohasi-Sees gestatteten. Dann verlor sich der Pfad in tiefen Schluchten oder führte quer über hohe Kuppen dahin, wodurch die Kräfte der lastentragenden Mannschaft aufs äußerste angespannt wurden. Mehrere Wasserläufe wurden durchschritten, die den Ermüdeten willkommene Erquickung boten. Längst hatten wir den Rücken der Maultiere verlassen, die bei dem steilen Anstieg wiederholt mit den Knien den Erdboden berührten. Da verließen auch manchen der Träger die Kräfte; manch einer warf die Last ab und sank erschöpft zu Boden. Zudem ließ in den letzten Tagen die Gesundheit des Oberleutnant von Wiese zu wünschen übrig. Die Folgen einer starken Erkältung mit Fiebererscheinungen machten sich geltend. Der Ärmste litt infolgedessen schwer unter diesen Anstrengungen. So ging es zwei Tage lang durch mäßig dicht bevölkerte Gegend, bis plötzlich nach einer scharfen Biegung der Spiegel des Sees sichtbar ward und gleich darauf das Lager, in dem die Nachricht von unserer Ankunft große Bewegung hervorrief.

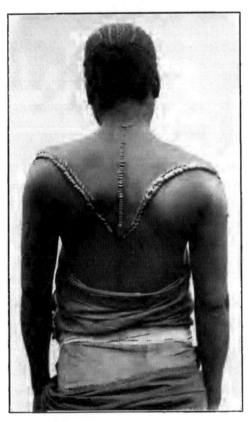

Ziernarben einer Mkondjo-Frau am Albert Eduard-See.

Zu meiner Freude konnte ich gute Nachrichten vernehmen. Alle waren wohl gewesen, nur Dr. von Raven hatte am Rückfallfieber gelitten. Seine Gesundheit hatte sich aber soweit gebessert, daß er vor zwei Tagen zu einem Abstecher in das nördliche Kissaka hatte aufbrechen können.

Schubotz war über die Befunde im Mohasi im allgemeinen weniger befriedigt, als er geglaubt hatte, erwarten zu können. Außer reichem Plankton lieferte der See wenig nennenswertes Material. Ich lasse seine Ausführungen, sowie die des Dr. Mildbraed, die zufriedener lauten, in Kürze folgen:

„Das westliche Ende des Mohasi=Sees geht in einen Papyrusumpf über und versprach deshalb besonders reiche zoologische Ausbeute. Um so enttäuschter waren wir, als wir hier in dem ersten von uns untersuchten größeren afrikanischen Wasserbecken eine viel dürftigere Fauna fanden, als wir sie von Deutschland her kannten. Trotz üppigen Pflanzenwuchses an dieser Stelle des Sees bedurfte es eifrigen Suchens, bis wir ein paar Schwämme und Moostierchen an Characeenstengeln fanden. Auch die Dredgezüge, die mangels eines geeigneten Fahrzeuges mit großen Schwierigkeiten verknüpft waren, standen mit ihren Resultaten, spärlichen Muscheln und Schnecken, in keinem Verhältnis zu der aufgewandten Mühe. Wir[1]) fuhren zu dem Zweck mit unserem kleinen Faltboot auf den See hinaus, warfen die Dredge ins Wasser und zogen sie unter Aufbietung aller unserer Kräfte ans Land.

Die an verschiedenen Stellen des Sees in verschiedenen Tiefen vor= genommenen Planktonzüge lieferten dagegen reiches Material, in welchem winzige Krebstierchen (Copepoden und Cladoceren) bei weitem vorherrschten. Weniger zahlreich waren die Rädertierchen.

Krokodile leben nicht im Mohasi=See, wie in keinem See Ruandas; auch Flußpferde sollten nach Aussage der Eingeborenen fehlen, bis wir eines Tages durch ein unmittelbar bei unserem Faltboot auftauchendes, sehr starkes Exemplar eines Besseren belehrt wurden.

Auffallend war uns der Mangel des Sees an größeren Fischen. Wir konnten nur fingerlange Barben und Cichliden hier erbeuten, und im Magen eines der hier häufigen Ottern fanden sich gleichfalls nur Reste von kleineren Fischen. Im Einklang damit steht die Tatsache, daß die Seeanwohner die Fischerei nicht ausüben.

Sehr arten= und individuenreich fanden wir die Ornis am Westende des Sees. Enten, Gänse, Schlangenhalsvögel, Wasserhühner, Rallen und Kiebitze beleben in Mengen den See, seine Ufer und die oft in ihm an= zutreffenden schwimmenden kleinen Schilfinseln."

Und Mildbraeds Bericht führte aus:

„Im allgemeinen sind die Papyrusümpfe arm an Arten, eine reiche Flora beherbergt dagegen der Mohasi=See in seinem westlichen Teil. Er entspricht sonst ganz den übrigen Tälern des Landes, er ist sozusagen der voll Wasser gelaufene untere Teil eines abflußlosen Tales, das im Westen

---

[1]) Ich begleitete Sch. öfters auf diesen Fahrten.

im Verlanden begriffen ist. Die Hauptgewächse sind Papyrus und Cladium mariscus, eine auch in Deutschland vorkommende Cyperacee, die hier mächtige Schilfbänke bildet. Beide setzen auch die zahlreichen fast schwimmenden Inselchen zusammen, die als abgetrennte Teile der schon geschlossenen Sumpfvegetation in das offene Wasser vordringen und sich leicht mit dem Boot zur Seite drücken lassen. Auf ihnen wachsen in Menge zwei Sträucher von weidenartigem Habitus (Myrica Kandtiana Engl.), zu Ehren ihres Ent-

Das sumpfige Westende des Mohasi-Sees.

deckers, des Residenten Dr. Kandt[1]), benannt, und merkwürdigerweise eine Ficusart (F. praeruptorum Hiern var. ruandensis Mildbr.), wohl die einzige, die von ihren so zahlreichen afrikanischen Verwandten in eine echte Sumpfformation eintritt.

Das offene Wasser bedecken zwei Seerosenarten, die beide als neu erkannt worden sind, Nymphaea Mildbraedii Gilg und N. magnifica Gilg; mit ihren in allen Schattierungen zwischen rosenrot und blau wechselnden Blüten und den schönen großen Schwimmblättern bilden sie eine prächtige Zierde des Sees.

Dazu kommen noch in den Schilfbänken Sumpffarne und einige andere Gewächse, deren Aufzählung aber hier zu weit führen würde, und im Wasser Pflanzen wie: Potamogeton, Laichkraut, Najas, Nixkraut, und Cerato-

---

[1]) Dr. Richard Kandt ist seit 1908 Resident Ruandas.

phyllum, Hornblatt, die eine weite Verbreitung besitzen und in ganz ähnlichen Formen auch in europäischen Gewässern gedeihen."

Auf den vorerwähnten schwimmenden Inseln erschien mehrmals eine rotbraune Sumpfantilopenart, von welcher ein Exemplar von Czeczatka erlegt wurde.

Nicht ohne Befriedigung konnten wir hier die Summe der bis jetzt geleisteten Arbeiten ziehen. Wenn auch die Kartographierung und geologische Erkundung der durchwanderten Gelände noch nicht ganz zum Abschluß gekommen war, so ging sie doch ihrem Ende entgegen. Ungeheure Mengen der verschiedensten Sammlungen bedeckten den Boden rings um das Expeditionslager und 60 Lasten gesammelten wissenschaftlichen Materials wurden vom Mohasi wiederum zur Heimat abgesandt.

Wir aber wandten uns westwärts, um Ruanda und danach den Kiwu-See aufzusuchen. Eine neue Arbeitsperiode begann.

IV.

Durch Ruanda zum Kiwu=See.

Sultan Msinga und seine Getreuen.

IV.
Durch Ruanda zum Kiwu-See.

Der Anfang des Monats August führte uns endlich in das Sagenland Ruanda. Seit Wochen hatten wir diesem Erlebnis mit Spannung entgegengesehen.

Ruanda ist wohl das interessanteste Land des deutsch-ostafrikanischen Schutzgebietes und ganz Zentralafrikas überhaupt, wohin es nach seiner ethnographischen und geographischen Lage gehört. Besonders interessant auch deshalb, weil es eins der letzten Negerreiche ist, das noch in absoluter Autorität von einem souveränen Sultan beherrscht wird und zur deutschen Oberhoheit in nur sehr loser und bedingter Abhängigkeit steht. Dabei ein Land, „wo Milch und Honig fließt", wo Vieh- und Bienenzucht blüht und der kultivierte Boden reiche Erträge bringt. Ein Bergland, dicht bewohnt, von hoher landschaftlicher Schönheit, mit unvergleichlich frischem und gesundem Klima. Ein Gebiet mit fruchtbarem Boden und vielen, nie versiegenden Wasserläufen, das dem weißen Ansiedler die glänzendsten Aussichten eröffnet.

Die erste Kunde, die wir aus Ruanda erhielten, verdanken wir dem Bericht des früheren Gouverneurs Deutsch-Ostafrikas, Grafen von Götzen, jetzigem preußischen Gesandten in Hamburg. Seitdem Graf Götzen im Jahre 1894 auf seinem Zug zum Kiwu hier durchkam, hat sich, wie es scheint, nur weniges verändert. Bloß der unfreundliche Charakter der Bevölkerung ist unter dem ständig weiter um sich greifenden Europäereinfluß einer ruhigeren Haltung gewichen. Später erhielten wir dann genaue Nachrichten über dies merkwürdige Land von Dr. Kandt, der seine Erlebnisse mit unvergleichlichem Erzählertalent in seinem bekannten, trefflichen Werke „Caput Nili" niedergelegt hat.

Mhutu beim Bau eines Getreidespeichers.

Kandt gilt mit Recht als einer der besten Kenner Ruandas. Zwei kleine Besitzungen, Kagira am Mashiga=Bach und Bergfrieden am Südende des Kiwu, legen von seiner Liebe für diesen Gebietsstrich Zeugnis ab. Neben ihn stellt sich würdig die Persönlichkeit des Hauptmanns von Grawert, der in zehnjähriger Tätigkeit die Residentur geführt hat, bis die Trennung von Urundi und Ruanda eine Neueinteilung in der Verwaltung erforderte. Grawert hat mit diplomatischem Geschick und großer Umsicht sein schwieriges Amt verwaltet und es meisterlich verstanden, die anfangs renitente Bevölkerung allmählich und unmerklich der deutschen Herrschaft näher zu bringen.

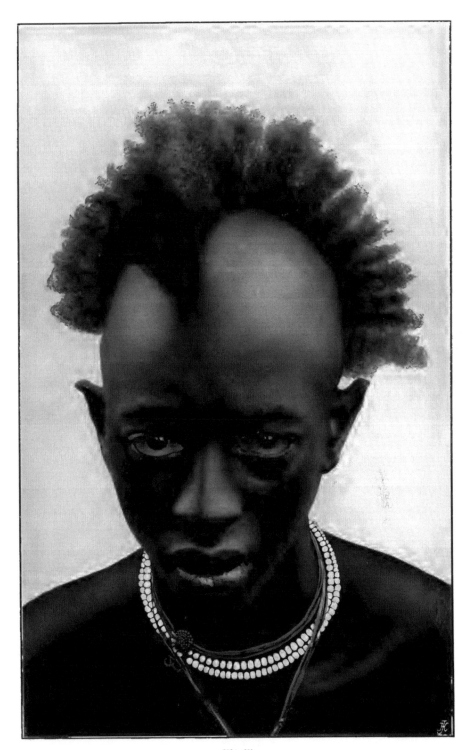

Mtussi.

Ruanda ist neben Urundi wohl das letzte Sultanat oder „Königreich" Zentralafrikas, das heute noch wie vor Jahrhunderten, von einem Fürsten

Die beiden Herrscher Ruandas: Msinga und Hauptmann von Grawert.

in unumschränkter Autokratie beherrscht wird. Hier gelten noch die Grundsätze von ehedem. Ein Wille regiert und Nebensultane werden nicht geduldet.

Die Verwaltung Ruandas weicht in ihrer äußeren Betätigung von der des Bukoba-Bezirkes sehr erheblich ab. Wir haben gesehen, daß der Bukoba-Bezirk eine große Anzahl mehr oder minder gleichberechtigter Sultane beherbergt. Da für die Verwaltung Zentralisation erwünscht ist, eine geringere Zahl von Sultanen [im Bukoba-Bezirk „Mukama"[1]) genannt] sich leichter beaufsichtigen und in der Hand behalten läßt, so ist der dortige Resident bestrebt, allmählich, sei es durch Erbgang oder Vertrag, ihre Zahl zu verringern. Die vorhandenen Sultane beugen sich willig unter die Oberhoheit der Regierung und rufen häufig, selbst bei Kleinigkeiten, die Entscheidung des Residenten an. Durch seine Hand gehen alle persönlichen Angelegenheiten der Sultane; kenne ich doch einen Fall, in dem der Ankauf eines Sultansesels durch einen Weißen vom Residenten dem Sultan gegenüber scharf gerügt wurde, da seine Erlaubnis hierzu vorher nicht eingeholt worden war. — Die niedere Gerichtsbarkeit liegt bei den Sultanen, Todesurteile und andere schwere Strafen werden aber vom Residenten verhängt, dem natürlich auch freisteht, in leichteren Fällen einzugreifen.

Anders in Ruanda bezw. Urundi, von denen uns hier nur ersteres Land interessiert. Hier fand man deutscherseits fast ein Jahrzehnt nach Gründung Bukobas viel unberührtere, viel dichter bevölkerte Gegenden vor, regiert von einem Sultan, der Herrscher über etwa 1½ Millionen Menschen ist. Einen so mächtigen Herrscher, der bis dahin sein ausgedehntes Reich nach fest eingewurzelten Sitten und in absoluter Autokratie regiert hatte, nun plötzlich zu zwingen, nichts mehr ohne Erlaubnis des fremden Eroberers, der europäischen Residenten, zu unternehmen, erschien für jeden, der mit afrikanischen Verhältnissen vertraut ist, unmöglich. Er hätte sich niemals freiwillig dem neuen Regime unterworfen. Blutige Kämpfe, die eine große Zahl Menschenleben gekostet hätten, wären die unausbleibliche Folge gewesen. Auch hätte die plötzliche Veränderung der bestehenden Verhältnisse schwere pekuniäre Opfer gefordert, da das Gouvernement genötigt gewesen wäre, an Stelle der Sultansorgane eine bei der großen Kopfzahl der Bevölkerung notwendige entsprechende Anzahl weißer Beamten zu setzen. Da diese Maßnahme sich als unausführbar herausgestellt hätte, so wäre völlige Anarchie die Folge gewesen. Man beließ daher dem Lande seine bewährte Organisation und dem Sultan die volle Gerichtsbarkeit über die Stammesgenossen unter Aufsicht des Residenten, der Grausamkeiten nach

---

[1]) Mukama = Fürst.

Wahutu.

Möglichkeit verhindert. Mit einem Wort, die Regierung erkennt den Sultan nicht als Landes-, wohl aber als Stammesherrn an. Angehörige nicht in

Sultan Msinga von Ruanda.

Ruanda angesessener Stämme unterstehen deshalb auch nicht der Sultansgerichtsbarkeit, sondern der des Residenten.

Der Grundgedanke ist aber bei allen Residenturen der gleiche. Man will den Sultan und die maßgebenden Persönlichkeiten stärken und reich machen, um sie durch Anerkennung und Gewährung der ihnen aus ihrer Stellung erwachsenden Einnahmen und Ehrenrechte materiell so stark am Fortbestehen der deutschen Herrschaft zu interessieren, daß Aufstandsgelüste nicht aufkommen können, da sich ihre Lage dann durch Fortfall der jetzt sicheren, festen Einnahmen nur verschlechtern könnte. Daneben will man

Watussi.

durch stete Beaufsichtigung und Leitung des Sultans und Ausnutzung seiner Gewalt zivilisatorisch wirken. So soll allmählich, ihm selbst und der Bevölkerung fast unmerklich, der Sultan nur ausführendes Organ des Residenten werden.

Hieraus erklärt sich die scheinbare Verletzung des so gern zitierten Grundsatzes: divide et impera; scheinbar nur, denn der Resident wie der Sultan spielen die verschiedenen Unterhäuptlinge gegeneinander aus und haben alle Vorteile, die eine straffe Zentralisation gewährt. Das erklärt auch, was von Uneingeweihten stets als Fehler bezeichnet wird, daß der Resident den Sultan im eigensten Interesse gegen etwa rebellisch werdende Unterhäuptlinge schützt und nicht etwa diese gegen den Sultan unterstützt.

Ein Umstand ferner, der dem Residenten in Bukoba seine Aufgabe wesentlich erleichtert, ist, daß durch den Dampferverkehr auf dem See und den infolge der Eröffnung der Uganda=Bahn eingetretenen wirtschaft= lichen Aufschwung dort den Leuten tagtäglich die Macht der Europäer und der Nutzen ihrer Freundschaft vor Augen geführt wird, während in Ruanda noch auf Jahre hinaus mit derartigen Eindrücken nicht zu rechnen ist.

Mtussi.

Der Respekt vor dem „Mami", wie der offizielle Titel des Sultans heißt, ist aber ein gewaltiger. Selten nur wird es jemand wagen, sich gegen seinen Willen aufzulehnen, und das mit gutem Grunde, denn der Sultan ist Besitzer des Landes mit allem Inventar, mit den Shamben und allen Rind= und Kleinviehherden. Die Nutznießung kommt zwar der Bevölkerung zugute, der Sultan ist aber jederzeit berechtigt, sein Eigentum nach Be= lieben von seinen Untertanen zurückzufordern.

Die Bevölkerung des Landes setzt sich aus drei großen Klassen zu= sammen, den Watussi, den Wahutu und dem kleinen Volk der Batwa, das hauptfächlich in den Bambuswäldern von Bugoie, in den Sümpfen am Bolero=See und auf der Insel Kwidschwi des Kiwu heimisch ist.

Die Urbevölkerung bilden die Wahutu, ein ackerbautreibender Bantu= Stamm, der, man könnte sagen, die wirtschaftliche Erdausnutzung des Landes besorgt. Ein mittelgroßer Menschenschlag, dessen unschöne Formen harte Arbeit verraten und der sich geduldig in völliger Knechtschaft der Ruanda beherrschenden, später eingewanderten Rasse der Watussi beugt.

Die Einwanderung der Watussi hängt zweifellos mit der großen Völkerbewegung zusammen, die Ostafrika den Stamm der Massai ge= bracht hat. Dieselben Argumente, die Merker bewogen haben, die Massai als einst von Norden her, aus Ägypten oder gar Arabien ein= gewandert zu erklären, werden wohl auch auf die Watussi Anwendung finden können. Wir finden in der Tat viele verwandte Züge bei beiden Völkerstämmen, die hier aufzuzählen zu weit führen würde. Die Watussi sind ein hochgewachsener Stamm von geradezu idealem Körperbau. Längen von 1,80 m, 2,00 m, ja sogar 2,20 m sind keine Seltenheiten, durch die die Gestalt aber keine Einbuße erleidet. Während die Schultern meist kräftig gebaut sind, zeigt die Taille oft eine fast beängstigende Dünne. Die Hände sind vornehm und überaus fein gebaut, die Handgelenke von fast weiblicher Zierlichkeit. Wie bei den orientalischen Völkerschaften finden wir auch hier den graziösen, lässigstolzen Gang, und an den hohen Norden Afrikas erinnert auch der bronzefarbene Ton der Haut, der neben der dunklen häufiger zu finden ist. Überaus charakteristisch ist der Kopf. Un= verkennbare Merkmale des fremden Einschlages verraten die hohe Stirn, der Schwung der Nase, das edle Oval des Gesichtes.

Unter dem Herrscher, der dem alten Watussi=Geschlecht der Bega[1]) entstammt, verwaltet eine Reihe Unterhäuptlinge (Watuales), ebenfalls Watussi oder Wahima, die „Interessen" des Landes als Vorsteher großer Distrikte. Häufige Besprechungen mit dem „Mami" bedingen manchen Gang zu seiner Residenz und es scheinen bei solchen Gelegenheiten stets größere Quantitäten von „Msoga", wie das aus Bananen mit gemälztem roten Sorghum durchsetzte Gebräu auf Kinjaruanda heißt, verbraucht zu werden, um die Klärung schwieriger Fragen und Beschlußfassungen herbeizuführen. Das Gehöft des Sultans mag dann Schauplatz mancher wüster Orgien sein, denn Lärm und Trommelschlag ist oft die ganze Nacht hindurch bemerkbar.

---

[1]) Erwähnt sei, daß ein Stamm namens Bedja in Nubien heimisch ist.

Vornehmer Mtuale.

Wie der Herrscher, so entstammen die Watuales einzelnen großen Familienverbänden oder Clans. Diese Verbände besitzen Grund und Boden, zahlen dem Sultan Steuern, üben vor allem Blutrache und besitzen ein Totem, ein Verehrungsobjekt, das meist ein Tier oder eine Pflanze ist.

Die Blutrache ist nach Czekanowski der eigentliche Faktor, der den Verband zusammenhält. Mit ihrer Beseitigung fällt der „Clan" zusammen. In Gebieten, wo die Clans gemischt untereinander wohnen, die Verbandsmitglieder sich also nicht, ohne Aufsehen zu erregen, zusammenrotten können, wird die Blutrache meist in Gestalt eines Geheimmordes ausgeübt. Dort aber, wo die einzelnen Clans unter ihrem Senior getrennt voneinander wohnen, nimmt sie oftmals den Charakter eines Krieges an. Eine gewisse Anzahl solcher „Clans" vereinigt sich nach Czekanowskis Untersuchungen zu einem Stamm, der meist einen gemeinsamen Namen hat und durch eine unter seinen Mitgliedern allgemein verstandene Sprache charakterisiert ist, der aber einen sehr verschiedenen Grad von Solidaritätsgefühl aufweist. Während zum Beispiel Czekanowski dieses in sehr ausgesprochenem Maße später bei den Azande fand, waren sich andere Stämme, wie die Bakumu-Babira, ihres Zusammenhanges kaum bewußt. Czekanowski konstatierte, daß die Zahl der Clans, aus der sich ein Stamm zusammensetzt, zwischen 12 (bei den Bakondjo) und 70 (z. B. bei den Banjoro, die mit den Wanjaruanda eng verwandt sind) schwanken kann.

Jeder Clan verehrt, wie erwähnt, ein Totem, das auf Kinjoro „Umuzimu" heißt. Das Totem, wenn es ein Tier ist, zu töten oder zu essen, ist verboten. Dieses Eßverbot wird „Umuziru" genannt. Es steht in engem Zusammenhange mit dem weitverbreiteten Glauben an eine Seelenwanderung, denn man glaubt, daß der Geist verstorbener Verwandter im Verehrungsobjekt wohnt. Die Unsicherheit, nicht zu wissen, welcher Verstorbene in dem Einzelobjekt der Totemsgattung, das man vor sich hat, steckt, ließ es geratener erscheinen, dasselbe in Frieden zu lassen. Aus dieser Vorsicht heraus entwickelte sich offenbar mit der Zeit das Verbot.

In Ruanda herrscht der Glaube vor, daß der Geist der verstorbenen Herrscher in den Leoparden fahre, die ihr Volk als solche dann plagen.

Nachstehend einige Verbandsnamen der Wanjaruanda und deren Totem:

Der verbreitetste und gefürchtetste Clan ist der der Bega; sie haben die Kröte als „Umuzimu". Ein anderer Familienverband, die Wanjiginga, verehren den Kronenkranich, die Bagessera die Bachstelze.

Weiterhin finden wir den Clan der Wankono, deren Totem, wie ich hörte, das Schaf und die Ziege sind. Der Bakora-Umuzimu ist das Chamäleon, die Wasinga halten eine gewisse Art Rinder mit schmutzigbraun gemustertem Fell als heilig, die Batwa im Bugoie-Walde den Impundu, den Menschenaffen, usw.

Der höheren Kultur, die wir bei den Watussi finden, kommen die klimatischen Verhältnisse zu Hilfe. Diese sind für ein äquatoriales Land geradezu ideale. Die durchschnittliche Höhenlage von etwa 1600 m schließt wirk=

Feldarbeit der Wanjaruanda.

liche Hitze aus. Die Temperatur gleicht vielmehr einem warmen Sommertage bei uns. Abends und während der Nacht tritt eine erfrischende Kühle ein, die auf den Schlaf einen wohltuenden Einfluß ausübt. Fiebererscheinungen gehören, da der die Malaria übertragende Moskito (Anopheles) fast ganz fehlt, zu den Seltenheiten. Man findet wohl vereinzelt Malariaparasiten im Blute der Ruanda-Bewohner, doch dürften diese meist aus weniger gesunden Gegenden, wo der Anopheles vorkommt, eingeschleppt sein. Auch nach Ravens Untersuchungen scheint die Malaria in Ruanda im Verhältnis zur Bevölkerungsdichte keine große Rolle zu spielen. Die dem Menschen und Vieh verderblichen Tsetsefliegen fehlen ganz und dies sichert diese Gegend vorläufig auch vor der verheerenden Schlafkrankheit, deren Überträgerin bekanntlich eine Tsetsefliege, die glossina palpalis, ist.

Wahutu.

Diese günstigen klimatischen Verhältnisse werden von den Watussi nach Kräften ausgenutzt, denn das Land besitzt einen unglaublichen Reichtum an Vieh, dessen Zucht sich dieses Hirtenvolk besonders widmet. Ungeheure Herden des großhörnigen Rindes und des Kleinviehs sieht man täglich auf den Berglehnen weiden, für deren Nahrung durch ständiges Ab=

Feldarbeit der Wanjaruanda.

brennen des trockenen Grases gesorgt wird. Die auf diesen Abbrandflächen hervorsprießenden jungen Triebe bilden eine besondere Delikatesse. Die Viehzucht und die landwirtschaftliche Leistungsfähigkeit des Landes überhaupt wird erleichtert durch eine außerordentliche Anzahl kleiner, zum größten Teil auch in der Trockenzeit nicht versiegender kühler Wasserläufe.

Aus allem diesen ergibt sich, daß Ruanda in seinem weitaus größten Teile in hervorragender Weise zur Besiedlung durch Weiße geeignet erscheint, daß hier Viehzucht in großem Stile und auch Ackerbau lohnend getrieben werden könnte; denn die Qualität des Viehes ist ebenso vorzüglich wie seine Milch. Und da auch die Beschaffenheit des Erdbodens nichts zu wünschen übrig läßt, so steht es fest, daß hier ein ganz neues, großes Absatzgebiet geschaffen werden könnte. — Dies Gesamtterritorium ist aber dem Gouvernement ein ganz unbekanntes, und es wäre daher sehr zu wünschen, daß die Regierung oder das Gouvernement sich entschlösse, eine aus landwirtschaftlichen Sachverständigen sich zusammensetzende Kommission zur Begutachtung dort hinaufzusenden. Da die Landschaft Urundi im Süden Ruandas ganz gleiche und Uha westlich des Nord=Süd=Laufes des Malagarassi ganz ähnliche Verhältnisse aufweisen soll, so würde auch die Bereisung dieser Länder durch die vorgeschlagene Kommission zu empfehlen sein. Dieser müßte aber auch ein Forstmann beigegeben werden, denn die Waldfrage in Ruanda ist eine brennende.

Ruanda ist neben Urundi wohl das am dichtesten bevölkerte Gebiet Zentralafrikas. Man schätzt seine Einwohnerzahl auf 1½ Millionen. Dieser mit der Zeit zu solcher Höhe angewachsenen Bevölkerung hat aber naturgemäß der Waldbestand allmählich weichen müssen, um dem Ackerbau der Wahutu und der bedeutenden Viehzucht der Watussi zum Weidegang Raum zu geben. Heute verfügt Ruanda nur noch über zwei größere Waldkomplexe an seinen Grenzen, den Rugege=Wald am südöstlichen Kiwu und den Waldbestand der Landschaft Bugoie, die sich vom nördlichen Teile des Sees nach Osten hin erstreckt; außerdem sieht man auf den Bergkuppen hin und wieder alte Hainreste, die als geheiligt gelten und darum geschont werden. Sie bezeichnen die Stätten alter Häuptlingssitze. Meist findet man da oben Prachtexemplare von Ficus. Kleinere Bestände von Acacia abyssinica, die aber recht selten sind, dürften nach Mildbraed als Reste ursprünglicher Vegetation anzusehen sein. Das große Zentrum des Landes ist dagegen völlig kahl. Da aber die Frage des Brennholzes eine der wichtigsten für die Besiedlung ist, so sollte man schon jetzt sein Augenmerk auf diesen Punkt lenken, um durch Aufforstung geeignet erscheinender Gebiete dem Mangel abzuhelfen und vorausblickend kommenden Jahrzehnten vorzuarbeiten. Denn es unterliegt wohl keinem Zweifel, daß wir mit den jetzt endlich in schnellerem Tempo betriebenen Bahnbauten am Viktoria=See nicht Halt machen, sondern durch Weiterführung des Schienenstranges dermaleinst die reichen Gebietsstriche westlich des Sees der Nutzbarmachung nicht entziehen werden.

Mtussi, Mhutu, Mutua, die Hauptbewohner Ruandas.
Nach einem Gemälde von W. Kuhnert.

Die Karawane in Ruanda.

Am 4. August erfolgte vom Mohasi=See der Aufbruch nach Westen, der uns zunächst durch das sumpfige Ende des Sees hindurchführte. Um den Übergang zu bewerkstelligen, wurden große Mengen abgehauener Papyrusstengel schichtenweise übereinander gelegt. Auf dieser schwankenden, aber zuverlässigen Unterlage konnten selbst die Maultiere sicher passieren. Dann begann die übliche Krazelei, die besonders für die durch das lange Standlager außer Übung geratenen Träger mühevoll wurde.

Auf einem Hügel in der Nähe des Dorfes Katschuri stand einladend und weit ins Land schauend ein mächtiger Baum, dessen gewaltige Krone ein schattiges Lager versprach. Einige Bienenkörbe winkten verheißungs=voll aus seinen Ästen, süße Gabe versprechend. Dort wollten wir lagern, und bald streckten sich auch alle in der Hoffnung, nach getaner Arbeit gut zu ruhen, behaglich im Schatten des Baumes aus, während sich die Askari daran machten, die Zelte herzurichten.

Da fahre ich plötzlich, von einem schmerzhaften Stich hinter dem Ohr aus süßen Träumen aufgeschreckt, auf und schon fühle ich einen zweiten Stich auf der Nase. Wenig später ertönt auch Schubotz' Wehe=laut, der eben noch mit breitem Grinsen meinen Kapriolen zugeschaut hatte. Auch Wiese fuchtelt bereits, einen kräftigen Fluch ausstoßend, mit den

Ins innerste Afrika.   7

Händen in der Luft herum. Und nun sah man plötzlich überall rudernde
Arme, wedelnde Tücher. „Nnuki, nnuki", ruft es bald überall, „die Bienen,
die Bienen!" Und als hätten die Insekten nur auf diesen Kriegsruf ge=
wartet, so war auf einmal die Luft von den boshaften kleinen Tieren
angefüllt. „Nnuki, angalia¹) nnuki!" hallte es als Schlachtgeschrei über das
Lager. Einige Minuten wurde noch erbittert mit dem Feinde gekämpft,
dann gab es kein Halten mehr. Schmerzensschreie ertönten hier und dort, und
in unbeschreiblicher Verwirrung lief alles durcheinander. Wer noch ver=
sucht hatte, seine Last in Sicherheit zu bringen, der gab dies auf und
warf sie irgend wohin, und im Nu stürmte alles in wilder Flucht den
Hang hinab, von den erbosten Bienen verfolgt. Andere, und zwar die
klügsten, warfen sich ins Gras und blieben regungslos liegen; und sie
allein wurden verschont. Ziemlich verstört und zerstochen, aber auch etwas
kleinlaut ob der schmählichen Niederlage fanden wir uns endlich am unteren
Hange der langen Berglehne zusammen, auf der der Feind noch immer das Feld
behauptete.

Wiese kam auf den guten Einfall, die Askari antreten und ihnen Ge=
sichter und Hände mit wollenen Decken umwickeln zu lassen. Dann ging es
zur Bergung der Lasten vorwärts. Wie sah der Lagerplatz aus! Die Lasten
zerstreut, einzelne Leute lang im Grase hingestreckt, die Hunde heulend auf drei
Beinen humpelnd, die Hühner tot! Die Luft war noch angefüllt von Tausenden
von Bienen, die sich nun wütend in dichten Scharen auf die neuen Stören=
friede stürzten. Doch die wollenen Panzer hielten einigermaßen den Stichen
stand und Last auf Last konnte in sichere Hut gebracht werden. Aber erst nach
fünfstündiger mühevoller Arbeit erhob sich ein neues Lager, in respektvoller
Entfernung vom ersten! Dies kleine Abenteuer war uns eine Lehre für alle
Zeiten. Niemals wieder wurde unter einem mti na nnuki, einem „Bienen=
baum", Lager bezogen. — Den Abend endete ein heftiger Gewitterguß, der
erste seit unserer Wanderung.

Der folgende Morgen brachte der müden und zerstochenen Karawane
eine höchst seltsame Überraschung.

Den Hang herunter nahte sich ein Zug in so feierlichem Ernst, in so
ruhig imponierender Haltung, daß wie mit einem Zauberschlag das lustige
Trägergeschwätz verstummte und alles wie gebannt lautlos aufblickte.

---

¹) angalia = paß auf.

Watussi in Festtracht.

Umgeben von einem großen Stab junger Leute schritten in unvergleichbarer Ruhe und Würde, angetan mit der überaus malerischen Festtracht der Watussi, wie Erscheinungen aus einer anderen Welt, zwei Abgesandte des Sultans Msinga auf das Lager zu. Bussissi und Nanturu waren hühnenhafte, schlank aufgeschossene Heldengestalten von einer Größe, die das Riesenmaß von 2 m überschritt. Sie brachten Grüße des Sultans und eine stattliche Zahl Rinder und Kleinvieh zum Geschenke und hatten den Befehl, uns bis Niansa, der Residenz ihres Herrschers, zu geleiten.

Watussi.

Die Art und Weise ihres Benehmens, ihre Rede wirkte frappierend. Man hatte sogleich den Eindruck, einer anderen „Klasse" von Menschen gegenüberzustehen, die mit dem „Neger" nichts weiter als die dunkle Hautfarbe verband. Die Wirkung ihrer Erscheinung auf unsere Träger, denen dieser Anblick ebenso fremd war wie uns, gab beredtes Zeugnis hiervon. Beide setzten sich dann, nachdem sie reichliche Gegengeschenke empfangen hatten, als Führer an die Spitze unserer Karawane.

Am Nachmittage wurde der Niawarongo, ein Quellfluß des Kagera, erreicht, der dem Marsch des Tages ein Ende bereitete; denn das Übersetzen der auf mehrere hundert Tiere angeschwollenen Kleinviehkarawane und der zahlreichen Lasten währte bis zur Dunkelheit. Da das Wasser die Tiefe eines Meters aber kaum überstieg, wurde zur Vereinfachung des Trans-

portes eine lange Kette von Leuten durch den Fluß gebildet, und von
Hand zu Hand fliegend erreichten die Tiere und alle Lasten glücklich das
andere Ufer. Verpflegungsvorräte waren überreichlich vorhanden und nicht
ohne Sorge sahen wir auf die ständig wachsende Zahl des lebenden Viehs.
So gewahrten wir mit Schrecken kurz nach unserer Ankunft eine neue Ver=
pflegungskarawane mit abermals zirka 30 Ziegen herannahen, welche
wiederum dem Hauptdepot einverleibt werden mußten. Wer beschreibt aber
unser Entsetzen, als eine dritte Karawane die Berghänge herniederkletterte,
welche wieder 30 Ziegen brachte und wiederum eine empfindliche Lücke in den
Bestand der Tauschartikel riß. Aller Protest gegen die Annahme wurde mit den
ruhigen Worten zurückgewiesen: „Amri ya Msinga — Befehl des Msinga."

Je mehr wir uns der Residenz des Sultans näherten, desto größer
wurde die Zahl der der Expedition voranmarschierenden Watussi. Wir
wurden gewahr, daß sich der Sultan zu einem großen Empfange vor=
bereitete. In allen Dörfern fehlten die Watuales, und auf die Frage
nach ihrem Aufenthalt nannte man Niansa. Verpflegungskarawanen und
Kleinviehherden, von Watussi geführt, die man überall das Land durch=
streifen sah, hatten dasselbe Ziel. Der Sultan schien also alle Großen
seines Reiches in seine Residenz berufen zu haben. Viele näherten sich
uns und setzten sich an die Spitze unserer Karawane. Wenn sie sich
dort trafen, so begrüßten sie sich, indem einer den Arm leicht um die Taille
des anderen legte oder den Ellbogen des Bekannten erfaßte, was dieser er=
widerte. In dieser Stellung pflegten sie dann einige Augenblicke zu ver=
harren: „Amasho", grüßte der eine, „ich wünsche dir Vieh"; „amasho
ngurre", „ich wünsche dir weibliches", antwortete der Angeredete. So wuchs
begreiflicherweise die Spannung in unserer Karawane mit jedem Tage,
jeder versprach sich höchst merkwürdige Erlebnisse und wünschte den Augen=
blick herbei, den Mann von Angesicht zu sehen, dessen Name jeder in
Ruanda kennt, dessen Wort Evangelium bedeutet, außer dessen Willen es
keinen anderen im weiten Reiche Ruanda gibt.

Endlich näherten wir uns der hochgelegenen Residenz. Hunderte von
Watussi schritten uns voraus, die ohnehin stattliche Karawane noch ver=
größernd. — Einige Vornehme waren von einer Anzahl Träger begleitet,
die die Kleidung und Lebensbedürfnisse des „Herrn" in großen Körben
auf dem Kopfe trugen. Andere führten gar eine Kuh mit, damit ihnen
die tägliche frische Milch nicht fehle.

Dorf in Ruanda.

Kurz vor dem Einmarsch hatten wir die Freude, Hauptmann von Grawert, welcher zu unserem Empfang den weiten Weg aus Usumbura nicht gescheut und der schon mehrere Tage beim Sultan kampiert hatte,

Ein Mhutu mit „Regenschirm".

zu begrüßen. Tausende von Menschen beobachteten von ferne, von den Kuppen der Hügel und Anhöhen, in ruhiger Haltung unseren Anmarsch; kein Lärmen, kein Schreien, kein Volksgedränge, wie sonst üblich, be=

gleitete den Einzug. Die Haltung der Bevölkerung unterschied sich auf das vorteilhafteste von der ihrer Genossen an der Küste.

Die gespannte Aufmerksamkeit, mit welcher die Bewohner von Niansa uns beobachteten, hatte aber auch noch einen besonderen Grund. Denn die ungeheuren Mengen Lebensmittel, die großen Herden von Vieh, die als Geschenk des Sultans hier aufgestapelt lagen, nicht zum wenigsten die Anwesenheit des Residenten von Grawert selbst, der in voller Uniform uns einholte, hatten die Vorstellung ganz besonderer Machtentfaltung, die sich hauptsächlich um meine Person drehte, in der Phantasie der Leute erweckt. Erzählungen unglaublichster Art schwirrten in der Luft umher und bildeten das Gesprächsthema.

„Der große Stier kommt mit seinen Kälbern", flog es von Kuppe zu Kuppe, „er hat vier Arme und sechs Beine", womit weniger ein Porträt meiner Persönlichkeit gezeichnet, als vielmehr, der Denkungsart des Hirten= volkes entsprechend, meine Macht und Stärke angedeutet werden sollte.

Auf einem weiten Platz unweit der Sultanshütte, der dank Haupt= mann von Grawerts Bemühungen vortrefflich vorbereitet worden war, wurde diesmal das Lager mit ganz besonderer Sorgfalt hergerichtet. Denn wir erwarteten den Besuch des „Mami".

Ehe der Allmächtige erschien, wurden wir aber noch Zeugen eines höchst erheiternden Vorganges. Rings um das Lager standen große Mengen von Wahutu. Neugierig hatten sie sich um das Lager geschart und starrten uns Ankömmlinge an. Aber offenbar störten diese Volksmassen nach Msingas Ansicht die Wirkung seines Anmarsches, denn plötzlich erschienen zwei in rote Toga gehüllte Gestalten und wirbelten in nicht mißzuverstehender Ab= sicht ihre langen Stäbe um den Kopf, starr auf das Menschenknäuel blickend. Dann sausten die Stäbe mit voller Gewalt krachend und rücksichtslos in das Menschengewühl hinein. Aber der Volkshaufe kannte augenscheinlich dies Manöver schon, denn in dem Augenblick, als die Stockträger schwungholend ihre Waffe über die Köpfe erhoben, stob der ganze Haufe in wilder Flucht davon, so daß nur noch einige Nachzügler getroffen wurden. Augenblicklich war der Platz leer. Einige wiederkehrende Neugierige wurden mit Stein= würfen verscheucht.

Gleich darauf ertönten Trommelwirbel aus dem Palast. Und nun erlebten wir ein Schauspiel so voll echter Ursprünglichkeit und Originalität, wie man es nur noch hier, fernab vom allgemeinen Pfad der Reisenden,

Sultan Mfinga von Ruanda.

Junge Watuffi eskortieren den Sultan Msinga.

erleben konnte. Paarweise, in feierlicher Ruhe schritten die Prachtgestalten der Ruandafürsten mit ihren Söhnen voran. Die Sänfte Msingas, die eben das Tor der Residenz verließ, folgte langsam. Alle trugen Festtracht, dieselbe, in der Nanturu und Bussissi sich gezeigt hatten. Der Körper ist nackt. Nur die Hüften umschlingt ein schmaler, in zwei Querfalten gelegter Schurz aus gegerbter Rindshaut, von der viele Schnüre aus Otter- oder Rinderfell bis zu den mit vielen Drahtringen geschmückten Knöcheln herabhängen. Über den Kopf läuft ein Haarkamm von Ohr zu Ohr, in dem eine dünne Perlenkette glänzt. Um den Hals hängt bis auf die Brust herab eine Fülle gelber Schnüre aus Bananenbast, an denen Perlenschmuck verschiedenster Größe, Mitako genannt, befestigt ist. Armbänder aus Kupferdraht und bunten Perlen umschließen die Handgelenke. So bewegte sich der Zug gemessenen Schrittes in vornehmer Ruhe auf mein Zelt zu. Die dem Sultan zustehende Wache der Expeditionstruppe, ein Schausch[1]) und zwei Mann, trat ins Gewehr. Des Sultans Sänfte, ein langer, einfacher Korb, dessen Bambusstangen auf den Schultern von Batwaleuten ruhten, wurde vorsichtig herabgelassen und mit den deutschen Worten: „Guten Morgen, Euer Hoheit", reichte mir Msinga die Hand.

Die Gestalt des Sultans, die infolge seiner bequemen Lebensweise etwas rundliche Formen zeigt, überragt ebenfalls die Höhe von 2 m. Man sucht zuerst in seinem Gesicht vergebens den Ausdruck seiner gepriesenen Intelligenz, auch stören ein Augenfehler und stark vorspringende Oberzähne den sonst sympathischen Eindruck. Aber seine Fragen, die er neben mir

---

[1]) Schausch = Unteroffizier.

im langen Stuhle sitzend an mich und die Umstehenden richtete, streiften die verschiedensten Interessensphären und gaben Zeugnis von scharfem, logischem Denkvermögen.

Nachdem die Unterhaltung in der Sprache der Suaheli sich eine Zeitlang auf den verschiedensten Gebieten bewegt hatte, bat mich Msinga, seine Geschenke überbringen zu dürfen. Dieser Augenblick bedeutete für den

Mtussi.

Sultan, seine Freunde sowohl wie seine Gegner einen hochpolitischen Akt voll peinlichster Spannung, freilich, ohne daß ich selbst etwas davon ahnte. Denn es hatte sich das Gerücht verbreitet, daß die Ablehnung eines Teils der Geschenke meinerseits ein Zeichen sein würde, daß ich dem Kronprätendenten, einem Verwandten Msingas, zum Throne verhelfen und den jetzigen „Mami" stürzen wolle.

Eine ungeheure Volksmenge hatte sich daher hinter den Stühlen, auf denen wir mit dem Sultan Platz genommen hatten, sowie diesen gegenüber aufgestellt, eine Gasse bildend, und erwartete mit mühsam unterdrückter Erregung das Erscheinen der Liebesgaben. Und sie kamen; kamen in end=

losen Reihen. Voran wandelte eine Milchkuh, deren Kalb nebenher getragen wurde. Sie bedeutete die größte Ehrung, die mir widerfahren konnte. Dieser folgten zehn Rinder mit kapitalen Hörnern als Schlachtvieh und dann eine nicht endenwollende Herde von Ziegen. Trupp folgte auf Trupp, immer neue Mengen wälzten sich heran und überschwemmten das Lager. Es folgte eine endlos lange Kette schwer tragender Wahutu, die Hunderte von Lasten, bestehend aus Mehl, Milch und Honig, Butter, Bohnen und Bananen,

Watussi.

schleppten. Ihnen folgten andere Züge mit dem hier seltenen und daher besonders wertvollen Brennholz. Alle diese Schätze wurden im Lager aufgestapelt, das Vieh aber in eine Umzäunung getrieben und von einer Askaripatrouille bewacht. Die Dauer des Vorbeizuges währte fast eine Stunde. Selbst Grawert erklärte, trotz seines langen Aufenthaltes hier niemals ein ähnlich imposantes Schauspiel erlebt zu haben.

Nachdem also der große Moment ohne die gefürchtete Ablehnung vorübergegangen war, atmete man auf im Parteilager des Msinga. Dann hatte der Besuch sein Ende erreicht und nach feierlicher Verabschiedung bestieg der Herrscher wieder seine Sänfte und schwebte davon. Ein Wald von 5000 Speeren folgte ihm. Ein unvergeßlicher Eindruck.

Batwa-Kapelle des Sultans Msinga.

Der Gegenbesuch am Nachmittag entfaltete den höchsten, aber immerhin noch sehr bescheidenen Pomp, den eine reisende Karawane zu entwickeln imstande ist. Die möglichst sorgfältig ausgewählten Geschenke — außer den landesüblichen Gaben an Zeug und Perlen — sollten vor allem die Mienen des Herrschers erhellen und sein Herz erfreuen, da ein Äquivalent im eigentlichen Sinne natürlich unmöglich war. Unter Vorantritt der Askari mit enthüllten Fahnen, gefolgt von allen Boys, jeder mit einem Geschenk auf den vorgehaltenen Armen, zogen wir unter Hörnerklang in den Hof des Sultans ein, der, freundlich und sauber gehalten, den eigentlichen Palast umgibt, und den ein aus Flechtwerk und Papyrus hergestellter Zaun umschließt. Der Sultan mit allen Watuales erwartete uns. Nach den üblichen Begrüßungsworten und nachdem wir Platz genommen hatten, erfolgte die Überreichung unserer Geschenke, welche die Boys, einzeln herangewinkt, um den Eindruck zu erhöhen, — heranschleppten!

Die landesüblichen Geschenke erregten die Aufmerksamkeit des Herrschers nicht sonderlich; sie wurden ziemlich achtlos fortgetan oder gleich unter die Großen verteilt. Das Rasseln einer Weckeruhr, die bis in alle Details erklärt werden mußte, befriedigte den Msinga aber schon mehr; diese Befriedigung steigerte sich zum Entzücken bei der Überreichung meines Jagdmessers und der mit Munition gefüllten Patronentasche, welche zu der ihm verliehenen Jägerbüchse Modell 71 paßte. Den Höhepunkt aber erreichte seine Begeisterung, als ich ihm feierlich eine Säge überreichte, um die er besonders gebeten hatte. Nach einigen mißglückten Versuchen gelang es ihm bald, die Beine meines Stuhles und alles nur sonst Erreich-

bare mit bestem Erfolge an= und abzusägen. Auch das „Ministerium" be=
obachtete die Versuche mit lebhaftem Interesse. Zufriedenheit erregte auch
die Askaritruppe, welche ich exerzieren ließ, und auch die Wirkung einer
scharf geschossenen Salve verfehlte den gewünschten Eindruck nicht.

Die folgenden Tage waren sportlichen Wettspielen gewidmet, von denen
das Hochspringen der jungen Watussi wohl das Erwähnenswerteste ist.

Zwischen zwei dünnen Bäumen wurde eine Schnur gespannt, die sich

Hoftore. Ruanda.

beliebig erhöhen ließ. Diese mußte auf einer schräg aufwärts führenden
Fläche angelaufen werden; zum Absprung diente ein kleiner, fußhoher
Termitenhaufen. Und trotz dieser ungünstigen Bedingungen wurden Leistungen
erreicht, die alle europäischen weit in den Schatten stellten. Die besten Springer,
prachtvolle, überschlanke Gestalten mit fast indianerhaftem Profil, erreichten
die unglaubliche Höhe von 2,50 m, junge Knaben eine verhältnismäßig nicht
minder bedeutende Leistung von 1,50 bis 1,60 m[1]).

Es gelang mir und Weidemann, mit dem gut laufenden Meßterschen
Kinematographen einige wohlgelungene Bilder dieser denkwürdigen Leistungen
herzustellen, deren Reproduktion in Deutschland allgemeines Interesse erregte.

[1]) Nach Mitteilung der deutschen Sportbehörde betrug der in Amerika erzielte
Weltrekord 1,94 m.

Als Preise wurden „goldene" Ketten oder ähnliches verabreicht. Großen Erfolg hatte ich auch bei den schmuckliebenden Watussi mit Schmuckstücken aus Taits=Diamanten, die ich für besondere Ehrengeschenke aus Deutschland mitgebracht hatte. Ringe, Sterne, Brochen usw. waren schließlich so begehrt, daß mein Zelt von Liebhabern stets umlagert war und ich die Störenfriede endlich energisch vertreiben mußte, um meine „Kostbarkeiten" nicht ganz zu verausgaben.

Hochsprung eines Mtussi.

Wir hatten auch Gelegenheit, eine Reihe von Tänzen zu beobachten, die sich in ihrer Eigenart von denen, die ich in der Massai=Steppe und bei den Küstenleuten sah, nicht unwesentlich unterscheiden. Bei den meisten dieser Tänze, von denen wir elf verschiedene Spezies feststellten, fehlte die Musik, eine sonst ständige Begleiterscheinung bei allen Tänzen der Negervölker. Trotzdem aber mangelte der Rhythmus nicht. Vielen Tänzen lagen Bedeutungen zugrunde, die aus dem Tierreich entnommen waren, und je nachdem wurde einzeln oder in Gruppen getanzt. Ich erinnere mich eines Tanzes, der die Bewegungen des Kronenkranichs versinnbildlichen sollte, und wohl die des balzenden. Die ausgestreckten Arme waren den Flügeln nachgeahmt, die bei dem Balzakt ab-

Hochsprung eines Mtussi (2,50 m). Niansa.

gespreizt zu werden pflegen, ähnlich wie wir es bei unseren Vögeln, bei dem Pfau, dem Truthahn, dem Birkhahn, zu sehen gewohnt sind. Wir lächeln zwar über diese naive Negersitte, aber ganz zu Unrecht. Finden wir doch in unserem hochkultivierten Europa, ja sogar in Deutschland die nämlichen Ideen. Oder was ist der Schuhplattler der Oberbayern anders als eine Nachahmung des Balzgesanges und der Balzbewegungen des Birkhahnes?

Ganz anders gestalteten sich die Kriegstänze. Diese wurden in Gruppen aufgeführt, und auch hier unterschieden wir mehrere Phasen.

Watussi-Tanz.

Bald stürzten sich zwei Parteien wie zum Angriff aufeinander, die Speere und die langen Stäbe erhebend. Bald tanzte eine Anzahl Krieger in verschiedenen Pas im Kreise um einen sich nach Massai-Art senkrecht mit anliegenden Armen in die Luft schnellenden Mann. Aber niemals wurden die Bewegungen wild, niemals arteten sie in groteske Sprünge mit rhythmischem Kriegsruf oder taktmäßigem Getöhn aus, wie man dies bei den wilden Völkerstämmen sonst oft sieht, stets blieben die Bewegungen gemessen und vornehm. — Jede einzelne dieser Tanzgruppen war von einem der großen Watualen eingeübt. Die Regie über den gemeinsamen Tanz der Vornehmsten hatte der Sultan selbst übernommen. Er unterließ es nicht, nach Beendigung jeder neuen Phase mich zu fragen, welche Gruppe meine Befriedigung erregt habe, und ich hütete mich wohl, etwas anderes als dem Ohr des Herrschers angenehm Klingendes zu antworten.

Ferner zeigten einige junge Watussi ihre der unseren weit über=
legene Gewandtheit, indem sie zehn Schritt langsam anlaufend, sich fast zur
Erde hintenüber neigend, ihre kurzen Wurfspeere besonderer Art in ungeheure
Höhen schleuderten und zwar mit solcher Wucht, daß zwei der Lanzenschäfte

Kronenkranichtanz der Watussi.

in der Luft durch die Vibration zerbrachen. — Dasselbe gilt vom Wettschießen
mit Pfeil und Bogen, wozu der Schaft eines Bananenbaumes als Ziel diente.
Auf etwa 50 m wurden recht gute Trefferprozente erzielt. Es gehört eine ge=
waltige Kraftanstrengung dazu, den Bogen kunstgerecht zu spannen, und
nur durch langjährige Übung vermag man ihn auf seine volle Spannkraft
zu bringen. Die Schnellkraft des Bogens, der etwa 1,30—1,50 m hoch

Tanz der Watussi=Knaben.

Watussi=Tanz.

ist, ist dann aber auch eine ungewöhnlich große, und der Pfeil fliegt von der voll angezogenen Sehne über 200 Schritt weit fort. — Auch Wettläufe wurden veranstaltet, deren genaue Zeiten ich infolge ungenügender Meßinstrumente leider nicht in der Lage bin anzugeben. Ich zweifle aber nicht, daß auch hier der europäische Rekord zum mindesten erreicht worden ist.

Vorführungen auf dem Grammophon, die wir den Watuales bereits einige Tage vorher geboten hatten, erregten auch hier die verschiedensten

Watussi-Tanz.

Wirkungen. Einige wohnten den Vorführungen mit stoischem Gleichmut bei, andere lauschten mit tellergroßen Augen, wieder andere mit entzückt verzerrten Gesichtern. Auch hier wurden unsere früheren Beobachtungen bestätigt, daß unsere militärischen Märsche gar kein Interesse erregten, die unverständlichen Gespräche allgemeine Freude hervorriefen, die weibliche Singstimme aber, sobald sie die hohe Lage erreichte, wieherndes Gelächter verursachte. Das Lachen machte aber den Watussi einige Schwierigkeiten. Es gilt nämlich nicht für „fein". Da es aber schlechterdings nicht zu unterdrücken ging, so war es sehr belustigend zu beobachten, wie dann sofort eine Hand vor den Mund gehalten wurde, um sein Verziehen zum Gelächter zu verbergen. Wenn dann der Heiterkeitsausbruch vorüber war, blickte der Betreffende wieder ganz ernst auf die Tube des Grammophons, bis ein ver=

dächtiges Zucken der Mundwinkel sofort wieder die Hand mit der oberen Kante unter die Nase führte.

Das Gedränge um das Instrument, für dessen Sicherheit ich zu fürchten begann, wurde immer dichter und lichtete sich erst, als Serenissimus höchst

Bogenschießende Wanjaruanda.

eigenhändig mit seinem langen Stock zwischen das Auditorium hieb, daß die Splitter flogen.

Da der Sultan die Weißen auch noch schießen zu sehen wünschte, wurde auf 150 m Entfernung ein irdener Topf auf einer Stange als Ziel aufgesteckt. Da es mir sowohl wie den anderen Herren glückte, dies nicht allzu schwere Ziel mehrfach hintereinander zu treffen, erhoben sich allgemeine Beifallsbezeugungen der Menge, und unzählige Hände streckten

Speerwerfende Wanjaruanda.

sich uns zur Beglückwünschung entgegen. Der Sultan, wohl fürchtend, er könne in diesem Punkt geschlagen werden, ging mit der Jägerbüchse Modell 71 in der Hand auf 50 Schritt heran. Seine Leistungen waren gerade keine glänzenden. Doch hätte jeder Kompagniechef seine Freude an dem tadellosen Anschlag dieses Mannes gehabt, der alle Bewegungen ausführte wie ein Infanterist auf dem Schießstand.

Msinga beim Scheibenschießen.

Der Sultan schenkte mir auch eine Reihe interessanter Gegenstände heimischen Gewerbes. Dagegen stieß der Kauf von ethnographischen Sachen zunächst auf hartnäckigen Widerstand. Auf unsere Bitte erteilte jedoch Msinga selbst die Erlaubnis zum Tauschhandel, und nun strömte alles Volk herbei, um sich an dem hohen Lohn der verkauften Gegenstände zu bereichern. Hauptsächlich durch Wieses Bemühungen konnte eine Ruanda=Sammlung zusammengebracht werden, wie sie in Europa vorläufig ihresgleichen noch nicht findet.

Hier in Nianfa empfingen wir auch den Besuch des Paters Claß und des Paters Dufans von der Missionsstation Issawi der Weißen Väter, die in

Begleitung Dr. Czekanowskis eintrafen. Sie konnten uns, gestützt auf langjährigen intimen Umgang mit den Ruanda-Bewohnern, manche wertvollen Aufschlüsse geben. Schon tags zuvor hatten sie die Liebenswürdigkeit gehabt, uns mit einer sehr willkommenen Sendung von frischen Tomaten und Gemüsen zu erfreuen, Hochgenüsse, die, wenn man sie lange entbehrt hat, eine Wohltat bedeuten, von der man sich im verwöhnten Europa keinen Begriff machen kann.

Aber unseres Bleibens war hier nicht länger, wollten wir den mannigfachen Aufgaben, die unserer noch harrten, gerecht werden. Daher wurde der Aufbruch beschlossen.

Höchst seltsam war es, daß wir während des Aufenthaltes in Nianfa und in ganz Ruanda überhaupt niemals eines Watussi-Weibes ansichtig wurden. Sie wurden, wie es hieß, auf Befehl des "Mami" vor den Augen der Weißen ängstlich behütet und in den Hütten bewacht.

Als wir in der Frühe des 12. August vom Sultan Abschied nahmen, taten wir dies mit einem Gefühl ganz besonderer Befriedigung. Es war uns ein Einblick vergönnt gewesen in die Hofhaltung eines Negerfürsten, wie ihn in solcher Machtentfaltung noch niemand gesehen hatte und auch wohl niemandem mehr zu sehen vergönnt sein wird. Wenn dieses Sultans jetzt noch unumschränkte Macht dereinst dem Einfluß der Europäer gewichen sein wird, wenn erst der weiße Ansiedler seine Herden in diesen Gründen weiden und die geschäftige Schar der Händler dem vornehmsten aller Negervölker den Nimbus der Unnahbarkeit geraubt haben wird, dann wird die Erinnerung den Wert des Erlebten erst zur vollen Wirkung entfalten.

Der letzte Tag bei Msinga hatte noch einen, wie sich später zeigte, äußerst glücklichen Entschluß gebracht, der auf die Anregung des Hauptmanns von Grawert zurückzuführen ist. Dieser erzählte unserem Botaniker Mildbraed von dem Reichtum des zwischen Nianfa und Ischangi die Randberge des Kiwu-Sees bedeckenden Rugege-Waldes, sprach von Baumfarnen und kletternden Schiefblattgewächsen (Begonien) und riet ihm, einen Abstecher dorthin zu machen. Der Zoologe Schubotz war geneigt, sich anzuschließen, und es erfolgte hier wieder eine Teilung der Expedition. Während das Gros mit Grawert auf dem nächsten Wege nach der Ostbucht des Kiwu marschierte und die Begebenheiten, die ich auf den letzten Blättern schildern werde, sich abspielten, gingen die beiden Biologen durch den Rugege-Wald nach Ischangi am Südende des Sees, von wo Grawert, welcher diesen Posten später auf einer Inspektionsreise zu besuchen gedachte, sie in Booten abholen wollte. Über den Verlauf dieser trotz ihrer kurzen Dauer recht ergebnisreichen Sondersafari laß ich jetzt Mildbraed berichten:

„Nach dem Aufbruch der Hauptkarawane marschierten wir am 12. August gegen Südwesten ab. Vorher nahmen wir noch gerührten Abschied von Msinga und unseren Freunden Nanturu und Bussissi, die uns an

Mnjaruanda-Jüngling.

jenem denkwürdigen Morgen im Lager vor dem Niawarongo wie Gestalten aus einer Sagenwelt erschienen waren. Msinga gab uns als Führer und Quartiermacher einen jungen Mtussi namens Miniago mit, einen Bruder des Mtualen von Ischangi, der mit uns in seine Heimat zurückkehren durfte; die Fama behauptete nämlich, er sei wegen verschiedener Dummheiten an den Hof zitiert worden. Sehr vertrauenerweckend sah der junge Mann nicht aus, er hatte nur wenig von einem Mtussi; lang aufgeschossen war er zwar, aber grobknochig dabei. Sein Gesicht kam uns nach dem Anblick so vieler vornehmen Watualen „gewöhnlich" vor, und eine wollene Decke, die ehemals rot gewesen war, trug nicht gerade zur Erhöhung seiner Reize bei.

Wir baten ihm aber bald im Geiste das Mißtrauen ab, das der erste Anblick in uns erweckt hatte, denn er erwies sich als ein vorzüglicher Reisemarschall.

Ich glaube, es reist sich nirgends schöner in der Welt, als in Afrika mit guten Wanjamwesi=Trägern, sicherlich aber nirgends in Afrika schöner als in Ruanda, wenn man vom Sultan kommt und einen Mtussi zum Begleiter hat. Ein kurzes Shauri[1]) des Führers mit dem Mtualen oder Unterhäuptling der Gegend und alles, was zu des Lebens Nahrung und Notdurft gehört, wird gebracht. Ich habe immer, wenn ich darüber zu entscheiden hatte, mit einer gewissen liebevollen Sorgfalt und Umständlichkeit einen Platz für das Lager gewählt: Nähe des Wassers, ein ebener und gegen „Überschwemmungen" durch Gewitterregen gesicherter Fleck für die Zelte, Schatten und freier Blick über die Landschaft, das sind Anforderungen, die ein Lagerplatz erfüllen muß, wenn man sich nach dem Marsche behaglich fühlen soll. Miniago enthob uns dieser Sorge, er bewies ein solches Geschick im Aussuchen geeigneter Stellen, daß wir nur mit dem stereotypen „mlango huko" — dorthin die Tür — die Richtung des Zeltes anzugeben brauchten, um uns wieder für einen Tag heimisch zu fühlen.

Also auf nach Westen, dem Kiwu zu! Die Landschaft hatte hier das uns von dem längeren Aufenthalte am Mohasi=See vertraute Ansehen geändert und erinnerte mehr an Süd=Mpororo. Während die Gegend um den Mohasi sich dem Auge darstellt als ein Gewirr fast gleich hoher breiter Rücken, die durch ziemlich breite Täler getrennt werden, als ein von zahlreichen Bruchspalten durchzogenes Plateauland, in dem sich keine charakteristischen Bergformen herausheben, änderte sich das Bild südlich des Niawarongo, etwa einen Tagesmarsch vor Msingas Residenz. Jetzt ragten über dem leicht welligen Gelände zahlreiche isolierte Berge auf, zwar keine durch ihre Höhe imponierenden Gestalten, mehr Hügel, aber oft von auffallend regelmäßiger Kegelform. Es schien mir, daß die Scholle von Zentral=Ruanda südlich einer Linie, die ungefähr durch die Breite von Niansa gegeben wird, in ähnlicher Weise, nur weniger steil und deutlich, absetzt, wie sie es im Osten gegen den großen Grabenbruch tut, der sie von dem Berglande Karagwe trennt und vom Kagera in südnördlicher Richtung durchflossen wird. Die Landschaft mit den Kegelbergen nahm aber schon am ersten Tage unseres Marsches ein Ende. Als wir den Bach Mhogo erreicht hatten,

---

[1]) Shauri = Verhandlung.

der mit dem Rukarara vereinigt den Niawarongo bildet, erhob sich gerade vor uns über dem breiten, Papyrus erfüllten Tal ziemlich isoliert, aber um so wirkungsvoller, in kahlen, steilen Hängen abfallend, die Berggruppe der Shunda als Vorposten der Randberge des Kiwu.

Auf unserer Route gewinnt man nämlich von dem Grabenrande einen ganz anderen Eindruck, als ihn der vom Mohasi oder von Mpororo aus zum See marschierende Reisende empfängt. Dort soll es unmerklich höher gehen, bis der Weg sich gegen den Graben hinabsenkt, hier erscheinen dem von

In Ruandas Bergen.

Osten Kommenden die Randberge wie ein ansehnliches Gebirge. So sehr ich die Berge liebe, als die Shunda so steil und schroff vor uns stand, war der Gedanke, noch darüber hinwegzumüssen, so wenig erfreulich, daß ich Lust zum Aufschlagen des Lagers bekam, doch Miniago führte uns um den Fuß herum in das Tal des Baches Lukondo, der in den Mhogo fällt, und wieder rechts in ein kleines Seitental, in dem wir lagerten, über uns die mächtigen, unten reich mit Bananen bepflanzten Südhänge der Shunda, die nachts einen zauberhaften Anblick gewährte, als oben auf dem Kamm ein Grasbrand flammte, mit einer Feuerlinie die Silhouette des Berges in den nachtdunklen Himmel zeichnend. — An der Temperatur merkten wir schon empfindlich die Nähe der höheren Gebirge des Rugege-Waldes; am Morgen hatten wir nur noch $+5^{\circ}$.

Wir marschierten im Tal des Lukondo aufwärts, der hier auffallend an einen alpinen Bach oberhalb der Baumgrenze erinnert. Zwischen grasigen, mit Gesteinsbrocken übersäten Hängen fließen seine Wasser schäumend und kleine Fälle bildend über die Blöcke im Bachbett dahin. Dann öffnet das Tal sich in einen weiten, reich angebauten Kessel, den zahlreiche Kuppen kulissenartig abschließen. Ein schöner Weg führte auf halber Höhe in dem Kessel herum zu einem Paß, von dem wir den Anblick noch höherer Berge genossen und dann hinabstiegen zum Rukarara, dem anderen großen Quellbach des Niawarongo, dem jungen Nil, der hier, noch ein frischer Bergbach, in knabenhaftem Übermut über Blöcke und Kiesel schäumt. Wir verließen ihn bald wieder und stiegen nach Südwesten durch ein kurzes, enges Seitental steil hinauf, an dessen Schluß wir lagerten und einen schönen Blick auf den zurückgelegten Weg und die überwundenen Vorberge genossen. Noch harrte unserer eine tüchtige Kletterei, ehe wir das Ziel, den Rugege= Wald, erreichten.

Am dritten Tage unseres Marsches erhoben sich vor uns Berge, die in ihren Formen und in ihrer Steilheit uns recht imposant erschienen, weit imposanter als die Shunda, denn noch war das Auge ja nicht durch die Riesengestalten der Vulkane verwöhnt. Als wir eine Einsattelung des Katandaganja erreicht hatten, war die Hauptsteigung überwunden, von hier kamen wir bis zur Wasserscheide zwischen dem Rukarara und den Kiwu= Bächen, zwischen Nil und Kongo, ganz unmerklich höher und stiegen auch von dort auf langgedehnten Rücken allmählich zum Kiwu hinab. Was die Toteninsel von Bukoba uns im kleinen wie ein Modell gezeigt hatte und die Insel Kwidschwi im Kiwu in größerem Maßstabe wiederholte, zeigte sich auch hier: ein steiler Abbruch gegen Osten, sanfter Abfall nach Westen. Ähnlich erhebt sich das Ruanda=Plateau plötzlich über Süd=Mpororo, und ähnlich fallen die Randberge westlich des Kiwu und des Albert Eduard=Sees schroff gegen die Seen ab.

Von der Höhe ging es den Südwesthang des Katandaganja hinab angesichts der imposanten Ssekera=Spitze, die wie ein riesiger Kegel sich vor uns erhob. An ihrem Fuß entlang zog sich der Weg im Bogen hin= über zu einem anderen Bergmassiv, an dessen Südseite wir lagern wollten. Da aber die Führer und ein Teil der Träger schon darüber hinausgelaufen waren, so überschritten wir noch einen kleinen Bach mit kristallklarem Wasser und schlugen jenseits auf einem Hügelabsatz die Zelte auf. Dieses Lager war landschaftlich wohl das reizvollste, das wir bis dahin gehabt hatten. Unter uns das Tal des Bächleins, ringsherum unzählige sanfte Hügel und Rücken, die hinan führten zu einem schönen grünen Bergmassiv vor uns, rechts im Hintergrunde das Bild abschließend, die Ssekera-Spitze, die von hier als ein breiter massiger Koloß erschien, alle Hügel bedeckt mit einer wahren Wildnis von üppigem, dunkelgrünem Adlerfarn, aus der sich einige kleine Erbsenfelder als weißlichgrüne Flecken um die letzten zerstreuten Ansiedlungen am Rande des großen Waldes abhoben.

Am Rande des Rugege-Waldes.

Adlerfarn? Jawohl, und zwar ganz derselbe, der überall in Deutschland wächst. Wir hatten an diesem Tage überhaupt schon unter den Kindern Floras verschiedene ganz heimatlich anmutende Gestalten begrüßt: Brombeeren, Kleearten (Trifolium simense und usambarense), Weidenröschen (Epilobium), eine Hundszunge mit himmelblauen Vergißmeinnichtblüten (Cynoglossum), einen Wegerich (Plantago palmata Hook f.), der unserem großen Wegerich (Pl. major) sehr ähnlich ist, usw. Diese Gewächse zeigten an, daß wir die montane Region, die Region der Gebirgsflora erreicht hatten, die auf allen Hochgebirgen des tropischen Afrikas eine so große Übereinstimmung zeigt, von Abessinien und dem Kilimandscharo bis zu dem fernen

Kamerun=Berg im Westen, daß sie sich wie eine andere, fremdartige Schicht über die Vegetation der Steppen und des Tropenwaldes legt. Die Adlerfarn= Formation war reich an schön blühenden Stauden und Sträuchern und für den Botaniker reizvoll genug. Ein Gewächs hätte aber auch das Interesse eines jeden Laien erregt, Lobelia giberroa Hemsl., die gleich riesigen Kerzen sich hoch über das oft mannshohe Farngestrüpp erhebt. Ein kräftiger, hohler, mit Blattnarben besetzter Stengel, schon mehr Stamm zu nennen, trägt schmale, verkehrtlanzettliche Blätter von 40 bis 50 cm Länge rosetten= artig zusammengedrängt und darüber eine lange, dichte Ähre grünlicher oder blaßbläulicher Blüten, die einem riesigen Zylinderräumer gleicht. Die Maße eines Exemplares waren: blattloser unterer Stengel 2,30 m, beblätterter Teil 1,25 m, Blütenähre 1,85 m, zusammen 5,40 m. Später auf Kwidschwi fand ich Exemplare, die über 7 m erreichten. Als ich diese seltsamen Ge= stalten in der Schlucht am Katandaganja=Grat zuerst sah, klopfte mir fast das Herz bei dem langersehnten Anblick, wie einem Jäger, der zum ersten Male ein seltenes Wild erblickt, später sanken sie zur gleichgültigen Alltäglich= keit herab, denn sie gehören in allen Gebirgen des Grabenrandes vom Kiwu bis zum Ruwenzori zu den typischen Erscheinungen der unteren Bergregion.

So reizvoll diese formenreiche, üppige grüne Wildnis von Adlerfarnen auch war, so war doch die Freude an ihr nicht ohne einen bitteren Bei= geschmack; wo sie jetzt die Berge bedeckt, erhob sich noch vor kurzem stolzer Hochwald, der schonungslos niedergebrannt und abgehackt wurde, um Platz für ein paar kümmerliche Erbsenfelder zu gewinnen! Gegen den Rand des Waldes hin zeigte sich die Waldvernichtung in betrübender Deutlichkeit, eine wahre Verwüstungszone, aus der vereinzelte Baumriesen gleich über= ständern in einer Schonung aufragten, einige noch in ihrer ganzen Schönheit prangend, andere ihre dürren, vom Feuer geschwärzten oder vom Wetter schon gebleichten Stämme wie anklagend gen Himmel reckend.

Ich will noch einen anderen Zeugen zu Worte kommen lassen und eine drastische Stelle aus einem Missionsbericht, der mir gelegentlich in die Hände fiel (evangelische Mission in Urubengera an der Mecklenburg=Bucht), an= führen:

„Als ich in diesen Wald kam (Bugonde), hatte ich einen großen Schmerz: hier oben hausen nämlich einige Waldgreise, von denen einer immer noch älter und grauer als der andere ist, und die alle systematisch das bißchen Wald verwüsten, was hier noch steht. Sie schlagen den Bambus und einige

Bäume, brennen dann die Geschichte ab, wobei die stehengelassenen Bäume auch eingehen, dann graben sie das Land um und pflanzen einmal Erbsen, um dann Ruanda um ein weiteres Stück Wald auf die gleiche Art ärmer zu machen. Wenn die Leute dann auf einem so urbar gemachten Stück Waldboden blieben, dann hätte die Sache noch einen Wert, aber nur so den Wald abbrennen, um einmal Erbsen zu pflanzen und dann weiter= zugehen und weiter zu verwüsten, das muß einen schmerzen, auch wenn man kein Forstmann ist, besonders in einem so baumarmen Lande, wie Ruanda es ist." — Was es mit den Waldgreisen auf sich hat, weiß ich nicht, sonst hat aber der Missionar Roehl den Nagel auf den Kopf getroffen.

Und dann nahm der Wald uns auf, der herrliche Bergwald Rugege, so schön wie nur irgendeiner in Usambara oder an der Uganda=Bahn, in Kikuju oder auf dem Mau=Plateau, herrlich in seiner Schönheit und Üppig= keit und bedrückend durch die Fülle einer uns ganz neuen Vegetation, so daß wir zuerst fast verzweifelten, eines solchen Reichtums Herr zu werden!

Da der Rukarara in seinem obersten Laufe nicht mehr weit sein sollte, beschlossen wir, in seiner Nähe zu lagern. Wir fanden ihn als klaren Bach wieder, der nur noch 2 bis 3 m breit und vielleicht 30 cm tief durch Quell= moore und Waldschluchten fließt. Jenseits erhob sich ein mit steppenartigem Graswuchs bestandener Hügel, der unten einen fast ebenen Absatz hatte. Zuerst wollten wir hier lagern, da wir aber die Kälte der vergangenen Nacht noch bitter in Erinnerung hatten und die starke Ausstrahlung auf dem freien Platze fürchteten, kletterten wir noch den Hügel hinauf und schlugen am Wald= rand im Schutz der Bäume die Zelte auf. Da saßen wir nun vielleicht 40 m über der Wiege des heiligen Nil, etwa 2000 m über dem Meere, und blickten hinaus in eine leuchtende Mondnacht, auf die gegenüberliegenden Kuppen des Bergwaldes, in dem in silbernem Schein klar und deutlich die Kronen der Bäume sich abzeichneten, hinab auf das feine Strauchwerk, das den Lauf des Rukarara besäumt, und durch das lichte Eschenlaub der knorrigen Hagenia, die über unseren Tisch sich breitete, hinauf zu dem nächtlichen Himmel, von dem der volle Mond sein Licht so kalt und klar wie in einer Winternacht in der Heimat herniedersandte. Und um uns kein Laut, als zuweilen das tiefe Bellen eines Buschbockes, der wie ein Reh schreckt, und die Gespräche der Träger, die an den Feuern schwatzen und frieren gleich uns. Ja, frieren! Ich wachte öfters nachts vor Kälte auf, trotz eines Schlafkostüms, bestehend aus wollenen Strümpfen, Unterzeug,

Schlafanzug, Lodencape und zwei Kamelhaardecken zum Zudecken. Abends tranken wir Grog von Tee und Whisky, um uns einigermaßen aufzuwärmen. Mit welcher Freude begrüßten wir die Sonne, die wieder etwas Wärme brachte, freilich nie mehr als 15—16° Lufttemperatur, und wenn sie gegen 4 Uhr hinter den Lagerhügel sank, wurde es wieder kalt. Dabei hatten wir es noch warm, nämlich nicht unter $+2°$ vor Sonnenaufgang.

Lager im Rugege=Wald (Schubotz und Mildbraed).

Grawert und Kandt ist in derselben Gegend das Waschwasser gefroren. Auch sah letzterer um dieselbe Jahreszeit und fast an derselben Stelle Gräser und Bäume dicht bereift. Und das war ein afrikanischer Urwald 2° südlich des Äquators!

Lassen wir einmal von dem etwas erhöhten Lagerplatz aus, der nach einer Seite freien Umblick gewährt, das Auge über den Wald hinschweifen und versuchen wir, uns über seine physiognomische Eigenart klar zu werden. Diese wird, im Vergleich mit einem deutschen Laubwalde, namentlich durch zwei Faktoren bedingt: die bedeutend größere Zahl der Arten und das ganz verschiedene Alter der Exemplare. Daraus folgt schon, daß die Färbung der Laubkronen mannigfaltiger, wenngleich im allgemeinen düsterer (von den auffallenden „Herbstfärbungen" des deutschen Waldes natürlich abgesehen) und die Höhe der Bäume eine sehr ungleiche sein wird. Es fehlt der Eindruck eines geschlossenen Laubdaches, in dem der einzelne Baum verschwindet; die größeren, voll erwachsenen Bäume stehen auch verhältnismäßig licht, so daß die Kronen voneinander ganz getrennt sind oder sich nur eben noch berühren. Dadurch erhält jede einzelne etwas in sich Abgeschlossenes, und der Baum tritt als Individuum schärfer hervor. Dazu kommt noch eine Eigentümlichkeit, die besonders bei einem schönen, häufigen Ölbaum, Olea Hochstetteri Bak., deutlich ausgeprägt ist. Betrachtet man einen solchen Baum von der Seite oder von unten, dann zeigen sich die größeren Äste und selbst noch die stärkeren Zweige alle frei dem Blick, das kleine Laub drängt sich alles auf die dünneren Zweige an der Peripherie der Krone zusammen. Man könnte den Bau einer solchen Krone entfernt mit dem Blütenstande eines Doldenblütlers vergleichen. Zur Vervollständigung des Bildes muß noch der Behang der Kronen mit Bartflechten erwähnt werden, der freilich nicht so weit geht, daß er den Eindruck des „Gedrückten, Greisenhaften" hervorruft, wie es z. B. der Höhenwald des Kilimandscharo nach Volkens tut.

Für den mit afrikanischer Flora vertrauten Leser seien die wichtigeren Bäume und Baumsträucher ungefähr nach ihrer Häufigkeit hier aufgezählt: Olea Hochstetteri Bak., Macaranga kilimandscharica Pax, Syzygium parvifolium Engl., Olinia Volkensii Gilg, Carapa grandiflora Dawe et Sprague, Neoboutonia macrocalyx Pax, Psychotria ficoidea K. Krause, Galiniera coffeoides Del., Xymalos usambarensis Engl., Bersama spec., Polyscias polybotrya Harms, Cornus Volkensii Harms, Ochna densicoma Engl. et Gilg Symphonia globulifera var. africana Vesque (mehr am Rande in den tiefer, gelegenen Teilen des Waldes), Peddiea Fischeri Engl., Nuxia usambarensis Gilg, Rapanea pulchra Gilg, Pygeum africanum Hook. f., Maesa Mildbraedii Gilg, endlich Hagenia abyssinica, Agauria salicifolia Hook. f., Ilex mitis (L.) Radlk. var. kilimandscharica Loes., die mehr die Waldlichtungen lieben. — Nur westlich der Wasserscheide wurden beobachtet: Podocarpus usambarensis Pilger, P. spec., Parinarium Mildbraedii Engl. In den lichten Beständen von Faurea usambarensis Engl. westlich des Waldes wurde auch die Erikacee Ficalhoa laurifolia Hiern gesammelt, ein pflanzengeographisch besonders interessanter Fund, da sie bisher nur aus Angola bekannt war.

So verschieden der Wald, von oben her gesehen, von einem deutschen Walde erscheint, so ganz anders, ja noch viel fremdartiger ist er in seinem Innern. Da ist nichts, was an die Säulenhallen eines Buchenwaldes, an einen „Waldesdom" erinnern könnte. Dieser Wald ist gewissermaßen undurchsichtig, der ganze Raum vom Boden bis zu den Baumkronen ist erfüllt von einer erdrückenden Masse von Grün; man sieht kein Holz, man sieht nur Laub, meist üppiges, weiches Laub und weiche, krautige Stengel. Es gibt im Unterholz wenig Sträucher im eigentlichen Sinne, bei denen auch die jüngeren Zweige verholzt sind; neben dem oft rutenartig aufschießenden Nachwuchs der Bäume vielmehr eine Fülle von dauernd krautig bleibenden oder nur in den Hauptachsen verholzenden Gewächsen, unter denen die schöne Labiaten=Gattung Pycnostachys besonders erwähnenswert ist. Schöne Vernonia=Arten mit lila und purpurnen Blütenköpfen, die etwas an Eupatorium cannabinum erinnern, große gelbe Senecionen und üppig wuchernde Acanthaceen (Mimulopsis), die häufig einen etwas kletternden Wuchs zeigen, mehren mit weichen krautigen Blättern die Laubfülle. Das schönste der klimmenden Kräuter ist wohl ein Schiefblattgewächs, Begonia Meyeri Johannis, zu Ehren Hans Meyers benannt, die mit glänzenden fleischigen Blättern und einer Fülle gelblichweißer Blüten eine Zierde des Unterholzes bildet. Am auffälligsten aber ist eine Amaranthacee (Cyathula spec.?), die ich leider niemals blühend fand; sie bildet große Büsche und dichte Lauben, klettert hoch empor, ohne eigentlich Liane zu sein, und hängt in dichten breiten Massen oder in Girlanden wieder herab und macht das Unterholz vollends undurchdringlich.

Wo aber dieses höhere Unterholz etwas Raum gibt, da decken Farne, Balsaminen, kleinere Acanthaceen und graziös blühende Coleus- und Plectranthus=Arten den Boden.

So unvergleichlich reich und üppig dieser Wald auch ist, er würde gerade in seiner Fülle etwas Erdrückendes haben, wenn er in geschlossenem Bestande alle Hügel und Täler deckte; der Reiz der Rugege=Landschaft beruht vielmehr auf dem Wechsel zwischen Wald und Lichtungen, Grashalden, die die unteren Talhänge bekleiden, und quelligen Wiesenstreifen und Waldmooren, welche die Bäche begleiten oder ihnen den Ursprung geben. Das Gras der Hänge war zur Zeit unseres Aufenthaltes, Ende August, vergilbt oder auch schon niedergebrannt, teils frisch im Aufsprießen begriffen und zeigte etwas Steppencharakter, der reicher und lebhafter wurde gegen den

Rand der geschlossenen Bestände, wo Adlerfarn und seine Begleitpflanzen sich darein mischten. — Die Wiesengründe müssen von einzigem Reiz sein, so wie Kandt sie sah: wenn Tausende von Schaftlobelien gleich riesigen Kerzen sich über den Gras- und Carexbülten erheben und das Grün des Tales auf weite Strecken unter Millionen von weißen oder silberigrosa Strohblumenköpfen der

Lobelien im Rugege-Wald.

Helichrysum-Büsche begraben liegt. Wir fanden von den Lobelien nur abgestorbene Schäfte und die seltsamen Blattrosetten der jungen Pflanzen, auch die Helichrysen waren zum größten Teil verblüht. Dafür entschädigte etwas eine mit rosa Blütenglocken übersäte Erika (E. rugegensis Engl.).

Die Quellbächlein selbst wurden von Alchemillen, Rumex Steudelii Hochst. und den graziösen Büschen von Hypericum lanceolatum mit überaus feinem Laubwerk und großen gelben Blumen begleitet, und darüber erhoben sich hin und wieder malerisch, breit, licht und unregelmäßig verästet, niedrige Stämme von Hagenia abyssinica, dem abessinischen Kossobaum, der mit seinem schönen Fiederlaub an den sogenannten Essigbaum erinnert.

Leider war es uns nur vergönnt, eine Woche in dem Rukarara=Lager zu bleiben; der Proviant für uns Europäer sowohl wie für die Träger neigte sich bedenklich seinem Ende zu. Wir hätten zwar von Ischangi aus Ersatz heranschaffen lassen können, doch wäre dann der Aufenthalt so sehr verlängert worden, daß der Gesamtplan der Expedition dadurch gestört worden wäre. Man stelle sich einmal vor, was es für einen Sammler bedeutet, nach so kurzem Aufenthalt einen Bergwald verlassen zu müssen, der zu den reichsten und üppigsten gehört, die das tropische Afrika kennt! Es waren wahrlich keine freudigen Gefühle, mit denen wir am 23. August von dem uns lieb gewordenen Platze schieden. Trotzdem ist die botanische Ausbeute befriedigend und namentlich die Waldbäume sind in der Sammlung verhältnismäßig reich vertreten. Das ist nur dadurch möglich gewesen, daß ich mit „Fernglas und Büchse" botanisierte. Von den Waldpfaden aus oder von einem erhöhten, freien Standpunkt werden die Kronen mit einem guten Prismenglas abgesucht, und wenn ein reichblühender, etwa armstarker Ast gefunden ist, wird das Feuer eröffnet. Ich schoß Mantelgeschosse mit Blei=spitze vom Kaliber des Militärgewehrs. In günstigen Fällen kam der Ast schon nach zwei oder drei Schüssen, wenn er aber bereits gebrochen nur noch an einem Fetzen bastreicher Rinde hing, war der Munitionsverbrauch beträchtlicher und der Schütze manchmal in gelinder Verzweiflung. Immerhin war es die einzige Möglichkeit, auf Exkursionen und auch während des Marsches mit der Karawane überhaupt von den höheren Bäumen Material zu bekommen, und zwar in ausgezeichneter Beschaffenheit und reichlicher Menge. Man muß natürlich den Ast so auswählen, daß er im Fall auch wirklich zur Erde gelangen kann und nicht in der Krone oder in niedrigeren Bäumen hängen bleibt, und stets auf etwa am Boden liegende Blüten und Früchte wie auf „Fährten" achten. Die verwendeten Geschosse hatten freilich eine ziemlich beträchtliche Splitterwirkung, aber den Fehler zu kleinen Kalibers und zu starker Durchschlagskraft; ausgezeichnete Er=folge müßte ein großkalibriges Explosionsgeschoß, das mit verhältnismäßig schwacher Pulverladung aus einer Elefantenbüchse zu feuern wäre, erzielen.

Ungünstiger noch als der Botaniker ist der Zoologe bei einem kurz bemessenen Aufenthalte daran. Wir haben zwar Buschböcke, Elefanten,

Leoparden, Meerkatzen und Colobusaffen teils gesehen, teils gespürt, sind aber nicht zu Schuß gekommen. Befriedigender war die Ausbeute an Vögeln und Wirbellosen. Flüge von Graupapageien zogen mit melodischem Pfeifen hoch über dem Tal in der Dämmerung ihren Schlafplätzen zu und ein prächtiger Turaku (Ruwenzorornis chalcophtalmicus, eine neue Art, dem Ruwenzorornis Johnstoni vom Ruwenzori sehr nahestehend) erfüllte zuweilen den Wald mit vielfach variiertem Geschrei. — Auf dem Marsche erlegte Schuboß auch einmal mit einem glücklichen Schuß ein Paar des Riesenturaku, der Corythaeola major, gleich den Graupapageien Angehörige der westafrikanischen Waldfauna.

Nachdem wir von dem Lager am Rukarara Abschied genommen hatten, überschritten wir bald die Wasserscheide zwischen diesem und den zum Kiwu fließenden Bächen, zwischen Nil und Kongo. Es ging hinunter in das Tal des Schampf, in dem wir zum ersten Male im Rugege=Wald Podocarpus sahen, prachtvolle Bäume mit senkrecht aufstrebenden, zu einer pyramiden= förmigen Krone geeinten Ästen. Es war eine bisher unbekannte Art, da ich aber keine Blüten und Früchte mitgebracht habe, ist ihre Bestimmung unsicher. In dem schönen Tale hätten wir lagern sollen, dann hätte ich ausreichenderes Material des Podocarpus und noch manches andere sammeln können. So aber folgten wir einem Führer, der gern aus dem Walde her= auswollte — Miniago war vorausgeeilt, um Proviant zu besorgen, wie er sagte, in Wahrheit aber auch wohl, um der „Wildnis" zu entgehen, die den Bewohnern des reich besiedelten Kulturlandes von Ruanda zum mindesten starkes Mißbehagen verursacht — und mußten aus Mangel an Wasser viel weiter marschieren, als ursprünglich beabsichtigt war. Das Bedauerliche dabei war, daß wir uns so dem westlichen Rande des Waldes schon stark näherten und kostbare Zeit zum Sammeln in seinem Innern verloren. Schließlich kamen wir an einen kleinen Bach und fanden in seinem engen, dicht verwachsenen Tal, mitten im hohen, dichteren, schon mehr tropisch an= mutenden Urwald, mit Mühe und Not Platz zum Aufschlagen der beiden Zelte. Es war zwar romantisch, aber auch sehr eng.

Am folgenden Tage kamen wir aus dem Walde heraus, zunächst durch lichte Bestände einer weidenartigen Proteacee, Faurea usambarensis Engl., die hier sehr beträchtliche Dimensionen erreicht, dann in den Gürtel des Adlerfarns und der Waldverwüstung. An dem Bach Nirahindi trafen wir Miniago wieder; er hatte reichliche Verpflegung und auch Pombe für die

Träger gebracht und wieder einen schönen Lagerplatz ausgesucht. Von hier hatten wir noch drei Marschtage bis Ischangi. Dem Kiwu waren wir schon recht nahe und schon am ersten Tage bekamen wir ihn zu Gesicht. Als wir wieder einmal einen Hügel überschritten hatten, bot sich den erstaunten Augen ein Anblick, daß wir den Schritt hemmten, um zu schauen. Vor uns senkten sich die Bergrücken und Hügel allmählich immer tiefer hinab, um gegen den

Nsoga (Pombe) bringende Wanjaruanda.

Horizont als Halbinseln hineinzuragen und als Inseln aufzusteigen aus einer in fahlem silbrigen Blau schimmernden Fläche, dem Juwel der afrikanischen Seen. Vielleicht mag der Tanganjika im ganzen noch majestätischer sein, aber eine solche Vereinigung von Lieblichkeit und Größe, von stillen Buchten und tiefen Fjorden, von seligen Inseln und in die Wolken ragenden Gebirgen bietet wohl keiner wie der Kiwu.

Wir marschierten jetzt parallel dem Südostufer des Kiwu, meist in Sicht des Sees, lagerten am Bache Kalundura und dann, das letztemal vor Ischangi, am Katosoma. Hier hatten wir seit dem Aufbruch vom Viktoria-See den ersten Regen, von einem unbedeutenden Schauer am Mohasi abgesehen. Die Zelte wurden im Regen aufgeschlagen, der Koch mußte im

Regen kochen, und düstere Ahnungen wegen der kleinen Regenzeit, die jetzt kommen sollte, erfüllten unsere Seele, so sehr waren wir durch das andauernd schöne Wetter der Trockenzeit verwöhnt! — Am Abend kam noch ein Askari mit einem Briefe von Grawert, in dem er uns bat, so schnell als möglich nach Ischangi zu kommen, da er bald abfahren wolle.

Am 27. August trafen wir in dem hübschen Unteroffizierposten ein. Zuletzt führte unser Marsch vorbei an einer zerfallenden Hütte unter einem riesigen einsamen Baum, der Stätte von „Bergfrieden", wo Kandt, der Dichter Ruandas, gewohnt, und an einem einsamen Grab, in dem der Professor Camp, der Astronom der Kiwu=Grenzkommission, fern von der Heimat zur letzten Ruhe gebettet wurde."

*

Während sich die umstehend geschilderten Ereignisse abspielten, strebte ich mit Wiese und in Begleitung Hauptmann von Grawerts ebenfalls dem Kiwu zu. Schon am ersten Marschtage, nachdem wir Nianja verlassen hatten, wurde uns unser Viehreichtum recht unbequem. Embarras de richesse! Ein breiter und tiefer Sumpf war zu passieren, in dem die kleinen und schwachen Ziegen stecken blieben. So entstand durch das Herausholen der todmüden Tiere eine lange Verzögerung, die den Tagesmarsch sehr abkürzte. Erst tief in der Nacht war die Karawane an Mensch und Tier wieder vollzählig beisammen. Um Wiederholungen nach Möglichkeit zu vermeiden, ließen wir daher von jetzt ab die Herde truppweise zu 200 bis 300 Stück einige Stunden der Karawane vorausmarschieren.

Der folgende Tagesmarsch wurde wiederum erschwert durch das Übersetzen über den Niawarongo, den wir hier zum zweiten Male passierten, und wiederum trug die Herde die Schuld daran. Denn wenn diese auch dank der neuen Taktik früher eintraf, so dauerte es doch immerhin mehrere Stunden, bis die große Herde und die Rinder teils in Kanoes, teils durch Menschenhand an das jenseitige Ufer befördert waren.

Das Lager mußte dicht am Ufer aufgeschlagen werden, von dem fast im Kreise sich herumwindenden Fluß umschlossen. Aber wir hatten diese Maßnahme am folgenden Morgen bitter zu bereuen, denn das gesamte Flußtal war von dichtestem Nebel erfüllt, so daß man nur wenige Schritt weit zu sehen vermochte. Dabei zeigte das Thermometer 6° Celsius und Mensch und Tier litten empfindlich durch die Kälte. Doch die Sonne, die bald hinter den Bergen auftauchte, und der schwierige Bergmarsch erwärmten uns wieder, und als wir gegen die Mittagszeit Kagira, die Besitzung Dr. Kandts, erreichten, war die Unbill des Morgens vergessen.

Kagira ist eine Niederlassung, die sich von einer Eingeborenenbesitzung nur wenig unterscheidet. Sie liegt tief unten im Tal, hart an dem schmalen Gebirgsflüßchen Mashiga, von Bergen rings umgeben. Vergebens fragt man sich, warum Kandt seinen Wohnsitz wohl gerade an diesem Orte aufgeschlagen hat. Aber es heißt, daß das Interesse an der Grabstätte des Vaters des Sultans Msinga, Luabugiri, die ganz in der Nähe liegt, ihn hier festgehalten habe.

Endlich am folgenden Mittag sichteten wir aus weiter Ferne die tief eingeschnittenen Fjorde des Kiwu=Sees. Nach einem steilen Abstieg von dem Dörfchen Bujonde zum Ufer hinab wurde unter schattigen Bäumen am östlichen Punkte des Sees Lager bezogen. Es war ein merkwürdiges Spiel des Zufalls, daß die erste von uns berührte Bucht von Dr. Kandt in früheren Jahren die „Mecklenburg=Bucht" benannt worden war.

Der See trägt in seinen östlichen Teilen ausgesprochenen nordischen Charakter, denn tief einschneidend in die etwa 1600 m hoch aufragenden Bergkuppen winden sich die Buchten weit in das Land hinein.

Nach den Temperaturen der letzten Tage kam es uns am Ufer des Sees unverhältnismäßig warm vor, aber das Wasser, welches fast 25° dauernd hält, übt trotzdem einen wohltuenden Einfluß auf die unmittelbare Umgebung aus. Das Krokodil fehlt im Kiwu=See. Wir zögerten daher nicht, uns endlich dem langentbehrten Genuß des Schwimmens nach Herzenslust wieder hinzugeben.

Im Schilf versteckt harrten unserer 23 Boote, Einbäume, je nach der Größe mit 6—8 Ruderern bemannt, die uns über den See nach Kissenji tragen sollten. Die Boote haben eine ungefähre Länge von 10 m bei geringem Tiefgang und sind sehr schmal. Die Sitze bieten kaum Platz genug für zwei Ruderer, die mit kräftigen Armen durch die herzförmig geschnittenen Ruder nach Paddelart die Boote pfeilschnell durch das Wasser treiben. Da diese äußerst schmalen Boote natürlich auch nur die Aufnahme der unentbehrlichsten Lasten gestatteten, so mußte die Hauptkarawane zu Fuß unter Führung von Czeczatka und Weidemann am Ostufer entlang nach Kissenji dirigiert werden.

Am Abend, der klar und still war, machte ich eine kurze Abschiedsfahrt allein im Faltboot bis in die Mitte des Fjordes. Hätten nicht die schwarzen

Gestalten der Neger ringsumher auf den Bergen gehockt, so hätte ich mich auf einheimischen Gewässern träumen können.

Lautes Geschrei der Ruderer und der Träger, wie stets bei einer unprogrammmäßigen Begebenheit, ertönte schon in der ersten Morgenfrühe des 17. August, unseres Abfahrtstages, so daß der Weckruf des Signal=hornes, welches allmorgendlich in unbarmherziger Weise den Schlaf der Zelt=

Übergang über den Akanjaru.

insassen störte, nicht erst mahnend zu ertönen brauchte. Dank einer Probe am Tage vorher ging aber das Verstauen aller Lasten glatt und in verhältnis=mäßig guter Ordnung vonstatten, so daß um 7 Uhr bereits das Signal zur Abfahrt erfolgen konnte. Noch einmal winkten wir der abmarschierenden Karawane am Ufer zu und dann setzte sich unsere Bootsflottille rauschend in Bewegung.

Hoch auf schäumte das Wasser am Bug der Boote und unter dem charak=teristischen Gesang der Baharia[1]), von ihren muskulösen Armen ge=trieben, flogen wir über den glatten Spiegel hinweg. Der Morgen war kühl, und erst als die Sonne begann, die Kuppen der Berge zu vergolden, verbreitete

[1]) Baharia = Ruderer.

sich wohltuende Wärme. So verrann die Zeit. Die Bucht erweiterte sich und wir gelangten in das offene Wasser, wo eine schärfere Brise einsetzte und die weniger gut bemannten Boote zurückhielt. Kurze, unfreundliche Wellen klatschten gegen die Bordwand und näßten die Bootsinsassen gründlich durch. Wir sahen nur wenig Wasservögel, nur hier und da stieg ein Nilganspaar, das am steinigen Ufer gesessen, empor. Allmählich verstummte der Gesang und nur das taktmäßige Schlagen der Ruder und das Rauschen der Schaufeln im Wasser unterbrach die Stille.

So fuhren wir in dreitägiger Fahrt über den See. Auf der Insel Mugarura und am Mhoro-Falle, der sich in hohen Kaskaden in den See ergießt, rasteten wir für kurze Zeit. Endlich, am 19. August, näherten wir uns Kissenji. Der trübe Dunst, der wiederum alles einhüllte, ließ anfangs nur unklare Umrisse am Ufer erkennen. Dann nahmen diese Gestalt an und wuchsen sich zu sauberen Häuschen aus, deren weißes Kleid anmutig und belebend in der Sonne glänzte. Dann sah man weiterhin die Grasdächer eines langgedehnten Ortes, dessen Ostseite durch die Bambusbauten unseres Standlagers, dessen Westseite durch das Stationshaus und das Wachgebäude abgeschlossen wurde. Eine schnurgerade, mit Eukalyptus eingefaßte Straße, die sich einer Strandpromenade gleich am Ufer hinzieht, verbindet den Ort mit der Station. Ein reizendes Fremdenhäuschen, ebenfalls weiß getüncht und mit Grasdach versehen, von dem meine Landesflagge grüßte, von einem sauber gehaltenen Garten mit Bananen und bunten Blumen umgeben, vor wenigen Tagen erst vollendet, kennzeichnete die Unterkunft und ein in demselben Stile gehaltenes „Teehaus" winkte einladend vom Berge herab.

Bald ging auch eine Bewegung durch die am Strande stehende Menschenmenge, und als unsere flaggengeschmückte, stolze kleine Flottille das wellenumbrandete Ufer berührte und die Kiele knirschend nacheinander auf den Strand auffuhren, stand die gesamte Kompagnie unter ihrem Führer, dem Oberleutnant Knecht, in Paradestellung bereit und waren alle Araber und Inder, sowie alle Eingeborenen des Ortes zur Begrüßung versammelt.

Zur Feier unserer Ankunft prangte der Ort im Flaggenschmuck, d. h. in Ermangelung wirklicher Flaggen wehten auf allen Häusern rote, blaue und weiße Tücher, sowie bunt bedruckte, sogenannte Kanga, die zur beliebten Bekleidung, daher auch als Tauschartikel dienen. Ebenso waren alle Häuserfronten mit bunten Stoffen dekoriert, was dem ganzen Ort einen sehr festlichen Anstrich gab.

Kissenji.

Kissenji ist der nordwestlichste Offizierposten des deutsch-ostafrikanischen Schutzgebietes. Er liegt, wie sein belgischer Nachbarposten, der in 20 Minuten per Boot zu erreichen ist, im Territoire contesté, d. h. in dem belgisch-deutschen Grenzgebiet, dessen nationale Zugehörigkeit diplomatisch noch nicht endgültig festgestellt worden ist.

Erstaunlich ist Kissenjis Entwicklung. Noch im Jahre 1906 hatte der Ort aus wenigen Eingeborenen-Hütten bestanden. Um die neu anzulegenden Wege zu tracieren, hatten sich Hauptmann von Grawert und Leutnant Ullrich mit der Axt in der Hand einen Weg durchs dichte Buschwerk schlagen müssen. Und jetzt, nach Jahresfrist, bot sich dem erstaunten Auge ein blühender und täglich wachsender Handelsort mit einer Einwohnerzahl dar, die 800 übertraf, und in 80 Duka[1]) trieb man schwunghaften Handel. Die Entwicklung des Platzes, die in erster Linie der Energie und der geschickten Politik des Oberleutnants Knecht zu danken ist, der ihn bald nach seiner Anlage übernahm, gibt wiederum ein schönes Zeugnis von der Leistungsfähigkeit des deutschen Offiziers, wenn ihm freie Hand gelassen wird, Kraft und Willen zu entfalten.

Nach dem langen Zeltleben und dem Aufenthalt im Pori[2]) wähnten wir uns fast in einer Großstadt. Die trübe Stimmung der Träger war in Fröhlichkeit verwandelt, und ständig wurde Vorschuß zur Auffrischung des äußeren Menschen erbeten, der im Pori begreiflicherweise Vernachlässigung erfahren hatte. Kurz, alles war in prächtigster Laune.

Gemeinsam mit dem Père supérieur Barthélemy der Missionsstation Njundo sowie mit einigen seiner Conpatres nahmen wir in dem Teehäuschen, das in dominierender Lage einen prachtvollen Rundblick über die ganze Nordbucht des Sees und über die hinter uns liegende Vulkankette gewährte, die Abendmahlzeit ein.

Wenige Stunden später kam auch die Landkarawane unter dem Unteroffizier und meinem Diener wohlbehalten an.

Bevor wir daran denken konnten, die Umgebung Kissenjis, die Inseln des Sees, den Bugoie-Wald, die Vulkane usw. in Einzelreisen zu besuchen, harrte unserer noch viel Detailarbeit. Die Wahaia-Träger aus Bukoba, welche bisher der Karawane trotz des Mangels an Bananenverpflegung, ihrer Hauptnahrung, in voller Gesundheit treuliche Dienste geleistet hatten, wurden hier in ihre Heimat entlassen. Statt ihrer erwarteten uns 200

---
[1]) Duka = Kaufladen.
[2]) Pori = Steppe, allgemein auch für nicht bewohnte Gegend gebraucht.

neue Träger vom Tanganjika, meist Manjema, die durch Vermittlung des Hauptmanns Göring in Udjidji angeworben waren. — Über Vorräte und Lebensmittel verfügten wir noch reichlich; 2000 Lasten Verpflegung waren von Knecht für alle Fälle hier aufgestapelt und gegen 60 Rinder und 600 Ziegen befanden sich noch in unserem Besitz.

Die Nacht wäre für die Weiterführung der Karawane fast verhängnisvoll geworden. Ein Haus hinter dem Magazin, in dem sämtliche Lasten der Expedition und alle wertvollen Instrumente lagerten, fing durch Unvorsichtigkeit eines Trägers Feuer und brannte nieder. Wir hatten uns kaum zur Ruhe gelegt, als Lärm und das Feuersignal uns aufschreckten. Nur mit dem Pyjama bekleidet ging es im Laufschritt an den Brandplatz. Hier strömten schon die Askari und Träger herzu und in gemeinsamer Arbeit gelang es, durch fortwährendes eifriges Begießen des Magazin-Strohdaches, die drohende Gefahr abzuwenden.

Am 22. August segelte Grawert nach dem Südende des Sees ab, um den Posten Ischangi zu inspizieren. Der Tag wurde von uns dazu benutzt, um dem benachbarten belgischen Posten in Ngoma, dessen Führer, Leutnant Ogg, schon tags zuvor zur Begrüßung erschienen war, einen Besuch abzustatten. Wir wurden außerordentlich liebenswürdig aufgenommen und erhielten hier einen ersten Begriff von jener glänzenden belgischen Gastfreundschaft, die wir in späteren Monaten noch oft mit Dank erfahren sollten. Ngoma läßt sich aber mit Kissenji nicht vergleichen, macht einen trostlosen Eindruck und besteht mit Ausnahme des damals im Bau begriffenen neuen Offiziershauses aus elenden Strohhütten. Es teilt mit Kissenji die Lage im umstrittenen Gebiet. Die Machtbefugnis des in Ngoma stationierten Offiziers ist eine sehr geringe, da sie sich nur auf den Ort und seine nächste Umgebung beschränkt. Der zum Distrikt Russisi-Kiwu gehörende Posten ist wie Kissenji völlig auf Lava aufgebaut, welche auch das Material für die Mehrzahl der Häuser geliefert hat.

Das Klima Kissenjis ist vortrefflich, denn seine Höhenlage in 1500 m über dem Meere verbannt die erschlaffende Hitze. Die Kühle, die infolgedessen herrscht, macht den Aufenthalt zum denkbar angenehmsten. Wer das Glück hat, diesen Ort zum Wirkungskreise angewiesen zu erhalten, der hat das große Los gezogen. Vor sich die rauschende Brandung des schönsten aller zentralafrikanischen Seen, umrahmt von den schroffen Felsgebilden steil abfallender Ufer, im Rücken die stolzen Häupter der acht Virunga-Vulkane, die einer Kette gleich die Landschaft umschließen: Wahrhaftig, wer diesen Fleck

Erde gesehen und noch dazu das Glück hatte, in glutroten Farben den nächtlichen Himmel vom Widerschein der flüssigen Lava des tätigen Namlagira-Berges erleuchtet zu schauen, der hat eine Perle in den Schatz seiner Erinnerung eingefügt, die unveräußerlich ist fürs Leben.

Am Abend des 29. August bannte uns förmlich dies Schauspiel grandioser Schönheit an den Platz. Glutrot war der Nachthimmel weithin erleuchtet

Mhutu-Weib bei der Töpferarbeit.

und aus dem mächtigen Krater des Namlagira donnerte es gewaltig. Hohe Garben glühenden Gesteins sprühten in die Luft. Zum Himmel schob sich eine durch den Feuerschein des Ausbruches hell beleuchtete Rauchsäule langsam in schwindelnde Höhe empor, um sich dann pilzartig in vieler Meilen Runde auszubreiten. Lange standen wir bewundernd diesem Naturereignis gegenüber, überwältigt von seiner Größe, bis die allmählich erblassende Glut das Ende des Ausbruches anzeigte.

Wem die Begeisterung des Abends noch in der Seele klang, der sollte tags darauf ernüchtert werden, denn die Hiobspost traf ein, daß eine für uns bestimmte Postkarawane nebst anderen Lasten von der Eingeborenen=Bevölkerung Ruandas ausgeraubt worden war. Da Hauptmann von Grawert noch abwesend war, mußten die Maßnahmen zur Wiedererlangung vorläufig unterbleiben. Dann aber ging ein energischer Protest an Msinga ab, der schnell das gewünschte Resultat zeitigte. Bald wurden uns die geraubten Gegenstände mit der gesamten aus Europa angekommenen Post wieder zugestellt. Den Rädelsführer des Überfalles aber traf eine harte Strafe. Msinga ließ ihn ergreifen und vor den Augen des Volkes mit einem spitzen Pfahl durchbohren. Noch wochenlang soll der modernde Leib des Räubers von der Macht des Beherrschers Ruandas Zeugnis gegeben haben.

Nachdem Raven von seiner erfolgreichen Tour aus dem Bugoie=Walde, die ihn mit dem Volk der Batwa zusammengeführt hatte, wieder eingetroffen war, unternahm ich mit ihm eine Bootfahrt nach zwei leicht zu erreichenden kleinen Inseln, die einst der eingeborenen Bevölkerung zu Beerdigungszwecken dienten und dies wohl auch heute noch tun. Wir beabsichtigten, unserem Anthropologen bei der Anlage einer Schädelsammlung behilflich zu sein. Schädel und Skelette fanden sich dort in großer Anzahl, teilweise von Baumwurzeln bereits durchwachsen. Einen merkwürdigen Anblick gewährte u. a. ein Schädel, dem eine Wurzel durch beide Augenhöhlen hindurch gewachsen war. Auf der kleineren der beiden Inseln fanden wir die kaum verweste Leiche einer Frau, die in Hockerstellung mit Stricken an einen Baum gebunden war. Nach der Behauptung der Ruderer war diese Frau erst nach ihrem Tode dorthin geschafft, eine Äußerung, die uns um so unglaubwürdiger erschien, als es eine notorisch feststehende Tatsache ist, daß Frauen und Mädchen zur Strafe für Untreue oder Verführung vor der Entbindung dort oftmals lebend dem Tode des Verschmachtens preisgegeben werden.

Wenige Tage später trafen auch Weiß und Kirschstein von ihrer ebenso anstrengenden wie erfolgreichen Vermessung und geologischen Erkundung über die Missionsstation Njundo ein.

Die beiden hatten sich wiederholt in kritischer Lage befunden, da sie vom Mohasi bis Kissenji eine Route benutzten, die ganz abseits durch Gebietsstriche führt, in denen der Einfluß der Watussi und der Europäer noch wenig bemerkbar ist. Weiß wählte diesen Weg, um seine Aufnahmen zu vervollständigen, trotzdem ihm vom Residenten abgeraten worden war. Er berichtete mir über seinen Marsch:

„Ebensowenig wie die Wahutu hier die Autorität der Watussi anerkannten, wollten sie von uns Europäern etwas wissen. Zu dieser ab=

lehnenden Haltung kam noch der Umstand, daß die Leute Erntefeste feierten, fast immer betrunken und infolgedessen sehr kriegerisch gestimmt waren. Wir verlangten von ihnen nur Verpflegung für unsere Karawane und einen Führer, beides gegen gute Bezahlung.

Unser Führer, den wir aus dem letzten Lager mitgenommen hatten, war dadurch dienstunfähig geworden, daß er unterwegs einen guten Freund getroffen, diesem den gefüllten Pombekrug entrissen und sich in kurzer Zeit derartig des Guten zuviel getan hatte, daß er zur großen Freude unserer Träger lallend vor der Karawane hin und her wankte.

Die Wahutu mißverstanden jedoch unsere friedlichen Absichten, ließen von Dorf zu Dorf ihr weithin tönendes, gellendes Kriegsgeschrei erschallen, und in wenigen Minuten konnten wir sehen, wie die Leute aus den Tälern und von den Hängen, mit Speer, Pfeil und Bogen bewaffnet, in dichten Scharen auf uns zuströmten.

Wohl wäre es möglich gewesen, mit unseren sechs Gewehren die Leute bei Tage im Schach zu halten, doch niemals hätten wir uns gegen einen vernichtenden nächtlichen Überfall schützen können.

Auf der unserem Lager gegenüberliegenden Kuppe versammelten sich die Krieger. Wir konnten beobachten, wie die Dorfältesten Rat hielten. Schon wurden Abteilungen an den Hängen entlang in Richtung auf unser Lager abgeschickt. Da beschloß ich, um Blutvergießen zu verhindern, völlig unbewaffnet, nur mit meinem Dolmetscher den Leuten entgegenzugehen, um mit ihnen zu verhandeln.

Als ich die Hälfte des Weges zurückgelegt hatte — die Askari, welche mich anfangs begleiten wollten, waren auf meinen Befehl im Lager zurückgeblieben — ließ ich den auf der Kuppe versammelten Eingeborenen durch meinen Dolmetscher zurufen, daß ich nur friedliche Absichten hege. Sie könnten dies daran erkennen, daß ich völlig unbewaffnet sei. Ich ließ sie auffordern, mir ihren Ältesten zu einer Besprechung entgegenzuschicken.

Längere Zeit ließen sie die Zurufe unbeantwortet. Es war ein höchst kritischer Moment, besonders deshalb, weil sich die Leute zu beiden Seiten der Abhänge an mich herangeschlichen hatten und mit ihren Bogen auf mich anlegten. Die einzige Beruhigung für mich war zu wissen, daß die Pfeile nicht vergiftet waren.

Endlich sonderte sich aus der Gruppe einer der Dorfältesten ab und kam gleichfalls unbewaffnet auf mich zu. Ich ging ihm ein Stück ent=

gegen und begrüßte ihn durch kräftigen Handschlag. Damit endlich war der Friede geschlossen und nach einer Stunde schon hatten wir die nötige Verpflegung und einen brauchbaren Führer."

Nachdem auch Schubotz und Mildbraed nach ihrer Forschung im Rugege in gemeinsamer Fahrt mit Grawert aus Ischangi nach Kissenji heimgekehrt waren, befanden wir uns bis auf Czekanowski alle vollzählig beisammen.

Unser Zusammensein war aber nur kurz und diente in der Hauptsache zum Abschluß der letzten Sammlungen und zur Vorbereitung zu neuen, auf etwa Monatsfrist berechneten Exkursionen.

Während Weiß und Kirschstein sich zu Vermessungszwecken und geologischer Erkundung an die Nordspitze des Sees und in das den Virunga westlich vorgelagerte Vulkangelände begaben, schickten Raven, Wiese, Grawert, Knecht und ich uns an, an den Bolero=See zu gehen. Von uns drei Mitgliedern der Expedition sollte von dort aus ein Besuch der östlichen Vulkane und des Bugoie=Waldes folgen. Mildbraed und Schubotz aber kehrten auf den Kiwu zurück, der es ihnen angetan, und wo ihnen die jungfräuliche Insel Kwidschwi und die biologischen Studien des Sees überaus lohnende Arbeit verhießen. Über die Eindrücke, die sie beim ersten Anblick der Wasserfläche empfingen, ihre Erlebnisse auf dem See und seinen Inseln möge die Feder des Zoologen ein abgeschlossenes Bild im folgenden Kapitel zeichnen.

Transport einer Hütte. Ruanda.

V.
Der Kiwu-See und seine Inseln.

Bootreise auf dem Kiwu=See.

V.
Der Kiwu=See und seine Inseln.

Als wir ihn zum ersten Male sahen, auf unserem Wege nach Ischangi, nach anstrengenden Märschen durch Ruanda und den Rugege=Wald, schlug uns das Herz vor Freude. Der Blick auf eine große Wasserfläche nach lange währenden Land= und gar Fußreisen hat seit Xenophons Zeiten immer etwas Befreiendes gehabt, und ein wenig von dem frohen Gefühl, das die zehntausend Griechen in das „Thalatta, Thalatta" einstimmen ließ, ver= spürten auch wir, als der Kiwu aus weiter Ferne zu uns herüber winkte. Der Ruf seiner großen landschaftlichen Schönheit und seines ausgezeichneten Klimas war uns allen bekannt aus den begeisterten Schilderungen Kandts und den Erzählungen deutscher Offiziere. Seit Wochen sprachen und träumten wir von ihm, dem ersten wichtigen Ziel unserer Reise, von dem jeder unter uns wissenschaftliche Überraschungen erhoffte. Was wir zunächst von ihm erblickten, war die größte seiner zahlreichen östlichen Buchten, die von Kandt den Namen „Mecklenburg=Bucht" erhielt. Hohe, von sanft gerundeten Kuppen und Hügeln gebildete Ufer umrahmen sie, bedeckt mit grünen Bananenhainen, Erbsen= und Bohnenfeldern, die Zeugnis ablegen von dem Fleiß der hier dicht gedrängt sitzenden Wahutu=Bevölkerung. Leichter Nebel wogte über der Oberfläche des Sees und verbarg die entfernter liegenden Inseln und Ufer dem suchenden Auge. Der Sonne Strahlen funkelten stellen= weise auf den schwach bewegten Wellen, und das Rosenrot des Morgen=

himmels, das frische Grün der Uferhügel und das smaragdfarbige Wasser vereinten sich zu einem lieblichen Bilde.

Der Kiwu-See ist der zuletzt entdeckte der großen zentralafrikanischen Seen. Dunkle Nachrichten über ihn reichen zwar bis in die 60er Jahre des vorigen Jahrhunderts zurück. Sie stammen von den am Tanganjika mit Sklaven und Elfenbein handeltreibenden Arabern, mit denen Livingstone in Udjidji zusammentraf. Aber diese Gerüchte führten zu höchst unklaren

Kiwu-Ufer bei Katerusi.

Vorstellungen über den See und erst dem Grafen Götzen war es vorbehalten, sichere Mitteilungen über seine Lage und seinen Charakter zu machen. Graf Götzen besuchte ihn auf seinem Zuge quer durch Afrika im Jahre 1894 und befuhr sein Nordende bis zur Insel Mugarura. Nach ihm erforschte Dr. Richard Kandt den See genauer in den Jahren 1898—1901 und schließlich wurden die topographischen Aufnahmen Kandts durch die deutsch-kongolesische Grenzkommission vervollständigt. Ausführliche Daten über den Kiwu finden sich in den „Mitteilungen aus den deutschen Schutzgebieten 1904", aus der Feder des Hauptmanns a. D. Herrmann, und in Kandts „Caput Nili". Hier sei deshalb nur das Wesentlichste über ihn bemerkt.

Ruffifi=Fälle.

Der See liegt nach Weiß' Feststellung 1500 Meter hoch auf der Sohle des zentralafrikanischen Grabens. Er ist 101 km lang und 50 km breit. Seine im Osten, Süden und Westen hohen, im Norden aber flachen Ufer sind außerordentlich zerklüftet, so daß sie, namentlich das östliche, stellenweise lebhaft an nordische Fjorde erinnern. Unzählige Kuppen und Gipfel, die sich bis 2800 m hoch erheben, umrahmen, kettenförmig angeordnet, den See. Sie sind in seiner unmittelbaren Nähe kahl, d. h. entweder Steppen- oder Kulturland. Weiter entfernt von ihm dehnt sich indessen herrlicher, hochstämmiger Urwald aus. Zu der Zerrissenheit der Ufer tritt als ein anderes wesentliches Charakteristikum des Sees sein Reichtum an großen und kleinen Inseln, deren größte weiterhin eingehend geschildert werden sollen. Die Ränder des Sees sind nur in geringem Umfange mit Schilf und Binsen bewachsen. Sie sind vielmehr meist steinig und auf weite Strecken versintert, d. h. mit einer Kruste von Kalk bedeckt. Diese Sinterbildungen, die den ehemals höheren Stand des Seespiegels anzeigen[1]), leuchten stellenweise förmlich aus dem Grün der bewaldeten Inselufer hervor. Eine weitere Eigentümlichkeit des Kiwu sind heiße Quellen, die sich am Nordostufer auf der Halbinsel Irungatscho vorfinden. Ihre Temperatur beträgt nach Kirschsteins Messungen bis zu 72 Grad Celsius. Offenbar bilden sie einen Anziehungspunkt für Fische, denn in ihrer Umgebung findet man die primitiven Reusen der Seeanwohner besonders zahlreich. Die Entstehung des Kiwu scheint nach der von unserem Geologen vertretenen Auffassung mit der Entstehung der Virunga-Vulkane ursächlich zusammen zu hängen. Hierdurch sei ein vordem mit dem heutigen Albert Eduard-See vereintes Wasserbecken getrennt und derartig gestaut worden, daß es sich einen gewaltsamen Durchbruch nach Süden in Gestalt des heutigen Russisi verschaffte. Für diese Auffassung spricht die Übereinstimmung der von Kirschstein in den Sinterbildungen gefundenen fossilen Mollusken mit den heute im Albert Eduard-See noch lebenden und die Beobachtung, daß die ganze vom Rutschuru durchflossene Ebene nördlich der Vulkane alter Seeboden ist, was aus fossilen Muschelbänken und zahlreichen Seegeröllablagerungen hervorgeht.

Über die Fauna und Flora des Kiwu-Sees wußten wir bereits einiges aus den Angaben Kandts, der unter anderem auch eine umfangreiche Sammlung der Fischarten dem Berliner zoologischen Museum überwies. Uns lag

---

[1]) Wie Kirschstein feststellen konnte, reichen diese Sinterbildungen bis zu 8 m über dem heutigen Seespiegel hinauf.

es ob, diese Beobachtungen zu ergänzen, namentlich, was die niedere Lebewelt betraf. Von einer vollständigen Erforschung des Sees konnte bei der Kürze der uns zur Verfügung stehenden Zeit naturgemäß keine Rede sein. Denn die biologische Untersuchung eines großen Wasserbeckens erfordert Monate und Jahre, je nach dem Grade der erstrebten Gründlichkeit, weil nicht nur die durch die räumliche Ausdehnung bedingte Häufung der Arbeit dabei in Betracht kommt, sondern auch die je nach der Tages- und Jahreszeit verschiedene qualitative und quantitative Zusammensetzung der Organismen, die eine lange Fortsetzung und stetige Wiederholung der Untersuchungen nötig macht. Deshalb können wir sogar nur von ganz wenigen europäischen Seen sagen, daß wir sie in biologischer Hinsicht gut kennen, von afrikanischen vollends kann man dies auf lange Zeit hinaus füglich noch nicht behaupten. Alles, was von dort her bekannt ist, sind günstigenfalls Stichproben, gemäß der Kürze der verwendeten Zeit und der Mängel der Untersuchungsmethoden. Aber derartige Stichproben, sozusagen im Vorübergehen genommen, sind immerhin von größerem Werte, weil sie eben aus ganz oder fast ganz unbekannten Gegenden stammen und Kunde geben wenigstens von dem allgemeinen Charakter des betreffenden Gebietes. Außerordentlich wichtig für uns war auch der Besuch der Kiwu-Inseln, weil sie genau auf der Grenze der beiden in jeder Beziehung grundverschiedenen großen Gebiete des Kontinents, der westlichen Wald- und der östlichen Steppenzone, liegen.

Aus diesen Gründen stellte also der Kiwu einen sehr wesentlichen Punkt in unserem Arbeitsprogramm dar und gleich nach unserer Ankunft in Kissenji unternahmen wir mit unserem kleinen Faltboot Ausflüge auf ihm. Bei einer solchen Gelegenheit machten wir auch unseren ersten Versuch des Fischens mittels Dynamit. So berechtigt die Bekämpfung dieser Methode der Fischerei im allgemeinen ist, so empfehlenswert ist sie zu rein wissenschaftlichen Zwecken. Weder das Angeln, noch der Fang in Reusen oder Netzen oder sonst irgendeine Art des Fischfanges vermochte sie uns zu ersetzen. Gerade was sie Berufsfischern verpönt macht, der Umstand, daß sie auch jungen, unausgewachsenen, im Handel wertlosen Fischchen verderblich wird, ist für den Zoologen von größter Bedeutung, lernt er doch auf diese Weise die oftmals durch Farbe und Form von den erwachsenen Tieren abweichenden Jugendstadien kennen. Auch werden durch das Dynamit vor allem gerade solche Fische an die Oberfläche befördert, die auf dem Grunde zwischen Steinen oder Pflanzen ein verstecktes Dasein führen und hierdurch anderen Fangmethoden leicht entgehen. Die Quantität der mit Dynamit erbeuteten Fische ist je nach der Menge des verwandten Sprengstoffes und dem Fischreichtum der Gewässer mehr oder wenig erheblich, bleibt jedoch stets hinter dem Resultate eines mittleren Netzfanges zurück.

Ich will nicht leugnen, daß mir der erste Versuch, mit Dynamit umzugehen,

Fischfang mittels Dynamit.

einiges Unbehagen verursachte. Außer Weiß hatte keiner von uns Erfahrung damit und auch dessen Erfahrungen lagen weit zurück. So wählte ich denn vorsichtigerweise die Zündschnur, welche an der etwa 50 gr wiegenden Bombe befestigt werden muß, reichlich lang, zirka 60 cm, um auf alle Fälle nach dem Wurf aus dem Wirkungsbereich herauszukommen. Mein Bon Ali ben Mahsud, der die Ruder leidlich zu handhaben wußte, und ich bestiegen unser kleines Faltboot und fuhren, begleitet von den ironischen Glück= und Segenswünschen der am Ufer in Erwartung eines furchtbaren Schauspiels harrenden Reisegefährten, vor die Mündung des dicht vor unserem Lager vorbeifließenden Sebeja. Mit der brennenden Zigarre entzündete ich die Schnur und schleuderte sie möglichst weit vom Boote weg. Den Ort des Niederfallens bezeichnete ein kleines Rauchwölkchen, das leise zischend aus der spiegelglatten Oberfläche des Sees hervordrang. Nun galt es, recht weit fortzukommen aus der, wie ich glaubte, höchst gefahrvollen Nähe der unheimlichen Bombe. Ali ruderte wie ein Raceman im Endspurt und im Nu hatten wir uns zirka hundert Meter von der Rauchwolke entfernt. Eine bange Minute verstrich. Dann erfolgte ein dumpfer, schwacher Knall, eine kleine Fontäne stieg am Ort der Rauchwolke auf, und alles war vorüber. Lautes Gelächter befreite unsere Reisegefährten am Ufer von ihrer atemlosen Spannung. Niemand war in die Luft geflogen. Alle standen sie noch mit ihren Beinen auf dem festen Lande und hatten kaum mehr als eine leichte Erschütterung verspürt. Gemächlich ruderten wir nun nach dem Schauplatz der Explosion und sammelten die nach und nach an die Oberfläche getriebenen Fische ein. Es waren ein bis zwei Dutzend Cichliden, barschähnliche, in Afrika weit verbreitete Fische, und zwar durchweg kleine, nicht mehr als fingerlange Exemplare. Mit weit in das Maul vorgedrängter Luftblase lagen sie regungslos an der Oberfläche oder schwammen unter Anzeichen starker Atemnot im Kreise herum. Die dunkler gefärbten Männchen zeigten eine schöne erzgrün schillernde Querstreifung, die Weibchen hatten ihre aus 6—10 Individuen bestehende, noch mit dem Dottersack behaftete Brut im Maule, eine dieser Familie eigentümliche Art, ihre Nachkommenschaft vor Gefahren zu schützen.

Die äußerst gefahrlos verlaufene Explosion hatte uns die Besorgnis um unser Leben mit einem Schlage genommen. Die Tatsache, daß nur kleine Fischchen der geringen Wirkung einer einzelnen Bombe erlagen, veranlaßte mich, in Zukunft stets zwei oder drei mit Wachsleinwand zusammengebundene zu verwenden. Dadurch erst gelangte ich in den Besitz von großen Fischen. Auch die Länge der Zündschnur wurde später auf zirka 30 cm verkürzt. Die fluchtartige Entfernung von dem Orte des Niederfallens hatte sich ebenfalls als unnötig erwiesen und wir begnügten uns in Zukunft, gemächlich 20 bis 30 m weiter zu fahren und hier die Explosion abzuwarten. Zwar erreichte die durch 100 bis 150 g Dynamit emporgeschleuderte Fontäne im flachen Wasser eine ganz erhebliche Höhe, aber gefährlich kann sie nur werden, wenn man sich im Boot unmittelbar über ihr befindet. Und das ist bei der durch die aufsteigende Rauchwolke bezeichneten Lage mit Leichtigkeit zu vermeiden. An dem flachen, sandigen Strande des Kiwu

Steilufer des Kiwu bei Kissenji.

bei Kiſſenji gab es bald für uns Biologen nichts mehr zu tun und wir rüſteten deshalb zu einem Beſuch der Kiwu=Inſeln.

An dem Tage, als der Herzog, ſowie die Herren von Wieſe und von Raven in Begleitung des Hauptmanns von Grawert und des Oberleutnants Knecht in das Land des unbotmäßigen Häuptlings Ngrue marſchierten, verließen auch Mildbraed und ich Kiſſenji zu einer Fahrt nach den Inſeln Mugarura, Wau und Kwidſchwi. Auf der letztgenannten großen Inſel wollten wir zirka eine Woche verweilen, um möglichſt vielſeitiges zoologiſches und botaniſches Material von dort zu erhalten. Dank der freundlichen Unterſtützung von Oberleutnant Knecht waren die zum Transport unſerer Zeltausrüſtung, ſowie der zoologiſchen und botaniſchen Laſten notwendigen ſieben Boote pünktlich zur Stelle. Die Kiwu=Boote ſind im Durchſchnitt etwa 10 m lange und 1 m breite Einbäume, die von den Eingeborenen in jahrelanger Arbeit mittels Feuer und eiſerner Querbeile hergeſtellt werden. Vier oder fünf ſchmale Bretter dienen als Sitze für je zwei Ruderer. Am hinteren Ende ſitzt ein einzelner beſonders kräftiger Ruderer, der als Steuermann fungiert. Die Ruder haben herzförmige Blätter und gehen in einen langen, drehrunden Handgriff über. Beſondere Schmuckgegenſtände, Kupfer= oder Meſſingringe, wie wir ſie ſpäter an den Rudern der Wangilima des Aruwimi ganz allgemein fanden, vermißten wir am Kiwu. Mit nicht ganz ungeteilten Gefühlen hatten wir uns das erſte= mal — es war auf unſerer Fahrt von Iſchangi am Südende des Sees nach Kiſſenji — dieſen vorſintflutlichen Fahrzeugen anvertraut. Allein unſere Beſorgnis, ſie könnten ihrer zylindriſchen Form wegen im Waſſer um ihre Längsſeite rollen, wie ein maſſiver Baumſtamm, war unbegründet. Der ſtark verdickte, im Verhältnis zu den recht dünnen Seitenwänden ſehr ſchwere Boden wirkt ähnlich wie ein Bleikiel und die ſehr geringe Breite ſchließt eine ungleichmäßige Querbelaſtung der Boote ſo ziemlich aus. Erſtaunlich iſt ihre Tragfähigkeit. Wir konnten den ganzen, von den Ruderern und uns freigelaſſenen Raum mit Laſten und Menſchen vollſtopfen, ohne die See= tüchtigkeit erheblich zu beeinträchtigen. Bei ruhigem Wetter ſind dieſe Einbäume ganz vorzügliche Fahrzeuge. Den auf dem Kiwu nicht ſeltenen Stürmen gegenüber zeigen ſie ſich indes nicht gewachſen.

Die erſte ſehr traurige Erfahrung in dieſer Beziehung machten wir gelegentlich unſerer Fahrt von Iſchangi nach Kiſſenji, die wir mit einer Flottille von zehn Booten, begleitet von Hauptmann von Grawert, unter= nahmen. Der erſte Tag verlief bei ſchönſtem Wetter außerordentlich an=

genehm. Am zweiten aber wurden wir, im Begriff, die zirka 20 km breite offene Wasserfläche zwischen Kwidschwi und einer östlich davon gelegenen Insel zu kreuzen, von einem Unwetter überrascht. Heftiger Wind fegte über den See und wirbelte Wellen auf, die selbst über den zirka zwei Fuß hohen Bord der größten Boote, in deren Bug wir Europäer saßen, Spritzer über Spritzer warfen. Durch die Faulheit einzelner Ruderer hatte sich im Laufe des Tages unsere Flottille weit auseinandergezogen. Wir Europäer erreichten, dank unseres ständigen Anfeuerns der Mannschaft, wenn auch durchnäßt, so doch ohne sonderliche Gefahr als erste den sicheren Schutz der Insel. Nach und nach fanden sich, mehr oder weniger mit Wasser gefüllt, auch die anderen Boote ein, bis auf zwei, die als letzte den Sturm am längsten auszuhalten hatten. Schließlich, noch weit von der Insel entfernt, wurden sie ein Opfer der Wellen, ohne daß wir ihnen hätten Hilfe bringen können. In einem dieser Unglücksboote befand sich Mildbraeds Boy Maß, oder wie ihn die Wasuaheli nannten, „Maxi", der Typus eines frechen Küstenjungen. Als Europäerboy und „Daresfalamer" führte er stets das große Wort und dünkte sich hoch erhaben über die Träger und „Washenji" (Neger des Inneren). Bei dem Unglück auf dem Kiwu kam ihm seine Pfiffigkeit zugute. Als er den Ernst der Lage erkannte, sprang er kurz entschlossen in das Wasser, gerade als ein etwas stärkeres Boot von hinten an seinem schon halb mit Wasser gefüllten vorbei fuhr. Ein paar Ruderstöße und er konnte sich am Rande des anderen Bootes festklammern. Darin saß Amdallah Mjamwesi, ein Askari, der merkwürdigerweise auf der Löwenjagd „Löwenmut", Büffeln gegenüber aber Totenangst an den Tag zu legen pflegte. Er fürchtete, Maxi könnte sein Fahrzeug zum Kentern bringen und drohte, dem in Todesnot befindlichen auf den Kopf zu schießen, falls er einsteigen würde. Maxi zögerte einen Augenblick, zog dann aber den Tod durch die Kugel Amdallahs dem, wie ihm schien, sichereren Wassertode vor und tat gut daran, denn Amdallah überlegte sich zu seinem eigenen Glück seine Absicht und setzte das Gewehr ab. So wurde er wider Willen zum Lebensretter Maxis. Die Ruderer der beiden vollgeschlagenen Boote aber, zehn an der Zahl, fanden als erste Opfer unserer Expedition ihren Tod in den Wellen des Kiwu. Die beiden charakteristischen Eigenschaften ihrer Rasse, Sorglosigkeit, wenn es ihnen gut geht, und Fatalismus angesichts der Gefahr, wurden ihnen zum Verhängnis. Es war uns eine Quelle steten Ärgers, zu beobachten, daß unsere Ruderer, sehr kräftige Wabutu vom Nord=

ufer des Sees, faullenzten, so lange die Sonne schien und der See glatt
war. Erst, wenn Wind aufkam und Wellengang eintrat, wurden sie lebhaft.

Dieses traurige Ereignis veranlaßte uns auf anderen Fahrten über den
See, alle Vorsichtsmaßregeln zu treffen, d. h. wir begannen, wenn weite,
offene, nicht durch Inseln geschützte Wasserflächen zu passieren waren, wie
zwischen Mugarura und Wau oder Wau und Kwidschwi, bereits bei Sonnen=
aufgang die Fahrt, um noch am frühen Vormittag das Ziel zu erreichen,
denn erfahrungsgemäß pflegen heftige Winde erst gegen Mittag über den
See zu fegen. Die Schiffer rudern im Takt und machen, je nachdem sie
es eilig haben oder nicht, mit den in den Händen freigehaltenen Rudern nach
Paddelart zwei lange und einen kurzen oder einen langen und zwei kurze
Schläge. Hin und wieder feuern sie sich durch ein eigentümliches, von einem
Mann angestimmtes Geschrei, dessen letztes Wort von dem Chore wieder=
holt wird, zu größerer Eile an. Leider hält diese nicht lange an und gerade,
wenn es am nötigsten wäre, bei hohem Seegang, verlieren sie nur zu leicht
den Kopf. Sobald die Wellen in das Boot schlagen, glauben sie, ihr letztes
Stündlein sei gekommen, und neigen dazu, das Rudern überhaupt ganz auf=
zugeben. Dann bedarf es sehr energischer Aufmunterung seitens des Euro=
päers, um die Leute zur Vernunft zu bringen; aus diesem Grunde verteilten
wir uns bei unserer Abfahrt von Kissenji so auf die Boote, daß in jedes
ein zuverlässiger Mann zu sitzen kam; in den beiden größten Booten saßen
Mildbraed und ich, in den übrigen je ein Askari, mein alter wackerer Träger=
führer Compania, unser Koch Majuto und der Präparator Hassani. Jeder
hatte den Befehl, dafür zu sorgen, daß die Boote stets nahe beieinander
fuhren.

Gleich am ersten Tage, bei der Fahrt zwischen Kissenji und der
Insel Mugarura, wurde diese Maßregel belohnt. Der mit zoologischen
Lasten bepackte Einbaum Amdallahs nämlich sog Wasser und mußte, da
Schaufeln nichts half, von den beiden ihm benachbarten Booten in die
Mitte genommen und zwei Stunden von Kissenji entfernt auf das Ufer gesetzt
werden. Amdallah wartete hier, bis ein anderes Boot zum Umladen der
Lasten von Kissenji herbeigeschafft war. Die Fahrt von dort nach der
Insel Mugarura ist nicht so interessant, wie die in umgekehrter Richtung.
Es fehlt ihr der erhebende Anblick, den man, von Süden kommend, bei
gutem Wetter ständig auf die großartige Szenerie des Nordufers, die Virunga-
Vulkane, genießt. Die Hügel und Kuppen des Ostufers, an dessen Rande

die Schiffer sich zu halten pflegen, sind unbewaldet und entweder mit Steppengras oder mit Eingeborenenkulturen bestanden. Sie wirken daher ermüdend, und wenn allmählich die Sonne höher steigt und erbarmungslos auf den Tropenhelm herabbrennt und ihre Reflexe auf dem Wasserspiegel das Auge schmerzen, dann kann man in der Tat nichts Besseres tun, als sich den Tropenhelm tief in das Gesicht drücken und zu schlafen versuchen. Der einförmige Takt der Ruderschläge sorgt dafür, daß es nicht bei dem Versuche bleibt. Hin und wieder wird es vorkommen, daß man aus den schönsten Träumen durch den Ruf eines Boys oder Ruderers: „Sissimaji, bana" (Herr, eine Fischotter!) gestört wird. Dann fährt die Hand nach der für diesen Zweck stets im Bug des Einbaums bereit gehaltenen Flinte und die in der Regel erfolglose Jagd auf den gewandten Fischräuber beginnt. Die Ottern sind die einzigen größeren amphibisch lebenden Tiere des Kiwu-Sees. Flußpferde gibt es hier nicht, ebensowenig wie Krokodile, die überhaupt in ganz Ruanda zu fehlen scheinen. Ottern dagegen sind überall häufig und man wird kaum eine längere Bootfahrt auf dem Kiwu, Mohasi oder Bolero machen, ohne einige von ihnen zu sehen. Ihr schönes Fell, das aber dem unserer einheimischen und der nordamerikanischen Tiere an Wert bedeutend nachsteht, macht sie zu einem auch von den Eingeborenen sehr geschätzten Jagdtier. Watussi sowohl wie Wahutu benutzen das Fell, in lange Schnüre geschnitten, zur Verzierung ihrer großen, auf der Brust getragenen Tabaksbeutel. Auch schmückt es, ebenfalls zu Schnüren verarbeitet, den Lendenschurz des Festgewandes der Watussi. Die häufige Nachfrage der den Kiwu-See berührenden Europäer nach Otterfellen hat die Seeanwohner veranlaßt, den Ottern noch eifriger nachzustellen, und so sind die ursprünglich vertrauten Tiere schon recht scheu geworden. Nur selten gelingt es, sich ihnen mit dem Boote auf Schußweite zu nähern. Schwimmend pflegen sie höchstens den Kopf über die Wasseroberfläche hervorzustrecken und auch das stets nur für kurze Zeit. Es bedarf also eines schnellen und guten Schusses, um sie zu treffen. Damit aber noch nicht genug. Tödlich getroffen, sinkt der Otter schon nach wenigen Sekunden unter, und mehr als einmal ereignete es sich, daß wir beinahe in Greifweite die sichergeglaubte Beute vor unseren Augen verschwinden sahen.

Die Insel Mugarura ist eine der größeren des Kiwu-Sees. Sie liegt in seiner östlichen Hälfte und trägt vielleicht deshalb noch vorwiegend Steppencharakter. Nur ihr nördlicher und nordwestlicher Teil ist mit dichtem

Insel Mugarura im Kiwu-See.

Buschwald bedeckt, dessen Komponenten sich aber durchaus von den Charakterbäumen Kwidschwis und Waus unterscheiden. An einem hübschen Fleck am Westufer schlugen wir unser Lager auf und verweilten hier einen vollen Tag, an dem wir die Insel nach allen Richtungen hin durchquerten. Während ihr östlicher Teil ohne jeden landschaftlichen Reiz ist, bietet der westliche, bewaldete ganz entzückende Szenerien. Das sanft ansteigende Ufer wird hier von mehreren verschwiegenen Buchten umsäumt, die mit den

Fliegende Hunde.

schönsten Seelandschaften unserer märkischen Heimat wetteifern können. In dem Uferwalde einer dieser Buchten fand Graf Götzen eine große Schar von Flughunden (Pterocyon stramineus), die sich weder durch Schüsse noch durch Geschrei aus ihren Lieblingsbäumen vertreiben ließen. Auch Kandt erwähnt sie in seinem Reisewerk. Inzwischen ist mehr als ein Jahrzehnt vergangen und in dieser Zeit haben die Flughunde sich anscheinend noch bedeutend vermehrt. Denn die Massen, welche wir von ihnen in den Zweigen hängen sahen, zählten nach Tausenden. Wie die Alke und Möwen auf einem nordischen Vogelberg oder wie in einem guten Obstjahr die Früchte auf einem Pflaumenbaum fanden wir hier die Flughunde, und einem Mückenschwarm gleich erhoben sie sich, durch unsere Schüsse aufgeschreckt, in die Luft, flogen laut quiekend um unsere Köpfe und ließen sich nach kurzer Zeit an ihren alten Ruheplätzen nieder. Ihre Flugbewegungen sind gemessen, ähnlich denen einer Möwe und wohl ebenso fördernd. Als wir des Abends nach unserem Rundgang um die Insel zu unseren Zelten zurückkehrten, sahen wir die Flughunde in sehr großer Höhe dem fernen Kwidschwi zufliegen. Vermutlich trieb sie der Hunger dort hin. Mugarura wird schwerlich so viele Früchte (namentlich wilde Feigen) hervorbringen, um eine so bedeutende Zahl von Fressern ernähren zu können.

Die Insel ist nicht bewohnt, wenigstens nicht ständig. Gleichzeitig mit uns befanden sich dort ein paar Watussi niederen Ranges mit einer Herde von zirka 20 Rindern. Sie nächtigten in kleinen dürftigen Hütten, denen man es ansah, daß sie nur vorübergehendem Aufenthalt dienten. Vermutlich werden die Rinder bei Beginn der Regenzeit über den nicht sehr breiten Seearm, der die Insel vom Ostufer trennt, herüber geschafft, um hier zu weiden.

Eine offene Wasserfläche von zwei deutschen Meilen Breite trennt Mugarura von der westlich davon gelegenen kleineren und ebenfalls unbewohnten Insel Wau, unserem nächsten Reiseziel. Zur Passage dieser Strecke ist eine zweistündige Fahrt erforderlich, und diese kurze Spanne Zeit genügt auf dem wetterwendischen Kiwu, um die Boote unter Umständen in recht gefährliche Situationen zu bringen. Mehr als einer der vorläufig noch geringen Anzahl der Besucher des Kiwu=Sees machte diese Erfahrung. Kandt, der den See wohl am häufigsten befuhr, erzählt, daß er, von Wau kommend, in ein Unwetter geriet und nur mit Not und Mühe sein halbvollgeschlagenes Boot am Ufer von Mugarura bergen konnte. Deshalb beeilten wir uns, als wir diese Insel verließen. Zu unserem Heile, denn schon nach einstündiger Fahrt bezog sich der anfangs heitere Himmel und bald hing ein drohendes Gewitter mit schweren, schwarzen Wolken, unterbrochen von schwefelgelben Lücken, über den Bergen Ruandas. Kurze, heftige Böen fegten über die Wasserfläche und warfen Spritzer auf Spritzer über den Bug unserer Einbäume. Unsere Drohung, jeden zu bestrafen, der zu rudern aufhörte, zeigte ihre Wirkung. Die Einbäume flogen über den See, und als das Ostufer von den herabfallenden Regenmassen unseren Blicken entzogen wurde und auch bei uns die ersten dicken Tropfen fielen, fuhren wir glücklich in die schützende Bucht der Insel Wau ein.

Wau gehört zu den kleineren Kiwu=Inseln, ist aber vielleicht die landschaftlich reizvollste. Es ist ein Idyll, das ein idealer Zufluchtsort sein könnte für ruhe- und erholungsbedürftige Großstadtmenschen. Die semmelförmige Insel ist zirka 3 km lang und an den beiden abgerundeten Enden vielleicht 1,5 km breit. In der Mitte wird sie von zwei malerischen Buchten bis auf 100 m zusammengeschnürt. Diese Stelle ist zugleich die

Westufer von Mugarura.

flachste, von wo das Land bis zu einer Höhe von zirka 50 m ansteigt. Hier schlugen wir unsere Zelte auf, vor uns und hinter uns lag ein schöner weißer Strand, der zum Baden einlud. Großartige Ausblicke gewährt Wau nach Westen und Norden. Im Westen sieht man das Nordende Kwidschwis, nördlich davon ein paar kleinere, gleichfalls dichtbewaldete Inseln und weiter dahinter, wohl 30 km entfernt, den gewaltigen Westrand des zentralafrikanischen Grabens, dessen nahezu 3000 m hohen, scharfgezackten Grat Urwald bedeckt. Noch erhabener aber ist der Blick, den man nach Norden bei günstigem Wetter genießt. Als ich eines Morgens um 6 Uhr früh bei ungewöhnlich klarem Wetter — denn es hatte in der vergangenen Nacht ununterbrochen geregnet — auf dem höchsten Punkt der Insel stand, waren die Virunga-Vulkane sichtbar. In nördlicher Richtung, über die bewegungslose, hier noch zirka 40 km breite Fläche des Sees hinweg, erhob sich die elegante Kontur des 3391 m hohen Ninagongo. Weiter östlich traten die zerrissenen, 4380 bezw. 3704 m hohen Riesen Mikeno und Sabinjo hervor und den Beschluß machte der Karissimbi, der höchste der Vulkane, dessen 4500 m hohes Haupt im Morgensonnenschein glitzernder Schnee krönte.

Wau ist zur Hälfte mit hohem Urwald bedeckt. Seinen Hauptbestandteil bilden Ficusarten, mächtige, weißstämmige Bäume mit schönen, oft kugelrunden Wipfeln, die ihre starkbelaubten Äste stellenweise bis dicht über die Wasserfläche herabsenken. Ein äußerst üppiger Niederwuchs und viel Lianen erschweren das Eindringen in diesen Wald ungemein, so daß Mildbraed nach mannigfachen fehlgeschlagenen Versuchen, die hier vorkommenden Holzarten zu erlangen, schließlich darauf verfiel, vom Boote aus auf die Äste der Uferbäume zu schießen, eine nicht ganz gewöhnliche Methode des Botanisierens. Der Rest der Insel trägt Steppencharakter. Unmittelbar vor unseren Zelten standen ein paar mittelgroße Exemplare der herrlichen Erythrina tomentosa, des in seiner Blütenpracht schönsten Baumes der afrikanischen Steppe. Seine großen, blutroten Blütenstände sind die beliebtesten Nahrungsquellen der Nektarinen, jener winzigen, in den prächtigsten Farben schillernden Vögel, die in Afrika die Stelle der Kolibris vertreten. Mit ihren langen Schnäbeln suchen diese Zwerge der afrikanischen Ornis die Blüten nach Insekten ab. Es ist ein unaufhörliches Flattern der Tierchen von Baum zu Baum. In kurzer Zeit konnte ich für unsere Sammlung fünf verschiedene Arten, jede in mehreren Exemplaren erlegen, und es wäre ein Leichtes gewesen, diese Zahl beliebig zu vergrößern. Andere auffällige Bewohner der Insel, die mich stets erfreuten, so oft ich sie sah, sind die Graupapageien, der „Kasuku" der Wasuaheli. Aus den Bäumen hinter unseren Zelten schallten vom Morgen bis zum Abend ihre klangvollen Lockrufe. Der stolzeste Vogel aber und der stärkste, gleichsam der Herrscher von Wau, ist der mächtige Schreiseeadler. Regungslos, als wäre er erstarrt, auf seinen Lieblingsplätzen sitzend, hohen, abgestorbenen Bäumen am Ufer, welche die dunkelgrünen Kronen der Ficusse weit überragen, bietet der einsame, schöne Vogel hoch über dem Blättermeer, mit dem in der Tropensonne silbern glänzenden See im Hintergrunde, ein Bild, das keines Malers Hand eindrucksvoller komponieren könnte.

Von großen Säugetieren leben nur Buschböcke auf Wau. Mannigfache Spekulationen über ihre Herkunft und die Entstehung der Insel knüpften sich an sie. Kandt und die Mitglieder der Grenzkommission hatten ihre Spuren gefunden, konnten die Tiere selber aber nicht erbeuten. Uns war es deshalb

Sinterbildung am Ufer der Insel Wau.

sehr wichtig, ein Exemplar dieser sicher seit langer Zeit vom Festlande abgeschnittenen Insulaner zu erlangen. Gleich auf meinem ersten Rundgange um die Nordspitze der Insel sah ich ihre Fährten. Vielleicht hätte ich schon an diesem Tage die ersehnte Beute heimbringen können, wenn mich nicht eine am Ufer einherwatschelnde Nilgans verführt hätte, sie für unsere Küche zu erlegen. Auf den Schuß ertönte laut das Schrecken eines Buschbockes, der, hinter einem Hügel äsend, mir verborgen geblieben war, nun aber mit ein paar Fluchten in den nahen Urwald absprang. Und noch ein zweites Mal sollte er mir auf eine ähnlich verdrießliche Weise entkommen. Ich hatte mich eines Nachmittags am Urwaldrande angesetzt, an einer Stelle, die durch zahlreiche

Fährten des Wildes Aussicht auf Erfolg versprach. Eine halbe Stunde nach der andern verrann, aber kein Buschbock ließ sich blicken. Die Sonne war längst hinter den fernen Kongo=Bergen zur Ruhe gegangen, das Büchsenlicht vorüber und von dem Lager her näherte sich ein schwankendes Flämmchen, die Laterne des Askari, der den Auftrag hatte, mich abzuholen. Mißmutig erhob ich mich, um ihm entgegenzugehen. Da ein kurzer, gellender Schreckton — und ein gelber Schatten flog, zwanzig Schritte von mir entfernt, in den Wald zurück. Mein Ärger war riesengroß, denn am nächsten Tage mußten wir weiter reisen und jede Hoffnung, das zoologisch wichtige Belegstück zu erlangen, war nunmehr dahin. Aber ich machte die Rechnung ohne meinen wackeren Gefährten Mildbraed. Von Hause aus kein Jäger, hatte er in Afrika seine beim preußischen Militär erlangte Schießfertigkeit bisher fast ausschließlich auf botanische Ziele, armdicke blütentragende Äste des Ur= waldes verwandt. Von lebenden Wesen waren seiner Kugel vorläufig nur einige zum Schlachten bestimmte Ziegenböcke unserer Herde zum Opfer ge= fallen und hin und wieder einmal ein Kronenkranich, der seiner Karawane den Weg zu versperren drohte. Deshalb war mein Erstaunen kein geringes, als ich die Kunde vernahm, der „bana maua" („Herr Blume", so wurde der Botaniker genannt) hätte ein Stück Wild geschossen. Auf einem Ausflug nach der südlichen Hälfte der Insel sah Mildbraed plötzlich in dem hohen Steppengrase etwas sich schwachbewegendes Rotes. Ein schnell hingeworfener Schuß, und der berühmte Buschbock von Wau war seine Beute. Das Tier erwies sich als ein ausgewachsenes Weibchen der Spezies Tragelaphus roualeyni. Es erschien uns kleiner als die anderswo gesammelten Exemplare. Ob und wie weit es von den das Seeufer bewohnenden Tieren abweicht, wird aber erst die genaue, vergleichende Untersuchung lehren können. Nach sorgfältiger Präparation der Haut feierten wir das Ereignis bei einer Flasche Moselwein. Das war Mildbraeds erster jagdlicher Erfolg in Afrika, dem noch mancher andere folgte, und fast stets waren es ganz ausgefallene, wichtige Stücke, um die er unsere Sammlung bereicherte.

Am anderen Morgen verließen wir bei schönstem Wetter das Idyll Wau und fuhren nach der Westküste von Kwidschwi. Ohne den üblichen Lärm und Ärger ging die Abfahrt natürlich nicht vor sich. Wir mußten unsere Reserve= proviantlasten, die uns mit einem primitiven Segelboot (Dhau) von Kissenji direkt nach Wau nachgesandt worden waren, auf unsere acht Einbäume ver= teilen und die Ruderer taten so, als fürchteten sie infolge der erhöhten Lasten

für die Sicherheit der Boote. In Wirklichkeit war es Faulheit, denn bei dem spiegelglatten See und der Nähe des Ufers, an dem unser Kurs entlang ging, bestand durchaus keine Gefahr. Besser als unsere verzweifelten An=
strengungen, unsere Mannschaft durch Worte hiervon zu überzeugen, bewirkten das ein paar Rippenstöße der Askari. So kamen wir endlich in die Boote. Ich saß in Gedanken versunken im Liegestuhl im Bug meines Einbaumes, blätterte in Kandts „Caput Nili" und freute mich an seinen Schilderungen

Insel Kwidschwi.

sowohl wie an der Wirklichkeit, an den reizvollen Inseln, den schroffen Ab=
hängen des westlichen Ufers und an manchem anderen um mich her. Mehr=
mals wurde die Fahrt durch eine kurze, aber natürlich erfolglose Otterjagd unterbrochen. Mehr Glück hatten wir mit Silberreihern. Sie sind die anziehendsten Gestalten unter den spärlichen Wasservögeln des Kiwu und, da sie von den Eingeborenen nicht gejagt werden, wenig scheu. Wenn man einen der schneeweißen, auffallenden Vögel am Ufer einherstolzieren sieht, kann man ihn getrost als sichere Beute betrachten. Außer ihnen sahen wir während unserer mehrwöchigen Anwesenheit an dem See nur wenige andere Wasservögel: ein paar Möwen und Kormorane, graue Reiher, Nil=

gänse und Enten, alle aber nur vereinzelt. Verglichen mit der überreichen Ornis anderer afrikanischer Seen, ist dies eine sehr auffällige Erscheinung. Sie entspricht aber der ganz allgemein feststellbaren Armut des Kiwu an Lebewesen überhaupt. Ich hegte gelinde Zweifel an der Richtigkeit der Angabe Kandts, daß lebende Muscheln in diesem großen Wasserbecken völlig

Reiherkolonie.

fehlen sollten, muß diese Angabe jetzt aber durchaus bestätigen. Ja, ich kann sogar noch hinzufügen, daß ich auch andere, in unseren Gewässern weit verbreitete Tierformen, wie die Süßwasserschwämme und Moostierchen, im Kiwu=See vermißte. Aufrecht erhalten dagegen muß ich meine Zweifel an der Behauptung Kandts, die das Vorkommen von Medusen im Kiwu=See betrifft. Die Medusen waren bis vor kurzem nur als Meeresbewohner bekannt. Deshalb erregte es Aufsehen unter den Zoologen, als von dem hochverdienten, leider dem Fieber erlegenen Afrikaforscher Dr. Richard Boehm im Tanganjika

Medusen gefunden wurden. Man schloß aus dieser und einigen anderen faunistischen Eigentümlichkeiten des Sees auf seinen früheren Zusammenhang mit dem Meere. Wenn die Existenz von Quallen im Kiwu auch nicht die gleiche bedeutsame Folgerung zuließe, da man hier eher an eine Verschleppung durch Wasservögel denken müßte, so wäre sie doch von Interesse. Indessen muß ich sie für den Kiwu in Abrede stellen, denn weder auf unseren tagelangen Bootfahrten noch während unseres monatelangen Aufenthaltes in Kissenji, wohin oft eine heftige Seebrise stand, beobachteten wir diese Tiere. Und da Kandt angibt, die etwa bohnengroßen Quallen nur einmal in zwei Exemplaren gesehen zu haben, was mit dem gewöhnlichen massenhaften Auftreten dieser Organismen nicht übereinstimmt, so möchte ich in diesem Falle an einen Irrtum des sonst vortrefflichen Beobachters glauben. Die kleinsten lebenden Seebewohner, die Plankton=Organismen, sind zwar quantitativ zahlreich, qualitativ aber äußerst einförmig. Es sind nämlich fast durchweg Copepoden, mikroskopisch kleine Krebstierchen. Auch der Fischreichtum des Kiwu steht dem anderer afrikanischer Seen weit nach; zumal die Armut an Arten — mehr als 10 dürften schwerlich in dem See leben — ist etwas sehr auffälliges. Diese 10 Arten verteilen sich auf nur vier Familien, von denen die der Cichliden mit vier Arten am besten vertreten ist. Die sehr schmackhaften Fische erreichen die Größe eines mittleren Karpfens. Sie werden auch von den Eingeborenen geschätzt und vorzugsweise in Reusen gefangen.

Unsere Fahrt von Wau nach Kwidschwi führte uns dicht an der Westküste der großen Insel entlang, die mit dichtem, aber niedrigem Urwald bestanden ist, in dessen grünem Einerlei hin und wieder ein paar Phönixpalmen eine dem Auge wohltuende Abwechslung bringen. Der große, prächtige Riesenturako, der Charaktervogel Kwidschwis, und Scharen von Graupapageien tummeln sich in ihren Wipfeln. Gegen 2 Uhr mittags fanden wir in einer tief eingeschnittenen Bucht einen günstigen Landungsplatz. Ein paar Eingeborene standen am Ufer. Erstaunt und furchtsam sahen sie auf die sich nahende Flottille. Sie warteten unsere Landung aber nicht ab, sondern verschwanden kurz vorher spornstreichs im Gebüsch. Da sprangen wie auf Kommando unsere Ruderer in das flache Wasser, rannten an Land und den Flüchtlingen nach. Mildbraed und ich befanden uns plötzlich allein in unseren Booten. Es dauerte indessen nicht lange, bis die Ruderer lachend und schwatzend zurückkamen und zwar mit den von den Eingeborenen auf der Flucht weggeworfenen Lasten. Sie schienen Lob für ihre Heldentat zu erwarten und waren deshalb sehr erstaunt, als wir sie mit ein paar Stockhieben aufforderten, das gestohlene Gut schleunigst wieder an seinen Platz zu tragen.

Am anderen Morgen fuhren wir weiter nach Süden, auf der Suche nach einem geeigneten Zugange zu dem Urwald, der den mittleren Teil von Kwidschwi bedeckt. Er beginnt stellenweise schon dicht am Seeufer und reicht

Urbarmachung eines Taleinschnittes auf Kwidschwi.

bis auf die höchsten, 800 m über dem Seespiegel liegenden Punkte hinauf. Unsere Absicht war, in diesem noch ganz unbekannten Urwalde zu sammeln, um Vergleiche mit dem Rugege=Wald und dem noch unserer harrenden Kongo= Urwald anzustellen. Die Insel ist zirka 40 km lang und an der breitesten Stelle zirka 15 km breit. Etwa zur Hälfte bedeckt sie hochstämmiger Urwald. Das Übrige ist verhältnismäßig sehr kultiviertes Ackerland. Nach vier= stündiger Fahrt landeten wir in einer breiten Bucht. Ihre Ufer waren mit Bananen=, Erbsen= und Bohnenfeldern dicht bebaut, und von mäßiger Höhe, nicht weit vom See entfernt, winkte der Wald. Eine mächtige Schirmakazie, hart am Ufer, lud zum Aufschlagen der Zelte ein. Von hier aus mußte der

Wald sich leicht erreichen lassen. Grawert hatte uns Tamate, den Unterhäuptling der Provinz Niamischi, als geeigneten Vermittler im Verkehr mit den Eingeborenen empfohlen und sofort schickten wir ein Boot fort, um ihn herbei zu bringen.

Die Bewohner Kwidschwis sind viel scheuer als die Ruandas. Infolge wiederholter Einfälle der Watussi betrachten sie jeden Ankömmling mit Mißtrauen. Ihre Zahl wird von Kandt auf zirka 20000 geschätzt und zwar sollen sie sich aus allen Stämmen der Seeanwohner zusammensetzen, deren Angehörige die Insel als einen Zufluchtsort für solche ansehen, die aus irgendeinem Grunde der Heimat überdrüssig sind. Noch während der Herrschaft Luabugiris, des Vorgängers Juhi Msingas, war Kwidschwi eine Provinz Ruandas, hat sich aber nach Luabugiris Tode von dem drückenden Joche der Watussi befreit und ist jetzt ein unabhängiges Sultanat unter der Oberhoheit Mihigos. Dieser meidet die Berührung mit Europäern und läßt nur durch seinen Unterhäuptling Tamate mit sich verhandeln. Die Insulaner sind eifrige Ackerbauer, Vieh besitzen sie wenig. Es sei ihnen von den Watussi geraubt, so erzählten sie uns. Von den Wahutu, deren gedrungener, muskulöser Körperbau auch ihnen eigen ist, unterscheiden sie sich auffällig durch ihre Haartracht. Die für die Wanjaruanda charakteristische halbmondförmige Frisur trifft man hier nicht mehr. Statt ihrer bedeckt den Scheitel eine gleichmäßig lang gehaltene Haarplatte, die sich scharf gegen Schläfen und Hinterhaupt, die beide rasiert getragen werden, absetzt. Die Form ihrer Hütten und ihrer Kleidung, namentlich die der Weiber, stimmt dagegen mit denen der Wahutu überein. In der Umgebung unseres Zeltes fanden wir mehrere kleine Dörfer in Bananenhainen versteckt. Anfangs ließen sich ihre Bewohner nicht von uns erblicken und die Türen der Hütten waren sorgfältig verschlossen. Sehr bald aber wurden sie vertrauter. Unsere Beschäftigung, allerlei Kleingetier und Pflanzen zu sammeln, erregte zwar ihre Verwunderung, überzeugte sie aber von dem friedlichen Charakter unseres Besuches. Als ich drei oder vier Tage nach unserer Ankunft ein Dorf passierte, trat mir der Älteste entgegen, sagte „Jambo mami" (Guten Tag, gnädiger Herr) und schlug sich mit der linken Hand auf den linken Oberschenkel und die Stirn und reichte sie mir. Dann wurde mir als Gastgeschenk ein Krug mit Pombe und eine Traube Bananen gebracht, die ich bestens dankend annahm, um sie an meine Leute zu verteilen. Nun traten sehr freundliche Beziehungen zwischen uns und den Insulanern ein. Sie brachten täglich ein paar Bananentrauben und einige Hühner zu uns und empfingen dafür Stoffe und Perlen. Auch als Führer dienten sie uns auf unseren Ausflügen in den Wald.

Der war schwerer von unserem Lager aus zu erreichen, als es den Anschein hatte, denn er begann erst einige 100 m über dem Seeufer. Ein außerordentlich steiler Pfad über schlüpfrigem, vom Regen aufgeweichtem Lehmboden führte dort hinauf. Schweißtriefend und außer Atem kamen wir am Waldrande an, um die Überzeugung reicher, daß es nicht möglich sein würde, unser Lager, wie beabsichtigt, hier hinauf zu verlegen. Unsere im Tragen ungeübten Ruderer hätten keineswegs die schweren Lasten dort hinauf bringen können. Der Wald von Kwidschwi ist sehr schön. Hochstämmige Bäume, vor allem ein Parinarium und eine Sapotacee, bilden ziemlich dichte Bestände und viel Lianen sowie ein überaus üppiger Niederwuchs erschweren das Abweichen von dem schmalen Pfade, der tief in den Wald hinein führt, ungemein. Bei der Verfolgung von Meerkatzen — nach den Aussagen der Eingeborenen die einzigen größeren Säugetiere der Insel — lernte ich den Wald kennen. Die Affenjagd gehört überhaupt zu den schwersten Aufgaben eines sammelnden Zoologen in Afrika. Die Tiere sind sehr scheu und halten sich bandenweise in den höchsten Baumkronen versteckt, verraten sich aber oft durch ihre Unruhe und ihr charakteristisches Gekrächze. Dann heißt es, bis auf Schußweite heranzukommen. Durch das dichteste Unterholz geht es die steilen Hänge hinauf und hinab, an Dornen und Lianen bleibt man mit Armen und Beinen zugleich hängen, oder sie schlingen sich um die Büchse und den Hals. Streckenweit kriecht man auf allen Vieren durch das Gewirr, dann wieder balanziert man über einen umgefallenen Baum und wenn man endlich, bedeckt mit Schweiß und Schmutz, mit fliegenden Pulsen am Fuße des Baumes steht, aus dessen Wipfel das Gekrächze erscholl, hat der beim Pirschen verursachte Lärm die Affen längst verscheucht. Nur ein Rauschen in dem Geäst benachbarter Bäume gibt die Richtung an, in der die Bande sich empfahl. So ging es mir wiederholt in den ersten Tagen unseres Aufenthaltes auf Kwidschwi, so daß ich ganz mutlos wurde und alle Hoffnungen auf die Batwa setzte, die als Jäger berühmten Pygmäen, welche Tamate zu bringen versprach.

Dieser Unterhäuptling Mihigos hatte uns inzwischen mit ein paar Getreuen seinen Besuch abgestattet. Er war mittelgroß und schmächtig und ziemlich dürftig bekleidet, machte indessen einen intelligenten und willfährigen

Eindruck. Von der Achtung gebietenden Würde aber, die uns bei den Häuptlingen Ruandas aufgefallen war, besaß er nichts. Als ich ihm mein Leid geklagt hatte über die ergebnislose Jagd, versprach er, die Batwa zu holen, die irgendwo im Innern der Insel wohnen sollten. Sie wären die einzigen, die die schlauen und scheuen Affen zu erbeuten verstünden. Tags darauf erschienen sie wirklich, unter dem Gejohl unserer Leute, die nicht weniger neu=

Batwa auf Kwidschwi (in der Mitte Dr. Schubotz).

gierig auf diese seltenen Gäste waren, als wir selber. Im Rugege=Wald hatten wir zum ersten Male ihre Spuren gefunden. Auf einem Frühpirschgang, noch vor Sonnenaufgang, stieß ich auf ein kleines Lager von ihnen, aber sie hatten mich erblickt, lange bevor ich sie sah, und flüchteten in den Wald, wilden Tieren gleich. Das gab meinem damaligen Mtussi=Führer Veranlassung, allerhand Fabelgeschichten von ihnen und ihrer Lebensweise zu erzählen, und seitdem umgab sie etwas Geheimnisvolles, das sich in den Augen unserer Leute zu Furchtbarem steigerte. Infolge davon war ihr Anblick für uns alle gewissermaßen eine Enttäuschung. Ich selber hatte sie mir kleiner vorgestellt, als ich sie in Wirklichkeit fand. Ihre Maße schwankten zwischen

140—160 cm, immerhin fielen sie unter den Kwidschwi=Leuten durch ihre Kleinheit und Zierlichkeit auf. Ihre Körperfarbe hat genau denselben dunkel= braunen Ton wie die der Insulaner. Ihre Gesichter aber sind häßlicher, ihre Nasen platter, die Schädel scheinbar runder. Ob man sie als „Zwerge" oder als kleine Neger ansprechen soll, ist eine müßige Frage. Fest steht, daß sie innerhalb der Bevölkerung Kwidschwis ein besonderes, fremdartiges Element darstellen, das vermutlich vom Westen, aus dem Kongo gekommen ist und sich mit der Urbevölkerung wenig vermischt hat. Die Körper der Kwidschwi= Batwa sind wohlproportioniert und muskulös, ein Schurz aus Rinden= stoff bildet ihre einzige Bekleidung. Dagegen pflegt jeder von ihnen um Arm oder Schulter einen großen aus Grashalmen geflochtenen Tabaks= beutel, ähnlich dem der Wanjaruanda, zu tragen. Von Waffen sahen wir nur Speere mit mäßig langer, lanzettförmiger Klinge. Ich zweifle aber nicht, daß sie auch Bogen und Pfeile besitzen. Nur pflegen sie diese nicht ständig mit sich herumzutragen. Das Wesen dieser Pygmäen war scheu und zurückhaltend und eine Verständigung mit ihnen nur möglich durch die Vermittlung Tamates. Sie erklärten sich, nachdem wir durch kleine Ge= schenke ihr Vertrauen gewonnen hatten, bereit, für uns Affen zu jagen, waren aber nicht zu bewegen, mit mir gemeinsam auf die Jagd zu gehen, weil sie, wie mir Tamate sagte, den Knall meines Gewehres fürchteten. Vier Tage sah und hörte ich dann nichts mehr von ihnen.

Wir selber unternahmen währenddessen weite Exkursionen in den Wald und folgten dabei einem anfangs gut gangbaren Pfade, der aber tiefer hinein schmal und schmäler wurde und sich schließlich im Dickicht ganz verlor. Die bei weitem anziehendste Erscheinung in dem grünen Einerlei, das den afrikanischen Urwald darstellt, sind die Baumfarne, die namentlich an kleineren Wasserläufen gruppenweise aufzutreten pflegen. Sie sind vielleicht der afrikanischen Flora schönste Kinder. Ihr schlanker, 10 m und darüber messender Stamm mit der schönen Krone hat vielmehr Palmen= als Farnen= ähnliches und kein Laie wird in ihnen einen nahen Verwandten unseres heimischen Adlerfarn erkennen. Der Üppigkeit des Niederwuchses entsprach der Arten= und Individuenreichtum der niederen Tierwelt. Als ich meine Führer und Boys ausschickte, um „Wadudu" (Insekten, im weiteren Sinne kleine Tiere) zu sammeln, hatte ich alle Hände voll zu tun, um aus der Fülle des Gebrachten das Wertvolle vom Unbrauchbaren zu sondern. Regen= würmer von mehr als 40 cm Länge und reichlich Daumendicke (Benhamia

Urwaldszenerie auf der Insel Kwidschwi am Kiwu-See.

spec.) waren etwas ganz gewöhnliches; Krabben, beschalte und unbeschalte Schnecken ließen sich mit leichter Mühe in großer Zahl in dem feuchten Unterholz sammeln. Am auffallendsten aber ist der Reichtum dieses Ur= waldes an Schmetterlingen. Gerade weil man sie stets mit der Vorstellung einer tropischen Landschaft zu verknüpfen pflegt, war ich sehr erstaunt über die geringe Rolle, die sie in den bisher von uns bereisten Gebieten, Steppen sowohl wie Urwald, spielten; weder durch Individuenreichtum noch durch Farbenschönheit schienen diese Gegenden irgendwie vor unserer Heimat be= vorzugt zu sein. Um so erfreuter war ich, in dem Wald von Kwidschwi endlich meine Vorstellungen von tropischen Schmetterlingen einigermaßen verwirklicht zu finden. Wundervolle, große Papilioniden, Nymphaliden u. a. m. saßen in dem feuchten Sande an den Rändern der Rinnsale, die unseren Pfad kreuzten, und entzückten uns durch ihre herrlichen, zarten, metallisch glänzenden Farben (Salamis macardii) oder durch ihr sattes, samtenes Schwarz, auf dem kräftige grüne oder metallisch goldene Farben aufgetragen sind (Papilio phorcas und mackinnoni). Andere wieder boten durch ihre stark ausgeprägte Mimikry besonderes Interesse, so die hier ziemlich häufige Kallima rumia, die, mit gefalteten Flügeln auf einem Zweige sitzend, von einem trockenen Blatte nur sehr schwer zu unterscheiden ist. In diesen, von den Eingeborenendörfern entfernteren Punkten zeigten sich auch die Affen weniger scheu, so daß wir doch noch eine Anzahl von ihnen ohne allzu große Mühe erbeuten konnten. Es war eine graugrün gefärbte Meerkatze mit tiefschwarzem Kopf und Händen. Sie scheint merk= würdiger Weise mit einer bisher nur auf dem Ruwenzori gefundenen Art (Cercopithecus stuhlmanni) identisch zu sein. Merkwürdig wäre dies deshalb, weil der Ruwenzori vom Kiwu=See 200 km entfernt und durch Gebiete geschieden ist, die ganz andere Lebensbedingungen aufweisen, als die Abhänge des Ruwenzori und die Inseln und Ufer des Kiwu.

Eines Tages brachten auch die Pygmäen ihre Beute zu uns in das Lager: ein lebendes, ausgewachsenes Männchen derselben Meerkatzenart. Sie hatten es in einem schnell geflochtenen Korbe sorgfältig eingeschlossen. Unser Versuch, das Tier lebend zu erhalten, scheiterte an seiner Wildheit. Es gebärdete sich wie rasend und vollführte mit dem Stricke, den wir ihm um die Hüften gelegt hatten, so tolle Sprünge, daß es sich dabei eine innere Verletzung zuzog und schon am ersten Tage seiner Gefangenschaft einging. Leider war es nicht möglich zu erfahren, wie die Batwa den Affen gefangen hatten. Auf direktem Wege war aus ihnen gar nichts heraus zu bringen. Tamate aber behauptete, sie hetzten die Affen durch Lärm und Pfeilschüsse von Baum zu Baum, bis dieselben auf die Erde sprängen und sich mit Netzen fangen ließen. Auf dem Heimweg zum Lager hörte ich eines Tages im Urwalde lautes Geschrei, das nach den Erklärungen meiner Leute von Affen jagenden Batwa herrühren sollte. Dennoch will es mir nicht glaubwürdig erscheinen, daß die Affen dadurch veranlaßt werden könnten, von ihren Bäumen herunter zu kommen und zwar so erschöpft, daß sie mittels Netzen zu fangen sind. Eher möchte ich annehmen, der Lärm der Jäger bezwecke, die Tiere in vorher aufgestellte Fallen zu treiben.

Unser Aufenthalt auf Kwidschwi ging schneller zu Ende, als uns lieb war. Wochen-, ja monatelang wäre für uns dort noch zu tun gewesen. Aber das umfangreiche Arbeitsprogramm, welches unserer im Vulkangebiet harrte, erlaubte uns nicht, mehr als 14 Tage für die Kiwu-Inseln zu verwenden. Wir trennten uns höchst ungern von dem paradiesischen Fleck. Wenn unsere tägliche Arbeit hier auch durch die Mühseligkeiten des Eindringens in den Urwald erschwert wurde, so belohnte unsere Ausbeute die Mühe doch reichlich. Und dann wirkte das sehr angenehme Klima in hohem Maße erfrischend. Auch um die Mittagsstunde hielt sich das Thermometer zwischen 20—25 Grad Celsius und die nächtlichen Abkühlungen, unter denen wir anderswo oft bitter zu leiden hatten, wurden hier durch die Nähe der großen Wasserfläche gemildert. Abends nach der Mahlzeit pflegten wir noch lange vor unseren Zelten zu sitzen, plaudernd über die Erlebnisse des Tages oder in Gedanken an die ferne Heimat. Von den Schönheiten einer solchen Tropennacht und der Stimmung, die sie auszulösen vermag, gibt folgender Brief einen Eindruck, der entstand, als einem von uns die Europapost die Nachricht von der bevorstehenden Hochzeit einer ihm verwandten Dame brachte, und zwar wollte es der Zufall, daß die Nachricht just am Hochzeitstage auf Kwidschwi anlangte.

„Ich erhielt Euren Brief gerade früh genug, um Käthe B.s Hochzeitstag nicht ahnungslos vorübergehen zu lassen. Wir werden heute Abend ein Festmahl halten, in einem Raum, gegen den der „Kaiserhof", oder wo man sonst in Berlin feiert, verblaßt. Unser Saal ist gewaltig weit. Im Westen begrenzen ihn die blauen Kongo-Berge, 10 km entfernt und doch bei der klaren Luft zum Greifen nahe. Vor uns im Osten und Norden ruht unser Blick auf den schwarzen Urwaldbergen der Insel, in denen wir sechs Tage lang als erste Europäer herumgestreift sind. Über uns bilden die Äste einer mächtigen Schirmakazie eine hübsche Kulisse vor dem tiefblauen afrikanischen Himmel und lassen eine Lücke frei, die gerade groß genug ist, daß der Mond hindurchscheinen kann, der uns zum Festmahl leuchten soll. Es trifft sich gut, daß er fast ganz rund ist heute, dann leuchtet er wie ich es in der Heimat nur in ganz kalten Winternächten sah. Auch Musik haben

Mutwa von Kwidschwi.

wir, zwar keine ungarische Zigeunerkapelle, aber eine kaum schlechtere. Es sind Tausende kleiner Grillen, die im Röhricht des Sees sitzen und ein Konzert anstimmen, als hämmerten viele winzige Schmiede mit silbernen Hämmern in der Erde Schoß. So möchte ich die afrikanische Festpracht gegen die in Berlin nicht tauschen. Nur die Menschen sähe ich gern, die heute dort feiern. Vielleicht sind einige darunter, die hin und wieder einen flüchtigen Gedanken nach dem fernsten Winkel des dunklen Erdteils senden. Ihrer aller Wohl wird heute der Klang unserer Pokale gelten, die zwar nur aus Emailleblech sind, aber mit gutem Moselwein gefüllt. Ganz besonders aber wollen wir auf das Brautpaar trinken, dem der heutige Tag ein Tag der Freude und der Beginn großen Glückes sein möchte. Eben kommt Menelik, unser Messeboy, und ruft: „Chakula tajari" (Das Essen ist fertig). Es gibt Suppe mit Gemüsen, gebackene Kiwubarsche und Wildenten. Danach Butter und Käse, Kaffee und Zigarren, also gewiß kein übles Menü." —

Dieser festliche Abend, der zugleich unser letzter auf der Insel Kwidschwi war, verlief seiner doppelten Bedeutung entsprechend fröhlich. Der Zauber der taghellen Tropennacht und der „Brauneberger" lösten des schweigsamen Botanikers Zunge und ließen ihn seinen ganzen Vorrat an auswendig gelernten Gedichten erkennen, und als wir uns endlich zur Ruhe begaben — Mitternacht war längst vorüber — schallte es immer noch aus seinem Zelte:

„Füllest wieder Busch und Tal
Still mit Nebelglanz,
Lösest endlich auch einmal
Meine Seele ganz." —

VI.

Im Vulkangebiet.

Felder am Fuße des Ninagongo.

VI.
Im Vulkangebiet.

Im Norden vom Kiwu-See ragt aus der Sohle des großen zentralafrikanischen Grabens, dieser gewaltigen tektonischen Senke, die sich vom Südende des Tanganjika über den Kiwu- und Albert Eduard-See nach dem Albert Nianza erstreckt, die Vulkangruppe der Virunga als ein mächtiger Querriegel bis zu 4500 m Meereshöhe empor. Acht gigantische Vulkanmassive sind es, die einst die Feuergewalten im Schoße der Erde auf verhältnismäßig engem Raume erstehen ließen. Kühn recken sie ihre finsteren Riesenleiber in die Wolken hinein, und ihre höchsten Häupter sieht man selbst hier, unter tropischer Sonne, nicht selten in blendendem Neuschnee erglänzen.

Die Gipfellinie der Vulkane bildet die natürliche Nordgrenze der deutschen Landschaft Ruanda und hoffentlich demnächst auch endgültig die politische Grenze dieses Teils von Deutsch-Ostafrika mit der belgischen Nachbarkolonie. Deutscher Unternehmungsgeist und deutsche Forschungsarbeit haben das Gebiet für die Kulturwelt erschlossen. Den Virunga-Vulkanen zuliebe hat Graf Götzen im Jahre 1893 seine Afrikadurchquerung unter=

nommen. Und diese Reise führte, wie schon im vorhergehenden Kapitel erwähnt, zur Entdeckung des Kiwu=Sees und brachte uns ferner die erste sichere Kunde über die Vulkanwelt in seinem Norden. Durch die Arbeiten der deutsch=kongolesischen Grenzexpedition, an deren Spitze deutscherseits Hauptmann Herrmann stand, ferner durch die verdienstvollen Forschungen von Dr. R. Kandt und durch die Erkundungszüge deutscher Offiziere wie Bethe, von Beringe, von Parisch u. a. ist unsere Kenntnis von diesem Landteile vertieft worden. Trotzdem waren die Virunga=Vulkane, wie das ja auch gar nicht anders möglich war, noch in vieler Hinsicht eine Terra incognita geblieben. Tier= und Pflanzenwelt, vor allem aber die geologischen Verhältnisse bargen eine Fülle bisher ungelöster wissenschaftlicher Probleme. Hier hatten also die Arbeiten unserer Expedition einzusetzen. Die noch offenen Fragen durch eingehende fachmännische Untersuchungen in systematischer Arbeit ihrer endgültigen Lösung näherzubringen — das war die Aufgabe, die wir uns gestellt hatten!

Ich muß es mir versagen, an dieser Stelle die Resultate unserer Forschungen im Vulkangebiet erschöpfend zu behandeln. Sie mögen den wissenschaftlichen Bänden vorbehalten bleiben. Die folgenden Seiten bezwecken lediglich, dem Leser dieses Buches ein in großen Zügen gehaltenes, allgemein verständliches Bild der Vulkane und ihrer Nachbargebiete am Kiwu=See zu entwerfen und ihm einen, wenn auch nur flüchtigen Einblick in das geheimnisvolle Walten der unterirdischen Kräfte zu gewähren, wie es im großen zentralafrikanischen Graben, wohl einem der gewaltigsten Grabenbrüche der Erde, in die Erscheinung getreten ist.

Ein Blick auf die Karte zeigt, daß man die Virunga=Vulkane ihrer räumlichen Anordnung nach in drei deutlich geschiedene Gruppen sondern kann: in eine West=, eine Mittel= und eine Ostgruppe. Die Westgruppe, die bei weitem interessanteste, ist der Schauplatz der jüngsten vulkanischen Ereignisse im zentralafrikanischen Graben und umfaßt die beiden noch tätigen Feuerberge, den Namlagira und den Ninagongo. Ost= und Mittelgruppe hingegen werden von je drei erloschenen Vulkanen gebildet. Und zwar besteht die Mittelgruppe aus dem Mikeno, Karissimbi und Wissoke, während sich die Ostgruppe aus den in einer Ostwestlinie stehenden drei Vulkankegeln Sabinjo, Mgahinga und Muhawura zusammensetzt, von denen letzterer als der östlichste Eckpfeiler der Virunga bei klarem Wetter sogar schon von Karagwe und Ankole aus sichtbar ist.

Der Ninagongo, von Norden gesehen.

Der Kissenji sich am nächsten erhebende Vulkan ist der Ninagongo, dessen Fuß in dreistündigem Marsche zu erreichen ist. Sehr reizvoll ist der Weg dorthin nicht, denn er windet sich durch eine ununterbrochene Reihe von Feldern. Ja, selbst am Fuße des Berges war deren Zahl noch so groß,

Urbuschwald in altem Schlackenkrater.

daß wir bei der Aufrichtung der Zelte um einen freien Platz in Verlegenheit gerieten. Aber Kissubi, der schwarze Fremdenführer, der seit lange das Recht in Anspruch nimmt, jeden Europäer bis unter den Gipfel hinauf zu geleiten, und der sich auch zu uns gesellte, wußte Rat und zeigte uns ein Fleckchen, wo schon manches Zelt vor dem unsrigen gestanden hatte. Denn es haben seit der Erstbesteigung des Ninagongo durch Graf Götzen im Jahre 1894 nicht wenige seine Dienste in Anspruch genommen. Hat doch die Nähe der Militärposten Kissenji auf deutschem, Ngoma und Bobandana auf kongolesischem Gebiet auch eine verhältnismäßig häufige Besteigung dieses Berges zur Folge gehabt.

Als ein auffallend regelmäßiger, oben abgeschnittener, typischer Schicht= kegel hebt sich sein Hauptgipfel scharf vom wolkenlosen Himmel ab, im Norden und Süden von je einem niedrigeren Seitenkrater flankiert. Während Nord= und Südkrater anscheinend schon längst erloschen und bis obenzu bewaldet sind, macht der in der Mitte gelegene Hauptkegel einen noch recht frischen Eindruck. Der Pflanzenwuchs reicht nicht ganz bis zum Gipfel hinauf. Das letzte Stück ist vielmehr nackte Lava und Asche, die mit der Zeit zu steinhartem Tuff geworden ist.

Die Besteigung wurde nur mit einer beschränkten Anzahl von Trägern ausgeführt. In langsamem Anstieg mühte sich die kleine Karawane auf schmalen Pfaden durch eine Pflanzendecke, die von Hauptmann Herrmann als „Urbuschwald" bezeichnet worden ist. Es ist ein oft undurchdring= liches Gebüsch von krautigen Sträuchern und meist nicht sehr hohen Bäumen. In dem unteren Teile herrscht von 2300—2500 m ein bis 6 m hoher, regelmäßig verzweigter Acanthaceenstrauch mit großen weichen Blättern vor, vielleicht zur Gattung Mellera gehörig. Er steht nach Art der Man= groven auf Stelzwurzeln, die selbst noch in 75 cm Höhe über dem Boden aus den unteren Stammknoten entspringen und schräg abwärts wachsen. Weiter hinauf hat Mildbraed eine kleine strauchige Dracaena besonders häufig beobachtet. Große, hochstämmige Bäume sind ganz vereinzelt. An der oberen Grenze des Buschwaldes findet sich ein Baum, der lange Zeit hindurch nur vom Kilimandscharo bekannt war. Es ist dies Cornus Volkensii, ein Verwandter der Cornelkirsche. Er bildet am Südkrater lichte, frisch= grüne, niedrig bleibende Bestände, in denen epiphytische Flechten, Moose, Farne, Lycopodium=Arten und Orchideen der Gattung Polystachya häufig sind.

Über dem Walde kommt man in eine Region des Knieholzes. Sie ist entsprechend dem geringen Alter der Lava des Kraterkegels noch eine im Werden, in der Umwandlung begriffene Formation, die von dem auf anderen Bergen erreichten definitiven Stadium nicht unwesentlich ab= weicht. Eine Menge von Sträuchern und Stauden, die nur etwa Manns= höhe erreichen, wächst dichtgedrängt mit rutenartigen Zweigen empor, und wegen dieses gleichmäßigen Rutenwuchses macht das Ganze trotz des Artenreichtums einen ziemlich eintönigen Eindruck. Bemerkenswert

Der Ninagongo, vom Mikeno (in 3000 m Höhe) gesehen.

ist, wie Mildbraed hervorhebt, daß die Erikaceen hier nicht eine so große Rolle spielen wie sonst im afrikanischen Kniehol3. An der unteren Grenze der Region findet sich Erica arborea, an der oberen Philippia Johnstonii, die größte Masse des Bestandes aber wird von häufig graugrün belaubten Senecio- und Conyza-Arten gebildet. Eine Zierde der ganzen Formation sind die strauchigen Helichrysum-Arten mit gelblichweißen und silberigrosa Strohblumenköpfen. An Stellen, wo das Gesträuch lichter steht, hat

Senecio, Erikaceen und Strohblumen am Ninagongo.

sich eine Anzahl niedriger Stauden angesiedelt, welche zum Teil Gattungen angehören, die uns aus der Heimat vertraut sind: eine kleine Brombeere, ein Klee, ein Veilchen und von den Doldenblütern Sanicula europaea. Auch mehrere Erdorchideen erinnern äußerlich an Arten unserer Wiesen.

Über dem Kniehol3, welches die „subalpine" Region vertritt, beginnt die „alpine" mit der berühmtesten Charakterpflanze der ostafrikanischen Hochgebirge, dem „baumartigen" Senecio Johnstonii. Am Ninagongo-Kegel erreichen indes die Exemplare keine großen Dimensionen, „baumartige" finden sich nur vereinzelt in dem Südkrater tiefer unten. Es sind ganz seltsame Gewächse: Man denke sich einen Stamm von etwa 20 cm

Durchmesser, lasse ihn sich wiederholt gabeln oder auch dreiteilen, so daß eine kandelaberartig aufgebaute Krone entsteht, setze dann an die Enden der kräftigen Zweige Büschel üppiger, frischgrüner, unten zottig behaarter Tabaksblätter, von denen die ältesten abgestorben und gebräunt an dem Zweig herabhängen und ihn wie ein dichtes Polster umhüllen, und lasse aus den Blattbüscheln etwa meterhohe, reiche pyramidenförmige Rispen von gelben Blütenköpfen, die denen von Senecio paluster etwas ähneln, hervorwachsen, dann hat man ungefähr ein Bild eines solchen Seneciobaumes, der 6 m Höhe und darüber erreichen kann. Am Ninagongo-Kegel werden diese Gewächse nur etwa 2 m hoch und zum Gipfel hin immer niedriger. Zwischen sie mischt sich eine kleinbleibende Strohblumenart, Helichrysum Newii, und auch eine schöne Erdorchidee mit dunkel rosenroten Blüten reicht noch ziemlich hoch hinauf. Die eisenharte Lava im oberen Teil des Kraterkegels aber bietet in ihren Spalten und Rissen nur noch Moosen und Lebermoosen, sowie einigen Flechten zusagende Standortsbedingungen.

Das Charakteristische für die Vegetation des Ninagongo besteht nach Mildbraed darin, daß sie in allen Formationen noch in der Entwicklung begriffen ist. Auch der „Urbuschwald" ist noch jung und wird wohl einmal von Bambusmischwald oder in seinem unteren Teil von Laubholzbeständen reicherer Zusammensetzung verdrängt werden. Über die kleinen Senecio- und Conyza-Arten dürften später die Erikaceen die Oberhand gewinnen, während Senecio Johnstonii den ganzen Kegel bis zum Gipfel einnehmen und schließlich auch die größeren Schaftlobelien sich einstellen dürften.

Nach dreistündigem, mühevollem Steigen wurde 500 m unter dem Gipfel, im Sattel zwischen Mittel- und Südkrater, ein enges Lager bezogen. Dichter Nebel wogte um uns her und verschleierte die Aussicht auf den Gipfel. Und kaum war das letzte Zelt aufgeschlagen, so prasselte mit kolossalem Hagelschlag ein Gewitter hernieder und verwandelte die Gegend auf kurze Zeit in eine Winterlandschaft. Die Temperatur sank naturgemäß rapide und die Kälte machte sich so unangenehm fühlbar, daß sich die armen Träger zum Schutz vor dem Unwetter unter die Zeltdächer drängten. Aber dann klärte sich der Himmel auf, und prachtvoll hob sich auf einmal der Gipfel des Vulkans als dunkle Silhouette gegen die vorüberjagenden Wolken ab. Wir hatten den Aufenthalt zu einer kurzen Mahlzeit benutzt und nun wurde sofort der Anstieg zum Gipfel unternommen. Die Böschung steigt bis zu 35°. Sie zu erklimmen war außerordentlich anstrengend, da das

Wolkenbildung über dem Gipfel des Ninagongo.

nackte Gestein dem Fuß nur wenig Halt bot. Zudem machte sich die ungewohnte Dünne der Luft äußerst fühlbar, so daß man gezwungen war, fast alle 100 Schritt mit hörbar klopfendem Herzen schwer atmend stehen zu bleiben. Aber unermüdlich kletternd strebten wir vorwärts. Zehn Meter liegt der Kraterrand noch über uns. Die hämmernden Pulse zwingen uns zu nochmaliger kurzer Rast; hätten wir geahnt, welches Bild uns erwartete, so würden wir schneller geeilt sein. Denn verstummend blickten wir wenige Augenblicke später in eine riesige Arena von unbeschreiblicher Großartigkeit.

Der abgestumpfte Gipfel des Ninagongo ist nämlich ganz von einem mächtigen, nahezu kreisrunden Explosionskrater eingenommen: dem Graf Götzen=Krater. So habe ich ihn seinem kühnen Entdecker zu Ehren getauft. Die Innenwände des Kraters fallen steil nach unten ab und enden hier auf einem völlig ebenen Lavaboden, in dessen Mitte zwei neben= einanderliegende, steilwandige Eruptionsschlote ausgesprengt sind, die sich wie eine etwas plattgedrückte, große 8 ausnehmen. Eine Vorstellung von den gewaltigen Dimensionen des Graf Götzen=Kraters vermögen am besten die von Oberleutnant Weiß mit dem Stereokomparator ausgeführten Messungen zu geben. Danach beträgt der Durchmesser des Kraters 1251 m, seine Tiefe 155 m und der Durchmesser der beiden Eruptionsschlote 336 bzw. 459 m. Der Anblick dieses riesigen Kraterloches ist überwältigend!

Zu Graf Götzens Zeit, im Jahre 1894, war der Ninagongo noch in voller Tätigkeit, von der man Spuren selbst bis zum Jahre 1906 bemerken konnte. Jetzt lagen beide Schlote vollkommen friedlich da. Nur die zahl= reichen dampfenden Spalten und Risse im Kraterboden gemahnten an die in der Tiefe schlummernden vulkanischen Gewalten. Jeden Tag können diese zu neuer Tätigkeit erwachen. Denn die scheinbare Ruhe des Berges berechtigt nach dem Urteile Kirschsteins keineswegs dazu, den Ninagongo den erloschenen Feuerbergen der Erde zuzuzählen.

Der Berg gilt bei den Eingeborenen als „wasimu" — verhext — und die Legende geht, daß jeder sterben muß, der ihn besteigt. Nur wenige Aufgeklärte glauben nicht mehr daran. Auch Kissubi zog es vor, den Zorn des Berggeistes nicht heraufzubeschwören und im Lager zu ver= bleiben. Erst später, bei Kirschsteins Aufstieg, entschloß er sich widerstrebend, ihn bis zum Kraterrande zu begleiten. Doch wie recht der Brave mit seiner Gespensterfurcht hatte, das sollte Kirschstein noch erfahren. Er schreibt darüber selbst:

Übrigens habe ich es mit Kissubi gründlich verdorben. Die Schuld daran trägt mein liebenswürdiger Ninagongo=Begleiter, Dr. Breuer aus Usumbura, der mich dazu verleitete, des vielfältigen Echos wegen gleich ihm in den Krater zu schießen. Vergebens machte uns Kissubi darauf auf= merksam, daß sich der Berggeist zweifellos an uns rächen würde. Wir lachten ihn und seinen Berggeist aus! Wenige Wochen später büßte ich

Der Graf Götzen-Krater des Ninagongo.

bei der Besteigung des Karissimbi die Hälfte meiner Karawane in einem Schneesturm ein. Das sei die Rache des Ninagongo, sagten meine schwarzen Träger

Das Echo eines abgegebenen Schusses bricht sich, wie ich mich selbst überzeugt habe, tausendfach an den Felsen und es klingt, als rase der Schall ohne Unterbrechung an der Kraterwand herum, ohne den Ausweg finden zu können. Kein Wunder also, daß der Berggeist ob dieser Ruhestörung erbost ist. Sein Name ist Gongo. Er ist der oberste aller Geister;

Auffangen von Regenwasser in Bananenblättern am Ninagongo.

zu ihm gehen die Seelen der Verstorbenen und von ihm erhalten sie dauernden Wohnsitz in einem der Vulkane angewiesen. Bei dem Gongo wohnt ferner noch der Geist Liangombe mit seiner Mutter Nina Liangombe, seinem Vater Bawinga und seinem Großvater Njundo. Liangombe führt die Aufsicht über die Seelen derjenigen, die Böses getan haben; er bindet und schlägt sie. Namlagira und Mikeno sind Söhne des Gongo. Der Namlagira soll früher bei seinem Bruder gewohnt haben, von diesem aber vertrieben sein, weil er Feuer mitgebracht und damit das am Berge vorhandene Wasser vernichtet habe. Auch mit seinem Vater Gongo soll der Namlagira tödlich verfeindet gewesen sein. Lange habe der Kampf unentschieden getobt, bis es dem Namlagira gelungen sei, mit einem Streich den Kopf des Gongo abzuschlagen, wodurch die abgeflachte Form des Hauptkegels herrühre. Nach einer Mitteilung von Hauptmann von Beringe, der ich diese Angaben zum Teil entnehme, hat jeder dieser Geister seinen eigenen Priester, der am Fuße des Berges wohnt, die Opfer in Empfang nimmt und die Entschlüsse des Geistes dem Opfernden übermittelt. Die Stellung eines solchen Priesters soll, wie ihm erzählt wurde, eine sehr einträgliche sein.

Schlackenschornstein im Lavafeld südlich des Ninagongo.

Wir waren kaum in das Lager zurückgekehrt, als es zu dämmern begann und ein starker Regen einsetzte. So mußte der Abstieg am folgenden Morgen bei nur 8° Celsius auf schlüpfrigen Pfaden unternommen werden. Aber wie strahlend hoben sich aus den das Tal umhüllenden Nebelschleiern bei Tagesanbruch die Gipfel des Karissimbi und des Mikeno gegen die blutrot aufgehende Sonne ab, beide im Neuschnee prangend.

Im Bambus-Urwald.

Der Anfang des September führte Raven, Wiese und mich, denen sich Grawert und Knecht anschlossen, in die weiten Gebiete, die den Vulkanen im Süden vorgelagert sind und zu ihnen in enger geologischer Beziehung stehen.

Einem gewundenen Pfade folgend, gelangten wir am Tage nach dem Aufbruch zum ersten Male in die Bambuswälder. Das Wandern in diesen Wäldern ist für den Neuling ein Erlebnis von eigenartigem Reiz. Dieses Riesengras, das seine armdicken Halme bis zu einer Höhe von 17 m emportreibt, macht zunächst einen so fremdartigen, von unserer Vegetation so verschiedenen Eindruck, daß wir durch die Neuheit dieser Erscheinung gefesselt die Unbequemlichkeiten eines Marsches durch den Bambuswald anfangs kaum bemerkten. Aber diese stellten sich bald genug ein und ließen den anfänglich empfundenen Reiz nur allzu schnell verschwinden. Denn die Halme sind fast von der Wurzel an mit langen lanzettförmigen Blättern bewachsen, die sich nach der Krone hin so verdichten, daß kaum der Strahl der Sonne Eingang findet. Dadurch bleibt der Boden stets feucht und schlüpfrig und das Wandern wird außerordentlich erschwert. Ja, nach einem starken Regen ist man kaum imstande, die steilen Abhänge hinauf oder hinunter zu gehen, so schlüpfrig und aufgeweicht wird das Erdreich. Der sicherste Weg, die Talsohle zu erreichen, ist dann die Art, mit der der Skifahrer zu Tale saust. Auf den langen Bergstock, den irgendeine Bambusstaude liefert, nach rückwärts gestützt, die Füße parallel nebeneinander gestellt, fährt man in unheimlicher Schnelligkeit die Berglehne hinab, am besten auf einem von Vieh getretenen Pfade. Herden des langhörnigen Watussi=Rindes mit ihren Hirten trifft man ständig in den Wäldern; denn die jungen Bambustriebe bilden eine Hauptnahrung für die Rinder. Von den nahen Dörfern werden sie entweder täglich dorthin zur Weide getrieben, oder sie verbleiben in eigens errichteten Kralen monatelang tief im Innern des Waldes.

Der 8. September brachte uns nach Verlassen der Bambuszone die Begegnung eines liebenswürdigen Reisegenossen, mit dem wir später noch manche freud= und leidvolle Stunde teilen sollten, des österreichischen Reisenden Rudolf Grauer. Sein Name ist als eines der ersten Erforscher des Ruwenzori bekannt. Er war einige Wochen vor uns nach Bukoba gekommen, um auf einer anderen Route als der unsrigen den Kiwu=See zu erreichen. Seine kostbaren Sammlungen, die sich zunächst auf das Gebiet der Ornithologie beschränkten, dehnten sich hernach auch auf die Säugetiere aus. Es ist ihm späterhin sogar gelungen, 12 durch die Eingeborenen erlegte Gorillas an den Randbergen des Tanganjika zu erhalten.

Da Grauer ebenfalls die Absicht hatte, bald Lager zu beziehen, so marschierten wir noch eine kurze Strecke über die zackige, schwierig zu passierende Lava, die hier die ganze Gegend bedeckt, und kampierten dann in der Nähe des Karago=Sees in der Landschaft des Wahima=Häuptlings Kahama.

Lavahöhle.

Die Lavadecke, auf der wir uns bewegten, entstammt den Vulkan= ausbrüchen verhältnismäßig früher Zeiten, ist aber noch nicht so alt, daß sie, wie in manchen anderen Gegenden, völlig in Verwitterung übergegangen wäre. Wo dies aber der Fall ist, ist der Boden durch die Humusbildung unendlich fruchtbar und wird von der eingeborenen Bevölkerung kräftig ausgenutzt. In ununterbrochener Reihe sieht man dann Shamba neben Shamba, auf denen Bananen, Negerhirse (Mtama), Süßkartoffeln, Mais, Erbsen und Bohnen kultiviert werden. Bei Kahama aber konnte man noch deutlich die einzelnen erkalteten Lavaströme erkennen, wie sie einst in flüssigem Zustande alles verheerend sich über das Land ergossen haben.

Bei diesen Ergüssen bildeten sich unter der Decke der Lavaströme große

Gebirgswald bei Kahama, im Vordergrunde Hagenien.

Höhlen, die sich bis heute erhalten haben. Wir suchten einzelne von ihnen auf und krochen hinein, um sie auch im Innern zu besichtigen. Die Öffnungen liegen meist unter Buschwerk verborgen und es bedurfte oft langen Suchens, um den Eingang zu finden. Diese Höhlen dienten nicht selten den Wanjaruanda[1]) als Schlupfwinkel. Noch im Jahre 1906 ist der Resident, Hauptmann von Grawert, als ihn ein Streifzug zur Warnung für unbotmäßiges Betragen hierher geführt hatte, von der Bevölkerung

Schwieriger Marsch auf den Lavafeldern.

vom Eingang einer dieser Höhlen aus mit Pfeilen überschüttet worden. Jetzt ist diese feindselige Haltung der Bevölkerung einer friedlicheren gewichen und die Höhlengebilde werden seitdem kaum mehr zu Verschanzungen benutzt.

Nachdem wir uns von Grauer, der seinen Weg nach dem Kiwu nahm, wieder getrennt hatten, überschritten wir zunächst einige Höhen, um dann nach sehr steilem Abstiege wieder auf die weithin sichtbaren alten Lavaströme zu gelangen. Der Marsch auf diesen war womöglich noch schwieriger und unangenehmer, wie der des vorausgegangenen Tages, da die Lava streckenweise sehr zackig erstarrt war. Besonders für die nackten Füße der

---

[1]) Wanjaruanda = Bewohner von Ruanda.

Träger wurden die scharfen Kanten und Spitzen verhängnisvoll. Sie brachten ihnen Wunden bei und verzögerten den Marsch so sehr, daß die Karawane weit auseinandergezogen und sehr ermüdet erst nach sieben Stunden eintraf. Die Lage des Ruheplatzes ließ aber bald die Unbequemlichkeiten des Vormittags vergessen, denn eine nur wenige Schritte vom Standplatz der Zelte aus der Erde in feinen Bläschen aufgurgelnde Quelle lieferte das

Bolero-See.

köstlichste Mineralwasser. Nur wer monatelang meist schlechtes Wasser, das täglich abgekocht oder gar filtert sein muß, genossen hat und genötigt gewesen ist, mittels einer Sodapatrone sich die mehr als fragliche Illusion von Selterswasser zu bereiten, wird sich unsere Freude über dies natürliche und kristallklare Getränk vorstellen können. Von allen Seiten wurde geschöpft und wir konnten nicht genug des ungewohnten Labsals zu uns nehmen. Die Boys und die Träger sahen zwar anfangs etwas skeptisch drein, nachdem aber die Überredungskunst sie zur Probe angefeuert hatte, ahmten sie uns gierig nach.

Kaskade des Mkungwa.

Da die Quelle unweit der Missionsstation Ruasa der Weißen Väter liegt, so hatten wir am folgenden Ruhetag die Freude, Dr. Czekanowski, der dort seit einiger Zeit tätig war und unsere Ankunft erfahren hatte, in Begleitung der Pères Dufays und Loupias über die Höhen, die das Tal nach Osten abgrenzen, herankommen zu sehen. Bald darauf traf auch Oberleutnant Knecht ein, um sich uns für den Weitermarsch nach dem Luhondo-Bolero-See anzuschließen.

Noch bei Dunkelheit erfolgte am nächsten Morgen der Abmarsch; und

Wasserfall zwischen Bolero= und Luhondo=See.

als der Rand der Sonnenscheibe neugierig über die Berge des Vorgeländes lugte, erblickten wir plötzlich, selbst schon von der Sonne bestrahlt, unter uns die weit ins zerklüftete Uferland einschneidenden Fjorde des Luhondo-Sees, von leichtem Nebel überwallt, noch in tiefem Schatten.

Hoch über diesem liegt nach Nordosten der Bolero-See, durch eine prächtige Kaskade, die sich in rauschendem Falle über die steile Bergwand mehr als 100 m tief hinabstürzt, mit seinem Bruderssee verbunden. Die Ufer beider Seen sind dicht bevölkert, überall wird fleißig Ackerbau getrieben. Auch sahen wir wieder viele Bananenfelder, die seit Kissenji gefehlt hatten.

Zoologisch sind beide Seen deshalb von Interesse, weil in dem oberen See überhaupt keine Fische, in dem unteren nur fingerlange Barben leben.

Ungemein zahlreich sind dagegen in beiden Seen Krallenkröten (Xenopus spec.), die als Volksnahrung dienen und in allen Hütten in großen Mengen, lebend oder tot in Körbe verpackt, anzutreffen sind. Auch fand ich eine Menge Holzstäbchen von einem halben Meter Länge, in welche etwa je 20 Kröten parallel untereinanderliegend zum Trocknen eingeklemmt waren, so daß die Stäbchen kleinen Militär=Schellenbäumen nicht unähnlich sahen. — Daneben fand ich überall eine rege Industrie von korbdeckelförmigen Reusen, die zum Fange von Garnelen dienen. Diese Krebschen, eine Caridina=Art, leben in großen Massen namentlich im unteren See und werden ebenfalls mit Vorliebe von den Seeanwohnern gegessen. Der Luhondo=See ist sehr schilfreich und eine große Zahl von Entenarten belebt seine Fläche.

Bei unserer mehrtägigen Anwesenheit hatten wir Gelegenheit zu ethnographischen Studien und es gelang uns auch, die Ruanda=Sammlung in sehr wertvoller Weise zu ergänzen.

Die Randbewohner beider Seen neigen zu Unbotmäßigkeiten und machen der Residentur viel zu schaffen. Sie muß daher gerade auf diese Gegend stets ein wachsames Auge haben und sah sich wiederholt genötigt, energisch einzugreifen, um sich die unbedingt notwendige Autorität zu erhalten.

Die auf dem See gebräuchlichen Boote sind sehr niedrig und gebrechlich und haben fast gar keinen Bordrand. So bedurfte es großer Vorsicht, die Balance nicht zu verlieren. Raven machte in dieser Hinsicht eine höchst unangenehme Erfahrung. Beim Schuß auf eine Ente verlor er das Gleichgewicht und fiel mit Gewehr und Patronen samt seinen Ruderern über Bord. Aber sein Regenmantel aus Kontinental=Ballonstoff hielt ihn, zur Glocke sich aufblähend, über Wasser, so daß er nicht sank. Die Flinte, die auf dem schlammigen Grunde des Sees sanft gebettet lag, wurde von den gewandt tauchenden Baharia[1] mit fabelhafter Geschwindigkeit aus dem tiefen Wasser ans Tageslicht befördert.

Leider verabschiedete sich Grawert hier von uns, um auf die Nachricht von der Erkrankung eines seiner Offiziere nach Usumbura zurückzukehren. Mit besonderem Bedauern sahen wir ihn scheiden. Die Unterstützung, die er uns hatte angedeihen lassen, die Fürsorge, mit der er uns die Wege geebnet hatte, die Umsicht, mit welcher er für unsere Verpflegung gesorgt, hat nicht unwesentlich dazu beigetragen, uns die Arbeit zu erleichtern und den Erfolg unserer Expedition zu begünstigen.

[1] Baharia = Ruderer.

Die Fälle des Mkungwa.

Bald darauf statteten wir der Missionsstation Ruasa einen Besuch ab, die einen höchst sauberen, wohlgepflegten Eindruck macht und in geschmackvoller Weise angelegt ist. Wir wurden sehr freundlich aufgenommen, mit vorzüglicher Speise und noch besseren Getränken bewirtet, so daß der Rückmarsch zum Lager, an den schönen Wasserfällen des Mkunga-Baches entlang, nicht ganz mühelos zurückgelegt werden konnte.

Nachdem auch Knecht nach Kissenji zurückgekehrt war, wandten wir

Lagerbau im Sattel zwischen Sabinjo und Mgahinga.

uns nach Norden, um auf dem hochgelegenen Sattel zwischen den Vulkanen Sabinjo und Mgahinga ein Standlager zu beziehen. Wir folgten einem recht langen, stets ansteigenden Wege. Mit zunehmender Höhe sank die anfänglich hohe Temperatur; dazu strömte von Mittag ab unablässig ein Platzregen hernieder, der den aufsteigenden Pfad in einen Gießbach verwandelte. Schließlich wurde es so kalt, daß uns fror.

Da wir nicht wußten, wo Weidemann, der direkt von Kissenji mit Reserveverpflegung hierher marschiert war, das Lager aufgeschlagen hatte, wurde eine Patrouille mit der Weisung abgesandt, nach Auffindung des Lagers Signalschüsse abzugeben. Wir anderen scharten uns, auf dem stark bewaldeten Sattel angelangt, Schwarz und Weiß eng aneinander gedrängt,

Ins innerste Afrika.

frierend um ein mühsam schwälendes Feuer, bis uns das verabredete Zeichen erlöste. Nach einem Marsch von einer weiteren halben Stunde waren wir am ersehnten Ziel.

Weidemann kampierte hier seit zwei Tagen auf einer Waldwiese und hatte schon die Vorsicht geübt, eine schützende Banda[1]) aus Bambus zu errichten, die uns noch sehr zu statten kommen sollte, denn das Thermometer zeigte selbst während der wärmsten Stunden des Tages in der Folgezeit niemals über 13° Celsius, um des Nachts auf 1° oder gar bis zum Gefrierpunkt zu sinken. Dazu pfiff ständig ein schneidender Wind durch den Taleinschnitt, der bis aufs Mark drang und eines Nachts Wieses Zelt sogar von dannen fegte. Wir befanden uns in 2600 m Höhe und die am frühen Morgen weiß bereiften Wiesen waren dazu angetan, die Vision einer deutschen Herbstlandschaft heraufzubeschwören. Bei der Abendmahlzeit erschienen wir mit dicken Mänteln und hochgeschlagenen Kragen und machten bei dem dampfenden Glase Grog eher den Eindruck einer Polarexpedition als den einer afrikanischen Reisegesellschaft.

Die Aufgabe, die uns neben anderen zoologischen Untersuchungen hier am meisten fesselte, war die Feststellung und womögliche Erlegung eines Anthropomorphen. Denn aus dem Kiwu=Gebiet war bisher erst ein einziges Exemplar von Menschenaffen bekannt geworden, das im Jahr 1903 von Hauptmann von Beringe hier am Sabinjo erlegt wurde und im zoologischen Museum zu Berlin als Gorilla bestimmt worden ist. Daß also die Erlegung weiterer Exemplare zur Lösung der Frage, ob noch andere Gattungen des anthropomorphen Affen hier vorkommen, von hoher wissenschaftlicher Bedeutung war, liegt auf der Hand.

Die Wälder bestehen hier vorwiegend aus Bambus, der bis in Höhen von etwa 3400 m hinaufreicht. Die Bestände sind indes nicht so rein wie z. B. am Karissimbi; sie werden auf dem Sattel von Lichtungen unterbrochen, an deren Rande Holzgewächse stehen, und an den Flanken des Sabinjo von radialen „Schluchtenwaldstreifen" durchzogen, die sich in den tiefen, barrancoartigen Einrissen des Vulkans entwickelt haben. Schon aus der Ferne sieht man diese Streifen von Baumwuchs, Galleriewäldern der Steppe vergleichbar, von dem Graugrün des Bambus sich abheben. Die mit Laubwald bestandenen Schluchten sind die Schlupfwinkel, in denen

---

[1]) Banda = Überdachung.

Krater des Mgahinga.

das seltene und begehrte Wild des Gorilla haust. Hier hinzugelangen ist äußerst schwer und zeitraubend und schließt jede andere Unternehmung aus. Wir haben nicht das Glück gehabt, das ersehnte Wild vors Rohr zu bekommen, obwohl wir Losung und frische Spuren fanden.

Ferner zeigten sich viele frische Elefantenfährten, bis in erstaunliche Höhen hinauf, und diese Tatsache legte die Vermutung nahe, daß man es hier mit einer neuen Spezies, nämlich mit richtigen Bergelefanten zu tun habe. Die Eingeborenen bestätigten unsere Ansicht, indem sie versicherten, daß der hiesige Elefant sich in der Tat stets an die bewaldeten Bergabhänge halte und niemals in die Ebene hinabwechsle. Wir spürten ihn in Höhenlagen zwischen 2200 und 3400 m, die er zu bevorzugen scheint. — Auf einem Streifzug an den Krater des Mgahinga sahen wir sogar fünf der Dickhäuter unter uns über eine Waldblöße ziehen. Diese Herde näherte sich des Abends bei hellem Vollmondschein dem Lager und schreckte uns von der Mahlzeit auf. Immer näher hörten wir das Brechen der Bambusstengel und jeden Augenblick erwarteten wir das Erscheinen der Elefanten auf der Wiese, jedoch vergeblich. In der Nacht aber wechselte einer auf kaum 100 Schritt laut brechend am Lager vorbei.

Da beschloß ich, mein Heil am folgenden Morgen zu versuchen. Als ich, winterlich mit dickem Jagdrock bekleidet, aufbrach, war wiederum die Wiese bereift und es bedurfte keines langen Suchens, um die frischen Fährten der Elefanten weiter unterhalb des Lagers auf der langen Wiese zu finden.

Was für Kontraste uns doch das Leben bietet: eine Elefantenjagd auf gefrorenem Boden! Im Geiste versetzte ich mich in die September-Landschaft des ungarischen Gebirges, wo ich fast am gleichen Tage des Vorjahres und bei ebensolcher Kälte den kapitalen Brunfthirsch gejagt hatte.

Auf der vor Frost knirschenden Wiese nahmen wir nun die Fährte auf, die uns ohne erhebliche Steigung am Südhang des Mgahinga entlang in ganz prachtvolle Laubwaldpartien führte, auf deren Gipfel schon die erste Morgensonne spielte und deren lang herabhängende Lianen sich im bodenbedeckenden Urbusch verloren.

Von ferne schon hörten wir das Brechen der äsenden Dickhäuter und mit doppelter Vorsicht ging es daher weiter. In breiten Bahnen war das Buschholz, wo die Herde umhergetreten war, niedergetrampelt. Dies konnte als sicheres Zeichen gelten, daß die Elefanten auch jetzt noch mit Äsen beschäftigt waren, sich also gar nicht oder nur sehr langsam vorwärts bewegten. Wieder blieben wir lauschend stehen und schon hörten wir ganz nahe das Zerbrechen der Äste und das Geräusch der kauenden mächtigen Kiefer. — Mit etwas schneller schlagendem Herzen und mit äußerster Vorsicht schleichen wir jetzt weiter, jeden Dorn und jedes Reis vermeidend und auf das leiseste über allerhand umgebrochene Baumstämme hinwegkletternd. Die Elefanten konnten keine 50 Schritt mehr von uns entfernt sein. Wir nähern uns Schritt vor Schritt. Plötzlich knackt es ganz dicht an meiner Seite und hinter einem Busche hervortretend pralle ich förmlich mit einem Elefanten zusammen. Aber o weh! Spitz von hinten! Er mußte zudem doch wohl etwas von mir gemerkt haben, denn sich herumwerfend wurde er flüchtig. Längst hatte das Auge über Visier und Korn der Büchse sein Ziel gesucht, jede Bewegung verfolgend. Und als der Koloß mit den mächtigen Ohren klappend über eine kleine Lichtung trollte, schoß ich ihm schräg von hinten eine Kugel hinters Gehör. Lautlos brach er zusammen, und als ich hinzueilte, war er bereits verendet.

Ich war noch in Betrachtung des mächtigen Burschen versunken, als es plötzlich wieder dicht neben uns polterte und brach. Alle Leute flüchteten sofort hinter die schützenden Büsche. Natürlich folgte ich eiligst dem neuen „Tembo"[1]) auf der frischen Fährte. Da der Elefant aber anscheinend vorwärts drängte, überließ ich, eine lange Jagd voraussetzend, Weidemann nebst einem Führer und Askari die weitere Verfolgung. Ins Lager sandte ich einen Boten, um Träger zu holen, die Zähne auszulösen und das Fleisch zur Verwertung für die Karawane heimzubringen. Dann wollte ich zu dem erlegten Elefanten zurückkehren — aber merkwürdig, so sehr ich suchte, es gelang mir nicht, ihn wieder zu finden. Mein Boy und ein Träger suchten im Verein mit mir fast zwei Stunden vergeblich, trotzdem wir ihn mehrmals dicht passierten. Die Ähnlichkeit der Vegetation und die vielen frischen Fährten führten uns immer wieder in die Runde. Und als ich dann, das Nutzlose des Umherirrens einsehend, auf einem umgestürzten Baumstamme mein Frühstück verzehrte, ließen mich acht in der Ferne kurz hintereinander fallende Schüsse in der Richtung der flüchtigen Fährte aufhorchen. Wie sich später herausstellte, war Weidemann noch einmal auf den Elefanten gestoßen, der sich mit dem Rest der Herde vereinigt hatte, und hatte ihn gestreckt. Es war ein guter Bulle.

[1]) Tembo = Elefant.

Der Sabinjo, von Süden gesehen.

Als die Träger endlich vom Lager eintrafen, ließ ich sie nach allen Seiten schwärmen; und da endlich fanden wir die lang gesuchte Beute. Die Schädel beider Elefanten wurden später sorgfältig präpariert und haben ihren Weg nach Deutschland gefunden. Ebenso eine vollständige Haut. — Es waren dies die ersten Vertreter der Elefantenrasse aus der Vulkanwelt, die in ein heimisches Museum gelangt sind.

Der stärkste Elefant wies eine Rückenhöhe von 3,05 m auf, ein geringes Maß im Vergleich zu den starken Elefanten der Ebene, die bis fast 4 m erreichen. Die verhältnismäßig starken, 2,05 m langen Stoßzähne und die abgeriebenen Backenzähne deuteten aber auf ein beträchtliches Alter hin und bestärkten die Ansicht, daß die Kleinheit ein Charakteristikum der bergbewohnenden Elefanten sei.

Von anderen Tieren kommt hier, d. h. am Fuße der Vulkane, der Löwe vereinzelt vor. Es scheint sich dabei aber um Exemplare zu handeln, die sich aus der Rutschuru-Ebene hierher verlaufen haben. Auch leben hier anscheinend zwei Arten Leoparden verschiedener Größe, von denen ein starkes, in der Falle gefangenes Exemplar sich als identisch mit dem vom Herzog der Abruzzen auf dem Ruwenzori entdeckten erwies. Ferner Wildkatzen und verschiedene Meerkatzenarten, unter denen der schön rot und graugrün gefärbte Cercopithekus kandti der häufigste ist. Auch fanden wir einen Buschbock ganz neuer Form, von dem ich ein Exemplar auf einer Waldwiese hart am sumpfigen Wasser schoß.

Die Erzählungen der Eingeborenen beschäftigten sich auch viel mit einem Raubtiere, das ein Mittelding zwischen Löwe und Leopard sein soll und von den Leuten „Kimisi" genannt wird. Bis jetzt hat noch kein Europäer dieses Tier gesichtet; es dürfte sich wohl um eine große Wildkatzenart handeln.

Es gelang während unseres Aufenthaltes hier dem Oberleutnant von Wiese, in Begleitung nur eines Askari und eines Eingeborenen, als erstem Europäer den Sabinjo zu ersteigen. Wahrscheinlich ist — von Hauptmann von Beringe abgesehen, der 1903 bis auf 150 m unter dem Gipfel gelangte, dann aber wegen der Steilheit des Felsens umkehren mußte, während sein Begleiter, Oberarzt Dr. Engeland, infolge eines Schwindelanfalls bereits in 3150 m Höhe zurückgeblieben war — noch nie zuvor ein Mensch hier oben gewesen. Denn einem Eingeborenen wird es niemals in den Sinn kommen, eine solche in seinen Augen zwecklose Anstrengung zu unternehmen, die ihm nach seinem

Glauben nur den Zorn der Berggeister zuziehen würde. Auch Kirschstein erstieg den Sabinjo späterhin bis zum Gipfel. Dabei stellte er fest, daß der Berg in seinem geologischen Charakter bislang gänzlich verkannt worden ist.

„Der Sabinjo", schreibt Kirschstein, „ist nicht, wie nach den Angaben von Beringes und Herrmanns angenommen wurde, der zerhackte Rest einer im Osten und Westen bis zum Grunde aufgerissenen Kraterumwallung, sondern vielmehr eine alte, von der Erosion stark zernagte Quellkuppe trachyandesitischen Gesteins — ein homogener Lavakegel. Im Gegensatz zu den aus übereinandergelagerten Aschen- und Lavamassen bestehenden Schichtvulkanen vom Typus des Ninagongo mit weiten Gipfelkratern, sind an dem Aufbau derartiger Massenvulkane, wie es der Sabinjo ist, lose Auswurfsmaterialien überhaupt nicht beteiligt. Seine Entstehung verdankt der Sabinjo lediglich einem einheitlichen Lavaerguß. Einer dicken Teigmasse gleich ist der zähflüssige Gesteinsbrei einst aus der Tiefe emporgequollen und über dem Eruptionsschlot schließlich zu einem kuppelartigen, kraterlosen Lavaberg erstarrt. Das, was Beringe und Herrmann wohl für Kraterwände hielten, sind die breiten, V-förmigen Erosionsschluchten, sogenannte Barrancos, die sich im Laufe der Zeit tief in das Mark des Vulkans einschnitten. Das zerfressene Aussehen des Berges hat ihm auch seinen Namen eingetragen. Denn „Sabinjo" bedeutet in der Sprache Ruandas nichts anderes wie Zahn."

Wir legten noch einen Ruhetag ein und dann sagten wir diesen schönen und kalten Gebirgsländern Lebewohl und zogen wieder talwärts. Je tiefer wir kamen, desto empfindlicher machte sich die Hitze fühlbar, der wir fast schon entwöhnt waren. Dazu kam wiederum der schwierige Marsch über die zackige Lava, der manchen Seufzer kostete. Wir folgten nun im allgemeinen dem Laufe des Mkunga, der sich später in den Hauptzufluß des Viktoria-Sees, den Kagera, ergießt. Der Marsch in diesem Tal bot eine willkommene Abwechslung für die Mühen der letzten Wochen und der fröhliche Gesang der Träger verriet, daß auch sie mit diesem Wechsel einverstanden waren. Überall bedeckten üppige Shamben die Landschaft rings um uns her; Verpflegung gab es reichlich, so daß die Laune der überanstrengten Leute sich mit einem Schlage besserte. Wir konnten uns nicht satt sehen an dem großartigen Landschaftsbild. Wenn früh am Morgen und spät am Abend der Dunst und die in den Tiefen wallenden Nebel wichen, dann wurden die Spitzen der Vulkane, darunter das schneebedeckte Haupt des Karissimbi frei und sandten einen letzten Abschiedsgruß durch das von hohen Kuppen ein-

Der Sabinjo, von Nordosten gesehen.

gefaßte Flußtal. Die einzigen Terrainschwierigkeiten, die manchen Aufenthalt verursachten, waren eine Menge morastiger Wasserläufe, die fortwährend passiert werden mußten und in denen die Tiere häufig versanken.

Nicht allzu lange indes sollten wir uns des bequemen Marsches im ebenen Tale erfreuen. Wir hatten nämlich mit dem Leiter der Missionsstation Njundo, dem Père supérieur Barthélemy, der ein vorzüglicher Kenner der Bewohner und infolge seiner langen Wirksamkeit im Lande fast ihr Vertrauter ist, am Muhembe-Bache ein Rendezvous verabredet. Denn Barthélemy wollte uns in den Urwald von Bugoie zu dem kleinen Volk der Batwa begleiten. Zu diesem Zwecke waren wir genötigt, das völlig unbekannte Gebiet des nördlichen Tschingogo zu durchqueren, das auf der Karte, nur nach allgemeinen Vermutungen angedeutet, punktierte Linien zeigt. Als Treffpunkt konnte daher bloß ein auf der Karte großgedruckter Buchstabe bezeichnet werden.

Da mir der Lauf des Flüßchens Mtashe am meisten der einzuschlagenden Richtung zu entsprechen schien, folgten wir ihm. Und damit ging die Kletterei über die westlichen Randberge des Tales wieder an. Wir fanden ein dicht bewohntes, stark gewelltes Hügelland mit üppigen Feldern. Die Anwesenheit der uns von Msinga mitgegebenen Watussi-Häuptlinge Juwanese und Cambojano flößte den Bewohnern Vertrauen ein, so daß wir uns um die nötige Verpflegung nicht zu sorgen brauchten. An der Spitze unserer Karawane marschierend, ertönte ihr weithin hallendes „masimano, masimano, masimanoeēē[1])" in die Berge und Täler hinein und fand stets seine Antwort in größeren und kleineren Trupps von Eingeborenen, die willfährig Lebensmittel heranschafften.

Unsere Berechnung erwies sich als richtig. Denn der Mhungo-Berg, auf dem wir das Lager aufgeschlagen hatten, war in der Tat nur zwei Stunden von unserem Partner entfernt. Nach Vereinigung mit ihm wurde gleich weiter bis an den Rand des Urwaldes marschiert, dessen Erforschung jetzt unsere Hauptaufgabe war.

Wer mit der Flora des Landes bereits vertraut ist, kann unter Zuhilfenahme des Fernglases von einer freien Höhe aus ohne Schwierigkeit den Baumbestand aufnehmen. Das Charakteristische an der Formation des

---

[1] masimano = bringt Verpflegung.

Bambusmischwaldes, wie man diese Abart des Bergwaldes nennen könnte, ist, daß die Bäume einzeln oder nur zu lichten Gruppen genähert in dem Bambus stehen und sich in oft prachtvoller individueller Entwicklung scharf und deutlich abheben. Die Riesen dieses Waldes sind Podocarpus usambarensis Pilger, von den Eingeborenen „Umufu" oder „Mufi" genannt, und die Sapotacee Sideroxylon Adolfi Friederici Engl., der „Mutoie".

Batwa-Hütten am Rande des Bugoie-Waldes.

Der Podocarpus hebt besonders auf den Hügelrücken seine geraden Säulenstämme zu gewaltiger Höhe empor und trägt eine Krone knorrigen Geästes von malerischer Schönheit mit schmalen, spitzen Lederblättern. An den Talhängen sieht man die Riesenstämme des „Mutoie", die einen Umfang bis zu 5 m erreichen, häufig stehen. Erst in bedeutender Höhe teilen sie sich in gewaltige Äste, die eine reiche Epiphytenflora tragen und sich oben unregelmäßig in dicht belaubte Zweige auflösen, jeder Ast ein respektabler Baum für sich. Die Kronen haben eine eigentümliche bräunliche Färbung, da die Blätter unterseits mit rostrotem Filz bekleidet sind. Ein stattliches Exemplar dieser Art wurde uns als Schlafbaum der Tschego oder Schimpansen gezeigt.

Der häufigste Baum ist vielleicht Polyscias polybotrya Harms, zu den Araliaceen gehörig, „Umungu" der Eingeborenen, der hier mit rissiger Borke bekleidete starke Stämme bildet und im Alter die so auffallende Kandelaberverzweigung jüngerer Exemplare nicht mehr deutlich hervortreten läßt. — Häufig sind ferner eine Bersama, „Mukaka", die damals gerade ihre weißlichen Blütentrauben über dem üppig grünen jungen Fiederlaub erhob, und Conopharyngia bambuseti Gilg, „Mbarémbaré", eine neue

Batwa. Bugoie-Wald.

Apocynacee mit saftig grüner Krone großer glänzender Blätter und großen weißen, nymphäenartig duftenden, fleischigen Röhrenblüten, die nur hier beobachtet wurden. — Erwähnt mögen hier noch werden Macaranga kilimandscharica Pax, „Mlala", zu den Euphorbiaceen gehörig, und Cornus Volkensii Harms.

In diesem Bergwalde haust das kleine Volk der Batwa. Klein in bezug auf die Körpergröße, nicht auf die Stammesverbreitung, denn sie bevölkern die ganze Waldzone. Wir haben in dem Expeditionsgebiete drei verschiedene Batwa-Formen kennen gelernt. Außer der im Bugoie-Walde lebenden eine zweite auf der größten Insel des Kiwu-Sees, Kwidschwi, und eine dritte, von Dr. Czekanowski erwähnte, am Ruwenzori.

Man hat anfangs alle Batwa zu dem Stamme der Pygmäen gerechnet, doch ist diese Annahme in so allgemeiner Form eine irrtümliche. „Mutwa" im Singular, „Batwa" im Plural, scheint nach Dr. Czekanowskis genauen Untersuchungen nur eine Allgemeinbezeichnung für kleine Menschen zu sein.

Die Messungen, die Raven und ich, sowie später auch Czekanowski an den Batwa im Bugoie=Walde vornahmen, ergaben einen Mittelwert von 1,60 m. Einige erreichten sogar die Höhe von 1,70 m. Leute von solcher Durchschnittshöhe können aber niemals zu den Pygmäen gezählt werden. Czekanowski bezeichnet die Batwa des Bugoie=Waldes einfach als kleine Neger mit dunkler Hautfarbe. Seiner Ansicht nach ist es zwar nicht gerade wahrscheinlich, doch immerhin nicht ganz unmöglich, daß die Urväter der Batwa Pygmäen waren, und daß sich ihr Stamm durch Blutmischung mit den Nachbar=Negerstämmen gebildet hat. Auf Grund des Eindruckes, den man im allgemeinen gewinnt, möchte ich mich dieser Auffassung anschließen. Denn der Bugoie=Typ ist von dem der echten Pygmäen ein ganz verschiedener. Kennt man beide, so sind sie nicht zu verwechseln.

Ganz verschieden von den Batwa des Bugoie=Gebietes sind die des Ruwenzori und von Kwidschwi. Czekanowski hält erstere für identisch mit den echten Pygmäen. Und ich möchte behaupten, daß diese Annahme auch bei den Insel=Batwa zutrifft.

Beide Stämme haben eine Körpergröße von etwa 1,42 m, die sie mit den Kongowald=Pygmäen teilen. Ferner zeigen sie die typischen Merkmale der echten Zwerge, das sind: der runde Kopf, die eigentümlich drein= blickenden, meist großen Augen, die dem Kenner sogleich die Zugehörigkeit zur Zwergform verraten, und die sehr breite Nasenwurzel.

Nur in der Hautfarbe unterscheiden sich die Urwald=Pygmäen von denen Kwidschwis. Während erstere außerordentlich hell sind, haben die Zwerge des Kiwu die dunkle Färbung der Neger. Diese Färbungen dürften aber mit den verschiedenen Lebensgewohnheiten beider Stämme zusammen= hängen. Die Bewohner Kwidschwis setzen sich eben viel mehr der Sonne aus wie ihre Stammesgenossen vom Aruwimi= und Uelle=Becken, die das Dunkel des Urwaldes niemals verlassen, so daß eine Pigmentbildung verhindert wird.

Die Ruwenzori=Batwa sprechen nach Czekanowski ebenso wie die Pyg= mäen des Uelle= und Jturi=Beckens die Sprache der Balese und behaupten, keine andere zu besitzen. Die Batwa des Bugoie=Waldes beherrschen die Sprache der Wanjaruanda.

Die Bewaffnung des letzteren Stammes, der uns hier vor allem interessiert, besteht vorwiegend aus einem Speer, daneben auch Pfeil und Bogen. Die Sehne des Bogens wird vielfach aus der Faser der Rotang-Palme hergestellt. Ebenso wie die Pygmäen leben auch die Batwa ausschließ=

Pygmäen. Kongo-Urwald.

lich von Jagd und Karawanenräuberei und bebauen den Boden nicht. Sie behaupten, sehr mutige Jäger zu sein und den im Dickicht ruhenden Büffel unfehlbar zu speeren, nachdem sie ihn auf wenige Schritt beschlichen haben. Anscheinend hielten sie es für eine besonders glänzende Pose, wenn sie, ehe wir an eine der hier zahlreichen Büffelherden heranschlichen, den Fuß vorgesetzt, die auf den Boden aufgestemmte Lanze mit ausgestrecktem Arme schüttelten, um die Elastizität des Schaftes zu probieren. Der Mut

Ins innerste Afrika.

sank aber rapide mit der zunehmenden Nähe des Wildes, und sobald das selbst auf wenige Schritt des dichten Unterholzes wegen stets unsichtbar bleibende Rudel auseinanderstob und der Bambus um uns herum krachte, waren die eben noch so Tapferen spurlos verschwunden. Die einen suchten unter den Büschen Deckung, die anderen schnellten mit großer Gewandtheit in die Höhe, ergriffen zwei Bambusstauden und schwebten breitbeinig in

Mutwa-Weib aus Marangara.

der Luft, um den etwa angreifenden Büffeln eine leichte Passage unter ihnen weg zu gestatten.

Die Gewandtheit und Schnelligkeit, mit der die Batwa sich durch das Dickicht und durch das Lianengewirr winden, ist eine ganz erstaunliche und es erfordert ungeheure Anstrengung, ihnen auf den schmalen Elefantenpfaden und Büffelwechseln zu folgen. Ihre Kleidung, wenn man einen einfachen Schurz aus Rindenstoff so nennen kann, bietet den Dornen keinen Angriffspunkt, während dies bei der Kleidung der Europäer fortwährend der Fall ist. Im Walde, ihrer eigentlichen Heimat, sind sie unüberwindliche Gegner. — Als wir beim Aufsuchen eines neuen Lagerplatzes eine Strecke weit außerhalb der Waldzone marschierten, erklärten plötzlich die Batwa, uns hier hinaus nicht folgen zu können. Sprachen's, verschwanden im Walde und stellten sich erst hernach im neuen, innerhalb des Waldes gelegenen Lagerplatze wieder ein.

Die Hauptführer der beiden Stämme, mit denen wir in Berührung kamen, heißen Sebulese und Gunsu. Während ersterer bei Ravens Besuch

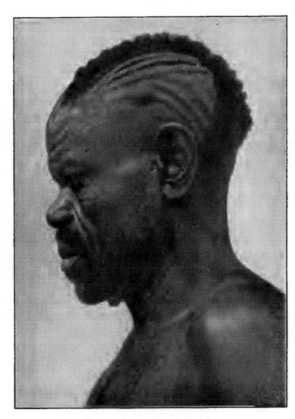

Batwa-Häuptling Sebulese.

sich hatte bewegen lassen, heranzukommen, war dies bei Gunsu nicht zu erreichen gewesen. Trotz Barthélemys Anwesenheit ließ er sich auch jetzt noch nicht überreden. Gunsu steht in dem Rufe, ein besonders gewandter Karawanenräuber zu sein, und seine Leute sprechen daher mit großer Achtung von ihm. Einen wohlgelungenen Überfall, den er kürzlich wiederum verübt und der sein Gewissen noch zu belasten schien, mochte der mißtrauische alte Bursche wohl mit unserem Besuche in Verbindung bringen. Wir ließen also in den Wald hinein rufen, es solle ihm kein Leids geschehen, wir wollten nur Büffel schießen und das Fleisch der erlegten solle ihm und seinen Leuten zugute kommen. Aus dem Walde heraus erscholl darauf in kriegslistiger Weise Antwort, einmal von dieser, einmal von jener Kuppe, so daß man über des Rufers Aufenthalt immer im unklaren blieb. Um unsere Absichten zu ergründen, sandte er aber seinen Sohn ins Lager, dessen Berichte über uns wohl günstig gelautet haben mußten, denn eines Tages erschien er endlich selbst und näherte sich damit zum ersten Male einem Weißen.

Batwa. Bugoie-Wald.

Die Batwa sind nichts weniger als angenehm im Umgang. Ihre Indolenz kann den Ruhigsten zur Verzweiflung bringen. Während die Pygmäen später im Kongowalde auf jeden Wink zum Führerdienst bereit waren, bedurfte es bei den Batwa allmorgendlich der größten Anstrengung und fast gewaltsamer Mittel, um sie von ihren Fleischtöpfen fortzubringen. Auch schlugen sie, im Gegensatz zu den Pygmäen, niemals ihr Lager in dem unserer Träger auf, sondern bauten sich ihre Hütten abseits.

Große Schwierigkeiten bereiteten die Körpermessungen, die Raven und ich an ihnen vornahmen. Die abergläubischen Leute zitterten fast vor Furcht, als die blanken Meßinstrumente zusammengesetzt wurden. Ich glaube, nur Barthélemys Anwesenheit verhinderte ihre Flucht. Die armen Burschen glaubten sterben zu müssen. „Ihr sterbt ja gar nicht", bedeutete sie Barthélemy, „kommt nur heran." Um die Wahrheit dieser Worte zu beweisen, ließ ich mich selbst von Raven messen. Als ich mich gesund erhob, schienen sie zwar etwas beruhigter zu sein, ihr Mißtrauen ganz zu beseitigen aber gelang nicht.

Resigniert saßen die Batwa umher. Gutwillig kam anfangs keiner heran, sondern jeder einzelne mußte am Arm zur „Schlachtbank", der Kiste, auf der die Messungen stattfanden, herangeführt werden. Endlich kam die Reihe an Gunsus Sohn. Der arme Kerl litt Qualen — er zauderte, endlich trat er entschlossen vor und setzte sich mit den Worten: „Na, es ist ja einerlei, wenn ich auch heute sterbe" auf die Kiste. Aber welch Wunder! Nach vollendeter Messung schritt er gesund auf seinen Platz zurück ... Das Messungsverfahren also war nicht todbringend, das stand so ziemlich fest. Es mußte also etwas anderes sein. Was schreiben denn die „Wasungu"[1]) da? Und was sagte immer der eine, der an einem herumhantierte, und was antwortete der andere? Sollte darin der Zauber liegen? Denn daß es sich um einen solchen handelte, war klar. Ja, es war ganz gewiß, ihr Leben war verwirkt, lag nun in den Büchern der Weißen, die jetzt nach Belieben damit schalten konnten. Diese Meinung gewann immer mehr Oberhand und setzte sich schließlich so in ihren Köpfen fest, daß sie, wie ich später hörte, ihrer Gottheit wochenlang Sühneopfer dargebracht haben, um den Zauber loszuwerden. Czekanowski hatte durch diese Wahnidee viel Schwierigkeiten zu überwinden, als er später zu einer soziologischen Spezialforschung in den Wald kam.

Ich möchte den Abschnitt über die Batwa nicht beschließen, ohne einige ihrer Namen zu erwähnen, die in deutscher Übersetzung sehr eigentümlich lauten. Nach Barthélemys Angaben bedeutet z. B. „Gunsu" eine Schakalart, „Sebulese" heißt Nährvater, „Semisse" — Vater der Liane, „Luhango" bedeutet soviel als: er ist auf dem Fluß geboren, „Bigirimana" — er ist mit der Gottheit. „Bitahungo", ein Sohn des Gunsu, heißt: ich fliehe nicht, und „Semabi", ein anderer Sohn Gunsus, gar: sein Vater ist Dreck!

* * *

---

[1]) Wasungu = die Weißen.

Von großen Säugern lebt im Bugoie=Walde außer dem Elefanten, wie ich schon kurz erwähnte, der Büffel, und zwar die westliche Form, die Schubotz auch im Rugege=Walde am südlichen Kiwu fand, mit kleinen, nach hinten überliegenden Gehörnen. Es gelang nur Raven, ein Exemplar dieser Büffel zu erlegen. Trotzdem ich wenigstens zehnmal bis auf wenige Schritte, freilich ohne auch nur ein Haar des Wildes zu sehen, an dieses herankam,

Büffelfalle im Bugoie=Wald.

gelangte ich selbst nur einmal zu Schuß. Hierbei schweißte ich einen Büffel an, bekam ihn aber trotz langer Verfolgung nicht zur Strecke. Alle weiteren Versuche mißglückten, obgleich wir 14 Tage lang tagtäglich 6—8 Stunden umherstreiften. Diese Streifereien hinter den flinken Batwa=Führern über Kuppen von fast 2500 m Höhe, auf glattem Boden und durch den schwer passierbaren Unterbusch bedeuteten wohl die größten andauernden An= strengungen während der Expedition. Und zweimal mußte ich den sonst straff sitzenden Gürtel um je ein Loch verengen.

Die Batwa kannten die Lieblingsplätze des Wildes oder fanden sie doch meist sehr bald, und die aufpassenden Patrouillen riefen sich laut durch den Wald den Standort des Wildes zu, merkwürdigerweise ohne daß dies die Büffel im geringsten zu stören schien. Eine bei den Batwa beliebte Fangart dieser Tiere ist die mit der Falle. Mächtige, mit großen Steinen beschwerte Holzgerüste werden über einer von den „Bogo"[1]) gerne angenommenen Quelle derart angebracht, daß beim Berühren des Wassers durch Auslösen eines Holzstäbchens die Falle über dem Trinkenden zusammenfällt und ihn erschlägt. Diese Methode scheint oft von Erfolg gekrönt zu sein.

Eines nicht ungefährlichen Abenteuers mit „Bergelefanten", deren Erlegung zoologisch eine so äußerst wichtige Ergänzung zu den „Vulkanelefanten" bilden mußte, möchte ich noch gedenken.

Es war am 4. Oktober. Raven und ich hörten auf einer sumpfigen, von einem Flüßchen durchzogenen Wiese Elefanten brechen und folgten schnell. Der Wind stand schlecht und so war es nicht zu vermeiden, daß er uns verriet. Plötzlich „trompetete" es dann auch und die Elefanten brachen fort. Im Trabe folgend befand ich mich bald ganz allein mitten in der Herde, wie mir das Brechen ringsum verriet. Da sah ich plötzlich auf zwanzig Schritt im Bambus ganz undeutlich den grauen Rücken eines der Tiere. Trotz der Nähe war es zunächst unmöglich, den verwundbaren Teil des Kopfes zu erkennen, bis ich glaubte, die obere Hälfte des Ohres unterscheiden zu können. Diese nahm ich aufs Korn. Da ich die Stelle des Kopfes, wo die Kugel auf der Stelle tödlich wirkt, aber tiefer wähnte, senkte ich die Mündung der Büchse etwas und ließ fahren. Blitzschnell warf sich der Elefant herum, so daß der Bambus an seinem Schädel zersplitterte, und nahm mich in rasendem Tempo an. Da der dichte Wald die Aussicht hinderte, warf ich mich zur Seite durch den Bambus brechend in einen Busch, während der Dickhäuter an mir vorbeiraste. Das Rudel, welches noch teilweise hinter mir gestanden hatte, war durch den Schuß aufmerksam geworden und umringte mich trompetend. Der ganze Wald ringsum krachte, brach und überall sah ich die gewaltigen, grauen Massen auftauchen und verschwinden. An Schießen war nicht zu denken, denn einzelne Partien der sich dahinwälzenden Riesen zu erkennen, war unmöglich. Das Getöse nahm die Richtung auf mich zu, die ganze Herde rückte heran. Die Minuten, die ich jetzt verlebte, gehören nicht gerade zu meinen angenehmsten Reiseerinnerungen! Ein jüngeres Tier mit schlechten Zähnen, des Schießens unwert, kam direkt auf meinen Stand los, blieb fünf Schritt vor mir

[1]) Bogo = Büffel.

stehen und trat dann so dicht an mir vorbei, daß ich, den Arm ausstreckend, es hätte berühren können. Plötzlich bekam es Wind und brach trompetend fort, die anderen mit sich reißend. Mit rasendem Getöse floh die ganze Herde an mir vorbei.

Wiese war, dringender Geschäfte wegen, mittlerweile nach Kissenji zurückgegangen und auch mich riefen Briefe dorthin. So verlegten wir denn das Lager nach Kissenji zu, an den Rand des Waldes, in der Nähe des Häuptlings Chuma.

Der Anlaß, der uns gerade hierher gehen ließ, lag vor allem in der Behauptung der Batwa, daß hier der „Impundu" vorkäme, mit welchem Namen am Mgahinga der Gorilla beringei bezeichnet wird. Der Wahrheit dieser höchst merkwürdigen Erzählung mußte natürlich auf den Grund gegangen werden. Vor allem war es wichtig festzustellen, ob der „Impundu" hier eine andere Form des Gorilla sei oder ob es sich um eine andere Gattung des anthropomorphen Affen handele. Ich möchte schon vorweg bemerken, daß letzteres der Fall war und daß wir es mit einer großen Schimpansenart, dem Tschego, zu tun hatten. Für beide Arten gilt also derselbe Name.

Nach unseren Beobachtungen lieben die „Impundu", die Gorilla sowohl wie die Tschegos, besonders die Ränder des hohen Urwaldes. Auch am Mgahinga hatten wir frische Losung und Fährten am Rande der Bambus- und der Hochwaldgrenze gefunden, im Innern des Waldes dagegen niemals Zeichen ihres Vorkommens bemerkt.

Über die Lebensweise des Tschego ist noch wenig bekannt. Mit Bestimmtheit konnten wir die Benutzung von Schlafbäumen während der Nacht konstatieren, unter denen der sehr hohe und bis zur Krone astfreie Podocarpus, der „Umufu", sowie der „Mutoie" bevorzugt werden, augenscheinlich weil sie den weitesten Umblick gewähren und also größere Sicherheit garantieren. In den Morgenstunden, zwischen 7—9 Uhr etwa, verlassen die Tschegos, die in Familien von 5—8 Mitgliedern leben, ihre Schlafbäume, indem sie sich mit großer Behendigkeit an dem kahlen Stamm auf den Erdboden herunterlassen, um hier die jungen Bambustriebe zu äsen. Der Tschego ist nicht gerade wählerisch in seiner Nahrung. Nach Angaben der Batwa werden außerdem noch Blätter, Rinde, Blüten und junge Baumtriebe gerne genommen, doch decken sich meine Beobachtungen hierin nur in bezug auf die Sapotacee („Mutoie").

Die einzelnen Familien haben stets einen bestimmten Bezirk, ein Revier, das sie ungern verlassen. Früh, bei Sonnenaufgang, und abends, wenn die kurze Dämmerung naht, hört man weithin ihr schwach einsetzendes, allmählich anschwellendes, endlich in schrilles Kreischen ausklingendes Geschrei, das, stets nur wenige Augenblicke dauernd, sich in unregelmäßigen Abständen wiederholt und das die Batwa auf Zwistigkeiten innerhalb der

Leopardenfalle der Eingeborenen.

„Familie" zurückführen. Dies ist der günstige Augenblick für den Jäger, einzugreifen und ein Anschleichen zu versuchen.

Hart unterhalb unseres Lagers gähnte eine breite und tiefe Schlucht, auf deren Grund ein Wildbach rauschte, und trennte uns vom jenseitigen Berghange, auf dem sich das Geschrei meist hören ließ.

Einen Versuch, mich am Abend bei schwindendem Lichte an den Schlafbaum heranzupirschen, mußte ich als völlig undurchführbar aufgeben, da das fast undurchdringliche Unterholz nur auf Händen und Knien zu durchkriechen war und dies so lange Zeit erforderte, daß die Dämmerung hereinbrach. Ich mußte also bis zum Morgen warten.

Noch vor Tagesanbruch saßen wir drei, jeder mit seinem Führer, schon fertig vor den Zelten, den ersten Schrei erwartend. Als einzigen Begleiter hatte ich mir einen Mutwa ausersehen. Dies hatte anfangs Schwierigkeiten gemacht, denn unglücklicherweise bezeichnen diese Batwa gerade den „Impundu" als ihren „Umuzimu", ihr Totem=Tier[1]), woraus die Ablehnung meines Führers sich erklärte. Jedoch auf die Vorstellung hin, daß er sich ja nicht selber an der Erlegung zu beteiligen habe, sondern daß dies meine Sache sei und er mir nur den Standort zeigen solle, willigte er schließlich ein.

Allmählich wurde es nun heller und heller. Schon konnte man durch die Dämmerung einzelne Partien der Waldschlucht erkennen, aber noch immer herrschte Totenstille ringsumher. Bald ertönte hier und da der erste Ruf eines erwachenden Vogels. Und ein Flug Graupapageien schwang sich mit starrem Flügelschlag quietschend auf den Ästen eines nahen Baumes ein, als endlich das herrliche Morgenrot den Aufgang der wärmenden Sonne kündete. Wie mit einem Zauberschlage wurde es nun lebendig um uns her. Von allen Seiten begannen die Vögel laut und immer lauter dem Tag entgegenzuzwitschern, und als die ersten Strahlen der Sonne durch die Wipfel der Bäume leuchtende Bänder zogen, ertönte endlich auch der ersehnte Ton zu uns herüber und zeigte uns jenseits der Schlucht die Raststelle des wertvollen Wildes.

Schnell war der Kriegsrat fertig: Raven links, im Falle die „Impundu" dort ausbrechen sollten, der Pater rechts, ich selbst gerade darauf zu. Im Nu hatte der Wald uns aufgenommen. Und nun ging es los. Der kleine, geschmeidige Körper des Mutwa rutschte mit bewunderungswerter Gewandtheit durch das unglaubliche Gewirre von Lianen, Bambus und Dornen hindurch, während der bekleidete Europäer den Kampf mit den Dornen aufnehmen mußte, die ihn ständig hindern. Dem wohlgemeinten Vorschlage eines Mutwa, die Kleider abzulegen und in seinem Kostüm zu jagen, mochte ich meiner Haut zuliebe nicht folgen.

Endlich war der Grund der Schlucht erreicht, der Bach überschritten und nun galt es, schnell den Hang zu erklimmen, bevor die Affen den Baum verließen, von dem soeben wieder jener Schrei ertönte, der sich dem Ge=

---

[1]) Vgl. Kapitel IV, S. 91.

dächtnis unvergeßlich einprägt. Denn einmal auf der Erde, waren sie für uns verloren.

War es bergab schon schwierig fortzukommen, so war dies bergauf beinahe eine Unmöglichkeit. Schon zeigten die Hände unzählige Schrammen und Risse und der Schweiß lief in Strömen am Körper hinab, als endlich ein alter Elefantenwechsel Erleichterung brachte. Mittlerweile war es schon 7 Uhr geworden und nach unserer Schätzung mußten wir jetzt in der Nähe des fraglichen Baumes sein; eine Übersicht war durch das dichte Unterholz unmöglich.

Mein Führer blieb jetzt stehen und lauschte mit vorgebeugtem Kopfe, die Augen auf die Erde geheftet, dann hob er langsam den Arm und mit der Faust — mit dem Finger würde Unglück bringen — nach oben deutend flüsterte er: „Wanakula — sie fressen." Also noch war „Polen nicht verloren". Mit äußerster Vorsicht krochen wir nun weiter, ängstlich jedes Reis und jedes trockene Blatt mit den Händen beiseite räumend. Eine Viertelstunde verstrich. Dann blieben wir wieder stehen und lauschten. Kein Ton vernehmbar. Unsere Aussichten wurden durch die höher steigende Sonne immer schlechter. Unschlüssig, wohin wir uns weiter wenden sollten, schlichen wir einige Schritt vorwärts, als plötzlich das Kreischen in unmittelbarer Nähe, fast über unseren Köpfen, aufs neue ertönte. Dies Getöse benutzend sprangen wir schnell einige Schritt vor, bis eine Dornenwand wiederum Halt gebot. Denn ohne Geräusch zu verursachen war es unmöglich, hier hindurchzukommen; und auch der geringste Lärm mußte bei der großen Nähe verhängnisvoll werden. Also mit erhobenen Knien und auf den Fußspitzen ging es einige Schritt seitwärts. Vergebliches Bemühen! Keine Aussicht nach irgendeiner Seite und Blättergewirr über mir und um mich herum! Die Situation war kritisch, denn die Gefahr wuchs ständig, daß die Schimpansen den Baum verlassen würden. Da endlich erreichte ich eine Stelle, wo das Blätterdach eine Durchsicht gestattete, und durch diese Öffnung bemerkte ich, fast zu meinen Häupten, einen mächtigen Affen auf dem Aste eines wohl 60 m hohen Mutoie stehend. Unverzüglich flog die Büchse an die Schulter und krachend rollte der Schuß in vielstimmigem Echo sich wiederholend durch den Wald. Ein schwerer Schlag und ein wütendes Gebrüll war die Antwort. In diesem Momente erhob sich ein zweites, anscheinend jüngeres Exemplar in dem Kreis der engen Durchsicht und der dumpfe Kugelschlag gab mir auch hier die Gewißheit eines Treffers.

So schnell als möglich arbeiteten wir uns nun bis an den Stamm des

Baumes heran, an dem eine sehr starke Schweißfährte herunterführte, die sich im Gebüsch verlor. Hier hörten wir im raschelnden Laube den Schimpansen wenige Schritt vor uns schwerkrank den Hang hinunterflüchten. Einen Affen, selbst einen kranken, im Waldesdickicht einzuholen, ist aber für den Europäer aussichtslos. So gab ich auch bald die Nachsuche auf. Auf den Schuß hin erschienen aber nach kurzer Zeit einige unserer Leute, die in weitem Abstand gefolgt waren. Das Versprechen eines hohen Bakschisches spornte ihre Kraft an. Ohne sich einen Augenblick zu besinnen, glitten sie auf der Fährte hinunter dem Wilde nach. Einige bange Minuten aufregendster Spannung folgten, bis endlich schwach gedämpfte Rufe herauf tönten, die in mir ein unbeschreibliches Gefühl der Befriedigung auslösten. Unten in der Schlucht hatte sich der schwerkranke alte Bursche den Leuten gestellt und war von ihnen mit einem Speerstich gestreckt worden. Da die Träger erklärten, die schwere Beute nicht allein heraufschaffen zu können, sandte ich ihnen vom Lager aus einen Askari mit einigen Trägern zu Hilfe. Zwei Stunden später wurde der Erlegte dann im Triumphe, an einer starken Bambusstange hängend, eingebracht. Der kleinere Schimpanse konnte trotz starker Schweißfährte nicht zur Strecke gebracht werden.

Der nächste Tag brachte dem Père supérieur ein gleiches Weidmannsheil. Nach ähnlichen Anstrengungen gelang es ihm, einen anderen Schlafbaum zu erreichen, von dem er ein jüngeres Exemplar herunterschoß. Als er sich schnell dem Verendenden nähern wollte, wurde plötzlich der Busch lebendig und auf 15 Schritt erschien der Kopf und das fletschende Gebiß eines alten Männchens (die öfter die Familien von ferne begleiten, sich aber allein halten), das nicht übel Lust zeigte, ihn anzugreifen. Mit der Kugel in der Brust verendete aber auch dieses nach wenigen Minuten. Trotzdem räumte die Herde noch nicht das Feld, sondern die geschüttelten Bäume und der Bambus bewiesen dem Jäger noch längere Zeit die Nähe der erbosten Tiere, die sich erst allmählich verzogen.

Das Fell des Alten war mit graugelben Haaren durchmengt, die Hände und das Gesicht zeigten in Übereinstimmung mit meinem Exemplar tiefe Schwärze, während das jüngere von bedeutend geringerer Körperlänge war und bei tiefschwarzem Haarkleide eine gelbliche Färbung des Gesichtes und der Handflächen aufwies.

So wurde die beschwerliche Zeit im Walde von Bugoie, die zwar die Lösung einiger zoologischer Probleme gebracht, in der das Glück uns Ver=

wöhnten aber sonst abhold geblieben war, doch noch von einem vollen Erfolge gekrönt. War es mir als erstem Europäer doch geglückt, eine vermutlich neue Art von Menschenaffen zu beobachten und zu erlegen.

Damit war unsere Aufgabe hier gelöst und die Tage unseres Rastens schnell genug verstrichen. Wir stiegen also in das Tal des Sebeja hinab. In Njundo sagten wir Barthélemy Lebewohl und in Czekanowskis Begleitung, der hier laut Verabredung zu uns stieß, trafen wir am Abend des 11. Oktober

Auf der Missionsstation Njundo.

wieder in dem zur Feier meines Wiegenfestes, das ich tags zuvor begangen, festlich geschmückten Kissenji ein, am Eingang des Ortes von Knecht, Grauer, sowie den Mitgliedern der Expedition empfangen. Wichtiger Beratungen wegen hatte ich die Mitglieder der Expedition gebeten, ihre Arbeiten auf kurze Zeit zu unterbrechen und sich vollzählig in Kissenji einzufinden.

Mittlerweile war auch der belgische Kommandant Derche des Russisi-Kiwu-Gebietes, das wir nach Verlassen unseres Schutzgebietes zunächst zu durchwandern hatten, mit seinem Stabe in Ngoma eingetroffen und kam zur Begrüßung nach Kissenji. Der Besuch gab willkommene Gelegenheit, eine Anzahl einschlägiger Fragen zu besprechen, denn wir standen ja im Begriff, in den Kongostaat hinüber zu gehen.

Die nun folgenden Tage waren recht anstrengend. Denn infolge der verschiedenen Einzelreisen nach dem Luhondo=Bolero=See, nach Bugoie, dem Rugege=Wald und zu den großen Inseln des Kiwu=Sees, sowie an den Nord=Kiwu lag eine Fülle ethnographischen, zoologischen, botanischen, geologischen und topographischen Materials im Expeditionslager in Kissenji aufgestapelt. Dies mußte in wenigen Tagen soweit aufgearbeitet und etikettiert werden, daß dem Versand nach Europa nichts mehr im Wege stand.

Besuch der belgischen Offiziere (in dunkler Uniform) in Kissenji.

Ferner mußte eine große Zahl photographischer Platten entwickelt werden, um durch Stichproben die technische Brauchbarkeit der sonst vorzüglichen Voigtländer=Apparate, die jedoch in den letzten Wochen viel Regen und Feuchtigkeit erlitten hatten, nachzuprüfen. Zu diesem Zweck war im Lager eine Dunkelkammer aus Bambus erbaut und so dicht mit Gras bedeckt, daß auch bei grellstem Sonnenschein kein Lichtstrahl Eingang finden konnte.

Diese Voigtländer=Apparate aus Braunschweig haben sich neben einer Universal=Palmos=Kamera von Zeiß in Jena, die Kirschstein viel in Gebrauch hatte, in Sonnenschein und Regen, Hitze und Nässe ganz außerordentlich bewährt. Ihrer Solidität verdanken wir etwa 5000 Photos, die später in Deutschland allgemeine Anerkennung gefunden haben.

Zu all diesen Arbeiten kam noch eine gewaltige Postsendung, die für Europa fertiggestellt werden mußte. So sahen wir uns eigentlich nur bei den gemeinsamen Mahlzeiten in der Offiziersmesse. Am 18. Oktober rückte Weiß wieder in sein Arbeitsgebiet ab, um die unterbrochene Topographie des Vulkangebietes von neuem aufzunehmen. Am 21. wurde unter Führung zweier Askari eine Karawane mit 70 wissenschaftlichen Lasten nach Bukoba zur Weiterbeförderung nach Berlin bezw. Leipzig abgeschickt. Vor unserer Abreise wurde noch der Geburtstag Ihrer Majestät der Kaiserin in würdiger Weise begangen. Ich hielt eine Ansprache an die Askari und die herbei=
geeilte Bevölkerung Kissenjis und nahm einen Vorbeimarsch der Truppen ab. Wenige Tage später brachen wir in das Gebiet des Kongostaates auf.

Unserem Prinzip getreu, getrennt zu marschieren, war verabredet worden, daß Schubotz und Mildbraed zunächst Bugoie besuchen und dann eine ein=
gehende zoologische und botanische Untersuchung der ganzen Vulkankette vornehmen sollten. Czekanowski sollte nach einem Besuch bei den Batwa über Busuenda unserer Route folgen.

Kirschsteins vulkanische Spezialarbeit setzte jetzt ebenfalls ein. Wiese, Raven, Grauer, der sich uns anschloß, und ich selbst wollten ihn bei der Besteigung des Mikeno und des Namlagira, die zunächst vorgesehen waren, begleiten, um hernach zum belgischen Posten Rutschuru und weiter nach dem Albert Eduard=See vorzugehen. Dort hofften wir mit den belgischen Offizieren Fühlung zu gewinnen, um den nachkommenden Herren die Wege zu ebnen. Als Treffpunkt war Kasindi am Nordende des Albert Eduard=Sees, als Termin der Heiligabend bestimmt.

Es war ein eigenes Zusammentreffen, daß wenige Tage vorher der verdienstvolle Leiter des Kissenji=Postens, Oberleutnant Knecht, seine Abberufung in die Heimat erhalten hatte. Seine Ablösung in der Person des Leutnants Keil war bereits eingetroffen. So verabschiedeten wir uns gemeinsam an der Grenze des Weichbildes von Kissenji, jeder dem anderen eine gute Reise und glückliche Heimkehr wünschend.

Auf der Paßhöhe wandten wir uns noch einmal um und sandten einen letzten Gruß hinüber zu diesem idyllisch gelegenen Erdfleckchen deut=
schen Gebietes, in dem wir so unvergeßliche Stunden verlebt hatten, dann schritten wir rüstig vorwärts. Das deutsche Gebiet lag hinter uns. Der Kongostaat hatte uns aufgenommen.

*

Wiese, Raven, Kirschstein, Grauer und ich, sowie Weidemann und Czeczatka, denen während unseres Ausfluges auf den Mikeno und Nam= lagira die Aufsicht über die im Lager zurückbleibende Karawane übertragen war, kampierten in Burunga, einem „festen" belgischen Lager, das, am Fuße des Mikeno gelegen, eine Etappe auf der großen Straße Uvira= Bobandana=Rutschuru ist. Diese „festen" belgischen Lagerplätze sind äußerst komfortabel eingerichtet. Einige auf vier Eckpfählen ruhende Stroh= dächer sind zur Unterstellung für die Zelte bestimmt. Sie gewähren Kühle bei der Hitze und schützen völlig vor dem herabströmenden Naß. An einem Ende des Lagerplatzes erhebt sich eine für die Mahlzeiten bestimmte „Banda", deren Lage meist so gewählt ist, daß man eine prächtige Aus= sicht genießt. In ihr befindet sich sogar eine Tariftafel für die Speisen und Getränke, die durch den Lagerwärter erhältlich sind. Es sind dies in der Hauptsache Schaf=, Ziegen= und Hühnerfleisch, Milch, Eier, Süßkartoffeln und Tomaten, an Früchten Mango und Papaia.

Da ein starker Regen unaufhörlich herniederprasselte, versprach der Aufstieg auf den Mikeno der Schlüpfrigkeit des Bodens wegen ein sehr schwieriger zu werden. So wurde denn beschlossen, nur das Nötigste mit= zunehmen, um die Begleitkarawane so viel wie möglich einzuschränken. Den Trägern der schweren Zeltlasten aber wurden Reserveträger beigegeben.

Gleich dem Sabinjo ist auch der Mikeno nach Kirschsteins Feststellungen ein alter Massenvulkan, der im wesentlichen aus übereinandergeflossenen Lavaergüssen besteht. Die von Hauptmann Herrmann ausgesprochene Ver= mutung, daß der Mikeno möglicherweise der Rest einer imposanten Krater= umwallung sei, bestätigt sich also nicht. Zu dieser Deutung haben wahr= scheinlich auch hier, wie beim Sabinjo, die tiefen, steilwandigen Erosions= schluchten geführt, die man namentlich an der NW= bezw. SW=Seite des Berges schon von weitem gewahrt. Die zwischen ihnen stehen gebliebenen Bergpartien verengern sich nach dem Gipfel zu schmalen Graten. Der Gipfel selbst wird von beinahe senkrechten, den Türmen der Dolomiten ähnlichen Zacken gebildet.

In der Frühe des 26. Oktober strebte unsere Mannschaft der kleinen kreisrunden Sumpfwiese zu, die den Boden eines parasitären Aschenkraters am Fuße des Mikeno einnimmt. Von ihr aus führt ein schmaler Pfad eine Strecke weit den Berghang hinauf. Dieser Pfad, den die Missionare aus Njundo bei dem Versuche einer Ersteigung angelegt hatten, wies uns

Bebaute Lavafelder am Mikeno und Karissimbi.

die Richtung, wenngleich er auch kaum noch erkennbar war. Zudem hatte uns Barthélemy seinen Führer von damals mitgegeben. Leider verfehlte dieser aber anfangs den Weg und wurde seines Irrtums erst ziemlich spät gewahr. Wir mußten daher die mühsam erklommene Höhe bis zur sumpfigen Kraterwiese wieder hinab. Dort wurde dann der richtige Pfad gefunden.

Nun passierten wir zunächst einen Bambus-Mischbestand, der bald einer lichteren Baumzone wich. Der Weg war sehr steil, unzählige Wurzeln, die den schlüpfrigen Pfad bedeckten, hinderten uns überall, so daß wir nur sehr langsam vorwärts kamen. Des öfteren wurden Pausen notwendig. Nach mehrstündigem Anstieg hatten wir endlich die Höhe von 3000 m erreicht. Die Leistungsfähigkeit der Träger war erschöpft und so mußten wir lagern. Da war nun guter Rat teuer. Es fand sich kein einziger Fleck, auf dem ein Zelt hätte stehen können, denn die Berglehne zeigte überall eine gleichmäßige Böschung von etwa 30°. An ein Weiterkommen war nicht zu denken, Abhilfe mußte geschaffen werden. Es blieb nichts anderes übrig, als durch Abgraben und Aufschütten terrassenförmige Plätze für die Zelte herzustellen. Freilich standen sie noch immer schief und unsicher genug, und es war keine geringe Kunst, in ihnen zu balancieren oder gar zu schlafen. Denn auf der schrägen Fläche gerieten die Bettstellen ins Gleiten, und manch einer fand sich des Morgens an einer ganz anderen Stelle wieder, als wo er sich des Abends hingelegt hatte.

Am folgenden Morgen stellte sich eine neue Schwierigkeit heraus. Es gab kein Wasser. Wir sandten Patrouillen in die Runde am Berge entlang auf die Suche, doch um die Mittagszeit kamen sie ohne Resultat zurück. Da wir aber für die Träger unbedingt Wasser benötigten und es sehr ungewiß war, wie die Verhältnisse sich weiter zum Gipfel des Berges hin gestalten würden, so blieb keine andere Wahl, als den untätig begonnenen Tag ebenso zu vollenden. Wir blieben also im Lager und sandten alle Träger mit ihren Kürbisflaschen zum Kratersumpf am Fuße des Berges zurück, um für den Notfall, daß auch weiter nach dem Gipfel zu kein Wasser zu finden wäre, hier ein Depot bereitstellen zu können. Sehr mißmutig machten sich die Träger an den unbequemen Abstieg und erst bei eintretender Dunkelheit kehrten sie mit gefüllten Krügen zurück.

Vom Lagerplatz aus hatten wir einen prachtvollen Blick auf die sich aus dem Wolkenmeere erhebenden, gleichmäßig ansteigenden Gipfel des Ninagongo. Unten jagten die Wolken, durch die Luftströmungen ge=

trieben, über die Ebene hin. Und über dem wogenden weißen Wolkenmeer zeichneten sich, als es Abend wurde, die Konturen des Berges vor der untergehenden Sonne ab, die in den wunderbarsten Farbentönen, fast wie ein Nordlicht erstrahlte. Wie bedauerte ich auch heute wiederum das Fehlen eines Malers bei unserer Expedition. Dies wäre ein Vorwurf gewesen, würdig des besten Könnens eines Meisters.

In der Waldregion des Mikeno.

Als die Nacht herabsank, wurde die Luft eisig. Dazu erhob sich ein heftiger Wind, der an den ungeschützter stehenden Zelten derart rüttelte, daß z. B. Grauer durch die heftigen Bewegungen seiner schiefstehenden Behausung mit seiner Bettstelle umkippte. Zitternd vor Kälte kroch der Arme aus dem Eingang heraus, um Hilfe heranzurufen. Dichte Nebelschwaden zogen über die Berglehne und über unsere Köpfe hinweg.

So blieb es auch noch in den frühen Morgenstunden, so daß man beim Anstieg wenig sah. Etwas weiter oben aber klärte es sich auf, gerade als wir einen Felsabsatz erreicht hatten, der über einer riesigen Erosionsschlucht von ungeheurer Tiefe und Breite hinausragte. Und hoch darüber noch gewahrten wir auf Augenblicke durch die sich jagenden Wolken hindurch die schroffen Felsen des Gipfels.

Jetzt änderte sich auch die Vegetation. Die Waldregion hörte auf. Dafür erhoben hochgewachsene Erikabäume ihre dicht verzweigten Äste; knorrige

Ein Frühstück auf dem Mikeno in 3700 m Höhe.

Bäume, die Höhen bis zu 5 m erreichten. Von ihren Zweigen hingen als Merkmal typischer Hochgebirgsflora lange Bartflechten herab.

Am Südoststrande dieses Abgrundes ging es nun weiter aufwärts, noch steiler als vorhin. Der dichte Moosteppich, der den Boden bedeckte, gab den Tritten nach und bewirkte, daß die Träger rutschten und fielen und daß hie und da eine schwere Last polternd in die Tiefe rollte, bis sie an irgendeinem Vorsprung oder an einer Erikastaude hängen blieb. Bald mußte in 3700 m Höhe für die ermüdete Trägerschar wieder eine längere Ruhepause eingelegt werden.

Da der Anstieg mit der Karawane zu langsam vonstatten ging, blieb Wiese zur Aufsicht allein bei ihr zurück, während wir anderen in etwas beschleunigterem Tempo vorwärts gingen. Die Böschung wurde stellenweise so steil, daß wir beim Aufwärtsklettern die Hände zu Hilfe nehmen mußten.

Endlich gewahrten wir über uns einen langgestreckten, schmalen Grat, der für die Errichtung eines Lagers einigermaßen geeignet schien. Die Vegetation hier oben trug bereits ganz den Charakter ausgesprochener Hochgebirgsflora. Ein breiter Gürtel von Senecio Johnstonii und hohen Lobelien untermischt mit Strohblumen bedeckte waldartig die Hänge und reichte bis zu dem nahezu senkrecht ansteigenden Gipfelfelsen hinan, der vor uns noch etwa 400 m hoch aufragte. Die Sonne trat aus den Wolken hervor und verbreitete für kurze Augenblicke wohltuende Wärme, bis sie später den Sieg davontrug, und mit Entzücken schweifte das Auge über die herrliche Aussicht hinweg; bot sich uns doch von hier ein Fernblick fast über zwei Drittel des Kiwu-Sees dar.

Bis auch die Karawane oben anlangte, sollte unsere Geduld allerdings noch auf eine harte Probe gestellt werden. Erst spät am Nachmittage traf sie völlig erschöpft ein. Der von der Verwitterung herausgeschälte Grat, auf dem wir lagern mußten, war so schmal, daß gerade die Breite der Zeltbahn ihn überspannte, die Zeltpflöcke also kaum befestigt werden konnten. Zudem besaß der weiche Untergrund nur ungenügende Festigkeit. Mit Besorgnis blickten wir daher auf die schwarze Wolkenwand am Horizonte, die für die Nacht schlecht Wetter prophezeite. Und unsere Prognose erwies sich als richtig. Bald änderte sich das Wetter, Nebel zogen herauf und umhüllten das Lager, und als die Dämmerung hereinbrach, sank das Thermometer auf 1° C herab. Heulende Windstöße, die in der Nacht zum gewaltigen Sturm anwuchsen und unbarmherzig die dünnen Zeltwände durchdrangen, fegten über den Grat dahin. Wer über einen dicken Anzug verfügte, hatte ihn als Nachtgewand angelegt. An Schlaf dachte niemand. In Decken eingehüllt, hörte jeder auf das Toben des Sturmes und wartete auf das Zusammenbrechen seines Zeltes. Um Mitternacht flog auch das Zelt Grauers davon, das als größtes dem Winde am meisten Fläche bot. Die anderen blieben zwar stehen, doch lockerten sich die Pflöcke und bald flatterten die Sonnensegel im Winde herum, so daß fortwährend nach den Boys gerufen werden mußte, um sie wieder von neuem zu befestigen. Der Wind nahm noch immer an Stärke zu. Gegen Morgen entluden sich schwere Gewitter, verbunden mit starken Hagelschlägen,

Gipfel des Mikeno, vom Hans Meyer-Krater gesehen.

die auf die Zeltdächer herniederprasselten und alles in eine weiße Decke hüllten.

Als das Morgenlicht graute, umgab uns Winterlandschaft! Unsere Zelte und das ganze Gelände umher waren mit Schnee bedeckt. Sonst hatte sich die Situation nicht geändert: undurchdringlicher Nebel, Wind und Kälte. Das Thermometer zeigte dieselbe Temperatur wie am Abend vorher. An einen Aufstieg zum Gipfel war unter diesen Umständen nicht zu denken, da jeder Pfad fehlte und im dichten Nebel, der tatsächlich nicht gestattete, weiter als 20 m zu sehen, jede Orientierung unmöglich war. Da also nichts weiter anzufangen war, scharten wir uns in Grauers „Salon" bei dem trüben Licht einer Lampe zusammen, schlossen das Zelt gegen die Kälte ab und — spielten „mauscheln". Zwischendurch mußte ein steifer Grog die Lebensgeister erfrischen. So warteten wir günstigeres Wetter ab und dies trat endlich am Nachmittage gegen 3 Uhr ein. Der Nebel wich und gab den Gipfel frei.

Sofort machten sich Wiese, Grauer und ich an den Aufstieg. Zunächst nahm uns der Senecio=Wald auf, der sehr schwer passierbar ist, da dessen moosbedeckter Boden und sein Pflanzenbestand immer vor Nässe triefen. Die Stauden erreichen 3 m Höhe und schließen sich in ihrer Verästung oben eng zusammen, so daß man den Himmel über sich kaum sieht. So trocknet der Boden auch niemals völlig aus. Wir kamen an einer Menge mehr oder minder tiefer Schluchten vorbei, auf deren Grunde eiskalte Bäche rieseln, die durchklettert werden mußten. Wer hierbei an den Seneciostauden Halt suchte, riß sie aus und geriet ins Gleiten, was um so unangenehmer war, als die Moosschicht an den schrägen Flächen das Gewicht der Menschen nicht trug. Auf diese Weise gebrauchten wir volle zwei Stunden, um den Gipfelfelsen zu erreichen, den wir ganz nahe geglaubt hatten.

Hier oben tat sich eine tiefe Schlucht auf, die in die Felsen hineinführte. Ihr folgten wir über Steingeröll, bis wir auf hart gefrorenen Schnee stießen. Dies war für unsere guten Boys zu viel. Auf den Zehenspitzen tippten sie über den kalten Untergrund, die seltsamsten Laute ausstoßend. Schließlich setzten sie sich eng aneinandergeschmiegt auf einen Felsblock und „taten nicht mehr mit".

Rings um uns her erhoben sich steile, glatte Felswände. Es wurde uns daher bald klar, daß ohne alpine Ausrüstung und ohne sorgfältige Erkundung, auch von der nördlichen Seite her, eine Besteigung des

Gipfels ausgeschlossen sei. Zu dem Zwecke hätten wir aber noch mehrere Tage hier oben in unserem frostigen Lager aushalten müssen und darauf waren wir nicht eingerichtet. Ein Seil von der nötigen Länge, um den Aufstieg zu ermöglichen, war nicht vorhanden. Zudem ließ sich in der Küche kein Feuer mehr entzünden, da alles feucht geworden war. Unsere Leute froren schrecklich, husteten und waren so verklamt, daß sie die steif gefrorenen Finger kaum noch bewegen konnten. Da nach Kirschsteins Urteil die Besteigung der eigentlichen Spitze in geologischer Beziehung völlig be=

Blocklava zwischen Namlagira und Ninagongo.

langlos gewesen wäre, wir aber bloß aus sportlichem Interesse die Gesundheit unserer Träger nicht aufs Spiel setzen durften, beschlossen wir, nur noch bis zum nächsten Morgen im Lager auszuharren, um bei klarem Wetter den Aufstieg aufs neue zu versuchen, bei nebeligem aber den Rückmarsch anzutreten.

Es war die höchste Zeit, vom Schneefeld schleunigst zum Lagerplatz zurückzukehren, denn dicke Nebelschwaden begannen bereits wieder aus dem Tal aufzusteigen. So legten wir auf einen Felsvorsprung mit Steinen beschwert eine Konservenbüchse, unsere Namen enthaltend, nieder, zum Zeichen dessen, daß dieser Punkt bis jetzt der höchste sei, den auf dem Mikeno eines Menschen Fuß betrat. Als wir unten anlangten, war schon alles wieder von Wolken eingehüllt, und nur mit Mühe tappten wir uns wieder zum Lager zurecht. Die kärgliche Abendmahlzeit bestand aus einigen Büchsenhäringen

Der Namlagira, von Rutschuru gesehen.

und einem Tin mit Früchten. Dann legten wir uns zur Ruhe. Die Nacht glich der vergangenen. Wiederum verstärkte sich der Wind zum Sturm und rüttelte an den Zeltwänden und lockerte die Pflöcke. Und als der Morgen anhub, waren die Berge wieder mit einem weißen Tuch bedeckt. Da der Nebel sich noch mehr verdichtet hatte, wurden der Verabredung gemäß die Lasten geschnürt und der Abstieg nach Burunga angetreten. Da hellten sich die Mienen der hart geprüften Träger endlich wieder auf und sie versuchten sogar aus schwachen Kehlen ein Liedchen anzustimmen. Nüchtern machten wir uns auf den Weg zum nächsttieferen Lagerplatz hinab, der Karawane weit vorauseilend. Dort erst gönnten wir uns einen Imbiß und den Trägern etwas Ruhe. Am Nachmittage wurde Burunga wieder erreicht. Völlig erschöpft trafen die Träger einzeln und in großen Abständen ein. Einige waren sogar liegen geblieben und erreichten Burunga erst bei Nacht. Durch die Ausgabe eines Extra=Bakschisches wurde am folgenden Ruhetage das seelische Gleichgewicht der Träger jedoch schnell wieder hergestellt.

Am 1. November wurde zu der Besteigung des Namlagira geschritten, der seine Eruptionen in der letzten Zeit zwar wieder eingestellt hatte, dessen weitem Gipfelkrater wir aber noch täglich dicke Dampfwolken entsteigen sahen.

Der Namlagira ist von Burunga ebenso wie vom Ninagongo durch ein noch junges, ausgedehntes Lavafeld getrennt, das offenbar den parasitären Kratern am Südhange des Namlagira entstammt. Die breiten, fußdicken Schollen der Lava sind vielfach übereinander geschoben und türmen sich wie Eisschollen beim Eisgang eines Flusses hoch empor. Diese mußten überklettert oder da, wo breite Spalten die Schollen trennten, die klaffenden Zwischenräume mit Hilfe des langen Bergstockes in weitem Sprung genommen werden. Vielfach werden die Schollen von zackiger Blocklava unterbrochen. Diese neigt in ihrer Porosität zum Bröckeln, bietet dem Fuße daher wenig Halt und verursacht häufiges Abgleiten und Stürzen. Die messerscharfen Kanten der Lava schneiden dann tiefe Schnitte in das Leder der Schuhe oder reißen Löcher in die Kleidung.

Das gesamte Lavafeld ist mit einer hellen, im Sonnenlicht weißlich erscheinenden Flechtenart[1]) bewachsen und macht vollkommen den Eindruck eines ungeheuren Eisfeldes oder Gletschers; ein Eindruck, der durch den

---

[1]) Zur Flechtengattung Stereocaulon gehörig.

Gebrauch der langen Bergstöcke noch täuschender wirkte. Es ergab sich von selbst, daß jeder bei der Überwindung dieser schwierigen Passage seinen eigenen Weg suchte, und bald waren wir so weit voneinander getrennt, daß wir uns gegenseitig nur noch mit Hilfe des Fernglases an den hellen, in den Blöcken auf= und abtauchenden Khaki=Röcken erkennen konnten. Da ich gut gangbare Stellen fand, erreichte ich zuerst den Südhang des

Fladenlava am Südfuße des Namlagira.

Berges. Hier erhebt sich eine Kette von achtzehn parasitären Schlacken= kratern, die — wie die Perlen auf einer Schnur — längs einer von NW nach SO verlaufenden Spalte hintereinander angeordnet sind und so dicht stehen, daß die Umwandung des einen in die des anderen hinübergreift. Der unterste von ihnen ist in einem weiten Halbkreise nach SO geöffnet und läßt die Austrittstelle des Lavastromes noch deutlich erkennen. Ein zweiter, an= scheinend jüngerer Lavastrom hat etwas weiter oberhalb am Hange des Namlagira die gemeinsame Umwandung der Kraterkette durchbrochen und seine Bahn in südwestlicher Richtung genommen. Er entstammt einem nur wenige Meter im Umfange messenden, steilwandigen Eruptionsschlot, dem unaufhörlich ein dicker, nach schwefliger Säure riechender weißer Dampf entstieg. Mit offenbarem Mißtrauen schauten die Askari in die rauchende Tiefe, während ein als „Führer" mitgenommener Mann aus der Umgegend Burungas in übergroßer Ehrfurcht vor dem zweifellos dort wohnenden Scheitani[1]) nicht zu bewegen war, näher heranzukommen.

Schlackenkrater mit Flechtenpolster.

Bald darauf trafen Dr. von Raven und Oberleutnant von Wiese ein, während Grauer und Kirschstein weiter unterhalb die noch nicht erfolgte Ankunft des lebenspendenden Frühstückskorbes trauernd erwarteten und später nachkamen. Unverzüglich begannen wir nun den Aufstieg zum Gipfel=krater. Dies ging ohne große Schwierigkeit vor sich. Freilich mußte der Weg durch die Buschregion hindurch mit dem Haumesser und der Axt ge=

---

[1]) Scheitani = Teufel.

bahnt werden, eine Arbeit, die indes mühelos geleistet werden konnte und das Vorwärtskommen nur wenig behinderte. Viele Elefantenfährten sowie die Losung der Tiere zeigten sich auch hier bis zu etwa 2700 m, der Vegetationsgrenze, hinauf. In mäßiger Steigung, zuletzt über nackte Lava schreitend, erreichten wir den Krater in zwei Stunden. Diese Besteigung war von der südlichen Seite aus die erste, während Oberleutnant Schwartz, der seinerzeit der deutsch-kongolesischen Grenzexpedition zugeteilt war, im Jahre 1902 den ersten Aufstieg zum Krater von Osten ausgeführt hat.

Der Namlagira ist ein außerordentlich sanft ansteigender, von breiten Längs- und Querspalten durchzogener, flacher Vulkankegel, der gleich dem Ninagongo einen sehr typischen, weiten Explosionskrater umschließt. Dieser ist sogar noch ein gut Stück größer wie der Graf Götzen-Krater. Sein Durchmesser beträgt nach Kirschsteins Messungen nahezu zwei Kilometer! Trotzdem wir schon manchen unvergeßlichen Eindruck von der Erhabenheit der afrikanischen Vulkanwelt empfangen hatten, waren wir von dem Anblick des riesigen Kraters überrascht. Fast senkrecht gehen die Kraterwände in die Tiefe und enden hier zunächst auf einer Art Terrasse, die rundherum im Krater verläuft und in ihrem östlichen Teil nach der Mitte zu einen Vorsprung hat. Es ist dies der stehengebliebene Rest eines alten, vielfach zerborstenen Kraterbodens, der einst infolge einer äußerst heftigen Eruption in die Luft geblasen wurde. Die Terrasse fällt ihrerseits steil zum eigentlichen Kraterboden ab, der gleich dem des Graf Götzen-Kraters vollkommen eben ist und aus vielen teils schwefelgelb, teils kreideweiß gefärbten Spalten und Rissen dampft. Terrasse und Kraterboden werden von erstarrter Lava gebildet, die stellenweise von einer noch rauchenden Aschen- und Lapillischicht bedeckt ist. Diese stammt von den jüngsten Ausbrüchen des Namlagira her, die übrigens nicht aus dem eigentlichen Kraterboden, sondern, wie Kirschstein in der Folge feststellen konnte, aus einem randlich gelegenen, in dem oben erwähnten Terrassenvorsprung ausgesprengten Eruptionsschlot erfolgt sind.

Seit früh 6 Uhr waren wir ohne Nahrung und der hungrige Magen verlangte energisch sein Recht. So wurde nachmittags 4 Uhr endlich der Abstieg über die glatte Lava begonnen. In der Höhe der parasitären Krater fanden wir einen günstigen Lagerplatz in der Nähe eines klaren Wasserlaufes. Es bedurfte indes einiger Mühe, um die Zeltpflöcke so in die Ritzen der Lava zu treiben, daß ein Umfallen der Zelte nicht zu befürchten

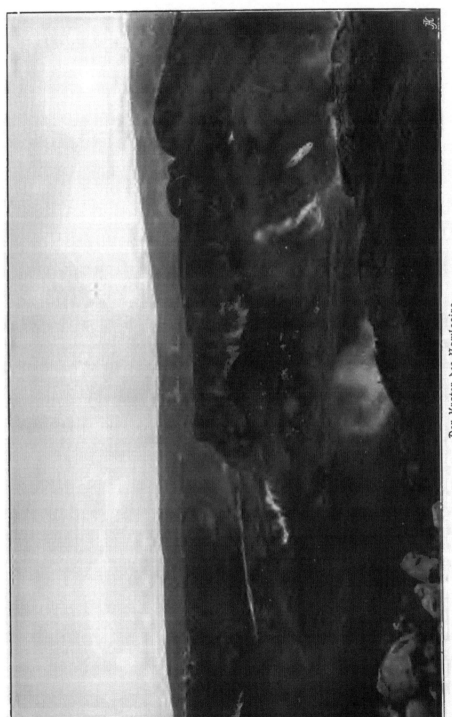

Der Krater des Ramlagira.

war. Dann endlich konnten wir die Ereignisse dieses für uns besonders ergebnisreichen Tages bei einer prachtvoll dampfenden Schüssel „Busi"[1]) nochmals Revue passieren lassen.

Da Wiese, Raven und ich weiter nördlich ziehen mußten, um Fühlung mit den belgischen Offizieren zu gewinnen, die auf dem Posten Rutschuru unserer Ankunft harrten, so verabschiedeten wir uns von Kirschstein und Grauer, welch letzterer zum Kiwu zurückzukehren gedachte, während Kirsch=

Eruptionsschlot im Krater des Namlagira.

stein sich noch weiter seiner Spezialarbeit, der geologischen Erforschung der Vulkane, für die ich ihm einige Monate Zeit bewilligt hatte, widmen wollte.

In mehr als halbjähriger, angestrengter Tätigkeit hat Kirschstein, der nacheinander sämtliche acht Berge bestieg, die Virunga=Vulkane eingehend untersucht, ihren geologischen Bau, die Eruptionsfolge ihrer Magmen, den Untergrund und die Tektonik des Gebietes klargestellt. Es ist zu hoffen, daß diese erste geologisch=fachmännische Untersuchung der schier unerschöpf= lich reichen und interessanten Vulkanwelt am Kiwu=See den Fachgenossen daheim wertvolles neues Material zuführen wird.

---

[1]) Busi = Ziege.

Während es uns nicht vergönnt war, zur Zeit unseres Aufenthaltes am Namlagira selber einen größeren Ausbruch zu sehen, hatte Kirschstein, der durch das Studium dieses höchst interessanten Berges noch einige Wochen länger festgehalten wurde, das Glück, aus unmittelbarer Nähe Zeuge einer ganzen Reihe von Ausbrüchen des Vulkans zu sein. Ich lasse seine Schilderung

Ausbruch des Namlagira am 12. November 1907.

von einem derartigen Ausbruch ihrer Anschaulichkeit wegen im Wortlaute hier folgen:

„Zu früher Stunde, noch im Bette liegend, wurde ich plötzlich von einem eigenartigen Getöse geweckt, das wie das Wogen einer fernen Meeresbrandung an mein Ohr schlug. Ich riß die Zeltwand zur Seite — und genoß den grandiosen Anblick eines Ausbruchs des Namlagira! Unter heftigem Brausen und Wogen, das sich fast wie das bald stärker anschwellende, bald gedämpfter klingende Surren eines unsichtbaren Riesenofens anhörte, quollen fortgesetzt dicke, weiße Dampfwolken, ungeheuren Blumenkohlköpfen ähnlich, aus dem Krater hervor und ballten sich über unseren Häuptern zu einer mächtigen, nach oben hin fächerförmig erweiterten Pinie zusammen. Schier endlos schien diese in die klare Morgenluft emporwachsen zu wollen. Dann mischte sich

Ausbruch des Namlagira am 17. November 1907.

langsam von unten her ein kräftiger Nachschub von bräunlichen Dämpfen in das leuchtende Weiß. Ein breiter Glutstrom schoß plötzlich in die Höhe, ihm folgte ein zweiter, ein dritter .... Als ob gigantische Hände in emsiger Arbeit ungezählte Eimer voll glühender Schlacken aus der Tiefe des Kraters zutage förderten. Gleich darauf begann ein dichter Capilliregen aus der Eruptionswolke niederzugehen. Ein Regen von feinsten, in der Luft rasch erkaltenden Schlackenstückchen, die bei dem herrschenden

Ostwind viele Kilometer weit, über den Westrand des zentralafrikanischen Grabens hinaus getragen wurden. Die vordem weißleuchtende Pinie hatte sich in ihrem unteren Teile inzwischen tief schwarz verfärbt. Nur die obersten Partien der übereinandergetürmten Wolkenmassen erglänzten nach wie vor, gewaltigen Baumwollballen gleich, in schneeigem Weiß ... Nach einer Stunde etwa ließ die Heftigkeit des Ausbruchs sichtlich nach. Der Lapilliregen hörte auf. In der jetzt wieder rein weißen, jedoch bedeutend schwächeren Eruptionswolke leuchteten von Zeit zu Zeit, jedesmal von kräftigen Detonationen begleitet, eigentümliche, rasch emporzüngelnde bläuliche Dämpfe auf. Das Brausen in der Tiefe schwoll noch einmal für wenige Sekunden mit einem pochenden Geräusch wie von Hunderten von Hämmern zu einigen stärkeren Akkorden an, um unmittelbar danach in ein kaum noch wahrnehmbares gleichmäßiges Rauschen überzugehen und schließlich ganz zu ersterben. Nach einer weiteren halben Stunde war alles vorbei. Friedlich lag der Namlagira wieder vor unseren Blicken da. Nur eine leichte, kaum sichtbare Rauchwolke kräuselte sich über seinem kahlen Gipfel."

Kirschstein hat im ganzen elf derartige, äußerst heftige Gas- und Lapilliausbrüche des Namlagira beobachtet und zum großen Teil photographisch festgehalten. „Ein Bild von schauriger Schönheit", schreibt er, „boten namentlich die Nachtausbrüche des Vulkans: wenn die aus dem weiten Krater emporwachsende Dampfsäule durch den Widerschein des im Eruptionsschlot aufsteigenden Schmelzflusses wie eine mächtige, zum Himmel schlagende Lohe glutrot erleuchtet erschien, und wenn dann plötzlich aus der feurigen Pinie ein prächtiger Funkenregen von tausend und abertausend in die Höhe mitemporgerissener, glühender Schlackenstückchen, einem Goldflitterregen vergleichbar, in die Tiefe niederging ... Deutlich konnte man beobachten, wie wohl der größte Teil der Auswürflinge wieder in den Krater zurücksank. Dabei war es während des Ausbruchs so hell, daß ich im Lager am Südfuße des Berges sogar Uhr und Barometer ohne Laterne ablesen konnte." — Der Charakter der Eruptionen war jedesmal der gleiche. Ihren wesentlichsten Bestandteil bildeten ungeheure Mengen von Wasserdampf. Zu Lavaergüssen kam es nicht.

Einige der von Kirschstein beobachteten Eruptionen hat gleichzeitig Oberleutnant Weiß aus größerer Entfernung phototheodolitisch aufgenommen. Die nachher mit dem Stereokomparator ausgemessenen Bilder ergaben, daß in einem Falle (beim Ausbruch vom 17. November 1907) die Pinie nicht

Ausbruch des Namlagira.
Nach einem Gemälde von W. Kuhnert.

weniger als neun Kilometer hoch war, während sie in ihrem oberen, fächerförmig verzweigten Teile eine Breitenausdehnung von beinahe neunzehn Kilometer erreichte. Diese Zahlen geben ein Bild von dem gewaltigen Umfange der bei der Eruption ausgestoßenen Dampf= und Gasmassen.

Erwähnt zu werden verdient, daß Kirschstein, der den Namlagira vor, während und nach der Ausbruchstätigkeit — im ganzen viermal — bestieg, auch einen Abstieg in den Krater des tätigen Berges gewagt hat, um Aufschluß über verschiedene geologische Fragen zu erlangen. Über dieses zweifellos kühne Experiment gebe ich ihm selbst das Wort.

„Ich hatte", so berichtet Kirschstein, „am 5. Dezember bei klarem Wetter mit einigen meiner ausgesuchtesten Leute, auf deren Zuverlässigkeit und Besonnenheit ich unbedingt bauen zu können glaubte, den Abstieg vorgenommen, als wir plötzlich, mitten im Krater, von heraufziehenden Wolken in einen dichten Nebel und feinen Sprühregen gehüllt wurden. Der Nebel war so dicht, daß wir kaum auf fünf Schritt zu sehen, geschweige denn auch nur annähernd die Begrenzung der dampfenden Schlünde des Vulkans zu erkennen vermochten. Ein einziger Fehltritt — und rettungslos wären wir für immer in der unheimlich gähnenden Tiefe verschwunden! Zum mindesten aber bestand die Gefahr, daß wir uns im dichten Nebel verlieren. Ich beschloß unter diesen Umständen, an Ort und Stelle besseres Wetter abzuwarten. Zwei Stunden hatten wir so bereits auf einem und demselben Fleck zugebracht. Da, plötzlich ein dumpfes Rollen unter meinen Füßen, ein unterirdisches Donnern. Erst einmal — ganz leise, wie ein fernes Gewitter. Dann noch einmal. Schließlich von Minute zu Minute deutlicher anschwellend Kalter Schweiß trat mir auf die Stirn. Eine Täuschung war ausgeschlossen: der Berg war zu neuer Tätigkeit erwacht! Der schrecklichen Lage bewußt, in der wir uns hier, mitten im Krater, befanden, gab ich unverzüglich den Befehl zum Rückmarsch. Und es war im selben Augenblick auch wirklich höchste Zeit. Denn hageldicht regneten uns jetzt die Lapilli auf den Kopf, schwer legten sich die vulkanischen Dämpfe auf die Lunge, beengten die Brust, immer knapper wurde der Atem, nur das Herz arbeitete hörbar laut. Schweigend tasteten wir uns vorwärts. Infolge des dichten Nebels war jedoch jede Orientierung unmöglich. Meine Leute hatten zudem völlig den Kopf verloren. Sie klagten mich an, den im Berge wohnenden Scheitani (Teufel) dadurch erzürnt zu haben, daß ich ihn in seiner Behausung photographiert hätte, und warfen mir vor, sie

ins Verderben führen zu wollen. Kurzum, nach wenigen Schritten plan=
losen Umherirrens standen wir immer wieder vor der steil aufragenden
Kraterwand, während der dumpf rollende Donner in der Tiefe sich mit
jedem Augenblick drohender anhörte. Das war eine höchst fatale, zweifellos
kritische Situation. Laut spürte ich das Blut in meinen Schläfen hämmern.

Lavamantel eines verkohlten Baumstammes.

Gelang es uns nicht bald, den Ausweg aus dieser Mausefalle zu finden, so
waren wir verloren   Zum Glück für uns riß der dichte Nebelschleier.
Nur für einen kurzen Moment. Aber das genügte; ich hatte die Stelle der
Kraterwand erkannt, an der wir hinaus konnten. Wenige Sekunden später
standen wir oben, auf dem Rande des Kraters, und ein befreiendes Hurra
entrang sich unseren Kehlen. Wir waren gerettet aus der Gefahr! Wie
die Kinder hüpften meine schwarzen Begleiter vor Vergnügen und suchten
sich, nachdem nun einmal alles glücklich überstanden war, gegenseitig mit

Blick in den Krater des Namlagira.

dem Scheitani aufzuziehen. Jetzt wollte es natürlich keiner mehr gewesen sein, der auch bloß die leiseste Angst vor ihm gehabt hätte. Dazu seien sie doch amende viel zu aufgeklärt, meinte sogar einer meiner Askari

Lavaschlauch.

Am 15. Dezember wiederholte ich noch einmal den Abstieg. Von klarem, sonnigem Wetter begünstigt, konnte ich diesmal ein großes Stück der inneren Kraterterrasse begehen und neben einigen für mich sehr wertvollen Beobachtungen auch eine Anzahl guter photographischer Aufnahmen machen. Der Krater zeigte nur eine ganz geringe Dampfentwicklung, so daß man ihn

in allen Teilen vollkommen übersehen konnte. Außer dem Haupteruptions=
kanal stellte ich noch zwei weitere, senkrecht in die Tiefe gehende Schlote
fest, die gleich ihm in der randlich verlaufenden Terrasse (also nicht im
eigentlichen Kraterboden) ausgesprengt sind und ebenfalls schwach rauchten."

Während der ganzen Zeit seines Aufenthaltes am Namlagira wurden
von Kirschstein die meteorologischen Verhältnisse genau registriert, eingehende
Untersuchungen über das Verhalten der parasitären Krater angestellt, ihre
Form und Lage kartographisch festgelegt, sowie eine Reihe weiterer Arbeiten
ausgeführt. Zu letzteren bot sich namentlich in dem jungen Lavafelde südlich
vom Namlagira mit seinen mannigfachen Erscheinungsformen des Vulkanis=
mus reiche Gelegenheit. Neben charakteristischen Schlackenschornsteinen, so=
genannten „Hornitos", und den merkwürdigen Lavamänteln verkohlter
Baumstämme erregte hier besonders ein sehr typischer und in mancher Hin=
sicht lehrreicher, 155 m langer Lavaschlauch unsere Aufmerksamkeit. Der=
artige Lavaschläuche entstehen bekanntlich dadurch, daß der Lavastrom ober=
flächlich rasch erkaltet, während sein glutflüssiges Innere unter der erstarrten
Decke weiterfließt, bis diese schließlich als ein oft kilometerlanger hohler
Schlauch zurückbleibt. In dem von uns beobachteten Falle (s. die Abb. auf
S. 263) war das letzte Stück des Lavaschlauches noch völlig intakt und
endete mit einer offenen Höhle. Weiter oberhalb war die Decke jedoch
eingebrochen, so daß der Schlauch in diesem Teile eine von NW. nach SO.
geradlinig verlaufende, bis zu 4 m breite und 17 m tiefe Lavaspalte bildete.
Es fragt sich, ob nicht ein großer Teil der in anderen Vulkangebieten be=
obachteten und gewöhnlich als Folge tektonischer Vorgänge gedeuteten
klaffenden Lavaspalten in der gleichen Weise entstanden ist.

Endlich möchte ich noch ein weiteres allgemein interessantes Ergebnis
der Arbeiten Kirschsteins in dem Gebiete des Namlagira hervorheben.
Es ist ihm nämlich gelungen, in der Umgebung dieses Vulkans eine
Reihe jener primitivsten Äußerungsformen der vulkanischen Kräfte auf=
zufinden, die Geheimrat Branca zuerst aus dem Gebiete von Urach in
Schwaben genauer beschrieben und unter dem treffend gewählten Namen
„Vulkan=Embryonen" in die Wissenschaft eingeführt hat. Es sind dies steil=
wandige, oft nur einen Meter breite, schußartige Eruptionskanäle, die durch
eine einmalige Explosion der im unterirdischen Herde vorhandenen Gase
in der äußeren Erdrinde ausgeblasen wurden, ohne daß es über dem Schlote
zur Anhäufung von losem oder festem Auswurfmaterial, mithin zur Bildung

Schlackenschornsteine am Südfuße des Namlagira.

eines Vulkankegels gekommen wäre. Diese Explosionsgebilde sind also gewissermaßen die ersten Jugendstadien eines Vulkans. Denn von der Erwägung ausgehend, daß jede Eruption von vulkanischen Explosionen eingeleitet wird, muß man unter sämtlichen Feuerbergen der Erde, einerlei ob diese bereits erloschen oder noch tätig sind, einen Explosionskanal in der Tiefe vermuten.

Soweit die oben erwähnten, von Kirschstein untersuchten und genau

Auf dem Adolf Friedrich-Kegel.

vermessenen Explosionsröhren in der Umgebung des Namlagira nicht mit dem bei der Explosion zertrümmerten und später nachgestürzten Gesteinsmaterial ausgefüllt waren, erwiesen sie sich als außerordentlich tief. Wenigstens reichte das von Kirschstein benutzte Hundertmeterseil nicht aus, um ihre Tiefe zu ermitteln, während das Hinabpoltern größerer Steine zehn Sekunden lang deutlich verfolgt werden konnte.

Die Ergebnisse seiner sonstigen Forschungen mögen hier aus seiner eigenen Feder folgen:

„Gleichviel, ob wir unseren Weg über die Lavafelder des Namlagira nehmen oder auf dem Gipfel des Ninagongo stehend den Blick in die gähnende Tiefe des Graf Götzen-Kraters hinabwandern lassen: das eine Gefühl beherrscht uns, daß wir jungvulkanischen Boden unter den Füßen haben! Und man wundert sich fast, daß er nicht plötzlich unter uns erzittert, zu beben beginnt. Tatsächlich ist die Möglichkeit derartiger Überraschungen nicht ganz ausgeschlossen. Das beweisen die vulkanischen Neuschöpfungen, zu denen es

Auswürfling (Lavabombe) des Adolf Friedrich=Kegels.

noch in allerjüngster Zeit im Bereiche der Westgruppe der Virunga=Vulkane gekommen ist.

So entstand eines Tages im Mai 1904 im Süden vom Namlagira ganz plötzlich ein kleiner Vulkankegel, der einen etwa 250 m breiten Lavastrom bis an das Nordende des Kiwu entsandte. Der glühende Schmelzfluß hat Bäume und Sträucher auf seinem Wege unter sich begraben und übermanns= hohe Bomben und Lavablöcke zehn Kilometer weit, bis an den See heran=

gewälzt. Weiß und ich, die wir den neu entstandenen, bisher noch namenlosen Vulkankegel im Oktober 1907 als erste Europäer besuchten und seine Lage und Gestalt kartographisch festlegten, haben ihn Sr. Hoheit zu Ehren den Adolf Friedrich-Kegel benannt. Der Kegel selbst baut sich ganz aus losem Eruptionsmaterial, aus zahllosen Schlackenauswürflingen auf, die regellos übereinandergetürmt sind. Ein Krater ist nicht wahrnehmbar. Die Austrittstelle des Lavastromes, der Eruptionsschlot, ist vielmehr unter

Gipfel des Adolf Friedrich-Kegels.

dem mächtigen Schlackenhaufen begraben und somit nicht sichtbar. Dafür ist aber der Kegel von zahlreichen, zum Teil lebhaft dampfenden Spalten und Rissen durchzogen, an deren Rändern die Schlacken infolge der zersetzenden Eigenschaft der vulkanischen Gase sowie nachfolgender Auslaugung durch die Niederschlagswässer vielfach schwefelgelb bis dunkel rotbraun gefärbt sind. Um zu erkennen, welcher Art die Gase sind, die der Tiefe entströmen, bedarf es nicht erst der feinen Nase des Chemikers. Schon in weitem Umkreise verspürt man den stechenden Geruch von schwefliger Säure, in den sich stellenweise Salzsäuredämpfe mischen. Daneben spielen auch Schwefelwasserstoffgas und Kohlensäure eine Rolle.

Ein zweiter kleiner Vulkankegel, von dem nämlichen Typus wie der Adolf Friedrich-Kegel, wurde im Jahre darauf, im Herbst 1905, östlich

vom Namlagira gebildet. Er führt im Munde der Eingeborenen den Namen
Kana[1]) maharage. Das heißt zu deutsch: „der Herr, der Bohnen liebt".
So nannten die Eingeborenen nämlich bei Lebzeiten den später auf der
Elefantenjagd verunglückten Leutnant Pfeiffer, dessen Geist ihrer Meinung
nach in den unter dem Donner und Feuer der Tiefe plötzlich aus ebener
Erde emporgewachsenen Hügel gefahren sei. Gleich dem Adolf Friedrich=Kegel
besteht auch der Kana maharage vorwiegend aus losem Auswurfsmaterial.

Der Kana maharage.

Nur insofern unterscheidet er sich von erstgenanntem, als er einen sichtbaren
Gipfelkrater oder, geologisch richtiger gesagt, einen staffelförmig gestalteten,
runden Einsturztrichter von etwa 75 m oberem Durchmesser besitzt, der dadurch
entstanden ist, daß die den Kegel zusammensetzenden Schlackenauswürflinge
— wohl infolge des Zurückfließens der Lava in die Tiefe — ganz all=
mählich sich nach der Mitte zu, das heißt in der Richtung des unter dem
Kegel begrabenen Eruptionsschlotes gesackt haben. Der namentlich in der
Nähe der Austrittstelle von zahllosen großen Lavablöcken und zertrümmerten,
scharfkantigen Schollen, sowie von umgestürzten und verkohlten Baumstämmen
übersäte Lavastrom, der nach Nordwesten, bis an die dunkelbewaldeten kongo=
lesischen Randberge geflossen ist, zeigt ein ungemein wildes Aussehen, ein

---

[1]) Kana = Bana (Herr), fehlerhafte Aussprache der Wanjaruanda.

Die Mittelgruppe der Virunga-Vulkane (Wiſſoke, Kariſimbi und Mikeno) von Rutſchuru aus.

wirres Durcheinander. Als ich den Kana maharage im Dezember 1907 besuchte, fielen mir auf der völlig vegetationslosen Oberfläche des Lavastromes, besonders in der nächsten Umgebung des Kegels, zahlreiche mitunter noch dampfende Stellen auf, die teils kreideweiß, teils ziegelrot bis dunkelbraun gefärbt waren. Das Bild, das sich mir bot, machte ganz den Eindruck, als ob jemand so recht verschwenderisch aus einem unerschöpflichen Tuschkasten bald hier, bald dort einen riesigen Farbenbatzen auf die schwarzgraue Lava hingekleckst hätte.

Die Entstehungsursache derartiger Buntfärbungen der Lava ist, wie bereits vorhin ausgeführt wurde, in Verwitterungsvorgängen zu suchen. Infolge des Entgasungsprozesses entweichen dem Lavastrom die ursprünglich im Schmelzfluß enthaltenen vulkanischen Gase. Das geschieht besonders auf den Spalten und Rissen, die sich bei fortschreitender Abkühlung der Lava einstellen. Natürlich wird das Gestein mit der Zeit von den Gasen angegriffen, es wird zersetzt und von den Niederschlagswässern, die sich aus dem reichlich entströmenden Wasserdampf bilden, ausgelaugt. Durch chemische Umwandlung kommen dann in der Folge die oben erwähnten Buntfärbungen zustande. Die ziegelroten bis dunkelbraunen Töne, die lediglich auf dem mehr oder weniger großen Gehalt und Trocknungszustand von Eisenhydroxyd beruhen, beweisen, daß Dämpfe von schwefliger Säure auf die Lava eingewirkt haben, während die Weißfärbung gleichzeitig auf Exhalationen von Kohlensäure schließen läßt."

Nach Erforschung der tätigen Westgruppe der Virunga-Vulkane mit ihren vulkanischen Neuschöpfungen und jungen Lavaströmen wandte sich Kirschstein der Mittelgruppe zu. Diese ist anscheinend schon seit langer Zeit erloschen; wenigstens kündet heute keinerlei Tätigkeit mehr von den geheimnisvollen Kräften im Schoße der Erde, denen diese Berge einst ihre Entstehung verdankten. Neben dem steilen, von Wind und Wetter zernagten Mikeno, dessen Besteigung ich bereits schilderte, verdient hier besonders der 4500 m hohe Karissimbi Beachtung. Er ist der höchste der Virunga-Vulkane und zugleich auch wohl einer der gewaltigsten Vulkanberge der Erde überhaupt. Über ihn schreibt Kirschstein in seinem Bericht:

„Als mächtiges, in seinem westlichen Teil von einem wohlgeformten Kegel gekröntes Plateau ragt der Karissimbi über die Landschaft hinaus. Schier erdrückend wirkt auf den Beschauer das wuchtige Massiv durch seine gigantischen Formen, die in den Himmel emporzuwachsen scheinen. Nur selten ist der Gipfel klar. Fast ständig umhüllt ihn eine dichte Wolkenschicht. Hebt sich diese aber einmal, oft nur für wenige Augenblicke, um als weiße Kappe über seinem Haupte emporzuschweben, dann genießt das Auge staunend die schneeige, glitzernde Pracht, die dort die Wolken hinterlassen haben. Besonders charakteristisch nimmt sich die Form des Karissimbi von Norden, etwa vom Wissoke oder vom belgischen Militärposten Rutschuru

Karissimbi, vom Mikeno (in 3900 m Höhe) gesehen.

gesehen, aus. Auffallend regelmäßig, wie ein Vulkanmodell, steigt der nach oben spitz zulaufende Hauptkegel aus der Ebene auf, während einem langen Rücken gleich sich das weite Plateau an seine Ostflanke anlegt. Frühere Reisende haben diesen Teil des Berges für den Rest einer alten Kraterumwallung, für eine Art Somma angesprochen. Das trifft indes nicht zu. Ich habe vielmehr gelegentlich meiner Karissimbi=Besteigung feststellen können, daß der sogenannte „Rücken" von einem ausgedehnten, nahezu ebenen Plateau gebildet wird, in das ein mächtiger, mehr als anderthalb Kilometer breiter, bis dahin noch unbekannter Krater eingesenkt ist, den ich den Branca=Krater genannt habe. Ein zweiter Krater des Karissimbi

befindet sich direkt südlich vom Hauptkegel. Es ist dies der Hans Meyer=
Krater. Der Gipfel selbst ist kraterlos. Nackter Fels, von der Verwitterung
in ein Wirrwarr loser Blöcke aufgelöst, starrt einem oben entgegen. In
den Spalten und Klüften des Gesteins liegt Eis."

Der Karissimbi wurde nacheinander von Mildbraed, Schubotz und Kirsch=
stein bestiegen. Nach Mildbraeds Befunde steht die Vegetation des Karissimbi
in schroffem Gegensatz zu der des Ninagongo.

Gipfel des Karissimbi. Im Vordergrunde der Hans Meyer=Krater.

„Auf dem Ninagongo", schreibt er, „war alles noch im Werden, keine
Formation war in ihrer Entwicklung zu einem Dauerzustand gekommen;
hier ist Ruhe, einige wenige Typen sind zur Herrschaft gelangt und haben
sich in einer Weise entwickelt, daß es scheint, als wollte die Natur sie in
riesigen Reinkulturen vorführen. Die Flora dieses Berges bietet also dem
Pflanzensammler keine reiche Beute, aber sie ist großartig gerade in ihrer
Eintönigkeit. Der gewaltige Sockel des Vulkans wird bis zu einer Höhe von
etwa 3000 m von reinen Bambusbeständen bedeckt, die sich nach Süden in einem
breiten Streifen bis zu den Bambusmischwäldern des Bugoier Berglandes hin=
ziehen. Floristisch ist der Bambuswald überaus eintönig. Außer einem schatten=

liebenden krautigen Niederwuchs wächst überhaupt nichts in den Beständen. Den tiefschwarzen Humusboden deckt oft ein Teppich einer kleinen Selaginella. Darin wachsen kleine Farne, verschiedene Kräuter aus der Verwandtschaft der Brennesseln (Fleurya, Pilea) und vielleicht noch eine blaßrosa Balsamine, Impatiens Eminii. Selten und auch mehr an solchen Stellen, wo der Bambus in seiner Entwicklung irgendwie gehemmt ist, finden sich Holzgewächse eingesprengt. Unter diesen steht das oft erwähnte Hypericum

Bambuswald am Südfuße des Karissimbi.

lanceolatum Lam. an erster Stelle. Es wurden von mir Stämme von 2 m Umfang gemessen, die stärksten, die mir überhaupt während der Expedition zu Gesicht gekommen sind.

Über dem Bambus beginnt am Karissimbi eine Vegetation, die vielleicht in keinem afrikanischen Hochgebirge ihresgleichen hat. Schon von unten, von der Lavaebene aus, sieht man eine Formation, in der es zwischen mäßig dicht stehenden Bäumen wie üppige Matten in frischestem Grün hervorleuchtet. Hat man dann beim Aufstieg den langweiligen Bambus hinter sich, dann tritt man staunend in einen ganz seltsamen Wald, einen lichten

Wald, faſt ausſchließlich gebildet von uralten Hagenien. Stämme, von denen einer mit 6,45 m Umfang gemeſſen wurde, faſt wie Felsblöcke anzuſchauen, teilen ſich in geringer Höhe über dem Boden in weitausladende rieſige Äſte, die von dicken Moospolſtern bedeckt ſind und ſich in lichtes Zweigwerk auflöſen, das ſilbergrauhaarige Fiederblätter trägt, die etwas an

Erikaceen mit Bartflechten. Kariſſimbi.

die des bekannten Eſſigbaumes (Rhus typhina) erinnern. Das Unterholz bilden die hübſchen Sträucher von Hypericum lanceolatum, eine ſchöne Vernonie von baumartigem Wuchs und zerſtreut eine prächtige Brombeerenart, deren Blüten die Größe und Farbe von Hagroſen haben (Rubus runssorensis Engl.). Der Niederwuchs aber, die grünen Matten, die man von unten ſieht, iſt eine wahre Wildnis weichkrautiger großer Stauden, unter denen Doldenblütler (Anthriscus silvestris [L.] Hoffm. und Peucedanum

Kerstenii Engl.), sowie ein Sauerampfer (Rumex Steudelii Hochst.) die wich=
tigsten sind. Der Boden ist ein fetter schwarzer Humus, in den jeder Schritt
tief einsinkt.

Die Erikaceen=Region erlangt am Karissimbi keine nennenswerte Mäch=
tigkeit. Philippia Johnstonii Engl. wächst zwar zu stattlichen baumartigen
Exemplaren mit sehr breiten und dichten Kronen heran, die mit den Erika=
bäumen des Ruwenzori sehr wohl einen Vergleich aushalten, beschränkt sich

Lobelia Wollastonii, Senecio Johnstonii und Carex runssorensis-Bülten. Karissimbi.

aber auf den Rand des Hans Meyer=Kraters (etwa 3800 m) und bildet
nur einen Streifen in der bereits weiter unten beginnenden Senecio=For=
mation.

Senecio Johnstonii erreicht dagegen am Karissimbi eine mächtige Ent=
wicklung. Er beginnt schon unterhalb des sogenannten Südkammes bei
etwa 3400 m als 10 m hoher, reich kandelaberartig verzweigter Baum und
steigt dann immer niedriger werdend noch 1000 m an dem Gipfelkegel hinauf,
die weiten Abhänge allein beherrschend. In der unteren Region mischen
sich dazwischen die gewaltigen Schäfte von Lobelia Wollastonii Sp. Moore,
die riesigen Kanonenwischern gleichen. Im November waren blühende
Pflanzen selten, meist sah man nur abgestorbene Schäfte oder junge Pflanzen

Der Karissimbi, von Süden gesehen.

mit großen Blattschöpfen. Ein abgestorbener Schaft wurde mit 5,50 m Höhe gemessen, wovon 2,50 m auf die Blütenähre entfielen, der Umfang des hohlen Stengels in der Blätterregion betrug 50 cm. Es ist dieselbe Art, die auch am Ruwenzori für die Hochgebirgsregion charakteristisch ist. Der Boden ist in diesen Beständen von der halbstrauchigen Alchemilla cinerea Engl. bedeckt, die fast den ganzen riesigen Kegel des Berges mit einem lückenlosen graugrünen Teppich überzieht. Es ist überaus anstrengend, darin zu steigen; besonders im unteren Teil, wo man bis über die Knie in diesen Teppich einsinkt. Nach oben hin wird sie immer niedriger und unterhalb des Gipfels macht sie Moosen, Lebermoosen und Flechten Platz, auf der höchsten Spitze aber, zwischen Schneeflocken und sturmumtosten, mit federigen Eiskristallen besetzten Lavatrümmern (bei 4500 m Höhe), wuchs sie noch in einigen zwerghaften Exemplaren."

Leider sollte die Bezwingung dieses Vulkanriesen nicht ohne den Verlust von Menschenleben abgehen. Eine furchtbare Katastrophe hatte Kirschstein und seine Karawane auf dem Karissimbi ereilt. Tief ergriffen stand ich voller Mitgefühl für die armen Burschen, die in treuer Pflichterfüllung ein Opfer ihres Aberglaubens geworden, als ich den folgenden Brief von Kirschstein erhielt:

„Am 26. Februar waren meine Arbeiten auf dem Karissimbi im wesentlichen beendet. Volle sieben Tage hatten meine frierenden Leute, ohne zu murren, mit mir in der luftigen Höhe ausgeharrt. Jetzt gesellte sich zu der ungewohnten Kälte auch noch Proviantmangel. Ich beschloß daher, den Abstieg vorzunehmen. Es war ein klarer, sonniger Morgen, als wir unsere Zelte auf dem erhöhten Ostrande des Branca-Kraters, wohin das Lager mittlerweile verlegt worden war, abbrachen. Niemand von uns ahnte in diesem Augenblick, daß wir nur wenige Stunden später dem grimmen Tode ins Antlitz schauen sollten

Da wir des bequemeren Abstieges wegen wieder an die Südseite des Berges zurückmußten, hatte ich den kürzeren Weg quer durch den Branca-Krater gewählt, anstatt diesen zu umgehen, was für uns einen Umweg von zwei bis drei Stunden bedeutet hätte. Der imposante, weite, indes nur flache Krater ist von einem einzigen großen Moor erfüllt, aus dessen Mitte sich ein kleiner, unregelmäßiger Vulkankegel mit nach innen steil zu einem prächtigen klaren Kratersee abfallenden Wänden erhebt. Einige weitere, zum Teil von niedrigen Hügeln eingefaßte Kraterseen befinden sich im südöstlichen bezw. nordwestlichen Teil des sonst völlig ebenen, schwammigen Kraterbodens.

Glücklich hatten wir die größere Hälfte des Moores passiert, als plötzlich, fast aus heiterem Himmel, ein ungewöhnlich starker Hagelschauer und dichter Nebel einsetzten. Die Temperatur sank in wenigen Augenblicken auf 0 Grad herab. Und dann brach ein Schneesturm los — von einer Heftigkeit, wie ich sie im äquatorialen Afrika nicht für möglich gehalten hätte, wenn ich nicht

Hochgebirgsmoor mit Senecio Johnstonii. Karissimbi.

selbst Zeuge geworden wäre. Kaum aber sahen meine schwarzen Träger den Schnee, da warfen sie auch schon die Lasten fort, legten sich in den Schnee und erklärten jammernd, daß sie sterben müßten. Vergebens versuchte ich sie zum Weitermarschieren anzutreiben. Ich machte ihnen klar, daß das Liegenbleiben im eiskalten Sumpfwasser, noch dazu ohne den Schutz von Bäumen und ohne die Möglichkeit, Feuer machen zu können, für uns alle den sicheren Tod bedeuten würde, während uns der mit Bäumen bestandene Kraterrand Unterschlupf und Rettung gewähren könnte. Ich verlangte, daß sie aufstehen sollten. Umsonst, alles umsonst! Die Leute blieben. Nichts vermochte sie aus ihrer Lethargie zu erwecken. All mein Zureden, Drängen, selbst Drohen blieb erfolglos. „Amri ya mungu — es ist göttliche Fügung — also sterben wir," tönte es als einzige Antwort im Chor zurück   Was

Gipfel des Karissimbi im Neuschnee (vom Branca-Krater gesehen).

war da zu machen? Der Wille und Verstand des Europäers erwiesen sich machtlos gegenüber dem Fatalismus und Stumpfsinn des Negers. Mit Aufbietung des letzten Funkens Willensstärke kämpfte ich mich mit meinen beiden Askari und einigen wenigen Leuten, bis zu den Knien im eiskalten Wasser watend, durch Schnee und Sturm geradenwegs zum Kraterrand durch. Hier errichteten wir im Schutz der Bäume in Eile ein Notlager, machten Feuer. Dann ging es an das Rettungswerk. Immer wieder drang ich, nur von den beiden Askari begleitet, in den weglosen Sumpf vor und einen Unglücklichen nach dem anderen brachten wir so zum rettenden Lagerfeuer an. Die Lasten sollten liegen bleiben, hatte ich befohlen; wenn nur die Menschen gerettet werden. Aber schließlich versagten auch uns die Kräfte. „Herr, wenn wir noch einmal hinaus sollen, dann kommen wir nicht mehr lebend zurück; wir können nicht mehr!" erklärten mir die Askari, und ihr Anblick sprach nur zu deutlich für die Wahrheit des Gesagten. Diese Braven hatten wirklich alles Menschenmögliche geleistet. Jetzt waren sie am Ende ihrer Kräfte angelangt. Die anbrechende Dunkelheit mußte zudem jeden weiteren Rettungsversuch aussichtslos machen, da die infolge des hohen Schilfgrases unsichtbaren, bereits nahezu erstarrten Unglücklichen überhaupt nicht mehr auf unsere Anrufe zu antworten vermochten. Es blieb uns somit nichts anderes übrig, als sie bis zum nächsten Morgen ihrem Schicksal zu überlassen.

Völlig durchnäßt, ohne Zelt, die vor Erregung und Kälte zitternden Glieder nur in eine Decke gehüllt und eng aneinander geschmiegt — so verbrachten wir eine schlaflose Nacht am Lagerfeuer, um bei Morgengrauen gleich wieder an die Bergungsarbeit zu gehen. Ich sage B e r g u n g s a r b e i t , nicht R e t t u n g s a r b e i t ! Denn, was es nach dieser Nacht noch zu retten gab, war herzzerreißend wenig. Nur einige der Unglücklichen, darunter mein Trägerführer Salim, zeigten noch eine Spur von Leben; sie konnten gerettet werden. Die anderen alle — zwanzig an der Zahl, d. h. nahezu die Hälfte meiner gesamten Karawane — lagen als Leichen im Schnee. Unter tropischer Sonne erfroren! Die Gesichter im Todeskampf gräßlich verzerrt, die Finger tief in den sumpfigen Kraterboden eingewühlt, so lagen sie da. Ein furchtbarer Anblick für uns, die wir zu ihrer Rettung zu spät kamen.

Nur ein Gedanke beherrschte mich: fort, möglichst weit fort von der Stätte des Todes! Die Lasten freilich mußten liegen bleiben, darunter meine wissenschaftlichen Sammlungen und das gesamte, sehr wertvolle photographische Material — die Arbeit von vielen Wochen. Wer sollte sie schleppen? Wir selber waren ja halbe Leichen. Nur das allernotwendigste wurde mitgenommen. Im unteren Karissimbi=Lager angelangt, brach ich zusammen. Als ich zwei Tage später das Bewußtsein wiedererlangte, hatten sich meine Leute, wenigstens die kräftigeren unter ihnen, soweit erholt, daß wir an die Bergung der oben zurückgelassenen Lasten denken konnten. Glücklicherweise konnten sie sämtlich gerettet werden. Nicht ein Stück ist dabei verloren gegangen."

Dieser bedauerliche Vorfall gibt ein krasses Beispiel für den Fatalismus und die hierdurch erzeugte Energielosigkeit des Negers in Situationen und Gefahren, wo ihn nur schnelles Erfassen der Sachlage und besonnenes eigenes Handeln retten können. „Amri ya mungu" ist dann die Parole, die ihn jeder Überredungskunst trotzen läßt. Amri ya mungu, es ist göttlicher Wille, daß wir sterben sollen, also sterben wir. Man könnte dies als wirklich fromme Regung oder Unterwerfung unter göttlichen Willen halten; dem ist aber durchaus nicht so. Die angewandte Formel ist lediglich eine von Jugend auf gehörte und von Urväterzeit überkommene Redensart, in die sich der Stumpfsinn des Negers in ähnlichen Fällen wie dem oben geschilderten kleidet. Daß dieser durch sachgemäße Behandlung, unter der ich Strenge gepaart mit Gerechtigkeit verstehe, sehr wohl überwunden werden kann, zeigt das mustergültige energische Vorgehen der beiden Askari. Überhaupt von der Mehrzahl der Askari, die uns fast ein Jahr begleiteten, könnte ich manch schönen Zug von Besonnenheit und mutvollem Vorgehen in der Gefahr noch erzählen.

Trotz des schweren Mißgeschickes auf dem Karissimbi hat Kirschstein die geologische Erforschung des Vulkangebietes erfolgreich zu Ende geführt und unter anderem auch noch den zur Mittelgruppe gehörigen Wissoke als erster Europäer bestiegen. Es würde jedoch zu weit führen, wollte ich hier die Ergebnisse seiner Spezialforschungen im einzelnen anführen. Nur seine Beobachtungen in bezug auf den östlichsten der Virunga=Vulkane, den Muhawura, seien an dieser Stelle noch kurz erwähnt, da sie von allgemeinem Interesse sind. Ich gebe ihm wiederum das Wort:

„Meine Untersuchungen am 4165 m hohen Muhawura, dem dritthöchsten der Vulkane am Kiwu=See, führten zu der ebenso bemerkenswerten wie überraschenden Feststellung, daß dieser Berg, der allgemein für längst erloschen

Mgahinga und Mutawura, von Südwesten gesehen.

galt, noch in verhältnismäßig junger Zeit Lavaergüsse gehabt hat, die über seine Ost= bezw. Nordostseite hinabgeflossen sind. Damit ist die Ansicht widerlegt, daß der Herd der vulkanischen Kräfte innerhalb der Virunga=Gruppe — gewissermaßen längs einer langen Querspalte — in der Richtung von Ost nach West gewandert sei, daß sich also im Osten die ältesten, nach Westen zu die jüngeren Schöpfungen des Vulkanismus befänden. Denn als der östlichste müßte demnach der Muhawura zugleich auch der allerehrwürdigste und am längsten erloschene der Virunga=Vulkane sein, was jedoch nicht der Fall ist.

Meine auf Grund der geologischen Befunde gewonnene Überzeugung von der relativen Jugendlichkeit des Muhawura findet ihre Stütze in den Vegetationsverhältnissen des Berges, dessen Ost= bezw. Nordostseite dadurch bemerkenswert ist, daß ihre Flora deutlich den Stempel des Unfertigen, man möchte fast sagen des „Ruderalen" trägt: ein Gewirr von Krautmassen, aber kein Baum, nur Anflüge von Bambus, keine Erikaceen. Auch Mildbraed ist der Ansicht, daß an dieser Seite des Muhawura vor noch gar nicht langer Zeit Lavaströme niedergegangen sind. Typisch hingegen ist wieder die Senecio=Region des Gipfels an Stellen entwickelt, die bei den jüngeren Lavaergüssen verschont geblieben sind. Hier findet sich die Vereinigung von Senecio Johnstonii, Lobelia Wollastonii Sp. Moore und Alchemilla cinerea Engl. ganz wie am Karissimbi. Der Senecio bildet sogar in einer gürtelartigen Zone einen wahren „Urwald" von einer Dichtigkeit und mit einem solchen Wirrsal durcheinandergestürzter Stämme, die mit triefend nassen Moospolstern bedeckt sind, daß man sich nur mit Mühe hindurcharbeiten kann und häufig bis zur Brust in die überwachsenen Spalten und Löcher einsinkt.

Endlich weist auch eine Anzahl von Bezeichnungen der Eingeborenen darauf hin, daß in ihrer Erinnerung Ausbrüche des Muhawura fortleben, während sie andererseits von dem Sabinjo oder von den Vulkanen der Mittelgruppe nicht wissen, daß das jemals Feuerberge gewesen sind. So führt beispielsweise eine Erosionsschlucht am Muhawura, über die anscheinend Lava der letzten Eruption hinabgeflossen ist, im Munde der Eingeborenen den Namen Kabiranjuma, d. h. der „Letztbrodelnde" oder „Letztkochende", während die nordöstlich vom Muhawura belegene Landschaft bezeichnenderweise Ufumbiro heißt, was soviel wie das „Rauchende" bedeutet.

Die Kräfte der Natur haben eben auch hier dem Menschen nicht den Gefallen getan, nach Schema F zu verfahren. Der Vulkanismus hat sich nicht um die gewiß äußerlich sehr schöne Einteilung in Ost=, West= und Mittelgruppe bekümmert, sondern ist unabhängig davon in die Erscheinung getreten. Der Muhawura ist keineswegs der am längsten erloschene Berg der Vulkanwelt am Kiwu=See. Als die ältesten der Virunga=Vulkane oder wenigstens die, die am längsten keine Ausbrüche gehabt haben, darf man hingegen wohl, was den Grad ihrer Verwitterung und andere geologische Merkmale anbetrifft, den Sabinjo in der Ostgruppe und den Mikeno in der Mittelgruppe betrachten."

Ende März endlich hatte Kirschstein seine Arbeiten im Vulkangebiet abgeschlossen. Nicht weniger als 17 Gesteinslasten mit den Laven, Auswürflingen, Sublimationsprodukten usw. der Virunga=Vulkane, sowie zwei Doppellasten photographischer Platten konnten als das Ergebnis seiner Tätigkeit durch Vermittlung der Mission der Weißen Väter in Ruasa zur Küste abgehen. Er selbst nahm seinen Weg über Ufumbiro und die Lavafelder im Norden der Vulkane nach Rutschuru.

Flußübergang im Lavafeld des Muhawura.

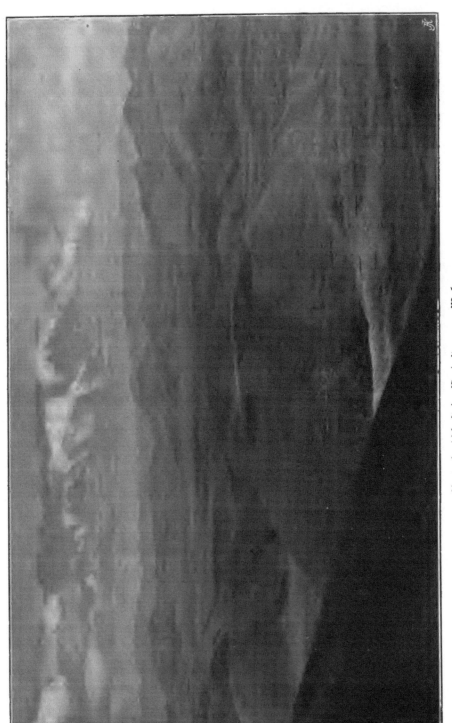

Kraterlandschaft im Nordosten vom Muhawura.

VII.

Zum Albert Eduard-See.

Soldaten des Kongostaates.

VII.
Zum Albert Eduard-See.

Der Aufenthalt in einem Lande, das wie der Kongostaat im Mittelpunkt des internationalen Interesses steht und in dessen Verwaltung wir Einblick tun konnten, fordert naturgemäß die Kritik oder wenigstens einen Vergleich mit den Verhältnissen und Einrichtungen anderer unter Fremdherrschaft stehender afrikanischer Gebietsstriche heraus. Der Leser wird daher erwarten, am Eingang des Kapitels, das die erste Zeit des Aufenthaltes im Kongostaate behandelt, die am meisten interessierenden Fragen, wie die Verwaltung des Landes, die Ausnutzung der Produkte oder die Eingeborenenfrage, eingehend erörtert zu sehen. Er möge Nachsicht üben, wenn ich seine Erwartungen nicht erfülle. Denn einmal würden solche Auslassungen den Rahmen einer einfachen Reiseschilderung weit überschreiten, dann aber maße ich mir nicht an, nach einem Aufenthalte von nur sieben Monaten in einem Territorium, zu dessen Kenntnis Jahre erforderlich wären, ein vollkommen zutreffendes Urteil fällen zu können.

Dem Urteil aber möchte ich mit aller Entschiedenheit entgegentreten, als ginge die Politik des Kongostaates nur darauf aus, die Bevölkerung des schnöden Gewinnes wegen ihrer Rechte zu entheben und sie auszusaugen. — Wohl sind einzelne Grausamkeiten vorgekommen, wohl ist von verständnislosen Beamten die ihnen anvertraute Gewalt im Übereifer oder im Anfall von „Tropenkoller" mißbraucht worden — und dies wird von den Belgiern auch gar nicht geleugnet — doch sind das Vorkommnisse, die in der Kolonie jeder Nationalität zu finden sind. Vor allem aber können sie da nicht ausbleiben, wo die Indolenz und das Verhalten der Bevölkerung eine straffe Disziplin zur Hebung reicher Schätze aufs Dringendste benötigt. Es ist gewiß, die Eingeborenen des Kongostaates werden im allgemeinen scharf angefaßt; über Gebühr werden ihre Dienste aber nicht herangezogen. Selbst da, wo in den großen Kautschukrevieren die Haltung der Bevölkerung oppositionellen Charakter angenommen hat, dürfte der Grund hierfür in Überbürdung nicht zu suchen sein. Die täglichen Leistungen eines Arbeiters in Deutschland übertreffen die des Negers bei weitem. Die feindselige Haltung dort findet vielmehr hauptsächlich ihren Grund in der angeborenen Scheu vor dauernder körperlicher Anstrengung, welche, wie die meisten Negerstämme, so auch die Bewohner des Urwaldes gegen den ihnen auferlegten, unbequemen Zwang zur Opposition reizt.

Ich möchte feststellen, daß wir mustergültige Einrichtungen im Kongostaate kennen gelernt haben, denen gegenüber die Ausschreitungen einzelner Angestellter gar keine Bedeutung haben. Die Behandlung der Eingeborenen kann in manchen Fällen sogar als superhuman bezeichnet werden, so daß sie den Verwaltungsbeamten ihre Arbeit oft sehr erschwert. So darf ein auf Safari befindlicher Offizier z. B. nur den in dauerndem Solde stehenden Leuten (Askari, Boys) Strafe in Form von Prügel zudiktieren, den Trägern gegenüber ist er völlig machtlos. Er ist sogar verpflichtet, ein Trägervergehen zunächst dem zuständigen Chef de zone bezw. dem Postenführer zu melden, der wiederum einen Europäer, keinen Farbigen, zur Einbringung des Missetäters abzusenden hat. Auf einem Europäerposten darf ein zu verhaftender Eingeborener, falls er sich zufällig dort befinden sollte, nicht festgehalten werden. Als Strafe wird meist Kette oder Gefängnis verhängt, die Anwendung der Prügelstrafe ist Nichtangestellten gegenüber untersagt.

Nun ist es genugsam bekannt, daß das Reisen in Afrika ohne Einhaltung straffer Disziplin und ohne die Anwendung der Prügelstrafe ungehorsamen Leuten gegenüber undenkbar ist. Dies ist eine Erfahrung, die ein jeder macht, der einmal mit einer großen Safari lange dort umhergezogen ist. Wo nicht die Strenge sich zur Gerechtigkeit gesellt, wo nicht der Europäer berechtigt ist, nach genauer Untersuchung den Schuldigen nach Verdienst zu strafen, da geht die unbedingt nötige Disziplin in der Karawane und die Autorität des Weißen sehr bald in die Brüche. Der Neger beugt sich nur

Soldaten des Kongostaates.

dem, der sich stärker als er selbst erweist. Die Kraft imponiert ihm, nicht die Milde, diese erregt nur seine Geringschätzung und seinen Spott. Nur jemand, der niemals ganz auf sich selbst angewiesen, allein mit einer großen Karawane gereist ist, kann sich heute noch der Erkenntnis dieser Tatsache verschließen.

Wer will es also einem durch die Unbotmäßigkeit der Träger, denen natürlich das Strafverbot genau bekannt ist, zur Verzweiflung getriebenen Beamten verübeln, wenn er, trotz Vollbewußtseins seiner Schuld, dies unsinnige Gebot übertritt?

Wie dem Leser bekannt sein dürfte, ist der gesamte Kongostaat in eine Anzahl von Distrikten eingeteilt, deren größte wieder in zones und secteurs, deren kleinere nur in secteurs zerfallen. Sie werden von belgischen oder in belgischen Diensten stehenden Offizieren fremder Nationen verwaltet, die zu diesem Zwecke zur Zivilverwaltung abkommandiert sind. Das Militär untersteht wieder seinen speziellen Führern.

Von den vielen Einrichtungen in der Verwaltung des Etat indépendant du Congo, die wir kennen lernten, möge nur kurz das System der Steuer=zahlung erwähnt sein:

Die Höhe der Kopfsteuerleistung wird vom Chef de secteur bestimmt. Der gewöhnliche Satz beträgt 1 Fr. für den Monat — 12 Fr. pro Jahr. Im Nichtzahlungsfalle, und dieser Fall dürfte der gewöhnliche sein, tritt dafür eine monatliche Arbeitsleistung von vier Tagen (40 Stunden) in Kraft. Jeder Tag wird aber dem Arbeiter mit 25 Cents. vergütet. Die Zahlung wird in Perlen oder Stoffen verabreicht. Münze ist unbekannt.

Die Schwarzen verstehen es, sich mit den erhaltenen Stoffen sehr nett zu kleiden. Hauptsächlich die fest angestellten Arbeiter eines Postens gehen in weiten Pumphosen, teilweise aus sehr elegantem, kariertem Stoff gefertigt, umher. Dazu wird meist eine blaue Jacke getragen und auf dem Kopfe ein dicker, schwerer Strohhut mit hohem, nach oben sich etwas verjüngendem Kopfe und sehr breiter Krempe.

Kongo-Soldat.

Die Truppe rekrutiert sich aus allen Teilen des Staates, wobei das Prinzip der Entfernung vom Heimatsort möglichst befolgt wird. Sie besteht durchweg aus kräftigen, gut aussehenden Leuten, von denen die besten Typen dem Uelle-Gebiet entstammen. Die Soldaten tragen eine kleidsame Uniform, die sich aus kurzer, blaurot paspelierter Jacke und weiten Pumphosen, die in der Taille durch eine rote Schärpe gehalten werden, zusammensetzt. Den Kopf schmückt ein roter Fez.

Die Truppe ist bewaffnet mit einem früheren Gewehr der belgischen Armee ganz alter Konstruktion, dem sogenannten Albini. Die Schußleistungen dieser Waffe sind aber so mangelhaft, daß selbst einen Elefanten auf 50 Schritt zu fehlen zu den vollkommen entschuldbaren Dingen gehört. — Zur Parade und zum Dienst wird im Gegensatz zu unserer Truppe barfuß gegangen, was die Leistungsfähigkeit der Leute wesentlich erhöht. Nur zum Marsch wird ein praktischer, sandalenartiger Schuh getragen, der über Spann und Gelenk mit einem Lederriemen befestigt wird und das Wasser praktischerweise ein- und ausströmen läßt.

Die Ausbildung des Militärs erfolgt in drei großen Truppenlagern, deren wir zwei späterhin am Kongo besuchten. In ihnen erhalten die Rekruten ihre militärische Erziehung. Unter der Leitung europäischer, größtenteils skandinavischer Offiziere und Unteroffiziere werden hier ständig etwa 1000 Mann in ein- bis anderthalbjährigen Kursen zu fertigen Soldaten ausgebildet, worauf sie an die Posten des Inneren verteilt werden. Die Lager machen einen peinlich sauberen Eindruck und musterhaft ist die

Der Westrand des Zentralafrikanischen Grabens bei Maji ja moto.

Fürsorge für die Leute. Beispielsweise bewohnt jeder Soldat — fast alle sind verheiratet — mit seiner Familie sein eigenes kleines Häuschen.

Die Dienstzeit beträgt sieben Jahre im aktiven Dienst, fünf Jahre in der Reserve.

Im Gegensatz zu dem kühlen Klima Ruandas und der Kälte des Vulkangebietes, die uns die anstrengenden Märsche so sehr erleichtert hatten, empfanden wir bei dem Abstieg in die Ebene des Rutschuru, die sich nördlich an die Westgruppe der Vulkane anlehnt, die plötzliche Hitze dort als sehr drückend. Aus durchschnittlichen Höhenlagen von 1600 m, deren angenehme Kühle wir die letzten Monate genossen hatten, stiegen wir bis auf 1000 m hinab.

Der Pfad brachte uns bald in ziemlich dicht bevölkerte Gegenden, in denen Ackerbau getrieben wird. In Busuenda, dem ersten festen Lager hinter Burunga, meldete sich Leutnant Dériter bei mir, der uns für die nächste Zeit zur Begleitung kommandiert war.

Busuenda ist noch hoch gelegen. Man erkennt mit dem Glase an klaren Tagen den Spiegel des fünf Tagemärsche entfernten Albert Eduard= Sees und die Konturen des 150 km fern liegenden Ruwenzori=Schnee= gebirges. Von hier aus fällt der Pfad steil in die Rutschuru=Ebene ab. Je tiefer man hinabsteigt, desto üppiger zeigt sich der Graswuchs überall zwischen den Ortschaften.

Am Fuße des Hügels, der den Posten Rutschuru trägt, wurde auf einer gangbaren Brücke, der einzigen, die ich bis dahin im Kongostaate sah, der wildrauschende, in schönem Galeriewald dahinfließende Rutschuru=Fluß über= schritten. Ein breiter Weg führt von hier zum Posten hinauf, an dessen Ein= gang uns der Commandant supérieur Derche mit den kongolesischen Herren und der etwa 150 Mann starken Kompagnie empfing, die schon bei dieser Gelegenheit und später bei einem Vorbeimarsch einen vorzüglichen Eindruck machte.

Rutschuru besteht aus einem kleinen Fort mit Wall und Graben, dem 300 m abgelegenen Askaridorf und einer kleineren Anzahl strohgedeckter Europäerhäuser. Es ist der Sitz des Chef de zone, damals des Kapitäns Baudelet, und des Chef de secteur, dessen Funktionen während unserer Anwesenheit von Leutnant Spiltoir versehen wurden.

Einige Tage angenehmster Gastfreundschaft durften wir hier verleben; dann drängte es uns vorwärts in die noch wenig besuchten Gegenden des nördlichen Rutschuru=Tales. In leichten Märschen durch das völlig ebene Gelände, das nur auf beiden Seiten von den Randbergen des Grabens eingefaßt wird, erreichten wir Maji ja moto[1]), wo wir auf das linke Rutschuru=Ufer übersetzten, an dem das Lager sich befand. Wie Maji ja moto schon andeutet, verdankt das Lager seinen Namen heißen Quellen, die aus

Cañon=Bildung bei Maji ja moto.

dem Felsen hervorsprudeln. Das Wasser ist außerordentlich heiß. Die höchste von Kirschstein später gemessene Temperatur betrug 96° C. Nach der Analyse handelt es sich um ziemlich reines Natriumkarbonatwasser von etwas alkalischem Geschmack. Bemerkenswert ist der deutlich hervortretende Schwefelwasserstoffgeruch. — Das Übersetzen über den Semliki war nicht ganz gefahrlos, denn der Strom war hier so reißend, daß ein Boot sich in der Mitte des Wassers nicht zu halten vermochte. Wir befestigten daher zwei lange Seile am Vorder= und Achtersteven des Einbaumes und konstruierten so eine Art fliegender Fähre. Das Boot fuhr hart am Ufer möglichst weit strom=

―――――
[1]) Maji ja moto = heißes Wasser.

aufwärts, wurde dann mit langen Stöcken in die Mitte gestoßen und, sobald es von der Strömung erfaßt war, durch die Askari, von denen erst einer das Seil durch Schwimmen ans jenseitige Ufer gebracht hatte, mit aller Gewalt hinübergezogen. Der Druck des Wassers gegen die Bordwand war so stark, daß das Boot, in dem jedesmal etwa sechs Leute sowie einige Lasten verladen waren, sich oftmals bedenklich auf die Seite legte und Gefahr lief zu kentern.

Übergang über den reißenden Semliki bei Maji ja moto.

Das Lager war zum Schutz gegen die hier häufig vorkommenden Löwen mit einer hohen Einfassung umgeben und daher sehr eng. Der Aufenthalt war infolgedessen heiß und nichts weniger als angenehm. Die Umzäunung hatte sich aber als notwendig erwiesen, da schon des öfteren während der Nacht Löwen eingebrochen waren und Menschenleben vernichtet hatten. Die frechen Räuber scheuen indes selbst den Sprung über die 3 m hohe Einfassung nicht. War es doch vor Monatsfrist vorgekommen, daß gerade auf dem Platz, wo mein Zelt jetzt stand, ein Wachtposten angepackt worden war. Daß er mit dem Leben davonkam, verdankte er nur dem Umstande, daß der Löwe, durch das Geschrei im Lager erschreckt, sein Opfer fahren ließ und über die Umzäunung zurückspringend das Weite suchte.

Wir spürten auch eine frische Fährte, die dicht am Lagerzaun entlang führte, und hörten mehrfach Gebrüll. Da wir sobald als möglich nach Osten abbiegend das Lager in die Steppe selbst zu verlegen gedachten, so war uns der Löwenreichtum dieser Gegend gerade recht.

In der ganzen Ebene des Rutschuru, von Maji ja moto bis zum Süd= ende des Albert Eduard=Sees, wimmelt es buchstäblich von Wild. Wohin man blickt, bedecken ungeheure Rudel von Antilopen die Grassteppe. Aber auch

Wasserböcke (weibl.). Rutschuru=Ebene.

hier, wie in ganz Zentralafrika, ist die Anzahl der vorkommenden Spezies eine ziemlich beschränkte. Hauptsächlich leben hier Wasserböcke, Moor= antilopen, Riedböcke, Duckerarten und Jimära (Leierantilopen). Im Busch, der sich zum See hin zu waldartigem Bestande verdichtet, sieht man täglich Büffel, öfters in großen Rudeln. Auch die häßlichen Gestalten der Warzen= schweine konnten wir häufig beobachten. Sie bevorzugen die Nähe der sumpfigen Stellen und der Flußläufe. Doch trafen wir sie auch inmitten der weiten Ebene. Da die Warzenschweine eine besondere Delikatesse für die Löwen sind, mag wohl u. a. ihr häufiges Vorkommen die Ursache des Löwenreichtums sein.

Die belgischen Offiziere jagen im allgemeinen wenig und nur das zur Verpflegung notwendige Wild gelangt zum Abschuß, deshalb droht diesen ungeheuren Wildbeständen in absehbarer Zeit keine Gefahr der Ausrottung. Die Rutschuru-Steppe ist eine kahle Fläche, die von lichten Akazienbeständen unterbrochen wird. Zurzeit unseres Aufenthaltes, im November, war sie mit niedrigem, kniehohem Grase bestanden. Parallel mit den Grabenrändern wird die Steppe in der Längsrichtung von einer breiten und tiefen Schlucht

Moorantilope.

durchschnitten, auf deren Grunde ein seichter Wasserlauf dahinfließt. Dieser Bach ist von einem Palmendickicht überwuchert, einem Lieblingsaufenthalt für Raubzeug, insonderheit für Löwen und Leoparden. Dort beabsichtigten wir das Standlager zu errichten.

Langanhaltendes Gebrüll, das die Nachtruhe wieder gestört, gab Vériter und mir die Hoffnung, der Raubtiere ansichtig zu werden, als wir vor Tagesanbruch das taufeuchte Gras durchschritten. Und wir hatten bald das Glück, unsere Erwartungen erfüllt zu sehen. Denn als der rote Ball der Sonne seine ersten Strahlen uns entgegensandte, sah ich auf höchstens 200 Schritt die dunkle Gestalt eines mächtigen Mähnenlöwen quer vor mir durch das Gras bummeln, die Spitzen der starken Mähne und die Linie des Rückens vom Licht hell abgezeichnet. Bis zur halben Distanz herangepirscht, war es nicht schwer, ihn zu strecken. Auf den ersten Schuß fuhr er knurrend herum und drehte sich einige Male im Kreise, auf den zweiten taumelte er seitwärts und fiel ins Gras. Und als wir im Anschauen der kapitalen Beute den Blick zufällig gen Westen erhoben, sahen wir den Beginn einer neuen, gewaltigen Eruption des Namlagira, dessen

Warzenschwein.

Rauchsäule, vom Morgenlicht wundervoll beleuchtet, in dicken Knäueln sich emporarbeitete und zur Pinie ausbreitend immer weitere und weitere Kreise zog.

Diese eine Stunde entschädigte für manche jagdlichen Mißerfolges. — Einen Löwen zu erlegen angesichts eines tätigen Feuerberges! Wer hat wohl gleiches erlebt? Das gewaltigste Raubtier zu bezwingen unter der Zeugenschaft des gewaltigsten Schauspiels, das die Natur zu bieten vermag. Wem wurde ein ähnliches Glück?

Nachdem der Erlegte seines Felles beraubt war, schritten wir weiter in der Richtung auf die Schlucht zu. Das zahlreich umherstehende Wild beachteten wir weiter nicht.

Moorantilopen.

Die Schlucht erwies sich für eine Karawane als schwer passierbar. So machten wir uns daran, einen Weg zu bahnen. Durch das Buschwerk wurde schräg ein Steig bis auf den Grund der Schlucht geschlagen und dieser selbst an den sumpfigen Stellen in einer Breite von 100 m durch viele übereinander gelegte Palmwedel für Lasten überschreitbar gemacht. Der Pfad wurde bis an den jenseitigen Rand hinauf fortgesetzt. Als die Arbeit beendet war, legten wir uns zur wohlverdienten Ruhe nieder, die Karawane unter Ravens Führung erst in etwa Stundenfrist erwartend. Da hörten wir aus der Ferne einige Schüsse und auffahrend bemerkten wir Raven und Weidemann in Begleitung zweier Askari mit bereitgehaltenem Gewehr zirka 300 m von unserem Standort den jenseitigen Hang der bewußten Schlucht hinuntersteigen. Ich riß die Büchse vom Boden und stürmte dorthin, denn daß es sich um „ernsthaftes" Wild handelte, erkannte ich sofort.

„Was ist los?" — „Löwen." — „Wo?" — „In der Schlucht." — „Wieviel?" — „Drei, hier sind die Fährten. Und einer ist krank, denn hier liegt Schweiß." Ich winkte drei Askari herbei und wir besetzten den Rand auf unserer Seite, um ein Flüchtigwerden der Löwen zu verhindern. Da aber die Nachsuche vorläufig resultatlos blieb, so wurde die Fortsetzung für den Nachmittag vom nahen Lager aus beschlossen, das kaum 400 m weit nördlich am Rande der Schlucht errichtet wurde. Leider mußte ich mir die weitere Teilnahme daran versagen, da mich dringende Schreibarbeit ans Zelt fesselte. Zudem hegte ich auch keine Hoffnung mehr auf Erfolg; an die Möglichkeit vollends, daß die beiden gesunden Löwen noch in der Nähe sein könnten, dachte ich natürlich gar nicht. Und doch täuschte ich mich. Denn kaum waren die beiden Askari, die ich zur Beobachtung und eventuellen sofortigen Meldung an den diesseitigen Rand der Schlucht entsendet hatte, außer Sichtweite, als der eine von ihnen, der Massai Abdallah, in schnellem Laufe zurückkam, schon von weitem winkend. Hier tat Eile not! Feder und Papier wurden beiseite geworfen. Aufspringend riß ich den Hut vom Nagel, stülpte ihn auf und lud in vollem Laufe die Büchse. Inzwischen hatte mich Abdallah erreicht. „Schnell, schnell, bana, dort liegen zwei große Löwen und schlafen, karibu sana, ganz nahe."

Zwei Minuten später betrachtete ich äußerst niedergeschlagen die ganz frischen Fährten und die noch warme Stelle, wo die beiden Mähnen= löwen von den Askari auf 50 Schritt im Schlafe überrascht worden waren. Die Büsche bewegten sich beinahe noch, wo die Raubtiere im Dickicht der Schlucht verschwunden waren.

„Die unselige Schreiberei!" Der Leser verzeihe, wenn mir dieser Aus= ruf entfuhr, wenn hier nun während der Zeit des Umringtseins von so mächtigen Gegnern über die wissenschaftliche Forderung die Jägerseele die Oberhand gewann. Drei Löwen hätten wohl unter dem Datum des 14. November in das Schußbuch eingetragen werden müssen.

Am folgenden Morgen zeichnete sich von der denkwürdigen Stelle der Schlucht aus wieder eine ganz frische Löwenfährte in dem triefend nassen Grase ab, der wir natürlich folgten. Nach drei Stunden sichteten wir den flüchtigen Burschen auf über 200 Schritt. Im hohen Grase hatte ich nur momentweise den mächtigen Kopf frei. Ich zielte und zielte und konnte kein Ankommen finden, so schnell tauchte er immer wieder im Grase unter, sich immer weiter entfernend. Als er mir ganz zu verschwinden drohte, schoß ich endlich, auf einen Zufallstreffer hoffend, und — fehlte!

Glücklicher aber war ich am Tage darauf. Wir hatten die Erfahrung gemacht, daß die Raubtiere die Schlucht nach den nächtlichen Jagden bei Morgengrauen gern wieder aufzusuchen pflegten. Das Gelände fiel nach Osten zu terrassenförmig ab, und da hauptsächlich von dorther nachts das Gebrüll erscholl, so besetzten wir den Höhenrand östlich der Schlucht in deren ganzer Länge von etwa 3 km. Raven, Vériter und ich verteilten uns auf die Flügel und in die Mitte, die Askari in Sichtweite dazwischen. Da das Vor= gelände sehr weit zu übersehen war, so konnte kein Tier, ohne bemerkt zu werden, in die Schlucht zurückwechseln. Mit den Askari war ferner für den Fall, daß ein Löwe gesichtet wurde, ein bestimmtes Zeichen ver=

abredet, das, von jedem einzelnen wiederholt, den nächsten Schützen herbeirufen sollte. Ich hatte noch nicht lange auf meinem Posten an dem rechten Ende der tiefen Grabenschlucht gewartet, als ich die mir so wohlbekannte mächtige Stimme hinter mir in der Steppe vernahm, anfangs in weiter Ferne, allmählich näher. Ich beschloß, durch den Graben hindurchzuklettern und dem Löwen auf das Geratewohl entgegenzugehen. Kaum war ich auf der anderen Seite angelangt, so wurde ich durch ein abermaliges

Löwe, erlegt bei Maji ja Moto am 16. November 1907.

Gebrüll über die Richtung orientiert, obwohl schon 7 Uhr vorüber und es ganz hell war. Plötzlich sah ich den alten Gesellen auf 300 m vor mir durch die Steppe traben. So schnell mich meine Füße tragen konnten, lief ich auf ihn zu, nur von meinem Boy Almas begleitet. Und dies Manöver gelang. Zudem fiel der Löwe in Schritt, und da ich die obere Hälfte seines Rumpfes frei bekam, so konnte ich ihm noch auf 120 Schritt in aller Ruhe eine Kugel antragen, die ihn mit ärgerlichem Knurren einige Schritte zur Seite taumeln ließ. Halbspitz von hinten empfing er dann die zweite, die ihn fast der Länge nach durchschlug. Schwerkrank und öfters zusammenbrechend schleppte er sich noch 30 Schritt weit zu einem Busch, wo er sich niedertat. Vorsichtig näherte ich mich, um ihm den Fangschuß zu geben, doch das erwies sich als unnötig, denn der Löwe verendete.

Als ich diesen Räuber sichtete, standen zahlreiche Wildrudel in der Nähe. Doch konnte ich nicht bemerken, daß diese durch die Nähe ihres Feindes beunruhigt waren. Ich glaube daher, daß die Annahme, das kleinere Wild jage, wenn es den Löwen äugt, in wilder Flucht davon, eine durchaus irrige ist. Mehrmals sah ich noch aus weiter Entfernung einen einzelnen Löwen im Grase der wildreichen Steppe umherziehen, aber nur die Antilopen,

Buschbock.

auf welche der Weg des Räubers direkt gerichtet war oder die in seiner unmittelbaren Nähe umherästen, sah ich in unruhiger Bewegung. Weiter abstehende Tiere begnügten sich mit aufmerksamer Beobachtung. Niemals aber habe ich bemerkt, daß das Wild in irgendwelche Aufregung geriet, wenn die gewaltige Stimme des Königs der Tiere ertönte.

Ich möchte die Geduld des Lesers auf keine allzu harte Probe stellen. Darum will ich nur noch kurz erwähnen, daß am nächsten Tage wiederum drei Löwinnen mit vier großen Jungen in unmittelbarer Nähe des Lagers von holzsuchenden Trägern in einer Rinne der genannten Schlucht schlafend angetroffen wurden. Der Mann, der mir dies meldete, erreichte mich leider erst in dem Augenblicke, als ich auf derselben Seite der Schlucht, an der die Löwen lagen, dessen ahnungslos einen Riedbock für den Küchenbedarf streckte. Das ganze Lager war in Bewegung und alles deutete auf den Fleck hin, wo die Löwen, nun durch den Schuß rege gemacht, sich anschickten, in die Steppe zu flüchten.

Meine Stimmung war begreiflicherweise wiederum nicht die rosigste, denn hätte mich der Mann wenige Sekunden vor meinem Schuß auf den Riedbock erreicht, ich wäre zweifellos auf bequemste Schußdistanz heran=

Oberleutnant Weiß mit einer bei Maji ja moto erlegten Löwin.

gekommen. So gelang es mir nach langer Verfolgung nur noch eine jüngere Löwin zu erlegen, die sich mit einem Weidwundschuß im Dickicht der Schlucht versteckte und die wir am folgenden Tage verendet fanden.

Von dieser Nachsuche zurückkehrend, schoß ich einen Leoparden, den einzigen, den ich jemals bei Tage in Afrika gesehen habe. Auch hier blieb mir eine kleine pikante Episode nicht erspart, denn als ich der Schweißfährte folgend das gefleckte Fell der gefährlichen Katze in Hand= flächengröße durch das Blätterwerk eines Busches schimmern sah und dies auf das Korn nehmend dem Leoparden den Fangschuß geben wollte, nahm dieser mich blitzschnell aus dem Busch herausfahrend an. Ein sehr glücklicher Schnappschuß, der den Hals durchbohrte, ließ ihn verendend mir fast vor die Füße rollen.

Wir verlegten nun das Lager weiter nach Norden. Um dorthin gelangen zu können, hatten Vériter und Weidemann die letzten Tage benutzt, über einen schmalen, aber sehr tiefen Nebenfluß des Rutschuru mit den Askari eine „kunstvolle" Brücke zu schlagen. Dies hatte sich für den Übergang der Lasten als nötig erwiesen, da Raven vor einigen Tagen genötigt gewesen war, das andere Ufer schwimmend zu erreichen.

Die Landschaft nahm nördlich dieses Flüßchens einen fast parkartigen Charakter an. Unter schönen alten Akazien stellten wir die Zelte sehr weitläufig auf und verbanden sie durch schmale Wege, die durch das kniehohe Gras geschnitten wurden. Lichte Akaziengruppen in gefälliger Anordnung konnten die Illusion eines großen englischen Landsitzes hervorzaubern.

Nach Osten zu verdichtete sich der Waldbestand. In der Nähe der Ortschaft des Sultans Kikamero nahm die Vegetation oftmals die Form einer „Waldremise" an. In solchen remisenartigen Beständen sah man vereinzelte, mit einem dichten Dornverhau umgebene Ortschaften. — In früheren Zeiten soll der östliche Rand der Steppe sehr viel dichter besiedelt gewesen sein; man sagt, die Löwenplage aber habe die Leute aus der Gegend vertrieben. Und in der Tat hatten wir einige Stellen bereits passiert, wo Scherben aller Art umherlagen und wo der Grundriß eines ehemaligen Dorfes trotz des ihn überwuchernden Gestrüppes noch erkennbar war.

Nach Norden zu fällt das Gelände, vielfach zerklüftet, allmählich zum Albert Eduard=See ab und gewinnt hier wieder das Bild der Steppe. Zahlreiche Muschelreste deuteten an, daß wir uns auf altem Seeboden befanden und daß das Wasser des Sees einstmals diese ganze Gegend bedeckt haben muß. — Von hier war der glitzernde Spiegel des Albert Eduard=Sees schon deutlich erkennbar und mit dem Glase bemerkte man ungeheure Scharen von Pelikanen, die weißen Inseln gleich, die Sandbänke vor der Mündung des Rutschuru belebten oder in großen Zügen fischend umherschwammen.

Besonders zahlreich waren auch Büffel und Buschböcke vertreten. Die Form des Büffels, die wir fast täglich in der offenen Steppe oder im lichten Busch antrafen, zeigte einige Ähnlichkeit mit der des Kaffernbüffels. Die Gehörne hatten starke Ausladung, waren aber etwas gedrungener als die Ostafrikaner und hatten die Spitzen mehr nach oben gebogen. Ein kapitaler alter Einzelgänger, von Schubotz auf einem „Nachmittagsbummel" in der Nähe des Lagers erlegt, hatte über die Stirne eine Breite der Gehörnwulfte von 33 cm bei einer Auslage von 106 cm.

In der Hauptsache war die Färbung aller im Kongostaate gefundenen Büffelformen die dunkle. Hiervon machte auch die kleinere westliche Form, mit geringem, nach hinten überliegendem Gehörn, im allgemeinen keine Ausnahme. Nur kamen hier hellere Färbungen viel öfters vor als bei der Rutschuru=Form. So sichtete Mildbraed später am Ostrande des großen

Kapitaler Büffel. Rutschuru=Ebene.

Urwaldes bei Kifuku ein Rudel von etwa 40 Büffeln, das beide Färbungen so durcheinander zeigte, daß die Herde einen ganz buntscheckigen Eindruck machte. Da die hellen Stücke meist geringer waren als die dunklen, so geht man in der Annahme wohl nicht fehl, die hellere Decke lediglich als Jugendkleid zu betrachten. Aus diesem Grunde möchte ich auch die Berechtigung der Bezeichnung „Rotbüffel", wie die westliche Form gerne genannt wird, stark in Zweifel ziehen.

Dieser Reichtum an „big game" war ein großes Glück für uns; mit dem Wildpret der gewaltigen Tiere konnte dem Nahrungsmangel etwas abgeholfen werden, der anfing sich in den Beständen unserer Verpflegungs=lasten bemerkbar zu machen. Zucker und Milch hatten wir schon seit zehn

Tagen nicht mehr und auch die Konserven schmolzen arg zusammen. Auch mit den Lebensmitteln für die Träger haperte es bereits bedenklich. Da die wenigen Ortschaften, die sich an den östlichen Randbergen befanden, außerstande waren, uns mit Lebensmitteln zu versorgen, das nächste Depot sich aber erst am Nordende des Sees befand, blieb uns schließlich nichts übrig, als in etwas beschleunigterem Tempo dorthin aufzubrechen.

Büffelkuh von der Rutschuru-Mündung.

In der letzten Nacht ward uns noch ein echt afrikanisches Abschieds= konzert von solcher Kraft und Erhabenheit beschert, daß uns das Scheiden aus diesen viel bietenden Gegenden noch besonders schwer fiel. Fünf Löwen vollführten ein solches Gebrüll um das Lager herum, daß an Einschlafen gar nicht zu denken war und wir im Bette aufrecht sitzend den gewaltigen Tönen lauschten. Als dann plötzlich noch das gellende Gekreisch einer im Eisen sitzenden Hyäne fast wie menschliches Geschrei dazwischen tönte, gab es einen solchen Spektakel, daß ich vor das Zelt ins helle Mondlicht hinaustrat, um mich von der Grundlosigkeit meiner Befürchtungen zu überzeugen, es könne der Überfall eines der Raubtiere das Leben eines Menschen gefährdet haben.

Steilufer des Albert Eduard-Sees bei Angi.

Natürlich konnte ich es mir am anderen Morgen nicht versagen, dorthin, wo das nächtliche Konzert stattgefunden haben mußte, noch einen Pirschgang zu unternehmen. Drei bald gefundenen frischen Fährten folgend, hatten wir nach Stundenfrist die Löwen vor uns. Während zwei der Tiere eiligst flüchteten, steckte sich eine Löwin in einen mit hohem Buschwerk bewachsenen Graben. Weder Geschrei noch Steinwürfe konnten die Bestie bewegen, ihren Schlupfwinkel zu verlassen. So griffen wir denn wieder zu dem bewährten Mittel, das niemals versagt: wir zündeten den Busch an. Da kam endlich Bewegung in das Laubwerk. Am Schütteln der Blätter und an den sehr ärgerlichen Tönen, die daraus hervorklangen, konnte man erkennen, wie unwillig sie ihr Versteck verließ. Erst als das bei dem regnerischen Wetter nur schlecht brennende Feuer ihr schon fast das Fell versengte, kam sie endlich zum Vorschein. Auf 20 Schritt brach sie aus dem Busch hervor, um im nächsten Augenblicke mit meiner Kugel wie ein Hase sich zu überschlagen und liegen zu bleiben. Ehe sie wieder hoch werden konnte, endete ein Fangschuß auf den Hals ihr Räuberleben.

In das Lager zurückgekehrt, fand ich dort Czeczatka und den belgischen Unteroffizier Dewatt anwesend, die von dem am Südende des Albert Eduard=Sees gelegenen Posten Vitschumbi herübergekommen waren. Czeczatka hatte den Auftrag gehabt, von Rutschuru mit den überflüssigen Lasten direkt nach Vitschumbi zu marschieren und uns von dort aus zu suchen. Dewatt brachte noch frisches Gemüse und Czeczatka eine Kiste Verpflegung mit, die unserer ärgsten Not glücklicherweise ein Ende bereiteten.

Am 28. November erreichten wir, allmählich abwärts steigend, das Südufer des Albert Eduard=Sees. Je mehr man sich dem See nähert, desto niedriger wird das Gras und desto mehr Geröllablagerungen und Muschelreste als Anzeichen ehemaligen Überschwemmungsgebietes finden sich vor. Ganz allmählich taucht die Steppe in den Wasserspiegel ein, aus dessen schlammigem Untergrunde Dickichte von Schilf und Rohrwälder emporwachsen, welche die südlichen Teile des Seeufers wie mit einem breiten Band einfassen.

Überraschend ist die ungeheuer reiche Ornis. Pelikane tummeln sich zu Tausenden auf den Sandbänken vor der Mündung des Rutschuru und teilen sich friedfertig mit den zahlreichen Flußpferden in die schmalen trockenen Plätze. Der heisere Schrei des Reihers wird untermischt vom dumpfen Ton der Rohrdommel, und des schlanken Edelreihers schneeweißes Gefieder hebt sich effektvoll von dem dunklen Grün des Schilfes ab. Unbeschreiblich ist das Gewimmel der Sumpf= und Wasserhühner, die leichtfüßig von Blatt zu Blatt oder auf den dünnen Gräsern des Wassers dahineilen und furchtlos die Nähe unseres Faltbootes dulden, während weiße und graue Möwen in ungeheuren Scharen die Luft beleben. Auch wilde Enten und Gänse ver= schiedenster Art durchschneiden pfeifend mit starrem Flügelschlag die Luft.

Das Südende des Albert Eduard=Sees bei Katana.

Im Röhricht aber schwatzen zahllose kleine Sänger und am Rande fischt der rosige Nimmersatt, oft in Gemeinschaft des Marabu, seine Nahrung bedächtig im seichten Wasser.

Wenn man sich dies bunte Abendbild von einer gelblichen, mit saftig grünen Bäumen bestandenen Steppe umgeben denkt, und diese wiederum von Bergen eingefaßt, die von schwarzen Gewitterwolken, in denen es wettert und zuckt, überschattet werden, dazu plötzlich eine glutrote Sonne, die auf Augenblicke alles überstrahlend die Ränder der Wolken rosa beleuchtet, wenn man sich ferner hier hinein noch die Farben eines eben aufleuchtenden Regenbogens denkt und sich vorstellt, daß alle diese Töne im Reflex vom

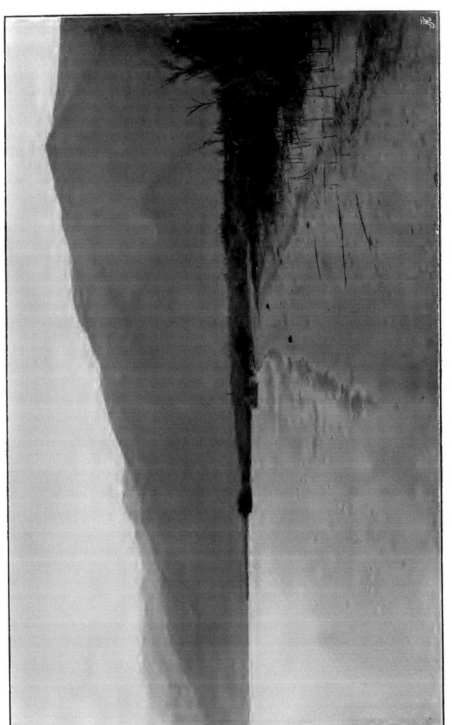

Die westlichen Randberge bei Amakoma am Albert Eduard-See.

Wasserspiegel zurückgeworfen werden, so fragt man sich, ob auch die reichste Palette eines Malers wohl jemals genügen würde, all diese Herrlichkeit wiederzugeben.

Dank der Liebenswürdigkeit der belgischen Herren waren uns die beiden auf dem See stationierten Stahlboote der kongolesischen Regierung zur Fahrt über den See zur Verfügung gestellt worden. Gleichzeitig erwartete uns eine Anzahl von Eingeborenen-Booten. Da diese aber nur einen geringen Teil unserer Lasten aufzunehmen vermochten, so wurde Weidemann beauftragt, die Hauptkarawane am Ostufer entlang nach Kissenje zu führen, wo wir nach zweitägiger Bootsreise ebenfalls einzutreffen hofften. Dewatt wollte Weidemann bis dorthin begleiten. Czeczatka wurde angewiesen, den beschwerlichen Marsch über die westlichen Randberge nach Kasindi anzutreten, da von Ditschumbi dieser Weg für ihn der nächste war. Die Karawane Weidemann hingegen sah sich gezwungen, große Umwege zu machen, weil sehr ausgedehnte, dem Südosten des Sees vorgelagerte Sümpfe, obendrein reich an Flußpferden, die Passage sperrten. Dieser Marsch versprach unter allen Umständen ein wenig erfreulicher zu werden, da durch die häufigen Regengüsse der letzten Tage der Seespiegel gestiegen war und voraussichtlich größere Partien seiner Uferländer überschwemmt hatte. Es blieb aber keine Wahl und unter den etwas ironischen „Glückwünschen" der Zurückbleibenden marschierte die Karawane ab.

Als tags darauf unsere kleine Flottille am Ostufer entlang fuhr, passierte sie große Herden von Flußpferden, die träge in der heißen Sonne auf den Sandbänken lagen oder mit lautem Schnaufen und Prusten ihre plumpen Köpfe aus dem Wasser steckten.

Weil alle Boote durch lange Stangen vorwärts getrieben zu werden pflegen, so hielten wir uns stets im seichten Wasser in der Nähe des Ufers. Auf die Mitte des Sees wagt sich das Fischervolk nur sehr ungerne. Und das mit gutem Grunde. Denn die oftmals unvermittelt einsetzenden Böen wühlen den See, ebenso wie auf dem Kiwu, zu oft recht hohen Wellen auf, die den zerbrechlichen, meist auch noch lecken Fahrzeugen leicht gefährlich werden können. Die Boote unterscheiden sich auf dem Albert Eduard-See sehr wesentlich von denen, die wir bis dahin sahen. Man findet zwar vereinzelt auch den Einbaum. Die Mehrzahl aber der Fahrzeuge ist aus dünnen Planken gefertigt, die mittelst Baststricken zusammengefügt werden. Da diese primitive Art der Dichtung sehr ungenügend ist, strömt das Wasser manchmal in dicken Strahlen durch die Bootwände hindurch und muß während der ganzen Dauer der Fahrt ausgeschaufelt werden.

Wir landeten nach fünfstündiger Fahrt bei glühender Hitze am Dörfchen Katanda. Seine Bauart war für uns eine ganz neue, höchst merkwürdige Erscheinung, denn auf Flößen ruhend flottiert es inmitten einer schilfreichen Bucht des Sees. Leider war die Bevölkerung in grundloser Angst bei unserem Nahen geflüchtet. Kein Mensch zeigte sich, nur auf den Dächern der Hütten heulten einige Hunde von Hunger geplagt in schauer-

Das schwimmende Dorf Katanda im Albert Eduard-See.

lichen Tönen. Als wir das Dorf betraten, wippte der Boden bei jedem Schritt und sank an den Rändern bis unter die Wasserlinie. In der Mitte aber war er haltbar. Da die Dorfbewohner vom Stamme der Wakingwa fast alles „Mobiliar" mitgenommen hatten, fanden wir nur wenig bemerkenswertes vor, darunter allerdings schönes Flechtwerk. Da wir die Gegenstände aber niemandem bezahlen konnten, so beließen wir alles in den Hütten.

So heiß die Fahrt dieses ersten Tages gewesen war, so kalt wurde die des folgenden. Denn einige Minuten nach der Abfahrt setzte ein Wolkenbruch von solcher Heftigkeit ein, daß jedes Vorwärtskommen unmöglich wurde. Da wir keinen Meter weit gegen den Sturm anzukämpfen vermochten und man auf die nächste Entfernung nichts vor den herabströmenden Regenmassen erkennen konnte, wurden die Boote bald an den Strand geworfen. So saßen wir denn, in unser Schicksal ergeben, in den schiefliegenden Fahrzeugen, gegen deren Bordrand die Wellen hoch aufspritzten, den Rücken gegen den Regen gekehrt. Nun hieß es stillhalten, bis der tobende Sturm sich gelegt, denn solchen Ausbrüchen der Elemente gegenüber versagt die menschliche Kraft völlig. Auch diesmal dauerte zwar, wie gewöhnlich, der Sturm nicht lange, aber ein feiner Regen rieselte noch länger hernieder und ließ uns in den dünnen, trotz der Regenmäntel durchnäßten Kleidern tüchtig frieren.

Plötzlich tauchte, von zwei Leuten mit langen Stangen vorwärts getrieben, ein kleines Boot auf und kam in rauschender Fahrt direkt auf uns zu. „Barua, bana" — Briefe, Herr — lautete der Anruf. Ein schwerer

Das Innere des Dorfes Katanda.

Sack wurde an Bord gegeben und sogleich geöffnet. Es war Europapost, Grüße aus der Heimat, die uns hier auf so eigenartige Weise übermittelt wurden. Sie verkürzten uns die lange Reise auf das angenehmste, denn erst um 4 Uhr nachmittags, nach zehnstündiger Fahrt, sahen wir die Hütten des kleinen Dörfchens Kissenje vor uns liegen, wo wir an Land gingen und die steif gewordenen Glieder strecken konnten.

Wir blieben einen Tag, um die Karawane Weidemann zu erwarten, mit der wir hier das Rendezvous verabredet hatten. Spät abends traf diese im Zustande gänzlicher Erschöpfung ein. Sie hatte einen tollen Marsch hinter sich. Die Überschwemmung hatte einen über Erwarten großen Umfang angenommen. Stundenlang waren die Leute gezwungen gewesen, bis zum Knie oder bis zur Hüfte, ja sogar bis an den Hals im Wasser zu laufen, Maultiere und Hunde mußten schwimmen. An den tiefsten Stellen hatten Stricke gespannt werden müssen, an denen die Träger, den Erdboden kaum noch berührend, sich entlangfühlen sollten. Dabei gerieten sie in Tiefen, in die sie mitsamt ihrer Last sekundenweise unter der Wasseroberfläche verschwanden. — Wenn dieser unangenehme Marsch den Beteiligten sicherlich auch für alle Zeit in Erinnerung bleiben wird, einen dauernden Schaden für die Gesundheit hat doch niemand erlitten.

Den notwendig gewordenen Ruhetag benutzte ich zu einem Abstecher in das Hinterland, das aber nur wenig Bemerkenswertes bietet. über einen terrassenförmigen Aufbau erreicht man ein Hochplateau, auf dessen westlichem Rande ein altes Strohlager von der Tätigkeit der englischen Grenzvermessungskommission zeugt, die vor einem halben Jahre hier gearbeitet hatte. Sie galt damals der nochmaligen Prüfung des 30. Längengrades, der die Grenze zwischen dem belgischen und britischen Territorium bedeutet, denn zwischen beiden Ländern waren Uneinigkeiten über seine wahre Lage entstanden. Die britische Kommission sowohl wie die belgische, der dieselbe Aufgabe zufiel, waren inzwischen weiter nördlich gerückt und hatten ihren Sitz an den Semliki, in die Nähe des Ruwenzori-Massivs verlegt.

Die Bevölkerungsziffer ist hier eine ziemlich dichte. Hauptsächlich wird Ackerbau und Kleinviehzucht getrieben. Die letztere weiß die eingeborene Bevölkerung zu einer recht lukrativen zu gestalten, denn die Preise für Schafe und Ziegen erreichen hier bereits erstaunliche Höhen. Während wir im deutschen Gebiet nur sehr mäßige Preise zu bezahlen brauchten, stiegen diese hier bereits für ein Schaf auf 2—3 Doti, d. h. 4—6 Armlängen Stoff im Werte von 3—5 Rupien. Diese Steigerung nimmt in den von Europäern bewohnten Gegenden dauernd zu. So werden beispielsweise in Stanleyville, aber auch schon am Aruwimi 25—36 Fr. für ein Schaf, 5 Fr. für ein Huhn und eine Ente gefordert. Da die Höhe solcher Zahlungen unserem Kassenbestand verderblich werden mußte, die Mitführung einer Kleinviehherde andererseits für die immer schwieriger werdende Ernährung der Karawanenträger unerläßlich war, so bemühte sich Oberleutnant von Wiese hier, wo die Preise noch mäßig genannt werden konnten, eine Herde zusammenzubringen, die genügte, uns bis in das Aruwimi-Becken hinein mit Fleisch zu versorgen. Die anfängliche Scheu der Bevölkerung, der Waronda und der Wasongora, erschwerte ihm dies. Der Sultan Kasigano in Ruisamba,

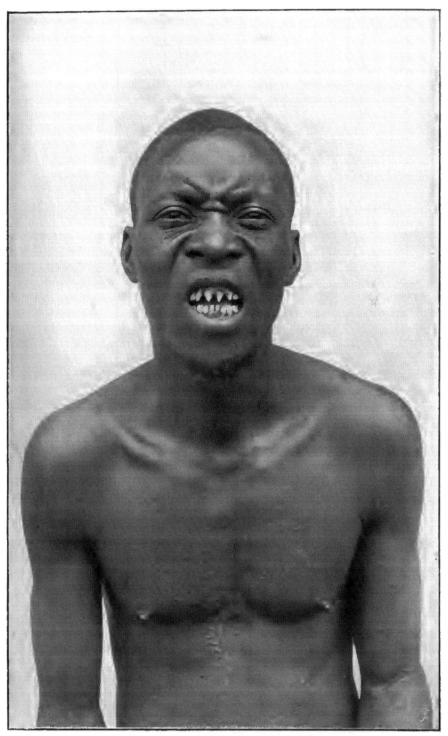

Menschenfresser aus den westlichen Randbergen. Kongo.

das wir tags darauf erreichten, ließ sich aber schließlich doch erbitten, einige Tiere herbeizuschaffen.

Auch Ethnographica waren nur spärlich und uninteressant, denn da hier ungefähr die Völker- und Sprachengrenze der östlichen und westlichen Gebiete liegt, so findet man viele, schon vom Kiwu-See und von Uganda her bekannte Formen und Sprachenanklänge wieder, jedoch keine spezifischen Eigentümlichkeiten.

Die Wasongora, die ich vorhin erwähnte, heißen nach Czekanowskis Untersuchungen eigentlich Bakondjo. Wasongora soll eine allgemeine Bezeichnung für Leute mit zugespitzten Zähnen sein. „Kusongora meno" bedeutet einfach „die Zähne zuspitzen", Usongora würde also das Land sein, in dem sich die Leute die Zähne spitz feilen, eine Sitte, die man bei den Bakondjo allerdings sehr häufig findet. Da nun das Zuspitzen der Zähne eine typische Erscheinung bei all den Völkerschaften ist, die dem Kannibalismus huldigen, so wird man in der Annahme nicht fehl gehen, daß die Bakondjo in früherer Zeit sich ebenfalls dieser scheußlichen Gewohnheit hingegeben haben, falls sie dies nicht sogar jetzt noch tun. Dies ist um so wahrscheinlicher, als die Menschenfresserei in manchen Gegenden, so z. B. im gesamten Urwaldgebiet noch in hoher Blüte steht.

Geradezu entsetzlich war bei Kissenje und an den tief liegenden Ufern des Albert Eduard-Sees die Mückenplage. Sobald die Dämmerung hereinbrach, durchschwirrten Milliarden winzig kleiner Insekten die Luft. Sie erschienen in solchen Mengen und bedeckten in so dichten Scharen die Tische, Zelte und deren Innenwände, daß es mir sogar unmöglich war, mein Tagebuch zu führen, weil der Bleistift fortwährend so viel Tiere auf dem Papier zerrieb, daß die Schrift ganz unleserlich wurde. Bei der Abendmahlzeit waren wir genötigt, die Lampe stets in einer Entfernung von 10 Schritt auf Kisten aufzustellen, um die Suppe vor der sogleich darauf niederfallenden Insektenmenge zu schützen. Da die Zelte des sumpfigen Geländes halber dicht am Wasser, das Schilf fast berührend, aufgestellt werden mußten, drang außerdem ein so übler Geruch herein, daß der Aufenthalt ganz unerträglich wurde.

Bei Ruisamba lag eine Anzahl Boote am Strande, die wir zum Übergang über den langgestreckten Arm des Albert Eduard-Sees requirierten. Aber von der großen Zahl dieser Fahrzeuge waren nur wenige imstande, das andere Ufer zu erreichen, ohne unterzusinken. Die meisten erwiesen sich als so undicht, so leck, daß es unmöglich war, die Lasten ihnen anzuvertrauen. So dauerte der Übergang mit den paar intakten Booten mehrere Stunden. Deshalb errichteten wir den Lagerplatz unmittelbar neben dem Seeufer und zwar auf einem hochliegenden Plateau, das eine prachtvolle Übersicht über weite Teile des Albert Eduard-Sees gestattete. Wir sollten aber diesen köstlichen Blick nicht lange ungestraft genießen, denn schon ballten sich dräuende Wolken zusammen und ein orkanartiger Sturm fegte, das Wasser kräuselnd, über den See daher. Er erfaßte das Lager, drohte die Zelte umzuwerfen und riß das Zeltdach, unter dem wir zu speisen pflegten, meterhoch in die Luft.

Über Njama Kasana, wo viele Elefanten stehen sollten, die sich aber in letzter Zeit in die Ebene des Semliki zurückgezogen hatten, wurde nach Passieren einer weiten Euphorbiensteppe Kasindi am 6. Dezember erreicht. — Auf der Höhe des terrassenförmigen Absatzes, auf dem die kleine Ortschaft liegt, empfing uns der Chef de poste, Mr. Boisac.

Kasindi ist ein ganz junger, interimistischer Posten. Seine Häuser sind aus leichtem Material, dem Matete[1]), erbaut und waren durch die heftigen Stürme bereits wieder arg in Verfall geraten. Teilweise mußten sie durch starke Balken gegen das Umfallen gestützt werden. — Ungeziefer aller Art ist hier zu Hause, in der Messe huschten die Ratten durchs Lokal und in der als Decke gespannten Leinwand sah man ihre Füße, wie die der Seiltänzer im Netz. Diese Erscheinung und das Rascheln oben versetzte die Hunde in große Unruhe und verursachte jedesmal ohrenbetäubendes Gebell.

Der Posten selbst liegt in öder, baumloser Steppe, vom See, der weithin übersehbar ist, eine knappe Stunde entfernt. Unter dem Posten, bis zum Gestade des Sees hinab, dehnt sich ein Akazienwäldchen aus, in dem häufig Elefanten wechseln. Über die Bergrücken hinweg, die Kasindi nach Norden hin umschließen, heben sich als einziger Attraktionspunkt für das schönheitsuchende Auge in den frühen Morgenstunden auf Augenblicke die schneebedeckten Gipfel des Ruwenzori empor.

Die Besatzung Kasindis besteht aus etwa 100 Mann, die abseits in einem besonderen Dorf (Askaridorf) untergebracht sind. Wir fanden nur einen geringen Teil der Mannschaft vor, da der Rest zum Wiederaufbau der einige Stunden nördlich gelegenen Missionsstation St. Gustave, die ein Sturm umgeweht hatte, abgesandt worden war.

---

[1]) Matete = Elefantengras, das fingerdicke Stärke erreicht.

Da bis zur Ankunft aller Expeditionsmitglieder, welche zu Weihnachten zu einer Konferenz hierher beordert waren, noch einige Zeit verblieb, notwendige Berichte und Briefschaften aber erledigt waren, benutzten wir die uns zur Verfügung stehenden Tage zu verschiedenen Exkursionen an den Semliki. Aus den Erzählungen der Eingeborenen, daß dort „viel kranke Leute" seien, und der Behauptung, daß auch Tsetse vorkomme, glaubten wir auf Fälle von Schlafkrankheit schließen zu müssen und beabsichtigten deshalb,

Der Semliki bei seinem Austritt aus dem Albert Eduard-See.

diese Ausflüge vor allem der Blutuntersuchung der Bewohner des Semliki-Tales zu widmen.

Da wir ferner hoffen konnten, am Semliki viele Elefanten anzutreffen und auch viel anderes Wild vor die Büchse zu bekommen, so versah sich ein jeder von uns mit einer genügenden Anzahl von „Objektträgern", schmalen, etwa 5 cm langen Rechtecken aus Glas, die in der medizinischen Wissenschaft dazu dienen, das aus irgendeinem Stich oder Schnitt hervorquellende Blut in möglichst dünnem Abstrich zum Zweck der Mikroskopierung aufzufangen.

Es lag uns nämlich vor allem daran, das Blut der erlegten Elefanten auf diese Weise der Untersuchung zugänglich zu machen, da es für die medizinische Wissenschaft von hohem Interesse sein mußte zu erfahren, ob sich im Elefantenblut Schlafkrankheitskeime vorfinden würden. Durch Raven, sowie durch die Bemühungen Weidemanns, der sich immer mehr zum Assistenten des Arztes ausbildete, wurden mehrere hundert Randbewohner des Albert Eduard-Sees, hauptsächlich am Semliki, untersucht, Anzeichen von Trypanosomen aber nicht gefunden. Leider konnten aber die Untersuchungen an den Elefanten nicht durchgeführt werden, da Raven, als er mit der Mikroskopierung beginnen wollte, durch einen Unglücksfall für Monate ans Krankenlager gefesselt wurde.

Das Vorkommen der Schlafkrankheit steht außer Frage, denn in Kasindi selbst befanden sich in einem isolierten Häuschen zwei Patienten, ein Ehepaar, das wir täglich besuchten und mit dem Raven sich eingehend beschäftigte. Bei diesem Paare war deutlich die verheerende Wirkung der furchtbaren Krankheit zu beobachten. Während bei unserer Ankunft die beiden Patienten noch imstande waren, ohne Unterstützung sich vorwärts zu bewegen und ihre Nahrung selbst zu kochen, trat nach 10 Tagen schon eine solche Verschlimmerung ein, daß sie völlig willenlos, mit weit aufgerissenen, stieren Augen und schlaffen Gliedmaßen in ihrer Hütte saßen und durch einen Dritten gefüttert werden mußten. Da wir über kein Mittel verfügten, ihnen zu helfen, nahm die Verschlimmerung rapide zu und nach weiteren 14 Tagen waren beide so weit entkräftet, daß sie der Krankheit erlagen.

Dies furchtbare Übel, dem man auch durch die Anwendung des Atoxyls nur sehr bedingt hat Einhalt tun können, fordert im Kongostaat alljährlich ganz gewaltige Opfer. Die Regierung bemüht sich, der Seuche, durch die sie ja selbst am meisten geschädigt wird, mit allen Kräften zu steuern. Aber die Indolenz der Eingeborenen, die sich nur ungern in Behandlung der Weißen begeben, erschwert die lobenswerten Absichten der Regierung außerordentlich. Trotzdem wir später am Kongo vorzüglich eingerichtete Krankenhäuser sahen, in denen Tausende von Schlafkranken behandelt wurden, ist diese Zahl doch nur ein Bruchteil der kranken Bevölkerung, die fernab von jeder menschlichen Hilfe im Dunkel des Urwaldes dahinsiecht.

Der Wildstand des Semliki-Tales kommt dem im Rutschuru-Tal nicht gleich, dennoch kann man Wasserböcke, Moorantilopen und Riedböcke häufig beobachten. Erstaunlich hingegen ist der Reichtum an Elefanten, der alle Erwartungen übertrifft. Ich kann mich keines Tages erinnern, an dem ich nicht, auf einer Streiferei begriffen, solche gesichtet hätte. Oftmals konnten wir sie des nachts in der Nähe des Lagers brechen hören oder die merkwürdigen hellen Töne vernehmen, die sie beim Äsen von sich zu geben pflegen. Oft auch fanden wir des morgens die frischen Fährten der Nacht in unmittelbarer Nähe des Lagerplatzes. Aber wir nahmen uns gar nicht die Mühe, diesen zu folgen, sondern suchten einfach die Plätze in dem lichten Akazienwald oder im offenen Busch auf, auf denen sich die „Tembo" ziemlich spät am Morgen einzufinden pflegten. Meist trafen wir Trupps von vier bis acht, manchmal auch Rudel von 40 und 50 Stück.

Der Kongostaat sucht seinen enormen Bestand an lebendem Elfenbein, für ihn ein Hauptausfuhrgut, nach Möglichkeit zu schützen. Er hat infolgedessen große Reservate geschaffen, in denen der Fang und die Tötung verboten ist. Bei der Schwierigkeit der Kontrolle aber, vor allem in den großen Urwaldgebieten, wird dieses Gebot natürlich vielfach übertreten. Doch haben diese Reservate insofern Bedeutung, als die Eingeborenen im Übertretungsfall einer schweren Strafe entgegensehen und sich daher in acht nehmen. Nur solche Elefanten, die durch Verwüstungen in den Bananenfeldern argen Schaden anrichten, sind nach vorher eingeholter Erlaubnis der Erlegung freigegeben. Fremden europäischen Jägern wird ohne Erlaubnisschein aus Brüssel der Eintritt in die Gebiete des Kongostaates nicht gewährt. Und auch dann noch bedarf die Erlegung eines Elefanten besonderer Genehmigung. In äußerst liebenswürdiger Weise war mir und den Mitgliedern der Expedition gegenüber von dieser Regel abgewichen worden, so daß wir einige sehr genußreiche, aber auch ungeheuer anstrengende Tage der Jagd auf das mächtigste Wild der Erde widmen konnten.

Aus den vielen aufregenden Erlebnissen und interessanten Episoden möchte ich ein Beispiel herausgreifen.

Mit Dériter befand ich mich noch vor Tagesanbruch des 18. Dezember am jenseitigen Ufer des Semliki, um wie gewöhnlich den jugendlichen Häuptling einer in tiefer Schlucht befindlichen Ansiedlung, die von einem Akazienwald eingerahmt war, als Führer zu dingen. Heute galt der Marsch einer fünf Stunden weiter nördlich befindlichen Herde, die dort in den Bananenshamben eines unmittelbar am Flusse gelegenen Dorfes arg hauste. Diese

Tiere waren so dreist, daß sie nicht nur die Bananen angesichts der Dorf= bewohner umbrachen, sondern sogar die Hütten attackierten. Ein Mann erzählte uns, daß er aus seiner Behausung geflohen sei, während ein Elefant im Begriffe gewesen war, das Strohdach abzudecken. Als wir dort ankamen, hatten die Tiere die Shamba bereits verlassen, aber ein von hier mitgenommener Führer brachte uns bald das Rudel in Sicht. Wir sahen sieben Tiere, von denen eins, allem Anscheine nach ein ganz mächtiger Bulle und

Elefant, erlegt am 15. Dezember 1907 am Semliki.

Einzelgänger, sich absondernd in schnellförderndem Schritte dem schützenden Walde zuwechselte. Eine Verfolgung war nutzlos, so wurde er un= beachtet gelassen. Wir wandten uns daher den anderen sechs Elefanten zu, deren riesige Körpermassen sich auf einer kohlschwarzen, tags zuvor abge= brannten weiten Grasfläche gigantisch abhoben. Da dieses Bild ein pracht= volles Motiv für die Kamera liefern mußte, pirschte ich mich, nur mit dieser in der Hand, den Boy mit der Büchse hinter mir, an einen in der Nähe der Elefanten befindlichen Busch, als die Dickhäuter Wind bekamen, unruhig hin und her traten und in einer Staubwolke dem Semliki zupolterten. Zwei in der Eile auf das letzte Tier abgegebene Schüsse ließen es ein paarmal rückwärts in der Runde gehen, konnten es aber nicht umwerfen; dann schloß es sich dem Rudel an und flüchtete mit ihm von dannen. Wir folgten im Laufschritt eine weite Strecke bis zu einem terrassenförmigen Abfall, wo die Steppe am Fluß endete, dessen Ufer mit dichtem Schilf und Sumpfgras be-

Der Verfasser mit den Zähnen des am 15. Dezember 1907
am Semliki erlegten Elefanten.
Höhe der Zähne: 2,53 m u. 2,51 m.   Gewicht der Zähne: 98 u. 94 Pfund.

standen war. Hier kam uns das Rudel wieder entgegen, welches schon in den Semliki hineingewatet war, aber sich anscheinend nicht hatte entschließen können, den Fluß zu durchqueren.

Das vorhin beschossene Tier vermochte dem Rudel nicht mehr zu folgen, blieb stehen, und als Vériter, der die bessere Lunge besaß, hinzukam und ihm noch eine Kugel auf den Kopf gab, brach es zusammen und blieb anscheinend verendet liegen. Ein Träger stürzte voll Freude hinzu und trennte ihm mit einem Schnitt den Schwanz vom Rumpfe.

Die Schwanzhaare des Elefanten sind bei den Eingeborenen sehr gesucht, da Schmuckstücke aller Art, Armbänder und Halsverzierungen daraus verfertigt werden. In dem Augenblicke aber, als der Träger die abgeschnittene Trophäe in der Luft schwenkte, erhob sich der Totgeglaubte und nahm sofort den Angreifer wütend an. Ich kam gerade zur rechten Zeit, um diese unbeschreiblich komische Szene, diesen jähen Umschwung der Siegesfreude in tödliche Angst, noch mit dem photographischen Apparat festhalten zu können. Während die Träger in allen Richtungen der Windrose davonjagten, stand Vériter ratlos vor seinem feindlichen Gegner, in allen Taschen vergeblich nach Patronen suchend, mit denen er sich leichtsinnigerweise zu wenig versehen hatte. Aber der Auferstandene war doch so krank, daß eine Gefahr für ihn nicht mehr zu gewärtigen war, und ein weiterer Schuß aus meiner Büchse auf das Blatt ließ ihn verendend langsam auf die Seite rollen.

Dann folgte ich dem Rest der Herde und sah bald einen guten Bullen, der schon einige Kugeln von mir erhalten hatte, allein und schwer krank am Rande einer kleinen Insel im Flusse stehen. Ich machte zunächst zwei Aufnahmen mit der Handkamera auf etwa 120 m und schoß dann abermals. Der Elefant zog einige Schritt weiter bis auf die Insel hinauf und dann langsam, hinter hohem Schilfe für mich unsichtbar, durch den Strom hindurch auf das diesseitige Ufer, wo er nach Passieren der Schilfpartie in sehr weiter Entfernung wieder zum Vorschein kam. Da mich jetzt ein breiter Sumpf von ihm trennte, so versuchte ich trotz der Entfernung, ihn durch eine Kugel zur Strecke zu bringen. Ich hatte aber nur das Resultat, daß er nach jedem Schusse, die mächtigen Ohren spreizend und den Rüssel kampfbereit aufwerfend, rückwärts trat. Als er dann weiterziehend im Schilf des Flußufers wieder unsichtbar zu werden drohte, beschloß ich, trotz des schlechten Windes, der meine Witterung dem Elefanten zutrug, den Sumpf zu durchqueren, um nahe herangehend den Fangschuß zu riskieren. Die Passage durch den Morast war eine sehr mühsame und oftmals steckten wir bis über die Knie fest. Da ferner durch einen Feuerbrand, der unlängst hier ge=

wütet hatte, alles mit einer dicken Schicht schwarzen Rußes überzogen war, so waren wir, oder besser ich, bald unkenntlich vor Schmutz. Denn meine einzigen Begleiter, der Askari Abdallah Massai, derselbe, der unter dem Löwen gelegen hatte, und mein Boy Mambo, erlitten durch die schwarze Rußschicht keine wesentlichen Veränderungen.

Endlich hatten wir uns durchgearbeitet und fühlten wieder festeren Boden unter den Füßen. Dafür gerieten wir aber in einen Gürtel von Matete, der, mehr als zwei Mannshöhen emporragend, keine fünf Schritt Übersicht gestattete. Vom Elefanten war nichts zu sehen. Um einen besseren Ausblick zu haben, erkletterte ich die Schultern Abdallahs. Aber selbst als ich durch einen Anruf von rückwärts und, mich umkehrend, durch die Handbewegung eines Mannes oben vom Terrassenabfall des Ufers her bedeutet wurde, daß der Elefant vor mir stehe, konnte ich nur ein schwaches Bewegen der Grasspitzen wahrnehmen. Da ich den Elefanten für sehr krank hielt, beschloß ich, trotz der ungünstigen Windrichtung ganz nahe heranzugehen. Wir hatten aber erst wenige Schritte zurückgelegt, als ein erst schwaches, dann immer stärker werdendes Rauschen, Knacken und Brechen in den Büschen uns belehrte, daß der „Tembo" zweifellos Wind bekommen und die Absicht habe, uns anzunehmen. Da in der hohen Matete nun nicht das geringste zu erkennen war, so traten wir einige Schritte zurück, um freies Gelände zu gewinnen. Meine beiden Leute aber, durch die drohende Gefahr kopflos geworden, kniffen, anstatt mir zu folgen, so schnell wie möglich aus und gerieten an eine Stelle, wo die dicken Grasstengel, meterhoch quer übereinander liegend, die Passage sperrten. Hier verfingen sie sich mit den Füßen und beim verzweifelten Versuche, sich zu befreien, fiel Mambo hin und riß Abdallah mit. In dem Augenblicke erschien auch der mächtige Kopf mit dem ausgestreckten Rüssel des Elefanten über ihnen. Die Größe der Gefahr erkennend, schoß ihm Abdallah auf Schrittweite eine Bleikugel auf die Stirn, die aber nur den Erfolg hatte, daß der Elefant niederkniend versuchte, Mambo, dessen Füße immer noch verstrickt waren, mit den Zähnen zu durchbohren. Als ihm dies nicht gelang, erfaßte er den Jungen mit dem Rüssel am Leibriemen, an dem die Patronentasche und der photographische Apparat hingen, und schleuderte ihn hoch in die Luft.

Ich selbst konnte von diesen Vorgängen nichts wahrnehmen, da ich in dem Bestreben, den Elefanten an mir vorbeilaufen zu lassen, ausgewichen und wiederum in den Sumpf geraten war, wo ich festsaß und mich nicht rühren konnte. Ich hörte das Wimmern und Schreien meines Boys und versuchte natürlich mit aller Gewalt mich aus dem Schlamm zu befreien, um ihm Hilfe zu bringen. Da kam aber auch schon mit furchtbarem Brechen und Krachen die Riesengestalt des Elefanten aus der Matete heraus und zwar gerade auf mich los. Ein kleiner Busch entzog mich glücklicherweise seinen Blicken. Aber zu meinem Entsetzen bemerkte ich auf den Zähnen des Elefanten liegend, vom aufgerollten Rüssel festgehalten, einen schwarzen, mit herausgerissenem Schilf und Blätterwerk bedeckten Körper und erkannte blitzschnell Mambo in einer verzweifelten Situation. Unser beider Lage war eine äußerst kritische. Brach jetzt der Elefant von meiner Kugel tötlich getroffen zusammen, so wurde der Körper des Boys unfehlbar dabei zerquetscht, wie ich es bei einem weiblichen Elefanten mit seinem Jungen schon erlebt hatte. Brach der Elefant aber nicht zusammen, so tötete er sicher zunächst den Boy und dann mich, da ich in meiner hilflosen Lage seinem Angriffe fast wehrlos preisgegeben war.

Unsagbar schnell durchkreuzten all diese Erwägungen mein Gehirn. Aber der Elefant kam meinen Entschließungen zuvor. Denn als er kaum noch fünf Meter weit von mir entfernt war, faßte er Mambo abermals und warf ihn wiederum einige Schritt vor sich in das hohe Gras, wo der Unglückliche schwer stöhnend liegen blieb. Dann tobte er mit abgespreizten Ohren, nur durch den kleinen Busch von mir getrennt, vorbei und verschwand in der Matete. Blos der Umstand, daß der Elefant schon sehr krank war, rettete Mambo das Leben, da der Dickhäuter bei voller Kraft wohl kaum von seiner Gewohnheit, seinen Feind zu zerstampfen, abgewichen wäre.

Diese letzten Anstrengungen und Aufregungen hatten das schwerverwundete Tier doch wohl zu sehr geschwächt. Wenig später hörten wir es mit einem lauten, langanhaltenden Klageton zusammenbrechen und verenden.

Nachdem ich mich nun endlich frei gearbeitet hatte, konnte der fast besinnungslose Mambo in Sicherheit gebracht werden. Dem Ärmsten war es schlecht ergangen. Er hatte eine Menge Kontusionen davongetragen, so daß er nicht imstande war zu gehen. Mit vieler Mühe trugen wir ihn zunächst durch das Sumpfgelände auf festen Boden, dann bereiteten wir eine Bahre, auf die er gelegt wurde. Ich sammelte die Überreste meiner Büchse, der Kamera und der Patronen auf, die zerstreut umherlagen. Der Schaft der Büchse war zersplittert, die Handkamera aber hatte merkwürdiger=

weise nur wenig gelitten. Selbst die Platte, die untenstehend den Elefanten vor dem Angriff zeigt, hat die „Luftreise" heil überstanden. Nun ging es an das Auslösen der Zähne, das nicht geringe Anforderungen an Zeit und Kraft stellte. Endlich konnten wir, es war schon spät am Nachmittage, an den Heimweg denken. Nach fünfstündigem ununterbrochenem Marsche am Ufer des Semliki entlang, wurde nach 14stündiger Abwesenheit,

Angeschossener Elefant im Semliki.

während der wir keinen Augenblick gerastet hatten, das Lager bei völliger Dunkelheit wieder erreicht. Nach weiteren zwei Stunden traf der Transport mit Mambo ein. Die gute Konstitution des Negers behielt auch hier den Sieg. Die Genesung des Jungen schritt mit jedem Tage fort und nach Verlauf von einer Woche konnte er seinen Dienst wieder aufnehmen.

* *
*

Vom Gange der Erzählung abweichend, möchte ich hier einige kurze Bemerkungen über die nicht zu unterschätzende Kaliberfrage der Jagdbüchsen, sowie über unsere Erfahrungen in derselben für diejenigen meiner Leser, die dem Handwerke der Göttin Diana huldigen, anfügen.

Wir führten Repetiergewehre der Kaliber 7,9 mm, 8 mm S=Geschoß, 9 mm mit 3 gr und 9,3 mit 3,55 gr Blättchenpulver mit.

Wenn man Zeit und Muße hat und die Nähe des Wildes es gestattet, einen Schuß abzugeben, der die edelsten Teile des Tieres verletzt, so ist wohl jedes Kaliber genügend. Bei schlecht sitzenden Schüssen aber, oder bei solchen, die auf große Entfernungen abgegeben werden müssen, zeigt sich die außerordentliche Überlegenheit der Büchsen mit dem Kaliber 9,3. Nach unseren Erfahrungen haben sich diese für den allgemeinen Gebrauch bei weitem am besten bewährt. Ich möchte behaupten, daß sie sogar die Wirkung des S=Geschosses übertreffen. — Wir führten ausschließlich für diese Büchse Hohlspitzgeschosse von sehr großer Bohrung, keine Teilmantelgeschosse. Denn diese sind nach meinen Erfahrungen den vorhin erwähnten im Durchschlag und in der Wirkung unterlegen.

Die Überlegenheit des Geschosses 9,3 (Dumdum) ist ungeheuer groß. Bei Querschüssen ist ein Ausschuß auf größere Entfernungen, wo die Stauchung der Kugel keine so große Rolle mehr spielt, fast immer vorhanden. Bei Schrägschüssen, auch bei schwerem Wilde, wie Wasserbock und Elenantilope, ist dies zwar nicht immer der Fall, man findet die Kugel dann aber fast regelmäßig auf der Ausschußseite unter der Decke. Die Kugel gibt nebenbei eine ganz besonders starke Schweißfährte, die bei den schwierigen Nachsuchen, wie sie in Afrika an der Tagesordnung sind, wesentliche Vorteile bietet. Die Zerreißungen der Kugel im Wildkörper bewirken bei guten Schüssen sehr schnelles Verenden des Wildes. Bei Waidwundschüssen findet man schweres Wild (Elen, Wasserbock, Pferdeantilope usw.) meist nach höchstens 50 Schritt im Wundbett. Schwächeres Wild in der Größe des Riedbockes fällt fast immer im Feuer. Selbst bei „big and dangerous game", bei Büffeln, Nashörnern und Elefanten, ist die Wirkung der Kugel 9,3 eine völlig ausreichende; öfter fand ich bei ersterer Gattung, selbst bei größeren Entfernungen, die Kugel unter der Decke der Ausschußseite. Mehrmals sah ich Büffel mit dieser Kugel im Feuer zusammenbrechen. Wiederholt ist es uns sogar gelungen, den Elefanten mit einer einzigen Kugel auf das Blatt zur Strecke zu bringen und zwar so, daß wir den Beschossenen nach wenigen 100 Metern, einmal sogar nach 50 Schritt verendet fanden.

Das S=Geschoß genügt vollständig für alles Wild, mit Ausnahme der Dickhäuter. Für die Jagd auf den Elefanten ist es völlig unbrauchbar. Die ungünstig verteilte Schwere der Kugel veranlaßt beim Auftreffen

Der Salzsee von Katwe.
Nach einem Gemälde von W. Kuhnert.

ein sofortiges Überschlagen, so daß die Kugel nicht in den Wildkörper eindringt. Wiederholt spielten sich Szenen ab, bei denen bis zur endgültigen Erlegung des Elefanten 30, 40 und mehr Kugeln notwendig waren. Auf kurze Entfernung ist der Durchschlag des S-Geschosses auf dem Elefantenschädel ganz schlecht. Entscheidend waren in dieser Hinsicht die Erfahrungen von Schubotz, als er einem angeschossenen Elefanten den Fangschuß geben wollte. Auf etwa 20 Schritt gab er ihm elf Kugeln auf den Kopf und zwar zwischen Licht und Gehör, die dem Tiere aber nur geringen Eindruck machten. Nachdem der Dickhäuter dann nach einer größeren Anzahl Blattschüsse zur Strecke gebracht worden war, fand man alle elf Kugeln stark deformiert in der Muskulatur und in den oberflächlichen Knochenlagen des Oberkiefers.

Mit der 7,9 mm-Kugel, die wohl bis dahin am meisten in Afrika geführt worden ist, sind so reichliche Erfahrungen gemacht worden, daß es sich erübrigen dürfte, auf diese näher einzugehen. Bei Verletzungen edler Teile genügt sie völlig, bei Waidwundschüssen oder ähnlichen erreicht sie aber die Leistungsfähigkeit der 9,3-Patrone niemals. Ich kann diese letztere daher, wenigstens soweit meine Erfahrungen reichen, und diese sind bei den mannigfachen Wildarten, die ich zur Strecke bringen konnte, keine geringen, für den schwarzen Erdteil als die bei weitem zuverlässigste von deutschen Waffen empfehlen.

* * *

Am Abend nach der zuletzt geschilderten Jagdperiode waren wir Zeugen eines Naturfeuerwerkes von packender Wirkung. Ein Steppenbrand von ungewöhnlicher Ausdehnung erstreckte sich über den ganzen Horizont und zeichnete die Konturen der Berge in einer ununterbrochenen Feuerlinie vom Himmel ab.

In dieser Gegend werden die Brände von den Eingeborenen entfacht, um vor der Regenzeit den Boden vom alten Graswuchs zu säubern und Raum für die neuen, wohlschmeckenden jungen Gräser zu schaffen, die das Wild besonders bevorzugt. Letzteres, auch der Elefant, scheut das Feuer durchaus nicht, sondern findet sich gerne auf solchen weiten Brandstellen ein, um die frischen zarten Gräser zu äsen.

Im allgemeinen sind die Steppenbrände durchaus harmloser Natur, einmal jedoch, am Tage vor Weihnachten, wären sie uns beinahe verhängnisvoll geworden. Eine ungeheure Feuerlinie wälzte sich über den

Kamm der Berge direkt gegen die Strohhäuser von Kasindi heran. Diese Erscheinung war eine alltägliche, und so beachteten wir sie anfangs nicht, bemerkten aber plötzlich, daß die Flammen, manchmal hoch auflodernd, nur noch wenige hundert Meter von den Häusern entfernt waren. Schnell alarmierten wir die Askari und Träger und im Laufschritt ging es dem Flammenmeer entgegen. Nach zweistündiger Arbeit war das Zentrum des Feuers mit Stöcken niedergeschlagen und bewältigt. Die gewaltig langen Ausläufer aber züngelten schadlos an beiden Seiten des Postens vorüber.

* * *

Am 24. trafen alle Herren bis auf Kirschstein, dessen Arbeiten im Vulkangebiet eine Verlängerung seines Urlaubes notwendig gemacht hatten, in Kasindi zum Weihnachtsfeste ein. Der Heiligabend verlief sehr gemütlich. Wir Europäer versammelten uns zu einem gemeinsamen Mahle und verbrachten dann den Rest des Abends bei Grammophonbegleitung unter den Lichtern eines von Wiese aus Akazienzweigen hergerichteten Baumes. Einige Gläser Grog mußten versuchen, uns in die Weihnachtsstimmung zu versetzen, die bei der grünen Umgebung in der warmen Sommerluft nicht aufkommen wollte.

So nahte nach einigen Tagen eifriger Arbeit im Lager die Jahreswende heran. Voll Dankbarkeit konnten wir auf das vollendete Jahr zurückblicken, voll Hoffnung dem beginnenden entgegensehen. Es konnte ein jeder meiner Mitarbeiter mit Befriedigung feststellen, daß es ihm in angestrengtester Arbeit, unter vielen Entbehrungen und in strengster Selbstzucht gelungen war, mancherlei neue Probleme zu lösen, neue Forschungsgebiete für die deutsche Wissenschaft zu erobern.

Am Neujahrstage unternahmen Schubotz und ich eine auf mehrere Tage berechnete Exkursion nach Njama Kasana, um Plankton zu fischen, zu dredgen und überhaupt der niederen Fauna des Sees unsere Aufmerksamkeit zu widmen. Wir nahmen nur einige wenige Leute zum Aufrichten der Zelte, jeder einen Boy und außerdem einen Koch mit und konnten so die Annehmlichkeiten des ungestörten Aufenthaltes ohne die unbequemen Begleiterscheinungen genießen, die die Mitnahme einer Karawane stets im Gefolge hat.

Wir beide besuchten auch von hier aus einen Ort von ganz besonderem Interesse, nämlich Katwe, das an einem salzreichen Binnensee gelegen und vom Albert Eduard=See nur durch eine schmale, steil aufragende Landenge getrennt ist. Überraschend wirkt der Anblick, den der Ort gewährt, wenn man ihn, über die hohe Nehrung hinwegschreitend, plötzlich erblickt. Das auffällig weinrot gefärbte Wasser dehnte sich wie ein Blutsee zu unseren Füßen aus. Die blaue Färbung des Himmels, von dem roten Wasser durch die gelben Sanddünen getrennt, malte uns ein so kontrastreiches Bild vor Augen, wie man es wohl sonst kaum wiederfinden dürfte.

Der Albert Eduard=See bei Njama Kasana.

Der Wassergehalt dieses Sees ist gegen früher erheblich gesunken. Dies konnte sofort an den Salzabsonderungen festgestellt werden, die viele Meter hoch ringsum die Ufer bedecken. Seine Tiefe beträgt nicht einmal einen Meter. Dieser Rückgang scheint mit der stetigen Wasserabnahme des Albert Eduard=Sees in Zusammenhang zu stehen, weil beide Seen durch unter= irdische Zuflüsse verbunden sind. Da der Boden des Salzsees bedeutend höher liegt als der des Albert Eduard=Sees, so dürfte seine gänzliche Austrocknung in absehbarer Zeit zu erwarten sein. Durch den starken Rückgang und durch die ständige Verdunstung seines Wasserspiegels sind auf dem Seeboden starke Niederschläge angereichert worden, die sich im Laufe der Zeit zu einer dicken

Salzkruste verdichtet haben. Die Salzgewinnung geschieht nun einfach so, daß ständig eine Anzahl Leute, gänzlich unbekleidet, im Wasser umherwatet, um das Salz vom Boden abzulösen. Dieses wird in schlittenartige Boote verladen, die von anderen Arbeitern wiederum an Land gezogen werden. Hier greifen kräftige Arme zu, um die einzelnen Stücke herauszuheben und zum Trocknen in meterhohe Pyramiden aufzustapeln. Stark verkleinert wird das Salz in strohgedeckte Schuppen verstaut, bis es zum Versand gelangt[1]).

Salzpyramiden bei Katwe.

Auch folgende Methode findet Anwendung. Zu beiden Seiten eines kleinen Grabens werden durch Aufwerfen von Lehm und Sand rundliche, drei bis fünf Meter im Quadrat haltende flache Wannen gebildet. Diese werden mittels einer Kelle oder mit der Hand vom Graben aus etwa fußhoch mit Wasser angefüllt. Die Kraft der Sonne läßt dieses in den Abteilungen so schnell verdunsten, daß nach Verlauf von sechs Tagen nur noch das übrig gebliebene Salz den Boden bedeckt. Das auf diese Weise gewonnene Salz

---

[1]) Eine Analyse des Wassers vom Katwe-See geben A. Pappe und H. B. Richmond im Journ. Soc. Chem. Industry 1890. Danach ist das durch Verdunsten aus dem Katwe-See gewonnene Salz ein stark mit Glaubersalz und in geringerem Maße auch mit Soda bezw. Bikarbonat verunreinigtes Kochsalz.

ist weißer und feiner als das vom Seeboden losgebrochene und steht daher auch höher im Preise. Die Quantitäten, die so gewonnen werden, sind ganz bedeutende und versorgen nicht nur einen großen Teil Zentralafrikas, sondern finden ihren Weg selbst bis zur Westküste des Viktoria=Sees, bis Entebbe und Bukoba.

Da Katwe, wie aus dem oben geschilderten hervorgeht, ein Ort von hoher wirtschaftlicher Bedeutung ist, so wurde man sich bald über die Lage

Wannen zur Gewinnung von Salz. Katwe.

des 30. Längengrades, der hier unmittelbar vorübergeht und die Grenze zwischen dem englischen Gebiet und dem Kongostaate bildet, uneinig. Vor der Auffindung dieses wertvollen Platzes lief der Meridian unange= fochten östlich an ihm vorüber, so daß seine Zugehörigkeit zum Kongostaate außer allem Zweifel stand. Nach seiner Entdeckung aber gewann man im englischen Kolonialamt die Überzeugung, daß hier zweifellos ein schwerer Vermessungsfehler vorliege. Und es gelang auch einem geschickten Astronomen, den Längengrad westlich Katwes zu verschieben, so daß dieses in das englische Gebiet fiel. Nun stiegen aber wiederum bei den Belgiern be= rechtigte Zweifel über die Richtigkeit der letzten Vermessung auf. So wurden denn zur endgültigen Feststellung eine belgische und eine englische Kommission abermals hinausgesandt, die gerade in den Tagen unserer Anwesenheit ihre Arbeit beendeten. Diese beiden Kommissionen hatten ihren Sitz bereits weiter nach Norden an den Semliki verlegt, doch war es uns noch später vergönnt, in beiden Lagern, kurz bevor die Herren in ihre Heimat zurückkehrten, einige Tage aufs liebenswürdigste dargebotener Gastfreundschaft zu verleben.

Jetzt liegt das Monopol der Salzausnutzung in den Händen des Sultans Kasakama von Toro, doch dürfte die Regie nach endgültiger Festlegung der nationalen Zugehörigkeit Katwes in geschicktere Hände übergehen.

Am 5. Januar kehrten wir nach Kasindi zurück, wo in gemeinsamer Beratung die Arbeitsgebiete für die nächsten Monate bestimmt wurden. Danach sollte Czekanowski östlich um den Ruwenzori herumgreifend Toro und Unyoro berühren, Raven wurde beauftragt, zu Spezialstudien südlich von diesem Gebirge in das Gebiet der Wasongora zu gehen. Wir anderen gedachten zunächst geschlossen dem Laufe des Semliki bis Beni zu folgen. Hierauf sollten uns die Westhänge des Ruwenzori sowie die Ostränder des großen Urwaldes, die bis fast nach Beni heranreichen, ein neues Forschungsgebiet eröffnen.

Große Sammlungen waren in den letzten Tagen etikettiert, gebucht und zum Versand verpackt worden. Gegen 100 Lasten lagen in Kasindi bereit. Die heimkehrenden Träger, die neuen Proviant heraufgeschafft hatten, wurden zum Transport unserer Schätze nach dem Viktoria=See verwendet. Und als die stattliche Karawane in der Talsenkung verschwunden war, wandten wir uns nordwärts auf neuen Wegen neuen Zielen zu.

VIII.

Durch das Semliki-Tal zu den Goldfeldern von Kilo.

Verpflegung bringende Eingeborene.

VIII.
Durch das Semliki-Tal zu den Goldfeldern von Kilo.

Der erste Marschtag im neuen Jahre führte uns durch Akazienwälder, in denen sich viele frische Elefantenfährten fanden. Dann ging es weiter über hohe romantische Felspartien bis nach Karimi an den Semliki, wo wir übersetzten. Bei dieser Gelegenheit passierten wir zum sechsten Male auf unserer Reise den Äquator. Denn abgesehen von der Schiffsreise auf dem indischen Ozean, hatten wir noch auf dem Viktoria-See zweimal Gelegenheit gehabt, ihn zu kreuzen, und auch unsere Streifereien von Kasindi aus hatten uns zweimal über die Linie geführt.

Am folgenden Tage wurde das Lager bei der Missionsstation St. Gustave aufgeschlagen, wo wir von dem Père supérieur Farinelli sehr gastlich aufgenommen wurden. Diese junge, seit etwa Jahresfrist bestehende Mission hatte erst kürzlich, nachdem ein orkanartiger Sturm sie dem Erdboden gleichgemacht hatte, nicht zu ihrem Schaden, ihre Wiedererstehung gefeiert. Denn die aus Matete konstruierten Häuser sowie die Kapelle machten einen äußerst wohlgepflegten, sauberen Eindruck. Dieser wurde durch das sympathisch berührende Auftreten der geistlichen Beamten noch verstärkt, die vor allem wegen ihrer Nichteinmischung in politische Angelegenheiten sich der besonderen Achtung der Kongolesen erfreuen.

In unserem nächsten Lager Sambia erwartete uns nach einem langweiligen und recht heißen Marsche durch ziemlich flaches Gelände, in dem weite, kohlschwarze Abbrandstellen von verheerenden Feuerbränden erzählten, die völlig überraschende, aber um so erfreulichere Begegnung mit einem liebenswürdigen Reisenden, dem österreichischen Husarenrittmeister Creydt, der über St. Portal zu Jagdzwecken hierher marschiert war. Und der 13. Januar zeigte uns schon von ferne die sauber aussehenden Häuser von Beni auf einem plateauartigen Hügel von größerem Umfange. Vorher allerdings galt es noch bei großer Hitze viele tiefe Schluchten zu passieren, die eine weite Grassteppe durchschnitten. Diese zeigte botanisch insofern ein neues

Beni.

Bild, als sie fast ausschließlich mit weit auseinanderstehenden Borassus-Palmen bestanden war. — Viele neue und alte Büffel- und Elefantenpfade verrieten auch hier die Häufigkeit dieses Wildes.

In Beni empfing uns an der Spitze der Kompagnie der Distriktschef Commandant supérieur Derche mit den Herren seines Stabes, die ihren Inspektionsaufenthalt bis zu unserem Eintreffen freundlicherweise ausgedehnt hatten. Denn der Posten gehört noch zum Distrikt des Russisi-Kiwu und zu derselben Zone wie Rutschuru. Diese unterstand dem Kapitän Baudelet, während als Chef de secteur Kapitän Benaets seines Amtes waltete.

Der Posten ist nächst dem deutschen Posten Kissenji am Kiwu-See wohl der ansprechendste, den wir von Innenstationen berührten, und schon die Wahl seiner Lage zeugt von Sorgsamkeit und Geschmack.

Der aus der Ebene des zentralafrikanischen Grabens sanft emporsteigende plateauartige Hügel, auf dem Beni erbaut ist, wird an seinem

Weſtrande vom großen, bis an den Ubangi hin ſich ausdehnenden Walde be=
rührt, während der Südoſthang ſteil zum Semliki abfällt, der ſich in ſtarker
Krümmung in einer Durchſchnittsbreite von etwa 100 m dicht unterhalb des
Poſtens entlangwindet. Hübſche, weißgetünchte Häuſer verleihen dem Orte
etwas Freundliches, ein Eindruck, der durch einen weiten, freien Platz,
auf dem die blaue Flagge mit dem gelben Sterne weht, noch erhöht
wird. Hinter dem Gebäude der Meſſe erheben ſich gewaltige Reſte einſtiger

Fähre bei Beni.

Waldherrlichkeit. Die Häuſer verbinden ſaubere, von Bananen eingefaßte
Wege.

Die Niederlaſſung der Belgier in der Gegend um Beni herum iſt noch
jüngeren Datums und daher noch bedeutender Entwicklung fähig. Unbot=
mäßigkeiten der Eingeborenen tragen vor allem die Schuld daran, daß dieſe
fruchtbare Gegend erſt ſpät erſchloſſen ward. Das ſchlechte Gewiſſen der
Bevölkerung, die bei jedem Erſcheinen der Belgier in die Berge entwich,
machte jeden Friedens= und Annäherungsverſuch zuſchanden. Erſt im Laufe
des Jahres 1907 iſt es gelungen, einzelne Dorfſchaften zur Rückkehr in
ihre Heimat zu bewegen, wo man ſie gut behandelte und ſie von der Grund=
loſigkeit ihrer Furcht überzeugte. Dies Beiſpiel zog andere Leute nach, und

sogar während unserer Anwesenheit konnten wir hier und dort wieder blühende Bananenfelder entstehen sehen und auch fleißige Ackerbestellung beobachten. Hinter den Randbergen aber sitzen noch viele Häuptlinge, die jede Europäerherrschaft ableugnen und mit Recht als sehr gefährlich gelten. Wenn auch diese Häuptlinge zur Tageszeit kaum zum offenen Angriff übergehen würden, so erschweren sie doch durch ihr Verhalten die Kultivierung des Landes außerordentlich. Denn ganz abgesehen davon, daß sie die friedliche Bevölkerung zum Ungehorsam aufreizen, entziehen sie dem Lande eine nicht unbedeutende Anzahl von Trägern und Arbeitern.

Eine breite Karawanenstraße verbindet Beni mit dem Posten Mawambi am Aruwimi, wo sie in die große Route Irumu-Stanleyville (am Kongo) einmündet. Und dieser direkte Verkehr mit dem größten Wasserwege Zentralafrikas verschafft der Niederlassung eine erhöhte Bedeutung. — Der freie kommerzielle Verkehr allerdings ist, wie überall im Kongostaate, infolge der erschwerenden Bedingungen auch hier ein äußerst geringer. Daß indes viele Händler, hauptsächlich Inder, die Vorteile des nahen Waldes zum Schmuggel ausnützen, ist bei seinen Riesendimensionen und der hieraus erwachsenden unzulänglichen Kontrolle selbstverständlich.

Beni ist stark militärisch besetzt. Während unseres Aufenthaltes dort wurde sehr eifrig exerziert. Bereits um früh 6 Uhr schmetterte das Signal zum Antreten über die stille Gegend dahin. Auf dies Signal sammelte sich aber nicht nur die Kompagnie zum täglichen Dienst, sondern es erschienen auch alle männlichen und weiblichen Arbeiter des Postens, etwa zweihundert an der Zahl. Während die Truppe dann zum Dienst antrat, wurde vom Chef de poste der Arbeitermannschaft das Pensum des Tages überwiesen. Bei dem Appell ging es sehr strenge zu. Die Anwesenheit eines jeden wurde durch Namensaufruf kontrolliert. Unentschuldigtes Fehlen wurde bestraft, kam aber nur selten vor. — Um 8 Uhr fand für die Soldaten eine Pause statt, während welcher sich die Europäer zum Frühstück in der Messe zusammenfanden. Das Frühstück ist afrikanischen Umständen angepaßt und besteht aus Kaffee oder Tee, Brot und Butter, kaltem Aufschnitt, Früchten und Käse.

Nach Beendigung des Dejeuners wurden die militärischen Übungen, denen ich öfters beiwohnte, bis etwa 11 Uhr fortgesetzt, worauf die Mittagspause eintrat. — Um 1 Uhr fand das Diner statt, zweimal durch ein Signal angekündigt. Aber bereits um 2 Uhr ertönte von neuem der

Ruf zum Nachmittagsappell. Wiederum trat die Truppe und die gesamte Arbeitermannschaft zum Dienst an. Der Nachmittagsdienst endigte um 4 Uhr. Oftmals wurde dann des Abends noch zu einem dritten Appell angetreten, bei dem die Leute in beliebigem Anzuge und meist mit dem typischen Kongostrohhut auf dem Kopfe erschienen. Hierbei wurden Kleider,

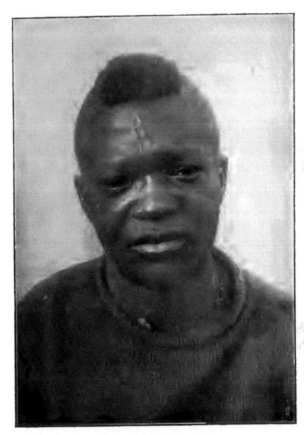

Kongo=Soldat vom Uelle.

Schuhe usw. nachgesehen, Löhnung oder Verpflegung verteilt. Vor dem Signal zum Souper, das um 7 Uhr eingenommen wurde, pflegten sich die Europäer zu einem zwanglosen Abendschoppen im Hause des Chef de poste zu vereinigen. Den Abend beschloß oft ein Konzert auf dem vorzüglichen Grammophon des italienischen Arztes Dr. Mortula, das mehrfach bei herrlichem Vollmondschein auf dem freien Platz vor den Häusern stattfand. Mit seinen heimatlichen Klängen weckte es manche Erinnerung vergangener Tage und ließ die Gedanken weit hinausschweifen zu denen, die jetzt in kalter Winterzeit bei rauschenden Festen und mehr oder minder anregenden Gesellschaften die konventionellen „Vergnügungen" der Saison durchzukosten hatten. Wie wenig beneidete ich sie! Wie viel zufriedener machte mich die Aufgabe, die ich mir selbst gestellt hatte! Wie beglückte mich der Gedanke, durch Erschließung neuer Gebiete und durch die Forschungen meiner Mitarbeiter Positives wirken zu können, Lücken in der Wissenschaft auszufüllen und beständig meinen Gesichtskreis erweiternd die törichten Nichtigkeiten des alltäglichen Lebens zu vergessen!

Östlich Beni ragt hoch die gewaltige Bergmasse der Ruwenzori-Kette empor. Doch nur selten genießt man den Anblick der mächtigen Gletscher. Nur einmal war es mir bei Tagesanbruch vergönnt, das großartige Schauspiel zu erleben und die gletscherbedeckten Häupter der imposanten Kette in voller Klarheit zu schauen. Und als dann die Sonne am Horizont emporstieg, wurden ihre Strahlen vom Eis des Gletschers aufgefangen und brachen sich dort in ganz prachtvollen, ständig wechselnden Farbenspielen. — Doch als schäme sich die Natur dieses neckischen Spiels ihres Lieblings, zog sie leise den verhüllenden Schleier wieder vor und verdichtete ihn immer mehr, bis die Gestalt des Berges dem Auge des Beschauers wieder schattenhaft entrückt war. Daß wir den Berg wenigstens ab und zu einmal noch erblicken durften, verdankten wir den immer stärker werdenden Regenfällen, die in der letzten Woche in wolkenbruchartigen Schauern täglich auftraten.

So fegte am 17. Januar, während wir beim Frühstück in der Messe saßen, ganz plötzlich mit verheerender Gewalt ein Hagelsturm über den Ort dahin, der alle Zelte umlegte, die jungen Bäume bis fast auf die Erde niederbog, die Wipfel der Papaia-Bäume[1]) rasierte, Äste und Blätter zu Boden warf und eine Anzahl Bananenstämme umbrach. Gewöhnlich sind diese elementaren Naturereignisse in Afrika nur von kurzer Dauer, und so belachte auch diesmal die Sonne nach kaum einer Viertelstunde die Verwüstungen des Sturmes.

Am folgenden Tage brach unsere ganze Expedition in Vériters Be-

---

[1]) Der Papaia- oder Melonenbaum trägt grünliche, runde Früchte in Größe einer Kokosnuß, deren wohlschmeckendes gelbliches Innere, mit dem Löffel herausgeholt, als besondere Delikatesse gilt.

gleitung zu einer vierzehntägigen Exkursion in die östlichen Randpartien des großen Urwaldes auf. Nach einem kurzen Marsch am ersten Tage, bezogen wir am zweiten ein schon tief im Walde gelegenes Lager in dem Dorfe des Häuptlings Muera, der aber abwesend war. Mit gespannten Erwartungen drangen wir in das geheimnisvolle Dunkel dieses unendlichen Urwaldkomplexes ein. War doch unsere Phantasie noch voll beschäftigt mit der Lektüre berühmter Männer, die wie Stanley, Wißmann u. a. in packender Darstellung die Schönheiten, aber auch die Schrecken der Märsche durch das Laubgewirre geschildert hatten. Nun hat freilich seit jener Zeit das Wandern durch den Urwald seine Schrecken verloren, auch waren wir durch die Kenntnis anderer größerer Waldpartien etwas ernüchtert, immerhin aber übten die ersten Tage des Aufenthaltes doch wieder den vollen Zauber einstiger Phantasie auf uns aus. Diese lyrischen Empfindungen wurden indes bald durch beständig wachsende wissenschaftliche Interessen abgelöst.

Je tiefer wir nämlich vorwärts drangen, desto größer wurde das Entzücken unseres Botanikers. Denn er fand eine Flora, die von der uns bisher in den Waldgebieten bekannt gewordenen vollkommen abweicht. Auch zoologischen Neuigkeiten, insonderheit kleinen Vögeln und niederen Tieren begegneten wir viel. Dennoch fand Schuboß merkwürdigerweise auch Formen, besonders in der Ornis und unter den Schmetterlingen, wie er sie trotz ihres ausgesprochen westlichen Charakters bereits in den östlichen Wäldern

Pygmäe (Urwald-Zwerg).

und auf der Insel Kwidschwi im Kiwu-See beobachtet hatte. Es entfaltete sich daher bald eine rege und erfolgreiche Sammeltätigkeit und von allen Seiten ward wertvolle Beute eingebracht.

Am dritten Tage unseres Aufenthaltes erschien endlich auch Muera selbst. Wir hatten sein Erscheinen schon mit Ungeduld erwartet. Denn es lag uns sehr daran, mit den Wambutti, den echten Pygmäen, deren Verbreitungszone hier beginnt, Fühlung zu bekommen. Da der hier in der Nähe hausende Stamm Muera unterstand, so waren wir auf seine Hilfe angewiesen. Er erklärte sich auch bereit, die Zwerge heranzuholen, und tatsächlich erschienen am folgenden Morgen ihrer fünf. Da dies unsere erste Begegnung mit dem äußerst merkwürdigen Menschenstamme und auch die erste Berührung dieser Pygmäen mit Weißen war, so betrachteten wir uns gegenseitig mit ungeteiltem Interesse. Ich habe die charakteristischen Eigen-

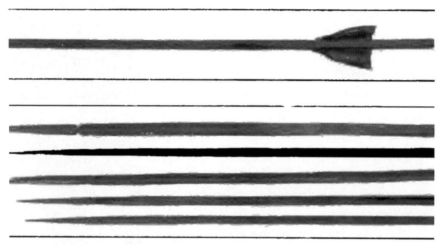

Spitzen (unten) und Bart (oben) von Giftpfeilen der Pygmäen.

schaften der Pygmäen, ihre Größenverhältnisse und ihr Aussehen bereits bei der Besprechung der Batwa des Bugoie=Waldes geschildert, so erübrigt es sich, hier nochmals näher auf dieselben einzugehen. Nur wenige Bemerkungen seien noch gestattet. Ganz auffallend ist die helle Färbung der Haut, die, abgesehen von der Kleinheit der Leute, sofort die Stammesverschiedenheit mit den Batwa von Bugoie augenfällig hervortreten läßt. — Die Pygmäen sind von gedrungener, kräftiger Statur. Ihre Muskulatur ist stark entwickelt, der Kopf gerundet, das Haar kurz und gekräuselt. Aus gutmütigen Gesichtern, in denen die breite Nasenwurzel charakteristisch ist, schauen große intelligente Augen. Die Kleidung besteht aus einem Schurz von grauem, wollartigem Rindenstoff, der aus dem Supa=Baume gewonnen wird. Sie wird durch den Spalt gezogen und um die Hüften von einem Gürtel aus Bast gehalten. Mehrmals sahen wir auch Gürtel aus dem Fell des Okapi.

Urwald=Pygmäen. (Wambutti.)

Urwald=Pygmäen. (Wambutti.)

Als Bewaffnung tragen die Wambutti Pfeil und Bogen und einen kurzen Speer. Die Spitzen der Waffen sind, entsprechend ihrer Verwendung zu Kriegs= oder Jagdzwecken, aus Eisen bezw. aus Holz gefertigt. Sie werden von den Männern selbst geschmiedet oder geschnitzt und sind alle mit Pflanzengift versehen. Das Gift dieser Pfeile entstammt nach den Unter= suchungen des Dr. Max Krause vom Hydrotherapeutischen Institut zu Berlin einer Strophanthus=Art — wahrscheinlich hispidus oder kombe, nicht

Wambutti=Weiber in Salambongo.

gratus. Nach Entfernung des Giftbelages zum Zwecke der Untersuchung entdeckte man, daß die Leute den Pfeil zirka 3 cm von der Spitze eingekerbt haben, um ein Abbrechen der giftigen Spitze in der Wunde zu be= günstigen. Das Gift ist schnell wirkend und tödlich, wenn es nicht gelingt, die Spitze des Pfeiles rechtzeitig zu entfernen und die Wunde auszusaugen. Selbst großes Wild erliegt der Wirkung stets; je nach dem Eintrittspunkt des Pfeiles wird das Verenden mehr oder minder schnell nach der Ver= wundung erfolgen.

Die Weiber sind von abschreckender Häßlichkeit. In Größe wie Farbe gleichen sie den Männern. Gelegentlich findet man auch bei ihnen durch die Lippen gezogene, dünne Kupferringe, an denen eine Kaurimuschel hängt, als Schmuck. Die Kleidung ist meist noch primitiver, wie die ihrer

Gebieter, denn der Schurz verkleinert sich oft zu einem kaum sichtbaren Dreieck.

Die Kinder, die ganz nackend gehen, werden auf der Hüfte der Mutter sitzend getragen, unterstützt von einer manchmal ganz dünnen Schnur, die über die Schulter der Mutter läuft und oft durch tiefes Einschneiden in den weichsten Körperteil manchem kleinen Wurm jämmerliche Tränen der Qual entlockt.

Pygmäen-Weib. Kongo-Urwald.

Feste Wohnsitze kennen die Wambutti nicht. Diese werden je nach Laune oder nach den jagdlichen Verhältnissen gewechselt, aber niemals außerhalb der Waldgrenze verlegt. Die Hütten werden sorglos und flüchtig aus Lianengerüst hergestellt und mit Blätterwerk überdacht, das kaum dem eindringenden Regen standhält.

Zwischen diesen Hütten spielt sich das Leben derjenigen ab, die nicht der Lieblingsbeschäftigung des ganzen Stammes, der Räuberei, dem Diebstahl oder der Jagd, nachgehen. Die zu Hause bleibenden betreiben auch, wie erwähnt, etwas Schmiedekunst.

Im Dorfe des Muera trennten wir uns von den beiden Biologen, die ihre Sammeltätigkeit an der Straße fortzusetzen wünschten. Denn die kleinen Vögel, Schmetterlinge usw. sind dort häufiger zu treffen, als im Walde selbst. Wir haben auch späterhin bei dem wochenlangen Marsch durch den geheimnisvollen Wald stets die Beobachtung gemacht, daß die Ränder der Straßen und die Lichtungen, auf denen bewohnte Dörfer standen, am meisten von der gefiederten Welt belebt waren. Auch die Beobachtungen

Urwald=Zwerge im Lager.

und Sammlungen des Botanikers wurden durch die Übersichtlichkeit des Geländes erleichtert.

Wiese, Vériter und ich bezogen mit den Zwergen ein Lager mitten im Waldinnern, fernab von jedem menschlichen Verkehr, und streiften mit ihnen acht Tage lang kreuz und quer durch das Dickicht. Ohne die Begleitung der Zwerge wäre dies nicht durchführbar gewesen, da die einzige Kommunikationsmöglichkeit in den sich fortwährend kreuzenden frischen und alten Elefantenpfaden besteht, die einem Weißen bald jede Orientierung unmöglich machen.

Wir befanden uns hier schon, wie wir durch Fragen hatten fest=

Okapi Johnstoni.

stellen können, in der Verbreitungszone des Okapi. Dem Leser wird der Name dieses eigenartigen Säugetieres nicht mehr unbekannt sein. Erst vor wenigen Jahren war es einem in belgischen Diensten stehenden Skandinavier, dem Leutnant Erikson, gelungen, die Existenz eines antilopenähnlichen größeren Tieres festzustellen, das von den Waldbewohnern Okapi genannt wurde. Es glückte ihm auch, ein Fell desselben zu erhalten. Durch Vermittlung des allbekannten, langjährigen Gouverneurs von Uganda, Sir Harry Johnston, gelangte dann dies Fell nach London, wo es durch seine absonderliche Form und Zeichnung unter der Gelehrtenwelt ungeheures Aufsehen erregte. Bald darauf ging es für einen hohen Preis in den Besitz des Tringh-Museums über.

Okapi.
Nach einem Gemälde von W. Kuhnert.

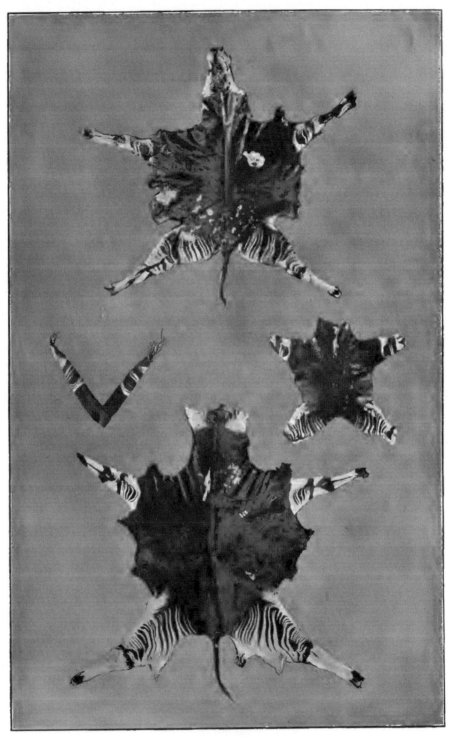

Okapi-Felle.
In der Mitte links 2 Gürtel aus Okapi-Haut.

Besser als alle Beschreibungen es vermögen, gibt ein Bild die Eigenart dieses Tieres wieder, das Kuhnerts Meisterhand dem vorliegenden Buche schenkte. Die auffallende Streifung der Läufe, die Länge des Halses, der hohe Widerrist und die Färbung des Kopfes können als hauptsächliche Charaktermerkmale gelten. Seine Widerristhöhe entspricht der eines starken Rindes.

Das Merkwürdigste aber ist, daß in einem Gebiete, das seit über 20 Jahren unter europäischer Herrschaft steht und in dem über 1000 Weiße wohnen, sich ein großer Säuger von so auffälliger Form bis vor kurzem hat verborgen halten können. Und dieser Umstand mag wohl auch den Schluß zulassen, daß die Erforschung des ungeheuren, mehrmals die Größe Deutschlands umfassenden Waldkomplexes noch keineswegs abgeschlossen ist.

Die Erlegung des Okapi durch einen Europäer kann nur durch einen Zufall gelingen. Eine systematische Verfolgung dieses überaus scheuen Tieres dürfte völlig zwecklos sein. Die undurchdringliche Dichtheit des Waldes, die Tritte der schweren Schuhe, das nicht zu vermeidende Geräusch beim Anstreifen der Kleidung an das Laub wird die Bemühungen eines europäischen Jägers wohl stets vereiteln. Die Schwierigkeiten werden am besten dadurch gekennzeichnet, daß im Jahre 1905 der britische Major Powell Cotton weiter westlich bei Makala 6 Monate im Urwalde speziell der Erlegung des Okapi widmete und nur ein Tier — durch die Pygmäen erhielt. Er hatte aber wenigstens die Genugtuung, den Anblick des ersehnten Wildes unmittelbar nach seiner Erlegung zu genießen, worum ihn heute Tausende beneiden.

Auch unsere Hoffnung, das Okapi vor das Rohr zu bekommen, sank rapide, sobald wir einen Einblick in das schier unergründliche Gewirre des Walddickichts getan hatten. Wir sahen bald ein, daß der Anblick eines durch die Zwerge erlegten Tieres unseren Ehrgeiz würde befriedigen müssen, und setzten daher alle Hebel in Bewegung, wenigstens dies zu erreichen. Das Versprechen von Backschisch in schwindelnder Höhe spornte die Wambutti dann auch zu größtem Eifer an. Tagelang streiften sie allein durch den Wald. Fährten wurden zwar gefunden; der so sehr erhoffte Erfolg aber blieb aus.

Die Wambutti jagen das Okapi meist zur Regenzeit. Sie suchen sich am Morgen eine frische Fährte der Nacht. Dieser folgen sie dann durch dick und dünn, durch Blätterwerk und Lianengeschlinge. Da das Okapi viel hin und her zieht, so dehnt sich die Jagd oft tagelang aus. Nur dem fast unglaublichen Spürsinn dieser Wilden ist es möglich, an fast unmerklichen, dem Auge des Europäers gänzlich unsichtbaren Zeichen den Weg des seltenen Wildes einhalten zu können. Da das Okapi den Strahl der Sonne ängstlich meidet, so finden es die Jäger im dichtesten Buschwerk versteckt. Fast immer gelingt es ihnen, lautlos bis auf wenige Schritte heranzuschleichen und das ruhende Wild durch die geschleuderten Giftspeere zu erlegen.

Die Namensbezeichnung für diese große Antilope wechselt übrigens je nach den Gegenden. „Okapi" und „Kwapi" ist die gebräuchlichste, auch hörten wir einmal „Alabi". Vielfach wurde sie auch „Kenge" genannt. In Mawambi am Aruwimi zeigte ich einen Monat später den Wambutti eine farbige Abbildung des Okapi Johnstoni. Sie erkannten dieselbe sofort und nannten sie einstimmig „Kenge". Der Ausdruck „Okapi" und „Kwapi", sowie „Alabi" war dort ganz unbekannt. Die Pygmäen bei Beni dagegen gebrauchten nur die Bezeichnung „Okapi" und „Kwapi" und wußten überhaupt keine andere.

Es gelang uns in Sindano, ein gut erhaltenes Fell nebst vollständigem Skelett zu erhandeln, in Songola ein weiteres, denen sich in Jrumu noch drei hinzugesellten. Es waren dies die ersten von einer deutschen Expedition heimgebrachten Exemplare. Auch ist mir die Existenz eines zweiten Schädels in Deutschland nicht bekannt geworden.

Über die Lebensweise des Okapi konnte bis heute erst wenig überliefert werden. Alle Beobachtungen beschränken sich auf die Fährtenkunde. Aus dieser wissen wir, daß dies Wild des Nachts zum Trinken an die Flußläufe kommt, des Tages über aber sich scheu verborgen hält. Nach den Erfahrungen im Kongo tätiger Europäer sollen mehrfach auch viele Fährten zusammen, gleichsam wie von einem Rudel herrührend, aufgefunden worden sein. Wenn wir auch keine Gelegenheit gehabt haben, diese Behauptung auf ihre Richtigkeit hin zu prüfen, so scheint doch jedenfalls das Okapi nicht so selten zu sein, wie vielfach angenommen wird. Denn öfter sieht man, wie bereits erwähnt, Gürtel aus seinem Fell geschnitten. Auch ist das Tier bei jedermann im Walde bekannt.

Mit dem Namen „Kenge" wurde auch vielfach eine andere Antilopenart bezeichnet, die dem Okapi an Größe gleichkommt. Es ist dies die große Streifenantilope (Booceros spec.), die überall im Kongo-Urwalde lebt. Sie wird sonst am Ostrande des Waldes „Soli", am Mittel- und Unter-Kongo aber „Bongo" genannt. Die Kruppe ist bedeutend weniger auffallend als beim Okapi. Zum

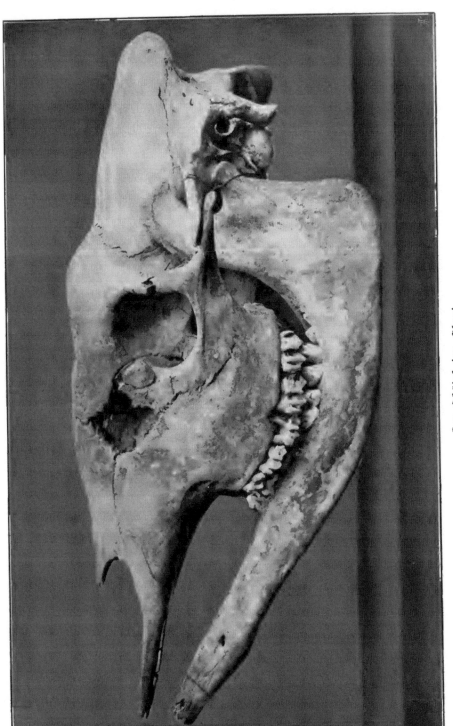

Der Schädel des Okapi.

weiteren Unterschied von diesem trägt sie ein Gehörn von etwa 50 cm Höhe, das auf den ersten Blick die Stammesverwandtschaft mit dem Buschbock verrät. Das Gehörn zeigt dieselbe eigentümliche Drehung, gehört also zum Typus der Buschbockgehörne. — Das Fell ist hell und wird vom Rücken aus von einer Anzahl gleichlaufender weißer Streifen, ähnlich wie bei der Elenantilope, bedeckt. Das Glück war uns hold; es gelang uns, auch von diesem Waldbewohner eine Decke und ein Skelett zu erhandeln.

Eine weitere freudige Überraschung war für uns die Erwerbung eines braunen Felles, das auf dem Rücken einen vom Widerrist zum Wedel breiter werdenden gelben Strich zeigt, und dessen Träger von den Wambuba „Lotzi", den Wambutti „Dotzi" genannt wird. — Ferner konnten wir unserer Sammlung die Decke einer bräunlichsilbergrau schimmernden Antilopenart einfügen, die auf Kingwana „Sindo", auf Kinande „Haissuku" heißt, und noch eine hellbraun gefärbte, die „Munso" genannt wird. Die beiden letzteren gehören der Zwergform an. Beide wurden als erste Beispiele ihrer Art einem deutschen Museum einverleibt.

Die dreitägige Rast in einem früheren Pygmäen-Lager brachte uns noch in recht mühsamen Pirschgängen einige Affenarten ein, sowie durch Wiese einen Elefanten, der nach seiner minimalen Allgemeinerscheinung sowie nach den Zahnflächen und dem entwickelten Elfenbein zu urteilen, nur als Zwergvertreter seiner Gattung angesprochen werden kann. Leider fanden Dr. Schubotz und ich am nächsten Morgen nur noch die Wirbelsäule nebst dem sorgsam abgetrennten Kopfe vor, da alles übrige bereits in den Magen der findigen Wambutti und der Träger gewandert war. Die Länge der Wirbelsäule bis zum Becken betrug nur 112 cm, die des Kopfes vom Ansatz des Elfenbeins bis zum Hinterhaupt 66 cm bei 43 cm Höhe. Die Maße des längsten Zahnes einschließlich des im Schädel befindlichen Teiles betrugen 78 cm bei 23 cm Dicke am Austritt aus dem Schädel.

Alle Waldbewohner unterscheiden „kleine" und „große" Elefanten, Angaben, aus denen freilich kein Schluß auf Alter oder Rasse gezogen werden kann. Ihre Richtigkeit wird aber durch die auffallend vielen kleinen Fährten, die man neben den großen sieht, bestätigt.

Um so bedauerlicher war der Mangel an Zeit zur genaueren Untersuchung dieses interessanten Problems. Aber ganz abgesehen davon, daß eine Sicht über 20 bis 30 Schritt durch das dichte Unterholz sehr erschwert oder fast unmöglich gemacht wird, zwingt die große Nähe der Elefanten bei den ständig wechselnden Luftströmungen des Waldes stets zu einiger Reserve. Mir scheinen die Waldelefanten besonders angriffslustig. Sie werden von den Wambutti sehr gefürchtet und ein Brechen in der Nähe wird stets von ihnen mit eiligem Klettern auf die Bäume beantwortet. Auch der erwähnte Elefant wurde von Oberleutnant von Wiese erlegt, als er, ohne irgendwie

Im Urwald bei Beni.

gereizt zu sein, nur auf die Witterung durch den Wind hin, sich urplötzlich auf den Jäger stürzend, diesen fast schon erreicht hatte.

So hoffnungsvoll der Abstecher in den großen Wald begonnen und so erfolgreich er sich im weiteren Verlauf gestaltet hatte, so betrübend sollte er für uns enden. Betrübend durch schwere Erkrankung zweier Kameraden. Schon bei Muera hatte Weiß über Schmerzen in der Seite geklagt. Da sich

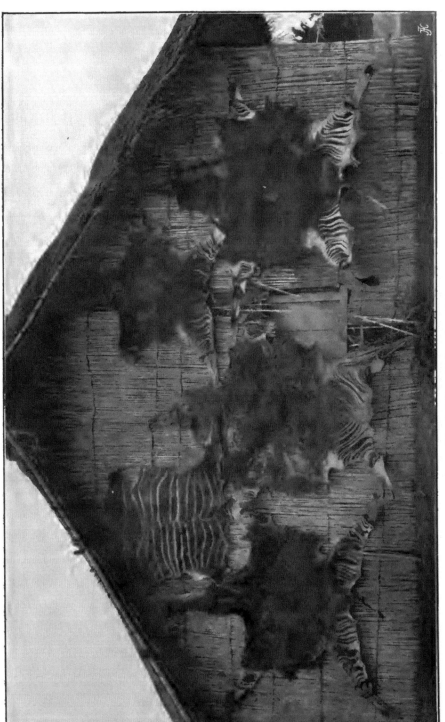

Okapi-Felle. Links oben Soli.

sein Zustand zu verschlimmern drohte, mußte er, unfähig zu gehen, nach Beni zurückgetragen werden. Hier nahm er die Hilfe des Dr. Mortula in Anspruch, der einen Abszeß an der Leber feststellte. Weiß sah sich daher genötigt, statt seine so erfolgreichen topographischen Studien fortsetzen zu können, still im Bette liegend, sich einer strengen Kur zu unterziehen. — Wenige Tage darauf erhielt ich einen Brief des Rittmeisters Creydt, der sich Ravens „Safari" zu den Wasongora angeschlossen hatte, daß dieser von einem Büffel schwer verletzt in Kasindi darniederliege. Raven war einem angeschweißten Büffel in die dichte Matete gefolgt und von diesem auf 5 Schritt Distanz so überraschend angegriffen worden, daß ein Ausweichen unmöglich gewesen war. Das wütende Tier hatte ihn auf seine Hörner genommen und in die Luft geschleudert; dann hatte es sich nochmals auf den Besinnungslosen gestürzt und ihm mit mächtigen Stößen mehrere Rippen zerbrochen, verschiedene Fleischwunden beigebracht und die Muskulatur seines rechten Armes dreimal durchstoßen. Seine braven Askari retteten ihn aus dieser kritischen Lage, indem sie den Büffel, beinahe über ihm, zusammenschossen. Unter der sorgsamen Pflege des rührigen Dr. Mortula genasen zwar beide Kranke allmählich, doch konnten sie an eine fernere Teilnahme an der Expedition nicht denken. In des Arztes Begleitung kehrten sie daher in kurzen Märschen zusammen über Entebbe nach Europa zurück. Weiß hat es hierbei fertig gebracht, trotz des unbequemen Liegens in der Hängematte, die Routenaufnahmen bis Entebbe durchzuführen.

Wir kehrten nun auf Umwegen nach Beni zurück, wo fast alle Europäer krank darniederlagen. Fieber und andere Unpäßlichkeiten hatten sich eingestellt. Das Ausbleiben der erwarteten Regenzeit wirkte drückend und steigerte die Temperatur bis zu 30° C im Schatten. Diese Hitze erschlaffte die Patienten noch mehr.

Der Regen wurde heiß ersehnt, denn sein Ausbleiben im Jahre zuvor hatte damals eine Mißernte gezeitigt und Hungersnot hervorgerufen. Die Bananenstauden gaben keinen Ertrag und die Kartoffeln verdorrten. Die Leute waren daher schließlich genötigt gewesen, das saftige Fleisch der Bananenstämme zu essen, um sich vor dem äußersten Durst zu schützen. Jetzt drohte diese Katastrophe sich zu wiederholen.

Wir blieben nur noch wenige Tage in Beni und brachen dann zum Westhange des gewaltigen Gebirgsstockes des Ruwenzori auf. Unterwegs passierten wir weite Bananen-Shamben, die von einer so reichen Ornis belebt waren, daß wir eiligst Lager bezogen, um die günstige Gelegenheit zum Sammeln zu benutzen. Hier tummeln sich auf den Stauden große Nashornvögel neben winzigen Nektarinen, Webervögel neben „Kasukus", den Graupapageien, und ungezählte buntgefiederte Sänger durcheilten zwitschernd die Lüfte. Unsere Sammeltätigkeit wurde aber plötzlich durch einen Platzregen unterbrochen, der den Erdboden in kürzester Zeit in Gießbäche oder Morast verwandelte. So freudig er auch von den Eingeborenen begrüßt wurde, so unangenehm war diese Nässe für uns. Denn der lehmige Boden versprach auf den Abhängen des Ruwenzori recht beschwerlichen Marsch. Unsere Befürchtung, daß dieser Guß die Regenzeit des Februar einleiten würde, bewahrheitete sich. Zu dem schlüpfrigen Pfade, der, sobald die Steigung begann, beständiges Ausgleiten zur Folge hatte, gesellte sich noch eine vier Meter hohe Matete, die ihre schweren Halme so über den engen Pfad gebeugt hatte, daß man nur gebückt, wie in einem Tunnel, sich fortbewegen konnte. So mußten die Haumesser erst einen gangbaren Weg für die nachfolgenden Lasten bahnen, eine Arbeit, die uns so aufhielt, daß wir in 5 Stunden nur 10 km zurückzulegen vermochten. Wir gingen auf das Geratewohl, in der Hoffnung, daß der eingeschlagene Pfad zu irgendeinem günstigen Lagerplatz führen würde. Einen Führer zu finden, war uns nicht gelungen. Alle Shamben waren verlassen; die Dörfer leer.

Endlich trafen wir zufällig einen Mann, den wir auf einer Lichtung überraschten und der gerade mit angstverzerrtem Gesicht im hohen Grase verschwinden wollte. Über den Grund seiner und seiner Stammesgenossen Furcht befragt, gab er an, daß unsere Schüsse vom gestrigen Tage die Bevölkerung zu dem Glauben verleitet hätten, die Weißen seien gekommen, um „Krieg zu machen". Die Scheu der Bevölkerung aber rührte daher, daß diese Gegend nur selten von Europäern besucht worden war, da die meisten Expeditionen in das Gebirge von Osten aus mit St. Portal als Stützpunkt aufgestiegen waren. Daher hatte die Bevölkerung also noch gar keine Gelegenheit gehabt, sich von den friedlichen Absichten ihrer europäischen Herren zu überzeugen. Die Erzählungen der aufständischen, noch nicht unterworfenen Häuptlinge der Berge mochten vielleicht das ihrige dazu beigetragen haben, die Furcht der Eingeborenen zu erhöhen. Durch ein paar Geschenke gewonnen, ließ sich der Mann endlich zum Führerdienst herbei und begleitete uns im Tale des Butagu eine Strecke aufwärts. In 1500 m Höhe blieben wir am unteren Rande der Waldgrenze, dessen spärlichen Reste weiter unterhalb von seiner einstigen Ausdehnung Kunde gaben, bevor die Anlage der Felder seine Vernichtung herbeigeführt hatte. Prachtvolle Raphia=Palmen mit enormen Blütenständen, deren Wedel 10 m und länger im Winde sich wiegten, beschatteten die Zelte.

Der für den nächsten Morgen geplante Aufstieg mußte verschoben

Blütenstand der Raphia=Palme. (Dr. Mildbraed.)

werden, da die ganze Gegend in Wasserdampf gehüllt war und strömender Regen jede Aussicht raubte. Der Stimmung, die uns beherrschte, gab ich in meinem Tagebuche folgenden Ausdruck: „Ein trostloser Regentag, der den Aufstieg verbietet! Jeder sucht sich im Zelte mit Lesen und Schreiben oder sonst irgendwie die Zeit zu vertreiben. Gießbäche rieseln bereits den Berg hernieder, reißen tiefe Rinnen in die Erde und verwandeln alles zu knöcheltiefem Schmutze, der natürlich in Fladen mit ins Zelt geschleppt wird. Nichts trocknet mehr, Kleider und Stiefel brauchen mehrere Tage dazu und müssen dann noch feucht angezogen werden. Die Menschen frieren. Das Gepäck leidet Schaden, am meisten die photographischen Apparate. Die Gewehre müssen einem ständigen Ölbade unterworfen werden, um nicht gänzlich zu verrosten, sondern gebrauchsfähig zu bleiben. Ganz schlimm steht es mit den zoologischen und botanischen Sammlungen. Da sie nicht austrocknen können, sind sie leicht der Gefahr des Faulens ausgesetzt. Manchen Vogelbalg, manche Pflanze haben wir bereits, wertlos geworden, schweren Herzens fortgeworfen. Die Temperatur ist kühl. Gestern wie heute 15° C. Das sind die Leiden der Regenzeit, die wir — schon zum zweiten Male — durchkosten."

Da über den durch das Regenwetter erzwungenen Ruhetag nichts zu berichten ist, so mögen hier zur allgemeinen Orientierung einige Bemerkungen über die Geologie des Ruwenzori Platz finden, die dem Reisewerke des Herzogs der Abruzzen (Anhang C) zum Teil wörtlich entnommen sind, da es unserem Geologen Kirschstein nicht vergönnt war, das Gebirge zu besuchen. Der Ruwenzori steht gleichsam wie ein mächtiger vorspringender Eckturm in der Mauer des Ostrandes des zentralafrikanischen Grabens. „An der Stelle des Grabens, wo seine rein meridionale Richtung in eine nordöstliche übergeht, entstand „an der Ecke" als höchste Aufwulstung im Rande des Unyoro=Nkole=Plateaus der Ruwenzori" (Stuhlmann). Auch gegen dieses Plateau ist er noch zum Teil isoliert durch eine östliche Bruchspalte, die aber nur im Süden deutlich ist, wo sie von dem Ruisamba=See ausgefüllt wird. Diese Lage bedingt es, daß die große absolute Höhe des Gebirges (5125 m über dem Meere) auch relativ gegen die tiefe Depression des Grabens voll zur Geltung kommt, liegt doch der Albert Eduard=See nur 973 m und der Albert=See gar nur 680 m über dem Meere. Der Ruwenzori ist jedenfalls kein Vulkan, wie Stanley annahm, sondern ein Faltengebirge, das wesentlich aus Gneis sowie verschiedenen Glimmerschiefern und in seinen höchsten Gipfeln, etwa von 4000 m an, aus Grünsteinen besteht. Dadurch unterscheidet er sich wesentlich von allen Bergen des äquatorialen Afrikas, die gleich ihm in die alpine Region hineinragen, denn diese sind, abgesehen allein von der Aberdare=Kette, die im Ostrand des östlichen Grabens sich zu 4270 m erhebt, sämtlich Vulkane (Kilimandscharo 6010 m, Meru 4730 m, Kenia 5600 m, Elgon 4230 m, Kiwu=Vulkane 4500 m, Kamerun=Berg 4070 m). Er übertrifft sie auch alle durch seinen Reichtum an Schneefeldern und Gletschern. Sechs Berge der Gesamtgruppe, die jetzt vom Herzog der Abruzzen nach berühmten Erforschern Zentralafrikas benannt sind, tragen ewigen Schnee. Es sind von Norden nach Süden: Gessi 4769 m, Emin 4815 m, Speke 4901 m, Stanley 5125 m, Baker 4875 m, Ludwig von Savoyen 4663 m. Die Gletscher des Ruwenzori werden dem sogenannten äquatorialen Typus zugezählt; d. h. es handelt sich hierbei um Eiskappen, die mitunter von bedeutender Stärke sind und die Gipfel der Berge mehr oder weniger vollständig bedecken. Von den Kappen erstrecken sich Verzweigungen nach unten, die in die Täler eindringen und nur selten die untere Grenze des ewigen Schnees, die zwischen 4450 und 4500 m liegt, überschreiten. Infolge der Lage der Gletscher sind die Seitenmoränen ganz unbedeutend, und nicht einmal die Grundmoränen scheinen eine bemerkenswerte Entwicklung zu haben, wenigstens nach den Endmoränen zu urteilen, welche niemals eine große Mächtigkeit aufweisen.

Ein anderer beachtenswerter Umstand ist der, daß das an der Vorderseite der Gletscher hervorquellende Wasser niemals das trübe Aussehen hat, das unter denselben Bedingungen die Schmelzwässer der Alpengletscher zeigen. Das Wasser ist vollkommen klar; dies beweist, daß das Vorrücken der Gletscher, wenigstens gegenwärtig, ganz unerheblich ist; auch die Erosion muß minimal sein, weswegen eben auch jede bemerkenswerte Grundmoräne fehlt.

Eine geologische Erscheinung von großer Bedeutung ist die riesige Entwicklung, welche die Gletscher der Ruwenzori-Gruppe während der Eiszeit erfuhren. Nach den Feststellungen von Dr. Roccati, dem Geologen der Expedition des Herzogs der Abruzzen, haben sie auf der Ostseite im Mobuku-Tale nahezu bis 1500 m hinabgereicht, während sie gegenwärtig nicht tiefer als 4200 m herabgehen!

Auf diese Angaben möchte ich mit besonderem Nachdruck hinweisen. Wenn wir wirklich für das äquatoriale Afrika eine solche Eiszeit annehmen dürfen, wofür auch Beobachtungen am Kenia sprechen, dann würden sich viele Fragen pflanzen- und tiergeographischer Art mit Leichtigkeit lösen, dann würde sich die geradezu verblüffende Übereinstimmung erklären lassen, die die Vegetation von Gebirgen zeigt, die jetzt durch weite Steppen oder Waldgebiete rein tropischen Charakters getrennt sind, und zwar auch in solchen Typen zeigt, bei denen Verbreitung durch Vögel oder Wind kaum anzunehmen ist.

Da wir am 1. April von Jrumu aus den Durchmarſch zum Kongo beginnen wollten und bis dahin noch ein reichhaltiges Programm zu erledigen hatten, ſo begann die Zeit zu drängen. Oberleutnant von Wieſe und ich mußten daher die weitere Beſteigung des Berges, ſowie die biologiſchen Unterſuchungen dem Botaniker und dem Zoologen allein überlaſſen, denn die herrſchenden ungünſtigen Witterungsverhältniſſe konnten ohnehin noch weitere Verzögerungen zur Folge haben, die uns beide zu lange aufgehalten hätten. Da mir aber ſpeziell daran lag, nach Berührung des Albert=Sees das goldreiche Kilo zu beſuchen, ſo verabſchiedeten wir uns von unſeren Reiſegefährten und ſetzten für den Ausgang des März Jrumu als Treffpunkt feſt.

Über den Vorſtoß, den die beiden Biologen der Expedition auf der bereits von Stuhlmann beſchriebenen Route durch das Butagu=Tal unternahmen, berichtet Mildbraed wie folgt:

„Am Morgen des 11. Februar trennten Schubotz und ich uns vom Herzog und Oberleutnant von Wieſe, begleitet von ihren beſten Wünſchen, die freilich nicht ohne Bosheit waren in Rückſicht auf das ſchauderhafte Regenwetter des vergangenen Tages, das für einen Ausflug ins Hochgebirge recht wenig einladend war. Sehr ermutigend ſah es auch bei unſerem Abmarſch nicht aus, es war ein recht trüber, aber wenigſtens regenfreier Tag. Es ging hinein in das Tal des Butagu, vielleicht des größten Baches auf der Weſtſeite des Gebirges, der die Gletſcherwäſſer der höchſten Schneeberge der Gruppe[1]) zum Semliki führt. Wir marſchierten ungefähr auf demſelben Wege, den Stuhlmann im Juni 1891 gezogen war. Er führt an dem Nordhang des Butagu=Tales in ziemlicher Höhe über dem Bach entlang, der meiſt in der Tiefe unſichtbar bleibt; bergauf, bergab über die kleinen Bäche und die Hügelrücken, welche von den Bergen herabziehen, die im Norden das Haupttal begrenzen. Zuerſt führte der ſchmale Pfad durch hohes „Elefantengras", Pennisetum cf. Benthami, deſſen daumenſtarke Halme ſich 4—5 m hoch erheben. Der Marſch durch ſolche „Matete" iſt in hohem Grade unangenehm, denn oft liegen die ſoliden Halme quer über den Weg und

---

[1]) Der Herzog der Abruzzen nimmt an, daß ſich im Butagu die Gewäſſer der Gletſcher „weſtlich des Ludwig von Savoyen, des Baker, des Stanley, eines guten Teiles des Speke=Gletſchers und der Gletſcher des Emin" ſammeln; die beiden letztgenannten Berge kommen indes nicht in Betracht. Der in der „Lageſkizze der Ruwenzori=Kette" S. 205 punktiert gezeichnete Bach, der durch das „S" in dem Worte Stanley=Berg läuft, fließt nicht in den Butagu.

müssen erst mit dem Messer weggeschlagen werden, und die breiten Blätter mit den scharfen Rändern zerschneiden Gesicht und Hände; in dem unwillkürlichen Bestreben, die Augen zu schützen, wird man schließlich ganz nervös; außerdem herrscht eine schwüle Stickluft zwischen den hohen, vom Regen gehörig durchfeuchteten Beständen. Zuweilen unterbrachen noch Bananenhaine und kleine Äcker diese Graswildnis, oder vereinzelte Raphia=Palmen erhoben auf kurzem Stamme (bei großen Exemplaren aber immerhin 9 m hoch) majestätisch 8—10 m lange Riesenwedel darüber empor. Später wurde das Elefantengras durch fast reine Bestände mannshohen Adlerfarns abgelöst, der zwar heimatlich anmutete, sonst aber durchaus nicht angenehm zu durchwandern war. Erfreuliche Abwechslung gewährten indes die üppigen Waldstreifen, die sich zwischen den Adlerfarnfeldern in den Tälern der kleinen Nebenbäche hinabzogen, in denen prächtige Baumfarne ihre mächtigen und doch so graziösen Wedel über das murmelnde Wasser breiteten. Für die Träger war freilich der schlüpfrige und steile Pfad durch diese oft tief eingeschnittenen kleinen Seitentäler eine Qual und wir waren wegen der empfindlicheren Lasten oft in Sorge.

Schließlich sahen wir von einer Biegung des Weges über eine breitere Senkung hinweg auf einem Hügelrücken, der von den höheren Bergen sanft zum Butagu hinabzieht und etwas weiter gegen das Haupttal vorspringt, eine kleine Siedlung Kakalonge, die mit ihren wenigen runden Hütten und den Äckerchen darum freundlich und einladend anzusehen war. Hier schlugen wir nach einem für die Träger recht anstrengenden Tage in etwa 2200 m Meereshöhe das Lager auf. Die Landschaft ringsum zeigte schon die Erhabenheit des Hochgebirges, trotzdem an diesem Tage die höchsten Majestäten sich unseren Blicken noch verhüllten. Gerade vor uns über den in der Tiefe rauschenden Butagu hinweg schauten wir auf den gleich einer riesigen Mauer aufragenden Zug der Wawunga=Berge, die im Süden das Haupttal begleiten. Unten trugen die steilen Hänge noch vereinzelte Hütten und kleine Ackerflecken, sowie zahlreiche wilde Bananen, deren helles Grün deutlich herüberleuchtete, weiter oben deckte Wald die Flanken der Berge. Nach Osten hin, gegen das Herz des Gebirges, öffnete sich der Blick in drei wilde Hochtäler, aus denen die Bäche zum Butagu zusammenströmen, und auf die sie trennenden Bergzüge, die schon schroff und hochgebirgsmäßig genug sich in die Wolkenschleier noch höherer Regionen verloren. Nach Westen dagegen schweifte das Auge durch den Einschnitt des Haupttales hinaus auf eine im Dunst verschwimmende Ebene, in der ein Grasbrand flammte, das Tal des Semliki.

Die Vegetation in der nächsten Umgebung unseres Lagers zeigte vorwiegend sekundären Charakter, ein Gemisch von Adlerfarn und allerlei Kräutern und Gesträuch, in dem besonders eine schöne große Vernonia mit mächtigen weißen oder zartlila Ebensträußen und die große Schaftlobelie (Lobelia giberroa Hemsl.) auffielen. Häufig waren auch Cynoglossum-Arten, die mit ihren himmelblauen Blüten lebhaft an Vergißmeinnicht erinnern (in Stuhlmanns Bericht sind sie unter diesem Namen erwähnt), und gelbblühende Strohblumen mit großen und kleinen Köpfen, Pflanzen, die an solchen Stellen in der unteren Gebirgsregion sich überall finden. Etwas weiter oberhalb reichten Bambusbestände, in denen wieder der schöne große Sapotaceen-Baum des Bugoier Waldes, der „Mutoie" (Sideroxylon Adolfi Friederici Engl.), vorkam, bis in die Nähe des Dörfchens herab.

Am Abend dieses Tages erörterten wir die Frage „wie nun weiter?" Von den Kongolesen, die uns erst einen weißen Unteroffizier, der schon einmal einen belgischen Offizier bis fast an den Schnee begleitet hatte, dann einen schwarzen Sergeanten, der denselben Ausflug mitgemacht hatte, als Führer versprochen hatten, waren wir glänzend im Stich gelassen worden. Im großen und ganzen war uns zwar der Weg vorgezeichnet, aber über die günstigste Einteilung des Marsches, über die Möglichkeit, ein Lager aufzuschlagen und Wasser zu finden, wußten wir nichts. Jedenfalls wollten wir irgendwo im Walde ein Standlager machen, und da wir in geringer Entfernung über den einen, den nördlichsten, der drei großen Quellbäche hinweg, der wie der Hauptbach den Namen Butagu führt, dichteren Wald von anscheinend reicher Zusammensetzung erblickt hatten, so beschlossen wir, am folgenden Tage dorthin zu marschieren und ein Lager aufzuschlagen, von dem aus wir leicht unsere Sammlungen bereichern konnten. Es ging zunächst tief hinab bis zu dem fast klammartig eingeschnittenen Tal, durch das der jetzt von Nordosten kommende Quellbach Butagu seine nicht gerade reichlichen, aber kristallklaren und eiskalten Wasser führt. Dann kletterten wir an einem letzten kleinen Gehöft vorbei gräßlich steil hinauf, so daß die Träger trotz der minimalen Entfernung viel Arbeit hatten. Wir fanden bald eine mit üppigem Krautwuchs bestandene Lichtung, die leidlich eben war und als Lagerplatz recht geeignet schien. Wasser mußte allerdings vom Bach heraufgeholt werden.

Wir befanden uns jetzt auf dem unteren Teil eines langen kamm=
artigen Bergzuges, der, von einigen etwas hervorragenden Kuppen ab=
gesehen, in ziemlich gleichmäßiger Steigung bis in große Höhen führte und
auf dem auch Stuhlmann aufgestiegen war. Den mußten wir also be=
nutzen. Da es noch früh am Tage war, gingen Schubotz und ich, um uns
etwas zu orientieren, auf den Kamm hinauf, auf dem ein sehr schmaler,
aber leidlich gangbarer Pfad aufwärts führte. Wir kamen durch gemischte
Bestände von Laubwald und Bambus bei etwa 3000 m in die „subalpine"
Region der Erikaceen, die ebenso wie die „alpine" Formation der baum=
artigen Senecionen und Schaftlobelien wohl auf keinem afrikanischen Hoch=
gebirge eine so großartige Entwicklung erreicht, wie am Ruwenzori, denn
diesem fehlt ganz das „Grasland" oder die „Bergwiesen" oberhalb des
Waldes, wie sie z. B. für den Kamerun=Berg und den Kilimandscharo so
charakteristisch sind.

Auf unserem Wege wurden die Bestände hauptsächlich von Erica arborea
gebildet. Die jüngeren Exemplare gleichen fast Wacholdersträuchern, die
älteren werden baumartig, 4 m hoch und höher, mit knorrigen Stämmen
und vielfach gebogenen und gedrehten Ästen, die an ihren Spitzen gleichsam
in kompakten Massen das winzigblättrige tiefdunkle Laub an feinen Zweigen
tragen. Dabei sind Stämme und Äste dicht bedeckt mit Polstern von Laub=
und Lebermoosen, sowie großen lappigen, oft gallertartigen Flechten
und behangen mit den langen, grauen Rübezahlbärten der Usnea=Arten;
das Ganze ist, besonders zwischen den ziehenden Nebeln, seltsam und
unwirklich anzuschauen, recht eine Heimat spukhafter Kobolde und Berggeister.
Der Boden ist überzogen mit tiefen Polstern von Torfmoosen, zahlreichen
Lebermoosen und einer wunderschönen Laubmoosart, der Breutelia Stuhlmanni. Die Sphagnum=Massen sind meist so naß, daß sie einem voll=
gesogenen Schwamm gleichen. Stuhlmann gebraucht dafür den Ausdruck
Hochmoor, dieser kann aber zu Mißverständnissen führen, weil man in
Europa darunter gewöhnlich etwas anderes versteht. Es ist immer zu be=
denken, daß es sich am Ruwenzori, wenigstens an der Stelle, die Stuhl=
mann meint, um einen Bergkamm, sogar um einen ziemlich schmalen Berg=
kamm, handelt und daß nur die sehr hohe atmosphärische Feuchtigkeit,
besonders die Nebel, den Torfmoosen das Gedeihen ermöglicht. Zwischen
die Erika mischen sich die Sträucher oder kleinen Stämme von Rapanea
pellucidostriata Gilg, Olinia macrophylla Gilg und besonders auffallend,

aber nicht gerade häufig Vaccinium Stanleyi Schwfh., eine afrikanische Heidelbeere, die in den Früchten der europäischen ziemlich ähnlich ist. Sie war mir schon in den Vulkanen am Sabinjo einmal begegnet. Unter den Kräutern des Bodens fallen neben vereinzelten prächtigen Stauden von Helichrysum formosissimum, einer schönen großen Strohblume, besonders zwei Orchideen auf: Satyrium crassicaule mit blaßrosa und Disa Stairsii mit dunkelrosenroten oder purpurnen Blüten, schöne Pflanzen, die im Wuchs an manche Orchis=Arten unserer Wiesen erinnern und auch auf den Vulkanen vorkommen.

In der Erikaceen=Region aufsteigend, kamen wir bald zu einer alten Lagerstelle, die wir als das „untere Belgier=Lager" bezeichnen wollen. Viel klüger wurden wir durch diesen Vorstoß nicht. Von den höheren Bergen war auch an diesem Tage nichts zu sehen, wir konstatierten nur, daß es auf demselben Rücken noch über mehrere Kuppen weiter ging und er= fuhren von Eingeborenen, daß höher hinauf noch ein „Belgier=Lager" sein sollte.

Sollten wir nun unser Lager höher verlegen? Mit der ganzen Kara= wane, mit dem Sperrgut der großen Zeltlasten sich durch das dichte Erikaceen= Gebüsch hindurchzuwinden, wäre schlechterdings unmöglich gewesen, auch hätten wir Wasser mitnehmen müssen, da auf dem Kamm selbst keins zu haben war, dazu kam noch der Umstand, daß ein längerer Aufenthalt in einer Höhe von 3000 m und mehr für die Träger, die besonders gegen die feuchte Kälte und die Nebel empfindlich sind, geradezu eine Qual ge= wesen wäre. Wir blieben also, wo wir waren, und benutzten einen Tag dazu, uns in der näheren Umgebung des Lagers umzusehen, am folgenden wollten wir den Vorstoß wiederholen und sehen, wie weit wir mit zwei Eingeborenen und wenigen unserer Leute, die die ständige Begleitung auf kleineren Exkursionen bildeten, kämen. Wir stiegen zusammen bis zu einer Kuppe über dem „unteren Belgier=Lager" auf. Dann kehrte Schubotz um, da es ganz trübe geworden war. Ich ging jetzt einen vor uns liegenden Hügel hinauf, der den unangenehmsten Teil des Weges darstellte. Es war offenbar dieselbe Stelle, an der Stuhlmann bei seiner denkwürdigen Besteigung das Zelt und alle größeren Lasten unter dem Kommando des berühmten Uledi zurückließ. Hier bildeten die Erikaceen einen wirklichen Wald. Die Bäume erreichten eine durchschnittliche Höhe von 6—7 m und häufig 30 cm Stamm= durchmesser. Der Hang des Hügels war an sich schon ziemlich steil, das

Schlimmste war aber, daß überall alte, umgestürzte Erikaceen=Stämme wirr durcheinanderlagen. Das Ganze war überwuchert von einer üppigen Kraut= flora (Balsaminen und Mimulopsis) und vor Feuchtigkeit triefenden Moosen, so daß man nicht sehen konnte, wohin man trat, und oft bis an den Leib in irgendein verdecktes Loch einsank. Als dieser Hügel überwunden war, wurde es auch nicht viel besser; die großen Bäume und die Steilheit des Weges hörten zwar auf, dafür bestand aber die Vegetation jetzt aus nur wenig über mannshohen Erikaceen=Sträuchern von wacholderartigem Wuchs (Philippia longifolia Engl. n. sp.), die äußerst dicht standen, so daß wir uns förmlich hindurchzwängen mußten, während am Boden überall starke modernde Stämme lagen; dabei war es so nebelig, daß wir nur noch wenige Meter weit sehen konnten, der Pfad war indes immer noch erkennbar. Hier fanden wir auch das sogen. "obere Belgier=Lager". Schließlich kamen wir an ein kleines Quellrinnsal, das in einer leichten Einsenkung sich sammelt, die den langen Bergrücken, auf dem wir aufgestiegen waren, von dem breiten, fast plateauartigen, sanft gegen Nordosten ansteigenden Ulimbi=Berg trennt. Hier hatte das Erikaceen=Gebüsch ein Ende und die großartige Hochgebirgsflora des Ruwenzori begann mit den beiden baumartigen Senecio, S. Johnstonii und S. adnivalis, der Schaftlobelie der oberen Regionen, Lobelia Wollastonii, und den prächtigen Sträuchern von Helichrysum Stuhlmanii mit silber= weißen oder etwas gelblichen Strohblumenköpfen, während den Boden ein Teppich von Alchemilla=Zwergsträuchern und Moosen bedeckte. Um die Schäfte der Lobelien flogen Pärchen der schönen Nectarina Johnstonii, eines kolibriartigen Vogels, dessen Männchen prachtvoll gefärbt ist; die Grundfarbe ist fast schwarz, während Flügeldecken und Kopf smaragdgrün schillern, die Hauptzierde sind aber die zwei sehr verlängerten mittleren Schwanzfedern, die im Fluge fahnenartig hinterherflattern. Es gewährt einen großen Reiz, in diesen unwirtlichen Höhen das Treiben der treu zusammenhaltenden Paare zu beobachten, wie sie in bogenartigem Flug von einer Lobelie zur anderen fliegen, emsig an den großen Ähren hin und her klettern und ihre feinen, gebogenen Schnäbel in die Blüten stecken, um kleine Insekten daraus hervorzuholen, wobei sie gleichzeitig die Bestäubung vermitteln. Ich hatte sie auch am Sabinjo und Muhawura im Vulkangebiet zwischen 3500 und 4000 m um die Lobelien fliegen sehen.

Heute sah ich das alles nur Grau in Grau undeutlich durch Nebel= schwaden und feinen Regen hindurch; das Wetter war immer schlechter geworden und es herrschte eine so empfindliche nasse Kälte, daß mir die Hände schon völlig steif geworden waren. Ohne eine Lederjacke, die wenigstens den Oberkörper trocken hielt, wäre ich überhaupt nicht so weit gekommen. Da der Nebel jeden Umblick hinderte und es auch schon 2 Uhr geworden war, kehrte ich um, obwohl der Führer mich noch weiter schleppen wollte, indem er eifrig auf mich einredete, doch verstand ich nur die Worte „Chupa" (Flasche) und „Matabisch" (für Bakschisch). Ich bekam später heraus, er hätte gefürchtet, keinen Bakschisch zu kriegen, wenn er mir nicht die als „Fremdenbuch" fungierende Flasche auf dem Ulimbi gezeigt hätte.

Der nächste Tag brachte herrliches Wetter mit warmem Sonnenschein, so daß wir in unserem Lager in etwa 2400 m Meereshöhe in Hemdsärmeln an den Sammlungen arbeiten konnten. Das gab wieder Mut, und ich beschloß am folgenden Sonntag, den 16. Februar, noch einmal einen Aufstiegversuch zu unternehmen. Da mein ständiger Begleiter Maneno und ein anderer Träger sich am 14. wenig bergtüchtig erwiesen hatten und unterwegs jämmerlich frierend unter einem Erikabusch sitzen geblieben waren, so verzichtete ich auf unsere Leute und bewaffnete drei ganz „wilde" Eingeborene, mit denen man sich nur durch Zeichen, Grunzen und allenfalls durch das Zauberwort „Matabisch" mangelhaft verständigen konnte, mit Büchse, Tesching (für die Nectarinen), Frühstück und einer Kiste für die Pflanzen und marschierte um 6 Uhr ab. Ich wollte eigentlich schon früher aufbrechen, doch waren meine drei Wilden noch nicht zur Stelle. Um 5 Uhr hatte ich durch den Einschnitt des Butagu=Tales den Mond über der Semliki= Ebene untergehen sehen und beobachtete, eine Morgenzigarre rauchend, das Erwachen des neuen Tages, der in wunderbarer Klarheit aufstieg. Die Sonne war noch unter dem Horizont und brauchte auch noch eine gute Stunde, ehe sie über den Ruwenzori hinweg in unser Lager schauen konnte, aber schon hoben sich von dem durchsichtigen Himmel als blaue Silhouetten die Wawunga=Berge ab und ihnen gegenüber der noch kühnere Kamm, der im Norden das Butagu=Tal begrenzt. In diesem klaren Dämmer ging es aufwärts. Die Erika=Region war fast erreicht, als die ersten Strahlen über den noch unsichtbaren Hauptkamm hinweg die höchste schroffe Kuppe des nördlichen, gerade vor uns liegenden Zuges aufleuchten machten; wunderbar war nachher der Anblick, als sie in der gleichen Neigung einfielen, mit der dieser Zug gegen die Semliki=Ebene zu Tale zieht, so daß alle vorragenden

Kuppen, von der höchsten bis zu den Vorbergen, im Licht erglänzten, während das Massiv des Kammes noch tief in blauen Schatten lag.

Schon im unteren Belgier-Lager schauten weiße Schneehäupter über die vor ihrer Majestät klein werdenden, mit Erikaceen-Knieholz bekleideten Felskämme hinweg, die im Nebel der vorigen Tage so riesenhaft erschienen waren, und von dem oberen Lager sah ich, daß bald alle Schwierigkeiten überwunden waren und ich mich an dem kalten Nebeltage schon dicht am Ziel befunden hatte. Von dem erwähnten Quellrinnsal aus stieg das Ulimbi-Massiv sanft und allmählich an, eine mit Moos und grauen Alchemillen bedeckte Matte, auf der sich in gemessenen Abständen Senecio-Bäume, Schaftlobelien, Helichrysum-Büsche und Sträucher von Hypericum keniense erhoben, alles leuchtend im warmen Sonnenschein, trotzdem an schattigen Stellen im Moos noch Reif lag. Gemächlich ging es aufwärts in kaum merklicher Steigung bis zum Rande des Plateaus — und dann ein Anblick von solcher Erhabenheit, daß Schritt und Atem stockte und das Wort versagt, ihn zu schildern. Jäh stürzt der Fels hinab, über der Tiefe, in der der dunkle Spiegel eines Stausees liegt, dehnt sich ungeheuer der Raum, und drüben steigt es auf mit steilen Wänden, wilden schwarzen Felszacken, zwischen denen bläulich die Gletscher schimmern und Gießbäche niederrauschen, bis zu dem blendenden Firn dreier königlicher Häupter, auf denen alles erstorben ist im Schweigen des Alls.

Dann ging es noch ein Stück am Rande des Ulimbi-Massivs entlang bis zu der „Chupa", der als Fremdenbuch dienenden Flasche, die wohl bald auf keinem afrikanischen Hochgipfel mehr fehlen wird (auf dem Ninagongo gab es wohl schon ein Dutzend!). Ich mußte sie leider zerschlagen, da es nicht möglich war, die Zettel herauszukriegen. Schuboß ersetzte sie dann am folgenden Tage durch eine neue. Es zeigte sich, daß, wie wir ja schon wußten, 1906 ein belgischer Offizier Bogaerts und ein Unteroffizier Joissan hier geweilt hatten, und daß, was wir noch nicht wußten, am 14. Dezember 1907 hier Mr. J. S. Coates von der anglo-belgischen Grenzkommission „had drunk on the health of his predecessors". Jetzt wurde mir auch klar, warum die sogenannten „Belgier-Lager" so frisch ausgesehen hatten. — Nebenbei noch eine kurze Notiz für die, welche so glücklich sein sollten, an anderer Stelle solch ein „Spitzenbuch" in Form einer Flaschenpost anlegen zu können: Nimm einen nicht zu großen Zettel, rolle ihn so zusammen, daß die Schrift nach außen kommt und stecke ihn dann durch den Flaschenhals; in der Flasche rollt er sich so auf, daß die Schriftseite dem Glase anliegt und von allen später Kommenden mit Leichtigkeit durch das Glas hindurch gelesen werden kann.

Dann hieß es umkehren. Ich konnte immerhin zufrieden sein; begünstigt von einem strahlenden Sonnentage, wie er am Ruwenzori zu den größten Seltenheiten gehört, hatte ich alles gesehen, was ich unter den obwaltenden Verhältnissen sehen konnte, hatte den Anblick des mächtigsten

Der Stanley-Berg des Ruwenzori von Westen.

Berges der Gruppe, des Stanley, in voller Klarheit genossen und wenigstens aus der Ferne mit dem Glase eine Vorstellung von seinem Schnee und der wilden Zerrissenheit seiner Gletscher erhalten. Besonders fielen mir die mächtigen Wächten auf, die die höchsten Kämme krönen, und die kolossalen Eiszapfen, die von ihnen und auch von Felszacken und Eisklötzen herabhängen oder sie gleich Säulen stützen; sie sind wohl das Resultat der starken Sonnenwirkung im Wechsel mit den langen, kalten Nächten. Bis zu den Gletschern vorzudringen, war mir leider nicht vergönnt, denn der tiefe Einbruch, in dem der Stausee liegt, trennte meinen Standort von ihnen. Hätte ich ihn aber umgehen wollen, so hätte ich auf dem Ulimbi lagern müssen, und darauf war unsere Ausrüstung nicht zugeschnitten. Vor allem fehlten sogenannte „Patrouillenzelte" und Schlafsäcke, von dem Handwerkszeug des Hochtouristen wie Pickel, Seil usw. ganz abgesehen.

Im übrigen erscheint mir die Route durch das Butagu=Tal sehr geeignet zur Erreichung der höchsten Gipfel des Stanley. Vor allem braucht man keines der sumpfigen Täler zu passieren, über die der Herzog der Abruzzen so sehr klagt. Bis zu unserem Standlager dicht nordöstlich über der Vereinigung der drei großen Quellbäche befindet man sich noch in der Kulturregion und von da kann man mit kleinen Lasten bei doppelter Besetzung durch Träger sehr wohl an einem allerdings anstrengenden Tage auf dem langen Rücken in kaum merklicher Steigung (von der einen erwähnten unangenehmen Stelle abgesehen) bis auf den Ulimbi gelangen. Dann dürfte man aber nicht, wie Stuhlmann meint, zum See hinabsteigen, sondern müßte den tiefen Einbruch im Norden umgehen und käme bald an den Schnee des Stanley. Der große Vorzug dieser Route wäre besonders, daß vor der eigent= lichen Hochtour keine nennenswerten Steigungen und Kletterpartien vor= kommen und daß man bei leidlich klarem Wetter nicht nur den Weg weithin, sondern auch die ganze Umgebung stets übersieht. Vivat sequens!

Von Stuhlmanns Route weicht die unsere insofern ab, als wir nicht hinter dem mächtigen Hügel mit den hohen Erikaceen=Bäumen zu einem Bache Mussussai hinabstiegen, sondern stets auf dem Bergkamm blieben, bis wir den Rand des großen Einbruches dem Stanley gegenüber an einem Punkte erreicht hatten, der identisch sein muß mit dem kaum einen Zenti= meter vom Rande entfernten Zacken des dunklen Berges oben links auf Stuhlmanns Tafel X. Das von dort aus noch weiter links sich erstreckende Massiv habe ich in diesem Bericht Ulimbi genannt. Es ist auf der vorstehen= den Abbildung am linken Rande vor den Schneebergen zu sehen; der er= wähnte Stausee liegt etwa in der Mitte des Bildes am Fuß der schnee= bedeckten Berge unsichtbar in der Tiefe.

Kurz nach 2 Uhr trat ich den Rückweg an und war bald nach Sonnen= untergang wieder im Lager. Das Resultat meiner begeisterten Schilderung war, daß Schubotz am folgenden Tage ebenfalls zum Ulimbi aufstieg. Ihm gelang es auch, einige photographische Aufnahmen zu machen. Ich be= schäftigte mich indes mit den Sammlungen und vervollständigte sie noch im Walde in der Umgebung des Lagers.

Dieser Wald erreicht nicht die Schönheit des Rugege, auch fehlen ihm solche gewaltigen vereinzelten Baumriesen, wie der Bugoier Wald sie in seinem Podocarpus und „Mutoie" hat. Bambusbestände von Arundinaria alpina sind mit Laubhölzern durchsetzt oder wechseln mit reinen Laubholz= beständen. Diese sind namentlich im unteren Teile des Waldes, etwa zwischen 2100 und 2500 m, aber auch höher hinauf, besonders an steileren Hängen, entwickelt. Die wichtigsten Bäume sind: Dombeya leucoderma K. Schum., Sideroxylon Adolfi Friederici Engl., Olea chrysophylla Lam. und Olea Hochstetteri Bak., Mystroxylum aethiopicum (Thunbg.) Loes., Pygeum africanum Hook. f., Allophylus abyssinicus (Hochst.) Radlk., Alanginum begoniifolium (Roxb.) Harms, Pittosporum fragrantissimum Engl., Rhamnus prinoides L'Herit., Maesa Mildbraedii Gilg, Bersama spec. — Die im Rugege= und Bugoier=Walde so häufigen Macaranga kilimandscharica und Polyscias polybotrya fand ich nur in den etwas tiefer gelegenen Waldstreifen.

Am Tage nach Schuboß' Aufstieg marschierten wir durch das Butagu= Tal zurück, blieben aber noch zwei Tage in einem der anfangs erwähnten Waldstreifen an einem der Nebenbäche mit den Baumfarnen und konnten noch manches interessante Objekt sammeln. Von hier ging es zurück nach Beni; Schuboß hatte ursprünglich die Absicht gehabt, wie der Herzog und Wiese am Fuß des Ruwenzori entlang zu marschieren, doch stand er davon ab, als uns unterwegs ein Brief von Wiese erreichte, der mitteilte, dieser Weg sei so schlecht, daß der von Beni nach Mboga unbedingt vorzuziehen wäre. Am 23. Februar trafen wir wieder in Beni ein.

Von hier marschierte Schuboß zum Albert=See, während ich mit unserem Unteroffizier Czeczatka auf dem nächsten Wege nach Jrumu ging. Ich hatte mich für diese Route entschlossen, weil sie bis kurz vor Jrumu durch den öst= lichsten Teil des großen äquatorialen Urwaldes führt, an dessen Studium mir vor allem gelegen war. Der Marsch bot weiter keine berichtenswerten Zwischenfälle, wir zogen auf einer breit angelegten Barrabarra dahin, die nur an der Grenze der Bezirke Beni und Jrumu mit Zingiberaceen usw. bis auf den schmalen Negerpfad wieder zugewachsen, sonst aber in gutem Zustande war. Kurz vor Ngombe Njama kamen wir aus dem geschlossenen Urwalde heraus und atmeten wie befreit von einem schweren Drucke auf, als das Auge wieder frei schweifen konnte über eine schöne, gerade im frischen Grün des jungen Grases prangende wellige Steppenlandschaft, der zahlreiche Galeriewaldstreifen noch einen besonderen Reiz verliehen."

*   *

*

Landschaft am Fuße des Ruwenzori.

über die Märsche, die uns durch ein völlständig reizloses Gelände am Fuße des Gebirgsstockes entlang führten, kann ich schnell hinweggehen, denn sie glichen denen der letzten Tage. Wiederum hemmte hohes Elefantengras, furchtbare Hitze ausströmend, den Marsch. Täglich mußte uns das Haumesser den Weg bahnen. Diese mühevolle Wanderung wurde in der Landschaft Butalinga durch das Passieren unzähliger, oft kilometerbreiter ravins abgelöst, auf deren Grunde ausgedehnte Bananen-Pflanzungen standen und deren Durchklettern die Kräfte der Trägermannschaft sehr in Anspruch nahm.

Der Pfad, den wir einschlugen, war noch die alte Stanley-Route. Uns wollte scheinen, als ob sich seit der Zeit dieses großen Reisenden hier nur wenig verändert haben könne. Nach einem Nachtmarsche bei hellem Vollmondschein wurde bei Lepenge der Semliki erreicht, der auch sofort überschritten wurde. Die einzigen wenig erfreulichen Abwechslungen, die diese Tage brachten, waren: eine Verwundung meiner Hand durch einen Axthieb, der eigentlich einer Liane galt, und der mich zwang, den Arm eine Woche lang in der Binde zu tragen; ferner ein Fall Vériters in eine Elefantengrube, bei dem er sich ebenfalls recht weh tat, und endlich das Verschwinden unserer mit Mühe erlangten zwei Führer. Das Gebiet westlich des Ruwenzori ist nämlich Reservat; der Fang und die Tötung von Elefanten ist daher verboten. Die Entdeckung dieser sauber hergestellten Grube war also für die beiden Braven ein recht unangenehmer Zwischenfall. In Erwartung sicherer Bestrafung glaubten sie daher nicht mit Unrecht sehr vernünftig zu handeln, indem sie verdufteten.

Nach weiteren zwei Tagen erreichten wir den Handelsplatz Mboga. Dieser äußerst belebte Posten befindet sich noch im „strittigen" Gebiet, d. h. in dem Landstrich, den der 30. Meridian durchschneidet und dessen Zugehörigkeit damals noch nicht definitiv bestimmt war. Die infolgedessen herrschende Neutralität und Handelsfreiheit hatten sich denn auch die Inder und Araber nicht entgehen lassen, die hier eine Menge Kaufläden führen. In diesen „stores" konnte man alles erhalten, was das Herz begehrte, und wir ließen die Gelegenheit auch nicht vorübergehen, unsere auf die Neige gehenden Tauschartikel, Fruchtkonserven u. a. aufzufrischen. Unsere Träger jubelten und versetzten sich im Geiste in das geschäftige Leben ihrer Heimatstädte Muanza und Daressalam. — Diese harmlos aussehenden Kaufläden versorgten zwar auch die beiden in der Nähe befindlichen Grenz-

kommiſſionen, waren aber vor allem die geheimen Zentralen für einen ſchwunghaften Schmuggel, der mit Elfenbein und Kautſchuk in der offen=
kundigſten Weiſe getrieben wurde. Man ſah die beiden Produkte in harm=
loſer Offenheit in langen Karawanen durch die Straßen tragen. Und wenn man nach der Herkunft fragte, erhielt man als Antwort ein Auf=
werfen des Kinns in der Richtung nach dem großen unkontrollierbaren Urwald. Die ſchlauen Händler haben dort ihre eigenen, nur ihnen ſelbſt bekannten Pfade, die für einen Uneingeweihten unauffindbar durch Knicken einiger Zweige, Streuen von Blättern oder ähnlichem bezeichnet werden. Viele Tauſende Kilo Kautſchuk, Tauſende der wertvollen Elfenbeinzähne gehen auf dieſe Weiſe dem Kongoſtaate alljährlich verloren. Wer kann es ihm verdenken, wenn er ſich mit allen Mitteln von dieſen Schmarotzern zu befreien ſucht, die ihn um Millionen ſchädigen.

Wir meldeten uns brieflich bei den beiden Grenzkommiſſionen an und erhielten bald den Beſuch des Leutnant Vangermais, der uns nach Kiagodé, dem nur 1½ Stunde entfernten belgiſchen Lager einlud. Tags darauf lernten wir dort noch den Leutnant Weber und den liebenswürdigen Leiter der Kommiſſion, den Kommandant Baſtien, kennen, der, im eng=
liſchen Lager am Semliki weilend, auf die Nachricht unſeres bevorſtehenden Beſuches herbeigeeilt war und kurz nach uns eintraf. Wir verlebten hier einige Tage in angenehmſter Geſellſchaft, vom Kommandanten mit Auf=
merkſamkeiten überſchüttet. All unſere Wünſche wurden auf das bereit=
willigſte gewährt.

Das hochgelegene, von erfriſchenden Winden umwehte Lager, das aus geräumigen Matete=Häuſern erbaut iſt, befindet ſich in der Landſchaft des jungen Häuptlings Tabaru. Wir hatten ſchon am Tage unſerer Ankunft Gelegenheit gehabt, ihn zu begrüßen, als er uns bis an die Grenze ſeines Reiches entgegengegangen war.

Da wir noch die britiſche Grenzkommiſſion aufzuſuchen gedachten, die im engliſchen Territorium am Semliki arbeitete, ſo verließen wir für kurze Zeit das Gebiet des Kongoſtaates. Wir ſchieden aber endgültig aus der Zone des Ruſſiſi=Kiwu und verabſchiedeten uns daher von Vériter, der nach Rutſchuru zurückkehrte. Vier Monate hatte er täglich Freud und Leid mit der Expedition geteilt. In ſelbſtloſeſter Weiſe war er bemüht geweſen, unſere Intereſſen zu fördern, und war uns allen ein lieber Kamerad ge=
worden. Sein Scheiden riß eine empfindliche Lücke in unſeren Kreis.

In des Kommandanten Bastien Begleitung brachen wir nun in der Frühe des 23. Februar auf. Die ersten Stunden führten uns auf der Wasserscheide zwischen Nil- und Kongo-System, einem langen Hügelrücken, dahin. Dann trennte ich mich von unserem liebenswürdigen Wirte und ritt allein mit Wiese weiter. Bald erreichten wir den Rand der Berge, die die Ebene des Semliki begrenzen, und ritten den steilen Weg zum Flusse hinab. Die Temperatur kontrastierte hier merklich mit der Frische von Kiagodé und wurde bald als äußerst drückend empfunden.

Die ungeheuer breite und mit wenig Busch bestandene Ebene war von Wild belebt. Moorantilopen und Riedböcke äugten einzeln oder in Rudeln zu uns herüber. Um die Mittagszeit des 24. gewahrten wir von ferne die ausgedehnten Anlagen des englischen Lagers, und als wir endlich in dasselbe hineinritten, konnten wir dem Kolonel Bright und den Herren seines Stabes die Hände schütteln, die uns an der Spitze ihrer Truppen empfingen. Auch hier ging man zuvorkommend auf die Wünsche ein, die uns hergeführt hatten, und wertvolle Aufschlüsse jeder Art wurden uns aufs liebenswürdigste erteilt.

Der plötzliche Witterungsumschwung, der Wechsel von Kühle mit drückender Hitze, hatte Wieses Gesundheit etwas mitgenommen. So nahmen wir noch einen Tag länger als beabsichtigt die Gastlichkeit unserer englischen Wirte in Anspruch und wandten uns dann nordwärts dem Albert-See zu. Wir folgten dem Laufe des Semliki. Träge wälzt sich der Fluß bald breiter, bald schmäler werdend dahin. Aus den gelben Fluten tauchte hie und da der Kopf eines Flußpferdes empor und auf den Sandbänken sonnten sich Dutzende von Krokodilen. In ihrer Regungslosigkeit bei aufgesperrtem Rachen gewährten sie das typische Bild der Faulheit. Vereinzelte Borassus-Palmen erhoben ihr krauses Haupt zum Himmel und spiegelten eitel ihre schlanken Stämme im Wasser, als wären sie sich ihrer Schönheit bewußt. Sie zauberten in ihrer sandigen Umgebung Bilder hervor, wie sie mir von Ägypten her in der Erinnerung waren. Vereinzelte Dörfer der Bawira und Walega belebten die öde Steppe. Doch schienen sie nur spärlich bewohnt. Das Thermometer zeigte bereits gegen 40° Celsius, als wir das stark überschwemmte Bett des Ethengi erreichten, an dem wir die Zelte aufschlugen.

Einige Tage darauf nahmen uns die westlichen Randberge des Grabens auf, an deren Hange sich der Pfad entlangschlängelte. Zu unserer Rechten verwandelte sich die Ebene allmählich in ein Meer von Schilf, das sich in endlose, unübersehbare Fernen ausdehnt. Aus ihm heraus erschienen die grauen Rücken eines mächtigen Wildes, und mit dem Glase erkannten wir mehrere Rudel Elefanten, die dort in behaglicher Ruhe sich sonnten. Aber das genaue Erkennen der Konturen selbst durch das Prismenglas gelang dem Auge nur mit höchster Anstrengung, denn das Flimmern der heißen Luft verwischte die Umrisse in Wellenlinien. Endlich winkte ein Wäldchen und verhieß erfrischende Kühle. Als wir in seinen Schatten eintraten, ward

Hüttengerüst der Bawira.

es in den Blättern lebendig und Affenherden, darunter schöne Colobus mit langen weißen Rückenhaaren, sprangen schimpfend und erschreckt von Baum zu Baum, die Äste im Falle tief hinunterbeugend.

Wir errichteten das Lager in Boguma bei den zerfallenden Strohhütten, die von der Tätigkeit der englischen Grenzkommission Zeugnis gaben. Leider waren die Bäume viele Meter hoch von den Elefanten entblättert; in begreiflichem Egoismus suchte ein jeder von uns im Laufschritt nach dem Baum, der seinem Zelte noch den meisten Schatten verhieß.

Dicht bei dem Lager erhob sich ein Felsplateau, das ich erstieg. Von ihm herab bot die endlos sich ausbreitende Ebene dem Auge ein unvergleichliches Panorama. Schilfpartien wechselten mit Elefantengras, kahlen Steppen und Bäumen. Und durch dies Bild erhabenster Ruhe glitzerte das Wasser des Semliki. In weiter Ferne sah man winzige Pünktchen sich langsam hin und her bewegen und man erkannte die schlanken Leiber der Antilopen. Auf dem Felsenabsatz aber glühte die Sonne mit fürchterlicher Gewalt.

Als ich diese wunderbare Aussicht genießend völlig versunken dastand, vernahm ich plötzlich einen Wehelaut hinter mir. Ich wandte mich um und sah meinen Boy in lustigem Indianertanz von einem Fuße auf den anderen hüpfen. „Was machst du?" fragte ich lachend. „Herr, die Steine sind so heiß, sie verbrennen mir die Füße", lautete die Antwort. Und als ich nun selbst die Handfläche zur Probe auf den Felsen legte, zog ich sie sofort mit einem Schmerzgefühl zurück. Eine sogleich sich bildende Blase bezeugte mir, daß mein Boy nicht grundlos geschrien hatte.

Ganz in der Nähe unserer hohen Warte sahen wir auf einer Sand=bank des Semliki etwa ein Dutzend Krokodile liegen und beschlossen die Erlegung dieser verhaßten Menschenräuber, die alljährlich die Sterbeziffer der Bevölkerung um ein Beträchtliches vermehren. Vorher aber sollten sie in ihrer Ruhe dem Tele=Apparat als willkommenes Objekt dienen. Ich schlich nebst Weidemann wie eine Schlange auf dem Boden. Auf 100 m herangekommen, wurde mit großer Vorsicht der Apparat über das Gras gehoben, das Stativ ganz flach über den Erdboden gesteckt, die Kamera eingestellt und „geknipst". Das leise Geräusch genügte aber schon, um bei einzelnen Tieren eine gewisse Unruhe auszulösen. So wurden eiligst, auf der Erde liegend, die Platten ausgewechselt und dann eine zweite Auf=nahme gemacht. Das erneute Geräusch hatte zur Folge, daß eins der Reptilien sich dem Wasser näherte und andere sich ihm zu folgen anschickten. Ich sprang daher auf und schoß sechs der Bestien hintereinander, von denen vier tot auf der Sandbank verblieben, die beiden anderen stark schweißend und sich überschlagend ins Wasser kollerten. Nun wurde es auf einmal ringsumher lebendig und von allen Seiten stürzten sich die häßlichen Leiber in das schützende Wasser, das hoch aufspritzte, schäumte und brodelte, als ob es koche. Am nächsten Tage konnten wir das Experiment mit gleichem Erfolge wiederholen, da wir Wieses Unpäßlichkeit wegen noch einen Tag verblieben. Das Öffnen des Magens einer dieser Bestien förderte zu un=serem Erstaunen einen ganzen Haufen Steine zutage.

Am 1. März erreichten wir das südliche Ende des Albert=Sees, dessen Wasserfläche wir schon tags zuvor hatten schimmern sehen. Unterwegs sahen wir einen einzelnen Elefanten im Schilfe stehen, der von einer großen Anzahl Eingeborener umkreist wurde, anscheinend in der Absicht, ihn zu erlegen. Wir ließen die Karawane halten, um dies interessante Schauspiel zu beobachten. Da die Jäger sich aber nicht zum Angriff entschließen konnten, gingen wir mit der Kamera heran und machten einige Aufnahmen, ließen den Dickhäuter aber sonst unbehelligt.

Hängebrücke.

Das Wasser des Albert=Sees ist klarer als das trübe, lehmige Wasser des Albert=Eduard. Der westliche Grabenrand tritt nach Norden zu immer näher an das Seeufer heran. Da, wo wir uns für einige Tage niedergelassen hatten, in Kassenje, einem schon von Stuhlmanns Sammlungen her bekannten Lager, läuft das Gebirge etwa 10 km vom Seeufer entfernt und mit diesem parallel. Bei Kassenje sind die Seeufer frei von Schilf und nur mit Binsen bestanden. Hier fand Schuboß später reichlich Moostierchen (Bryozoen). Dredgezüge lieferten ergiebige Ausbeute an Schnecken und Muscheln (Ampullarien, Bithynien, Spatha und Unio=Arten). Im Plankton fanden wir je nach der Tageszeit und Tiefe, in denen die Züge vorgenommen wurden, vor allem Daphniden und Copepoden. Die Fischfauna wird durch die Reichhaltigkeit der Wels=Arten charakterisiert, während Karpfen zu fehlen scheinen.

Der See ist viel weniger belebt als der Albert=Eduard. Flußpferde und Krokodile sieht man hauptsächlich vor der Mündung der Zuflüsse, die Ornis dagegen ist nur schwach vertreten.

Wir machten in Kassenje Bekanntschaft mit dem jugendlichen Häuptling Dedone, einem Sohne Kawallis, bei dessen Residenz im Jahre 1884 Stanley mit Emin Pascha zusammentraf. Das alte Lager Stanleys war nur etwa zwei Stunden entfernt. Seine Umrisse sollen in der Nähe Nsabes noch erkennbar sein. Dedone erinnerte sich des „Bulamatari" noch sehr gut. Als kleiner Junge hatte er mit seinem Vater oft in Emins und Stanleys Nähe geweilt.

Der Name „Bulamatari", der „Felsensprenger", den Stanley bei den Eingeborenen geführt, hat sich bis heute im ganzen Kongogebiet erhalten. Mit „Bulamatari" werden mit Vorliebe noch jetzt die Europäer bezeichnet, deren hervorragende Stellung der Bevölkerung besonderen Eindruck macht. Dem Gouverneur, den Distriktchefs usw. wird vielfach dieser Titel gewährt, auch mir wurde er zeitweise beigelegt.

Da hier am See für unsere Sammlungen nicht viel zu erreichen war, so sagten wir ihm nach einer Bootfahrt bald Lebewohl und wandten uns westlich dem Steilabfall zu. Durch eine parkartig sich ausdehnende, mit hohen Euphorbien besetzte Buschsteppe, in der einige Wasserböcke sichtbar wurden, erreichten wir nach 2½stündigem Marsche den Fuß der Berge. Die Sonne schien unbarmherzig auf die Karawane hernieder und machte den steilen Anstieg zur Qual. Auch hier waren die Felsen so heiß, daß sie den Trägern, wenn sie stehen blieben, die Sohlen der nackten Füße verbrannten. Endlich erreichten wir einen klaren und kühlen Gebirgsbach, in den sogleich die ganze Karawane untertauchte. Selbst die Hunde sprangen gierig hinein. Natürlich wurde hier das Lager errichtet. Als die Sonne sank, strich ein wundervoll erfrischender Wind über die Hänge, der das Thermometer auf 21° Celsius hinabdrückte. Alles atmete auf. Die Hitze hatte auf alle erschlaffend und energieraubend gewirkt, weil auch der Schlaf recht gestört gewesen war. Immer wieder erwachte man in Schweiß gebadet.

Der nächste Morgen, der kühl war, führte uns bei bedecktem Himmel vollends auf den Rand hinauf. Vor uns breitete sich ein weithin sichtbares, nach Westen leise abfallendes Hochplateau aus, während hinter uns die Sonne sich durch den Dunst langsam und siegreich emporzukämpfen begann. Hinter den Berggipfeln trat der Albert=See allmählich zurück. So wurden wir dem Seen=Gebiete und dem zentralafrikanischen Graben auf immer entrückt.

Die an Ruanda erinnernden Landstriche, die wir in den folgenden Tagen durcheilten, sind von Bawira und Bawisha bewohnt. Das wellige Land ist arm an Holz und mit spärlichen Mtama=Feldern bepflanzt. Wild fehlt voll= ständig. Je mehr man sich den Bergen nähert, die einen noch von Kilo

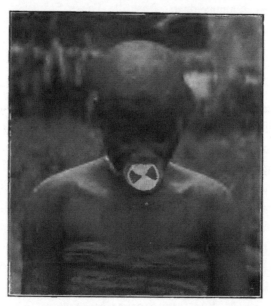

Lippenschmuck der Bawisha. Ituri.

trennen, mehren sich mit zunehmender Bevölkerungsdichte naturgemäß auch die Anpflanzungen. Auffallende Formen zeigten die Dörfer der Bawira, die im Kreis um einen freien Platz herum angelegt sind. In manchen Dörfern zählte ich 40 Hütten, vor denen Männer und Weiber träge saßen. Deren Kleidung ist sehr primitiv. Sie besteht bei den Männern aus kaum sicht= barem Lendenschurz, bei den Weibern sogar nur aus einer schmalen, um die Hüften getragenen Perlenschnur. Sehr eigentümlich wirken große flache Holzscheiben, welche die Weiber in der durchbohrten Oberlippe zu tragen pflegen. Diese höchst befremdliche Sitte soll sich aus der Zeit der Sklaven= jagden erhalten haben; denn die so verunzierten Frauen sollen von den grausamen Arabern als wertlos für den Sklavendienst verschont worden sein. So einleuchtend diese Aussage erscheint, so bedarf sie dennoch des

Beweises. Vorerst darf sie nur als eine Behauptung gelten. — Ungeheuer war der Anbau von Bananen und Bataten¹), und reiche Ernten lagerten in den Dörfern. Für eine alte Flasche erhielten wir einen ganzen Arm voll Süßkartoffeln.

In Bunya, einer kleinen Etappenstation, die wie alle solche Orte in dortiger Gegend aus einigen Hütten und einem Lastenhause für Europäer bestand, meldete sich Leutnant Boyton, der uns an Stelle des abberufenen Leutnants Dériter für die nächste Zeit mit einer kleinen Eskorte zur Begleitung kommandiert war. Boyton war Offizier der schwedischen Armee und seit Jahresfrist in kongolesischen Diensten tätig.

Durch die Gebiete der Bawisha und Bakumu ging es nun über die Etappen Quadingo und Kitambala die Höhen hinan. Vor diesem letzten Dorfe verbreitete sich dann plötzlich der schmale Pfad zu einer gut gehaltenen Barrabarra, die ihr Dasein der Kunst eines belgischen Ingenieurs verdankt und erst seit wenigen Monaten vollendet war. Diese zog sich von Kilo nach Mahagi, dem einzigen belgischen Posten am Nordwestende des Albert=Sees, hin und war im Hinblick auf einen späteren Automobilverkehr erbaut. Doch erwies sie sich in der Folgezeit des nachgebenden Untergrundes wegen als unbrauchbar. Sie ist infolgedessen aufgegeben worden. Der Kongostaat hat sich aber statt dessen zu der Anlage einer großen Automobilroute von Kilo nach Nsabe am Westufer des Albert=Sees entschlossen. Diese Straße soll von einem Nsabe vis=a=vis liegenden Punkte am Ostufer des Sees in englischem Gebiet bis Entebbe fortgeführt werden. Tatsächlich waren im Frühling dieses Jahres die ersten 130 Meilen (englisch) bereits fertiggestellt. Bei der Großzügigkeit, mit der britische und belgische Verkehrsunternehmungen behandelt, und bei dem schnellen Tempo, mit dem sie gefördert zu werden pflegen, dürfte die großartige Anlage schon in Jahresfrist ihrer Vollendung entgegengehen. Die Strecke Mombassa=Entebbe=Kilo, für deren Zurücklegung im Jahre 1908 noch Monate erforderlich waren, würde nach der Eröffnung der neuen Route in vierzehn Tagen zu bewältigen sein. — Der Unternehmungsgeist, der sich in dieser Anlage kundgibt, ist um so mehr zu bewundern, als große Terrainschwierigkeiten zu überwinden sein werden. Denn das Gelände zwischen Kilo und Nsabe ist ein welliges, von Schluchten durchschnittenes Hügelland, dessen Erhebungen vor Kilo eine Höhe bis zu

---

¹) Bataten = Süßkartoffeln.

1600 m erreichen, und steil fällt der Ostrand der Berge zum Seeufer ab. Von den Kuppen bei Kilo aus bietet sich ein prächtiges Panorama. Auf langgestrecktem Bergrücken sieht man die Strohhäuser des Ortes liegen, dessen Umgebungen überreich an lauterem Golde sind.

Die Auffindung dieser reichen, ungeahnten Schätze ist erst jüngeren Datums. Der Kongostaat verdankt sie dem Spürsinn des Prospektors Hannam, der überdies noch manche andere Kupfer- und Goldlager entdeckte und sich daher besonderer Popularität und Achtung erfreut. Auf Hannams Rat wurde der Abbau beschlossen. In der kurzen Zeit von 1½ Jahren entwickelte sich in den stillen Urwaldtälern auf einmal ein äußerst reger Betrieb. Ingenieure und Prospektoren trafen ein und fanden ringsherum in den Creeks (den Flußtälern) reichliche Mengen von Gold. Jetzt herrscht dort ein emsiger Minenbetrieb. Im Jahre 1908 waren in Kilo 21 Ingenieure und Prospektoren tätig. Die meisten waren Australier, die fast alle bedeutenden Minen des Erdballes kannten. Als Chef, mit dem Titel „Représentant de la fondation de la couronne", fungierte Mr. Mertens, durch dessen Hand der gesamte Schriftverkehr, auch mit dem Mutterlande, geht. 800 Arbeiter waren bereits in die Listen eingetragen worden, doch konnte die Kraft des einzelnen noch gar nicht voll ausgenutzt werden.

Der Hauptreichtum des Bodens besteht in Alluvialgold, das überall in der Umgegend in der geringen Tiefe von 1—1,50 m unter der Erdoberfläche auf dem Grunde der Creeks gefunden wird. Dies gewährt dem Betrieb den wesentlichen Vorteil, daß es die Anschaffung teurer Maschinen erübrigt und die Aufstellung von „Schleusen" zuläßt, die durch Negerhand bedient werden. Die Schleusen sind hölzerne Rinnsale, ähnlich denen bei unseren Waldmühlen, die am Boden mit einem Bretterbelag versehen sind. In diese Rinnsale wird die goldhaltige Erde hineingeschaufelt. Das beständig hindurchströmende Wasser schwemmt Steine, Sand usw. allmählich ab, während das Gold durch sein spezifisches Gewicht nach unten sinkt und sich in den Ritzen des Bretterbelages festsetzt. Man findet hier Stücke von Erbsen- und Bohnengröße, vermischt mit feinkörnigerem Golde, während das leichte, mit dem Sande weiterfließende Feingold sich am Fuße der Schleuse in der „table" fängt, einem quadratischen Brette, in dem eine Menge Vertiefungen angebracht sind. Der größte bis zur Mitte des vorigen Jahres gesammelte Klumpen hatte das respektable Gewicht von 300 g, ein anderer wog 150 g.

Goldhaltiges Creek. Kilo.

Bei unserer Anwesenheit arbeitete man auf fünf „champtiers"[1]), auf denen je eine Schleuse in Tätigkeit war. Doch dürfte sich diese Zahl seither noch erhöht haben. Einmal monatlich geschieht das Sammeln des Schleusengoldes. Der Ertrag wechselt natürlich je nach der Goldhaltigkeit des Creeks.

Der monatliche Bruttogewinn Kilos betrug damals etwa 30—35 kg im Werte von 90—100 000 Frank. Dieser Gewinn bedeutete aber bei der Goldkraft des Bodens einen nur geringen Ertrag und hätte mit Leichtigkeit durch zweckmäßigere Beschäftigung der Prospektoren, größere Ausnutzung der schwarzen Arbeiter, Aufstellung weiterer Schleusen usw. auf das 4—5 fache gebracht werden können.

Das gesammelte Gold wird im Laboratorium zu Kilo durch einen Chemiker gereinigt und dann in ziegelsteingroße Barren umgeschmolzen, von denen jeder den Wert von 37 000 Frank repräsentiert. Der erste größere Transport solcher Barren im Werte von 1 Million Frank war kurze Zeit vor unserem Besuche durch den Vertreter der Viktoria Nianza-Agentur zu Entebbe, den deutschen Vizekonsul Schulz, zur Weiterbeförderung nach Brüssel abgeholt worden.

Wie weit sich die Goldhaltigkeit des Bodens erstreckt, hat noch gar nicht festgestellt werden können. Daß sie aber von enormer Ausdehnung ist, geht daraus hervor, daß in vieler Meilen Runde noch kein abbauunfähiges Creek gefunden worden war.

Daneben kommt auch Riffgold vor. Die Abteufung der Riffe war indes noch nicht in Angriff genommen worden. Die Flüsse aber, der Shari und der Ituri, führen so reichlich Gold, daß sich die Leitung, einem plötzlichen Impulse folgend, zur Anschaffung einer Dredge für hohe Kosten entschlossen hatte. Ihr Ankauf schien allerdings noch verfrüht. Jedenfalls war man sich in den Kreisen der Prospektoren über eine geeignete Stelle zu ihrer Verwendung noch nicht einig, da das Wasser der Flußläufe hauptsächlich über felsigen Boden dahinrauscht und sandiger Untergrund seltener vorkommt.

Da die Champtiers in herrlicher Waldszenerie etwa 1 bis 2 Stunden vom eigentlichen Kilo, das zugleich Militärposten ist, entfernt liegen, so sind die Prospektoren ebenfalls abseits in fünf „Camps" untergebracht. Diese sind aus sauberen und luftigen Matete-Häusern erbaut und liegen auf den bewaldeten Hügelrücken in der Nähe der Arbeitsfelder.

---

[1]) champtiers = Arbeitsfelder in den Creeks.

Wie jeder Neuanlage, so hafteten damals auch der Verwaltung von Kilo noch allerhand Fehler und Mängel an, die die Ausbeutung hemmten, aber sie werden mit der Zeit verschwinden, und schon jetzt soll 'ein wesentlich energischerer und praktischerer Betrieb dort herrschen. Jedenfalls ist Kilo ein äußerst entwicklungsfähiger Platz. Ungeahnte Schätze birgt hier noch die Erde, Schätze, die nach kompetenten Urteilen diesem Städtchen die Aussicht geben, einmal einer der bedeutendsten Goldplätze der Welt zu werden.

* *

*

Wir hatten allen Grund für das, was wir in Kilo erlebt und geschaut, dankbar zu sein. Noch niemals waren fremde Besucher hier empfangen worden, noch niemals hatte man irgendeinem Unbeteiligten Einblick in den Betrieb der Goldgewinnung in Kilo gestattet. Höchst befriedigt brachen wir von dort auf, Wiese, Bonton und ich, und nahmen unseren Weg weiter durch das Gebiet der Baniari auf Irumu zu. Am Rande des Waldes entlang folgten wir über die Bergkuppen einem schlechten Negerpfade, bis er in den Urwald abbiegend sich in der Nähe von Salambongo zur Barrabarra erweiterte. Dort befand sich ein großes Lager der Wambutti, die ihr Chef zur Erlegung eines Soli in das Innere des Waldes entsandt hatte. Da wir also hoffen durften, in den Besitz dieser zoologisch so äußerst wertvollen Antilope zu gelangen, so blieben wir den folgenden Tag, um das Resultat der Jäger abzuwarten. Unsere Muße benutzten wir dazu, die im Lager zurückgebliebenen Weiber der Pygmäen mit ihren Kindern zu photographieren und zu messen. Da der Ituri unmittelbar am Dorfe vorüberfließt, so gab er uns willkommene Gelegenheit, unsere Fischsammlung zu bereichern. Wir wandten unsere bewährte Methode, den Fang mit Dynamit, an, mußten aber erst einige Patronen vergeblich verschießen, ehe wir eine von den Fischen bevorzugte Stelle im Wasser antrafen. Dann aber befriedigte das Resultat über Erwarten, denn nachdem die für die Sammlung bestimmten Stücke ausgesucht und den Spiritusbehältern übergeben waren, blieb noch eine solche Fülle übrig, daß fast jeder unserer Träger einen Fisch zur Abendmahlzeit erhielt.

Am Nachmittag trafen noch ganz unerwartet die Prospektoren Crawlay und Giliot aus Kilo ein, die das Flußbett und dessen Nachbarschaft bis nach Kilo zurück auf Goldhaltigkeit untersuchen wollten. Da sie deswegen gezwungen waren, zu beiden Seiten des Wasserlaufes sich einen Weg durch das Dickicht zu bahnen und außerdem alle 5 km zwecks Stichproben senkrecht zum Ituri in das Waldgelände einzudringen, so rechneten sie für ihren Rückmarsch drei Monate.

Mit einbrechender Dunkelheit kehrten die Zwerge von der Jagd zurück. Resultatlos! Wenn wir uns also auch in unseren Hoffnungen betrogen sahen, so konnten wir uns doch durch die Beobachtung von Tänzen schadlos halten, die die Zwerge, Männer wie Weiber, am Feuer ihres

Der Ituri bei Salambongo.

Lagers aufführten. Zumal Wiese hatte das Glück, diese eingehend betrachten zu können. Denn als ich schon zur Ruhe gegangen war und tiefer Friede im Lager herrschte, hörte er nochmals in der Richtung der Wambutti=Hütten Gesang und Trommelschall. Er folgte in der mondhellen Nacht den Stimmen und sah die kleinen Zwerge, Männlein und Weiblein gemischt im Kreise stehend, wiederum beim Tanz. Er glaubte ein Märchen zu erleben. „In der Mitte," so berichtete er mir am anderen Morgen, „saßen zwei Männer mit kleinen Handtrommeln und schlugen den Takt, während die Umstehenden nicht unmelodisch bald sehr langsam und melancholisch, bald sehr schnell und heiter dazu sangen. Bald tanzten sie mit ihren kleinen Beinchen auf der Stelle bleibend, bald bewegten sie sich im Kreise nach links oder rechts herum. Besonders fiel mir dabei die Bewegung des Oberkörpers auf. Die kleinen Leutchen zeigten nämlich eine enorme Geschmeidigkeit in den Hüften und bogen sich tanzend im Kreuz so weit zurück, daß man fast

Pygmäen bei Salambongo (Urwald-Zwerge).

fürchten konnte, das Rückgrat würde brechen. Der Tanz schloß meist mit einer etwas affektierten Pose, die an die Anfangslektionen einer ungeschickten Ballettelevin erinnerte. Während der Kreis sang und tanzte, sprangen ab und zu ein Mann und ein Weib innen hinein und suchten sich im Takte der Musik zu haschen, bis einer den anderen fing. Es war bewundernswert, wie sich die kleinen Körper der Verfolgten immer wieder den Händen der Angreifer entwanden und auf dem verhältnismäßig kleinen Raume auf das geschickteste zu entwischen wußten. — Ob ein tieferer Sinn dem Tanz zugrunde lag, gelang mir nicht in Erfahrung zu bringen. Gewundert hat es mich, mit welcher Passion die Leutchen bei der Sache waren und daß sie sich durch meine Anwesenheit nicht im geringsten stören ließen." —

Irumu.

Am 16. März tauchten die Häuser Irumus vor uns auf. Bald darauf erreichte die Spitze der Karawane den Shari=Fluß, der unterhalb des Postens vorüberfließt. Vom anderen Ufer grüßten uns schon bekannte Gesichter und wenig später konnten wir Mildbraed und Czeczatka die Hände schütteln, die wir zu unserer Freude frisch und munter vor uns sahen. Auch die beiden einzigen augenblicklich in Irumu anwesenden Herren der Verwaltung, der Chef de poste Tillemanns und Mr. Bernstein, waren uns bis hierher entgegengekommen.

Irumu ist ein Posten größeren Stils und etatsmäßig mit 10 Europäern besetzt, die sich aber alle, bis auf die vorerwähnten, auf Dienstreise befanden. Der günstigen Lage verdankt der Ort seine Bedeutung, denn er ist Kreuzungs=

punkt der großen Etappenstraßen Stanleyville = Fort Portal und Rutschuru=
Beni=Kilo. Fast alle belgischen Beamten, die ein Kommando in die nördlichen
Distrikte des Kongostaates führt, sind daher genötigt, ihn zu passieren. In=
folgedessen herrscht hier ein regerer Durchgangsverkehr als auf anderen
Posten. Der freundliche Ort, der aus einer Reihe strohgedeckter Ziegelhäuser,
einer geräumigen Messe, sowie zwei großen Magazinen besteht, liegt drei
Stunden vom östlichen Rande des großen Urwaldes entfernt in hügeliger Ebene.

Da die Gegend überreich an Elefanten ist, so ist die Einlieferung von
Elfenbein durch die Eingeborenen sehr bedeutend. 800 bis 900 Kilo wandern
allmonatlich für Rechnung des Kongostaates nach Boma. Dagegen läßt die
Entfernung vom Urwaldrande Irumu, trotz der Nachbarschaft der großen
Kautschukreviere, aus dieser Konkurrenz ausscheiden. Nur etwa 500 kg
beträgt die Monatsernte. Dies ist im Vergleich zu den Hauptkautschukplätzen
im Aruwimi= und Uelle=Becken, Nepoko, Avakubi, Bomili usw., ein ver=
schwindend kleines Quantum. Dort wurden in den besten Jahren 7000,
10000, ja sogar 14000 kg im Monat eingebracht. Allerdings wiesen diese
großen Beträge seit dem Jahre 1907 einen erheblichen Rückgang auf, da die
mit der Gewinnung des Gummis beauftragten steuerpflichtigen Eingeborenen
begonnen hatten, sich dieser, ihnen lästig werdenden Verpflichtung zu entziehen.
Hieraus erwuchs außerdem noch den Kautschukbeständen des Urwaldes selbst
insofern eine besondere Gefahr, als die renitente Bevölkerung anfing, die
mächtigen und am meisten Erträge gebenden Stämme der Funtumia elastica
und die gummigebenden Lianen umzuschlagen bezw. zu kappen. Ja, die
Opposition der Bevölkerung hatte in den Distrikten zwischen dem Aruwimi
und Uelle einen so drohenden Charakter angenommen, daß die Entsendung
von Truppen notwendig geworden war. Auch der Chef de zone, der tat=
kräftige und energische Kommandant Engh, ein Norweger von Geburt,
befand sich zur Wiederherstellung der Ruhe dort. Und tatsächlich war es
seiner und seiner Beamten Umsicht gelungen, der Bewegung Herr zu werden.

Der Kongostaat hat aber in weiser Voraussicht und in richtiger Er=
kenntnis der wirtschaftlichen Gefahr, die ihm aus solcher Haltung der Ein=
geborenen erwachsen könnte, seit einigen Jahren mit der Anlage größerer
Kautschukplantagen begonnen. Und tatsächlich konnten wir solche bei fast
allen bedeutenderen Europäerposten bemerken; da aber alle Pflanzungen
erst jüngeren Datums sind, so ist man sich naturgemäß über die zum Anbau
geeigneteste Sorte noch nicht einig. Man hat sich im allgemeinen nach den

Bodenverhältnissen gerichtet und die Arten zur Kultivierung gewählt, die im Urwalde unter gleichen klimatischen Verhältnissen am besten gedeihen. Im allgemeinen wird der Kautschukbaum, Funtumia elastica, bevorzugt, da dieser bedeutend schneller als die Lianen wächst. Während die ersten Zapfungen an der Funtumia bereits nach 6—7 Jahren ohne Schaden für die Weiterentwicklung des Baumes vorgenommen werden können, tritt eine Verwertung der Lianen erst nach 20 Jahren ein. Man kommt daher von dem Anbau der Lianen — hauptsächlich Landolphia owariensis, Landolphia Klainei und Clitandra Arnoldiana — mehr zurück und baut sie nur noch dort, wo die Funtumia nicht fortkommen will.

Alle Europäerposten sind ferner angewiesen, für je 2 kg eingelieferten Kautschuks eine Pflanze in den Erdboden zu setzen. Diese Anordnung ist aber, so praktisch sie wäre, undurchführbar, da die Menge des eingelieferten Kautschuks viel zu groß ist. Wollte man wirklich diesem an und für sich sehr klugen Befehle nachkommen, so würde man eine ungeheure Menge Arbeiter zur Rodung, Bebauung und Reinhaltung der Plantage benötigen. Aber diese ist nicht vorhanden. Tatsächlich leiden, ebenso wie es in Deutsch-Ostafrika der Fall gewesen ist, auch hier die meisten Unternehmungen an Arbeitermangel. So sahen wir bei Avakubi eine Pflanzung von 300 ha, bei Nambuna eine andere von 800, die damals kaum über die nötigste Mannschaft für die Kulturen selbst verfügten. Wenn man noch die zeitraubende Arbeit der Rodung der starken Baumstämme in Betracht zieht und bedenkt, daß ein heute von Unkraut und Graswuchs gereinigter Teil der Pflanzung in 4—6 Wochen wieder von meterhohem Grase überwuchert ist, welches die kleinen Pflänzlinge zu ersticken droht, so mag man daraus die ungeheure Schwierigkeit der Plantagenwirtschaft bemessen.

Nicht unerwähnt möchte ich lassen, daß auf den meisten kongolesischen Posten auch Kaffee und Kakao kultiviert werden. Während das letztere Produkt auch zum Export gelangt, wird der Kaffee (Liberia) nur zum Selbstverbrauch verwandt.

*   *

*

In Irumu rasteten wir 14 Tage. Ich erwartete hier das Eintreffen der anderen Expeditionsmitglieder für Ausgang des Monats, denn ich hatte diesen Posten als Sammelplatz vor dem Abmarsch nach dem Kongo, den ich auf den 1. April angesetzt hatte, bestimmt. Die Zwischenzeit wurde zu

Exkursionen in die Umgegend benutzt. So ging Dr. Mildbraed auf einige Tage nach Ngombe Njama an den Rand des Waldes. Schubotz und ich streiften in der Umgegend umher oder fischten im Shari. Ferner galt es noch die letzten Anordnungen für Zurücksendung etwa noch einlaufender Post zu treffen, die Firmen am Viktoria-See und an der Ostküste über unseren Durchmarsch nach Westen zu verständigen, Briefe und Berichte zu schreiben und die zuletzt gemachten Sammlungen zum Versand vorzubereiten. Diese sollten mit unserer getreuen Trägermannschaft, die von hier aus zur Heimat entlassen wurde, nach Entebbe befördert werden. Das waren für den vielgeplagten Wiese wieder böse Tage. Denn nun galt es in täglichen Appells der Trägermannschaft die Lohnlisten nochmals auf ihre Richtigkeit hin zu prüfen und sich das Resultat von jedem einzelnen bestätigen zu lassen. Ferner erhielt jeder Mann für den Rückmarsch in seinen Heimatsort den Reispósho[1]) in bar zum Ankauf der Verpflegung unterwegs.

Truppweise unter der Leitung ihrer Trägerführer marschierten sie dann in die Heimat ab, nachdem sie sämtlich von einem jeden von uns durch Handschlag Abschied genommen hatten. Ungern sahen wir die braven Burschen von uns scheiden, fast ein Jahr lang hatten sie Freud und Leid mit uns geteilt. In guten und bösen Tagen, in der Hitze der Steppe und im eisigen Hauch der schneebedeckten Vulkane hatten sie ihre Pflicht treulich erfüllt und sich vortrefflich bewährt. Wir entließen sie hier, um ihnen den langen Rückmarsch von Avakubi, das noch 20 Tagemärsche entfernt war, zu ersparen. Bis dahin begnügten wir uns mit Trägern aus dem Kongogebiet. In Avakubi sollten die Märsche ein Ende erreichen, denn von dort ab war die Weiterreise bis zum Kongo auf dessen großem Nebenfluß, dem Aruwimi, in Eingeborenen-Booten geplant. Die Truppe der Expedition sollte uns noch bis zum Abschluß der Fußmärsche durch den Wald begleiten.

Am 27. traf Czekanowski von seinem Abstecher ein, der ihn bis in das Uelle-Gebiet hineingeführt hatte. Er hatte viel unter heftigem Regen zu leiden gehabt, der uns dagegen nach dem Verlassen der Ruwenzori-Zone bis jetzt fast verschont hatte.

Aber hier in Irumu schickten wir uns an, einer dritten Regenperiode entgegenzugehen, deren Beginn wir täglich erwarteten. Und in der Tat konnte man schon des Abends die Wolken sich dräuend zusammenziehen sehen und fernes Wetterleuchten beobachten. Wenige Tage später setzten auch

[1]) Posho = Essensgeld.

wirklich die täglichen Regenschauer ein. Sie meldeten sich an mit einem Sturmwind von verheerender Gewalt. Kohlschwarz bezog sich in den Nachmittagsstunden des 30. März der südwestliche Himmel; in undurchsichtiger, stahlblauer Masse und zu beiden Seiten scharf abgegrenzt rückte der Platzregen an. 1 km vom Posten entfernt ging er in Strömen nieder. So konnten wir alle Phasen dieses fesselnden Naturschauspiels beobachten, ohne selbst naß zu werden, jedoch bald erreichte uns der begleitende Sturm. Mit scharfem Ruck einsetzend, fiel er über die Gebäude von Jrumu her, riß und zauste dichte Bündel Stroh aus den Dächern und entführte sie weit durch die Lüfte. Er rüttelte an den Türen und fegte durch die Ritzen in die Stuben, so daß alles Schreibmaterial herumgewirbelt wurde. Im Freien kostete es Mühe, sich aufrecht zu erhalten. Dicke Staubsäulen verhinderten bald jede Aussicht und verfinsterten mitsamt den schwarzen Wolken und der Regenwand den Tag zur Dämmerung. — Doch ebenso plötzlich, wie er gekommen, war der Orkan vergangen und eine viertel Stunde später erinnerten nur die herumliegenden Trümmer an den ungebetenen Gast.

Tropische Gewitter in ihrer vollen Gewalt zu schildern, ist vergebliche Mühe. Man muß solche Naturschauspiele gesehen haben, um einen rechten Begriff von ihnen zu gewinnen. Dann aber prägt sich ihre Großartigkeit unauslöschlich in das Gedächtnis ein. Von zwei, drei Seiten zieht es schwarz herauf, dann zuckt es, blitzt und donnert, knattert und kracht es, daß man glauben möchte, die Hölle sei entfesselt. Blitze umzucken den ganzen Horizont, ja das ganze Firmament erscheint auf Augenblicke von gewaltigen Strahlenbündeln erleuchtet. Mit der Uhr in der Hand habe ich minutenlang ein bis zwei solcher elektrischer Entladungen in der Sekunde gezählt.

Czekanowski hatte auf seinem bereits erwähnten Uelle=Abstecher in die Gebiete der Mangbettu so viel Bemerkenswertes für seine Beobachtungen gefunden, daß er den Wunsch hegte, nochmals dorthin zurückzukehren. Da er sich hierzu noch weitere drei Monate Zeit erbat, sah er die Notwendigkeit seiner Rückkehr auf eigene Faust voraus. Wir trennten uns daher einige Tage vor unserem eigenen Abmarsche mit einem zuversichtlichen „Auf Wiedersehen in Europa".

Da der Termin des Aufbruchs für uns übriggebliebenen immer näher rückte und von Kirschstein trotz mehrerer Briefe und schriftlicher Instruktionen meinerseits noch immer jede Nachricht fehlte, so fing sein Schweigen an, Besorgnis zu erregen. Jedenfalls mußten wir uns mit dem Gedanken vertraut machen, den liebenswürdigen, stets humorvollen Reisegefährten zu entbehren. Ich will gleich vorausschicken, daß unsere Befürchtungen sich leider bewahrheiteten. Als wir bereits die Wanderung im dichten, schattigen Urwalde begonnen hatten, traf die Nachricht von dem Unglück auf dem Karissimbi ein, das Kirschstein die Hälfte seiner Trägermannschaft kostete. Wie sich dann erst in Deutschland herausstellte, war die aggressive Haltung der Eingeborenen südöstlich des Vulkans Muhawura, insonderheit der Angriff des Häuptlings Lukara, an allen Verzögerungen Schuld gewesen. Dieser Sultan hatte mit vielen Kriegern der Karawane des Geologen aufgelauert und ihr den Weg versperrt. Als bald darauf die ersten Pfeile über Kirschsteins Kopf hinwegflogen, hatte er sich zur Verteidigung genötigt gesehen. Ein Gefecht war bald im Gange. Trotz heftigen Feuerns wollte aber der Feind nicht weichen. Immer wieder wurden die feindlichen Bogenschützen durch einen Kerl in roter Toga, der mit wilden Bewegungen vor ihnen einhersprang, angefeuert. Diesen nahm sich Kirschstein aufs Korn und es gelang ihm, den Unhold zu Boden zu strecken. Nun erst begannen die Horden, ihres Führers beraubt, zu weichen. Kirschstein befand sich aber trotzdem in einer schwierigen Situation, denn als er nach dem Kampfe die Patronen zählen ließ, ergaben sich als Endsumme nur noch — elf — für die ganze Karawane. Um also einem erneuten Angriff nach Möglichkeit vorzubeugen, wurden durch einen Rufer schreckliche Drohungen für den Wiederholungsfall ins Land geschleudert und fürchterliche Strafen angekündigt. Diese Einschüchterungsversuche erfüllten ihren Zweck; Kirschstein wurde von jetzt an in Frieden gelassen.

Da es ihm aber an Verpflegung zu mangeln begann, sandte er Briefe mit der Bitte um Nahrungsmittel an mich. Gleichzeitig forderte er Instruktionen und Auskünfte über die Absichten der Hauptkarawane. Ich habe diese Briefe niemals erhalten, ebensowenig wie Kirschstein die meinigen, die dringend Aufklärung über seinen Verbleib forderten. Sie sind von den postbefördernden Boten, die sich aus Eingeborenen rekrutierten, wohl einfach fortgeworfen worden, wenn sie ihnen nicht sogar gewaltsam entrissen wurden. So ohne jede Nachricht und aufs Ungewisse hin war ein ferneres Zögern zwecklos. Beni und Rutschuru wurden daher durch ganz sichere Boten benachrichtigt und Briefe für Kirschstein dort deponiert.

In Jrumu aber wurde geschnürt und gepackt. Denn der Abmarschtag brach an. Wie vermißten wir heute unsere braven Wassukuma und Manjema, die ihre Last schon von weitem kannten. Jetzt war es anders, denn jedem mußte sein Bündel erst zugewiesen werden. Ohnehin wußten wir, daß in der Folgezeit häufiger Trägerwechsel sich als notwendig herausstellen würde. So sahen wir den Plackereien, die da kommen sollten, mit Resignation entgegen. Trotz alledem aber und trotz strömenden Regens sah man leuchtende Gesichter bei uns Europäern. Von jetzt an war der Kurs heimwärts gerichtet.

IX.

Im Schatten des Urwaldes.

Der Ituri bei Irumu.

IX.
Im Schatten des Urwaldes.

Am 1. April 1908 traten wir den Marsch nach Westen an auf einer Route, die eine traurige Berühmtheit erlangt hat in der Entdeckungsgeschichte Afrikas; bewegten wir uns doch zwischen Irumu und Avakubi fast auf denselben Pfaden, auf denen einst Stanley unter den härtesten Strapazen und Entbehrungen vom Kongo her herangezogen war zum Entsatze Emin Paschas, der, durch den Mahdi=Aufstand abgeschnitten, in seiner Äquatorialprovinz als halber Gefangener lebte. Vor uns lag derselbe ungeheure Wald, der in dem Buche: „Im dunkelsten Afrika" eine so düstere Schilderung gefunden hat, der durch Regen, Hunger, Krankheiten und feindliche Angriffe die Karawane fast aufgerieben und der Verzweiflung und dem Wahnsinn nahe gebracht hatte, bis ihnen endlich das erste Bündel grünen Grases zu einem Zeichen der Verheißung wurde, wie einst „die freundliche Taube mit dem Ölzweig Noah und den Seinen", bis sie endlich hier in der Nähe von Irumu wie aus langer Kerkernacht befreit heraus=

traten und, hingerissen von übermächtigen Gefühlen der Freude, laufend, stürzend, jauchzend hinauseilten in die blendende Lichtfülle einer anmutigen Steppenlandschaft, die gerade im frischen Grün des jungen Grases prangte.

Auch uns ist eine Ahnung solchen Gefühles aufgegangen. — Wir gingen zwar auf gebahnten Wegen, wir wußten längst voraus, wo wir an jedem Tage unser Haupt zur Ruhe legen würden, Verpflegung war wohl vorbereitet, wir reisten hier viel bequemer als oft im Anfang in der Steppe oder im Vulkangebiet, und doch haben wir das Bedrückende dieses ungeheuren Waldes empfinden gelernt; nur die Reisebedingungen waren andere, der Wald ist derselbe geblieben wie zu Stanleys Zeiten in seiner unendlichen, unerbittlichen Einsamkeit.

Der Abmarsch von Irumu erfolgte unter wenig günstigen Auspizien bei strömendem Regen, der schon in der Nacht heftig, aber ohne Gewitter eingesetzt und mehrere von uns zu Nachtwanderungen mitsamt dem Bett gezwungen hatte, da es jetzt, nach der Trockenzeit, in den meisten Häusern noch durchregnete. Der Wirrwarr, der jedesmal beim Aufbruch aus einem längeren Standlager herrscht, wurde noch durch die Neueinstellung der 200 ungeübten kongolesischen Hilfsträger vermehrt. Dazu der Regen, kurz, es war zum Abschiednehmen just das rechte Wetter, als wir uns endlich in Begleitung unseres Eskortenführers Leutnant Bonton in Bewegung setzten. Später klärte es sich auf, und nach 3½stündigem Marsche durch anmutiges hügeliges und welliges Steppengelände, das von Galeriewaldstreifen durchzogen ist, erreichten wir die Grenze des geschlossenen Urwaldes, den wir nun für fast zwei Monate nicht mehr verlassen sollten. Nach einer weiteren Stunde kamen wir an den hier etwa 120 Meter breiten Ituri, kreuzten ihn auf einem Einbaum, wobei das Hinüberbringen der Reittiere ziemliche Mühe verursachte, und bezogen in Kifuku, dem alten Irumu, das erste der festen Lager, die auf dem ganzen Wege Irumu=Stanleyville in Abständen von 15—30 Kilometern zur Bequemlichkeit der durchreisenden Europäer, der Angestellten des Kongostaates, eingerichtet sind, die, vom Kongo kommend, in den Distrikt des oberen Ituri oder nach Beni wollen.

Die Rasthäuser in diesen Lagern, gites d'etape genannt, zeigen überall das gleiche Bild: Ein meist mit Phrynium=Blättern gedecktes Lehmhaus, bestehend aus zwei ungefähr würfelförmigen „Zimmern", die in der Mitte durch einen breiten, hallenartigen, nach vorn offenen Flur getrennt sind;

Etappendorf im Kongo-Urwald auf dem Wege nach Stanleyville.

jedes Zimmer hat eine Fensteröffnung nach vorn und eine Tür nach der „Halle". Um das Ganze läuft unter dem weit vorspringenden Dach ein häufig etwas erhöhter Umgang, die Barasa. Nach demselben Grundriß sind übrigens auch die oft recht hübschen Ziegelhäuser auf den Stationen gebaut. In den Rasthäusern besteht der Fußboden aus gestampftem Lehm, und in der „Halle", gewöhnlich vorn an der Barasa, steht zuweilen ein primitiver Tisch. Ich bin so leichtsinnig, darin zu wohnen, wenigstens in den besser aussehenden, trotzdem ich weiß, daß die Dächer durchaus nicht immer regendicht sind und auch Rückfallfieber-Zecken mitunter solche Häuser beziehen sollen. Zum Schutze gegen den Regen lasse ich eine Hülle aus Ballonstoff[1]), die uns im offenen Pori als Lastendecke und als Regenzelt für die Träger ausgezeichnete Dienste geleistet hat, über das Dach ziehen, da bin ich sicher. Angenehm sind diese Rasthäuser immerhin, besonders die „Halle" als Messeraum. Es ist in ihnen bedeutend kühler als in den Zelten, und man empfindet die Hitze und den blendenden Glanz der Sonne nirgends so stark, als wenn man am Ende des Marsches aus dem Schatten des Urwaldes auf eine Rodung um das Rasthaus und sein Dorf tritt.

Auf allen Etappen sitzen „Arabisés", wie sie von den Kongolesen genannt werden, oder „Wangwana"[2]), wie sie sich mit einer sehr dehnbaren Kisuaheli-Bezeichnung selber nennen, Leute, von denen mancher nicht weiß, wo seine Wiege gestanden hat. Ethnographisch stellen sie ein schlechthin unentwirrbares mixtum compositum aus Arabern, ostafrikanischen Küsten- und Inlands-Negern, Manjema westlich des Tanganjika und Eingeborenen aus den östlichen Distrikten des Kongostaates dar. Es sind Reste und Nachkommen jener Sklaven- und Elfenbeinjäger, mit denen die Belgier so schwere Kämpfe zu bestehen hatten, Reste der Horden Tippu-Tips und, am Aruwimi-Ituri, Ugarrowas und Kilonga-Longas, von denen die Älteren Stanley noch sehr gut kennen, dazu natürlich auch manche, die erst in neuerer Zeit auf den Wegen der arabischen Händler nach dem Kongo gekommen sind. Sie sprechen ein reich mit Eingeborenenworten, aber auch mit arabischen Brocken durchsetztes Kisuaheli, das auch „Kingwana", die Sprache der Wangwana, genannt wird. Die Bezeichnung Arabisés ist jedenfalls ganz treffend; sie tragen die langen arabischen Gewänder und Turbane, manche zeigen auch deutlich die starke Beimischung arabischen Blutes, reine Araber sieht man

---

[1]) Von der Kontinental Kautsch.-Komp. zu Hannover.
[2]) Wangwana = die Gebildeten.

indes selten, meist nur als Händler auf den größeren Stationen. Es sind sicherlich viele recht dunkle Ehrenmänner unter ihnen, und daß sie auf geheimen Schleichwegen neben dem erlaubten Handel einen umfangreichen Schmuggel mit Kautschuk und Elfenbein über die deutsche und englische Grenze treiben, ist sicher; immerhin eine friedliche und harmlose Beschäftigung gegenüber der ihrer Jugendtage, als vor Aufrichtung der europäischen Herrschaft der Kongo wirklich voller Greuel war. Ihre offizielle Tätigkeit besteht darin, die Etappenstationen und die Wege in Ordnung zu halten und für die Verpflegung der durchreisenden Europäer und Träger zu sorgen. Gebaut werden auf den Rodungen besonders Maniok und Bataten, aber auch Reis und Mais; Bananen kultivierten die Wangwana auf unserer Route nicht viel, sie klagten, daß die Elefanten zu großen Schaden darin anrichteten.

Der Weg, der die Etappen verbindet, die Barrabarra, läßt sich am besten mit einer Schneise vergleichen. In einer Breite von etwa vier Metern zieht er sich durch den von keiner Lichtung unterbrochenen Urwald; in der angegebenen Breite sind die kleinen Bäume und das Unterholz fortgeschlagen. Größere Bäume bleiben stehen und hindern auch nicht im mindesten, denn benutzt wird stets nur ein besonders festgetretener Fußpfad in der Mitte; der Neger marschiert nun einmal nicht anders als im Gänsemarsch. Stürzt einer der Waldriesen quer über den Weg, so bleibt er in den meisten Fällen liegen, da das Fortschaffen, solange sein Holz noch widerstandsfähig ist, Schwierigkeiten macht, die kaum im Verhältnis zur Nutzung der Straße stehen. Man hilft sich, indem man das Hindernis auf einem kleinen Nebenpfade in den Wald hinein umgeht oder eine Art Brücke oder Treppe darüber hinweg baut. Die Brücken, die über die zahlreichen kleinen Bäche und durch sumpfige Senkungen führen, sind die „wunden Punkte" der Straße. Es sind zum Teil einfache Knüppeldämme, häufig aber werden stärkere Stämme längs gelegt, darüber Rundhölzer und Äste quer und dann die Lücken mit Lehm oder Erde ausgefüllt. Diese Konstruktionen sind aller Anerkennung wert und für Fußgänger, ja, solange sie neu sind, auch für Reiter gut gangbar; sie werden aber leider auch von Passagieren benutzt, für die sie absolut nicht berechnet sind, nämlich von den Elefanten. Solchen Gewichten ist natürlich die immerhin primitive Negerarbeit nicht gewachsen, und so sind manchmal die älteren Brücken und Dämme nur eine Reihe von Löchern. Es hieß also oft absteigen und die Reittiere sich vorsichtig ihren

Urwaldszenerie.

Weg selber suchen lassen oder sie nebenbei durch Sumpf oder Wasser führen. Wenn sich das häufig wiederholte, war das Reiten kein Vergnügen mehr.

In eintönigen Märschen ging es von Etappe zu Etappe, und je weniger Bemerkenswertes sich ereignete, um so stärker wirkte der Eindruck des Urwaldes auf uns. Ich glaube wohl, daß bei empfindsamen Menschen langer Aufenthalt in diesem Walde zu schweren Gemütsdepressionen führen kann. Das auf die Dauer unsäglich Bedrückende liegt in dem Mangel jeder freien Umschau, in der Unmöglichkeit, auch nur auf kurze Zeit einmal das Auge frei über weite Flächen schweifen zu lassen, einmal fern im Horizont Himmel und Erde verschwimmen zu sehen. Man sieht nur eine kurze Strecke des Weges vor sich, an den Seiten hindert das Dickicht den Blick, in die grünen Tiefen einzudringen, man schaut nach oben, und auch dort wölbt sich das Blätterdach und verwehrt dem des ewigen Grüns müden Auge den befreienden Anblick des Himmels. Und tritt man auf eine Rodung hinaus, so ragen auch hier rings unerbittlich vierzig Meter hoch die grünen Wände, und man gleicht einem Gefangenen, der nur die enge Haft der Zelle mit dem Gefängnishof vertauscht hat. Dieser Wald hat nichts von dem feierlichen Frieden eines Buchen- oder Fichtenwaldes in der Heimat, er ruft auch, wenn der erste mächtige Eindruck verflogen ist, nicht eigentlich das Gefühl des Erhabenen wach, trotz der gewaltigen Höhe seiner Bäume; dazu ist er viel zu unruhig in seinem Reichtum der verschiedensten Gestalten, der erst aufregend und dann abstumpfend wirkt, selbst wenn er in den Einzelheiten gar nicht zum Bewußtsein kommt, und er ist erdrückend durch seine ungeheure Masse, die vom Boden bis zu den höchsten Kronen den ganzen Raum erfüllt. So konnten wir es verstehen, daß die belgischen Beamten diesen großen Wald, ihre „fôret vierge", geisttötend finden und von dem Urwaldmarsch von Stanleyville nach ihren Stationen an der Ostgrenze oft mit gelindem Grauen sprechen. Der Beobachter und Sammler freilich, für dessen Blick das Chaos sich in einzelne Gestalten auflöst, für den alle die fremdartigen Bildungen der Vegetation, wie nur der Tropenwald sie aufweist, Wesen und Bedeutung gewinnen, der findet übergenug des Interessanten in dieser Fülle, aber auch für ihn hat sie etwas Erdrückendes und er sehnt sich danach, die Augen, die sich müde geschaut haben an der Masse der Objekte, ausruhen lassen zu können auf der gelben Steppe mit dem einzigen Zauber ihrer großen Linien und ihrer weiten Fernen.

Das Tierleben scheint für den, der aus den Steppen kommt, hier erstorben zu sein. So wenig der Seefahrer die Fülle des Lebens in den Tiefen des Ozeans schaut, so wenig sahen wir etwas von dem reichen Leben, das in den Tiefen dieses Waldmeeres sich birgt. Wir fanden zwar viele Fährten von Elefanten und Büffeln, bekamen aber bei Tage nie ein Tier zu Gesicht, die Vögel schwiegen, und nicht einmal Affen belebten die Bäume. So war es wenigstens bis kurz vor Mawambi, später sahen wir etwas mehr von der Fauna. Affen gibt es freilich auch im Anfang der Route schon genug, sie waren aber von Mildbraed vergrämt. Er war zuerst von uns aus Beni in Irumu eingetroffen und, als er dort nichts mehr zu tun fand, vorausmarschiert, um mit mehr Muße sammeln zu können; in Mawambi sollte er dann auf uns warten. Als er die Äste aus den Kronen herabschoß, verschonte er auch ihre vierbeinigen Bewohner nicht; er zeigte uns nachher eine gute Strecke, bestehend aus drei Colobus-Arten, schwarzen Mangaben, die wie die Teufel aussehen, und einer Meerkatze. In der Dunkelheit hörten wir oft Elefanten in den Bananenfeldern bei den Etappen die Stauden umbrechen und verwüsten.

Bis Mawambi gab es fast täglich einen Gewitterregen, der sich glücklicherweise meist erst nachmittags oder nachts einstellte. Der häufig lehmige Boden des Weges war freilich infolgedessen in einem Zustand, der an abschüssigen Stellen das ohnehin schon mäßige Vergnügen des Reitens noch mehr einschränkte. Auch war die Luft so mit Feuchtigkeit gesättigt, daß eine wahre Treibhausatmosphäre und häufig sehr unangenehmer Modergeruch den Wald erfüllten. Gelegentlich verhalf der Regen uns auch zu einer kleinen Abwechslung in dem Einerlei dieser Tage. In der Etappe am Epulu, der von Nordosten in den Ituri fließt, saß ich in meinem Zelte und ließ es draußen regnen, während ein „ganz neuer" interessanter Zeitungsartikel von Anfang Februar meine Aufmerksamkeit fesselte (am 6. April). Plötzlich entdeckte ich, daß ich mit Tisch und Stuhl auf einsamer Insel saß. Mein Zelt stand leichtsinnigerweise in einer kleinen Vertiefung, und nun lief das Regenwasser des ganzen Platzes hinein. Große Dämme und kunstvoller Schleusenbau leiteten schließlich die Überschwemmung wieder ab. Den anderen erging es ähnlich. — Ein anderes Mal passierte es Schuboß, daß nach einem schweren Regen die Stricke seines Zeltes sich so zusammenzogen, daß sie die Zeltpflöcke aus dem Boden rissen und das ganze Gebäude in sich zusammenfiel, den schlafenden Eigentümer unter sich begrabend.

Gestürzter Baumriese im Kongo-Urwald.

Unsere Route führte in einem etwas nach Norden ausholenden Bogen von Jrumu über die Etappen Kifuku, Cambi ja Wambutti, Mokoko, Mamulambi am Epulu, Songolo und Agwama nach Mawambi am Jturi. Der Fluß macht auf dieser Strecke einen Bogen nach Süden und der Weg Stanleys verläuft dazwischen. In Mawambi empfingen uns der Postenchef Athanasoff, ein Bulgare, und Mildbraed, der mit vergnügten Sinnen auf seine „Heu"pakete hinschaute. Ihm war es jedenfalls auf diesem Marsche

Der Jturi bei Mawambi.

am besten ergangen. Er hatte eine reiche Sammelbeute gemacht und hatte mit dem geschulteren Auge des Botanikers in der Fülle grünen „Gemüses" viele interessante Einzelheiten geschaut, die dem Laien, auch wenn er Naturfreund und Beobachter ist, natürlich verborgen bleiben müssen.

Mawambi ist nur ein kleiner Posten mit einem Commis d'état, dem schon genannten Herrn Athanasoff, dem einzigen Vertreter seiner Nationalität in der so bunt zusammengewürfelten Beamtenschaft des Kongostaates, und einem Unteroffizier, einem Schweden, als Herrn der kleinen Askari=Truppe. Die Station liefert zurzeit monatlich etwa eine Tonne Kautschuk; die Eingeborenen sind verpflichtet, pro Kopf im Monat 3 kg zu bringen. An Elfenbein gehen hier jährlich ungefähr 800 kg für den Staat nach Boma.

Der Poften liegt fehr hübfch auf einem Hügel über dem Ufer des hier fehr breiten und ftark ftrömenden, aber nicht fehr tiefen Jturi, auf den wir befonders von der Barafa der Meffe aus einen fchönen Blick genoffen. Da das Auge hier nicht nur weithin über den Fluß, fondern auch noch über ein beträchtliches Stück des Waldes endlich wieder ungehindert fchweifen konnte, fo atmeten wir wie von einem Druck befreit auf.

Nach drei Rafttagen, am 14. April, fchieden wir von dem freundlichen Poften, und da der Weg nach Avakubi von jetzt ab füdlich des Jturi weiter ging, fo mußten erft am Morgen die Karawane und ein Teil der Laften über den Fluß gefetzt werden. Da die Hin- und Rückfahrt der Ein= bäume jedesmal 20—25 Minuten in Anfpruch nahm, fo dauerte das Über= fetzen einige Stunden, trotzdem ein großer Teil der Laften fchon am Tage vorher hinübergefchafft worden war.

Auf der Strecke Mawambi=Avakubi wurde das Tierleben reicher. In der Umgebung des erften Poftens muß eine Art von Zwergantilopen befonders häufig fein. Sie werden von den Eingeborenen in Schlingen und Fallen gefangen und lebend, aber graufam gefeffelt, auf die Station ge= bracht, wo fie eine wertvolle Bereicherung des Küchenzettels bedeuten. Wir hofften einige diefer reizenden Gefchöpfe lebendig nach Europa bringen zu können. Ich ließ die erften in Mawambi frei in meinem Zimmer herum= laufen und fie wurden rafch fo vertraut, daß fie fich füttern ließen. Leider gingen die überaus zarten Tierchen, von denen wir fünf Stück erhielten, trotz forgfältiger Pflege ein. Eine bemerkenswerte Beute waren zwei von Wiefe erlegte Paviane. Bemerkenswert deshalb, weil fie 200 km im Waldes= innern angetroffen wurden, denn man hatte ihr Vorkommen bisher von der Exiftenz des Galeriewaldes abhängig gemacht, bezw. angenommen, daß die Grenze des Waldes mit den Feldern der Eingeborenen, deren Früchte ihnen befonders zufagen, ihr eigentliches Revier fei. In einem Lager bekamen wir von den Wangwana eine junge Meerkatze, ein reizendes Tier mit dunklem Pelz und einem dreieckigen weißen Fleck auf der Nafe. Sie war ganz zahm und auf dem Eßtifch war nichts vor ihr ficher. Dank ihrer geradezu verblüffend mofaifchen Phyfiognomie erhielt fie den Namen Rebekka. In Avakubi bekamen wir noch einen Gatten für fie und fahen dort einen jungen Schimpanfen, der wie ein Greis ausfchaute und fich alle Neckereien geduldig gefallen ließ.

Die Vogelwelt des Urwaldes tritt viel weniger hervor, als man anzunehmen geneigt ist, da die Höhe der Bäume und das dichte Unterholz die meisten Arten dem Auge des Beobachters entrücken. Am ehesten verraten sich die großen schwarz-weißen Hornraben, die Riesenturakus und durch seinen schönen Gesang ein von uns zuerst gefundener Würger, der einzige gute Sänger des Waldes. Reich ist dagegen die Insektenwelt vertreten. Dem Auge des Reisenden durch ihre graue, den Baumrinden angepaßte Schutzfärbung fast unauffindlich, drängt eine große, etwa 4 cm

Fähre über den Ituri im Kongo-Urwald.

lange Zikaden-Art desto unangenehmer dem Ohre sich auf; ihr überaus lautes, fast metallisch klingendes Schrillen erfüllt den Wald mit einem Lärm, der, wie Stanley sagt, noch das Trillern der Manjema-Weiber übertrifft. Prächtige Tagschmetterlinge, unter denen die westafrikanischen Nymphaliden immer häufiger wurden, sitzen in Menge an den Bächen und auf feuchten Stellen des Weges, oft aber auch auf Gewölle oder Losung von Säugetieren und fliegen in ganzen Wolken vor der Karawane auf. Die Käfer machen sich weniger bemerkbar, doch findet man gelegentlich Goliathiden, gewissermaßen eine riesige Ausgabe der Nashornkäfer, die zu den größten Vertretern ihrer Ordnung überhaupt gehören. Sehr unangenehm können kleine

schwarze Wespen werden, die an den Äſten der Bäume Neſter bauen, welche
wie aus grobem graubraunem Papier hergeſtellt erſcheinen und in der
Form oft an „Windbeutel" erinnern; durch ihre überaus ſchmerzhaften
Stiche veranlaſſen ſie manchmal wilde Unordnung in der Karawane. Die
Hauptrolle unter den Vertretern der niederen Tierwelt ſpielen indes in
dieſem Walde die Ameiſen. Termiten führen ſeltſame, an rieſige Hutpilze
gemahnende Bauten meiſt in Anlehnung an Baumſtämme auf, Baum=
ameiſen ſchleppen die Erde bis hoch in die Kronen, auf deren Äſten
ſie dann Wohnungen bauen, die oft eine ſo frappante Ähnlichkeit mit ruhig
ſitzenden Affen haben, daß wir zuweilen zur Büchſe griffen und nahe daran
waren, abzukrümmen. Kleine Ameiſen verkitten mit Erde und allerlei
Detritus die Blätter des Unterholzes zu höchſtens fauſtgroßen Klumpen und
fallen wütend über den Eindringling her, der ſich einen Weg durch das
Gebüſch zu bahnen verſucht. Wieder andere, rotbraune, etwa von der
Größe unſerer Waldameiſen, ziehen zu vielen Tauſenden dicht gedrängt
gleich rieſigen Raupen über den Weg, respektvoll von jedem umgangen,
der ihre Straße kreuzt, da ſie fürchterlich beißen. Am intereſſanteſten aber
iſt eine ziemlich große, ſehr ſchlanke, ganz ſchwarze Art, welche die hohlen,
horizontal abſtehenden Zweige eines kleinen Baumes, Barteria fistulosa,
bewohnt; ſie geben jedem, der aus Unkenntnis oder Unachtſamkeit den
Baum berührt, einen empfindlichen Denkzettel, denn ihr Biß iſt ſo ſchmerz=
haft, daß man ihn mindeſtens 24 Stunden ſpürt.

Es regnete auf dieſer Strecke etwas ſeltener als vor Mawambi, doch
war es auch bedeutend wärmer (31—32° C Lufttemperatur), und wenn
wir nach dem Marſche auf die Rodungen heraustraten, prallten wir geradezu
zurück vor der glühenden Hitze und der blendenden Helligkeit. Hier lernten
wir ſo recht die Heftigkeit tropiſcher Gewitter kennen. Noch unheimlicher,
packender in ihrer Geſamtwirkung erſchienen ſie hier wie in der Steppe.
Es macht einen überwältigenden Eindruck, wenn unter donnernden Lauten
der Sturm mit Gigantenfäuſten die Rieſen des Waldes packt und beugt, bis
das grüne Wipfelmeer brandet und brauſt gleich den Wogen des Ozeans. Nie
habe ich dieſen Wald ſo ſchön geſehen, als wenn er aus ſeiner ſtarren Ruhe zum
Kampfe aufgepeitſcht wird.

Auf der dritten Etappe hinter Mawambi, die nur aus einem Gite
ohne Wangwana=Dorf beſtand, erwartete uns der Chef des Ituri=Diſtrikts,
Kommandant Engh. Da er uns jetzt begleitete, ſo kehrte Leutnant Boyton

nach Irumu zurück. Auch sein Scheiden wurde von uns allen lebhaft bedauert. Ein angenehmer Gesellschafter und trefflicher Berater, war er während der 1½ Monate seiner Begleitung für uns von unschätzbarem Vorteil gewesen.

Lichtung im Kongo-Urwald.

Am 22. April zogen wir auf schön gehaltenem breiten Wege in Avakubi ein, wo auf einem riesigen freien Platz, über dem auf hohem

Maste die Kongo-Flagge wehte, die Garnison und alle Arbeiter des Postens in Parade aufgestellt waren, nicht weniger als sieben Europäer auf dem rechten Flügel. Avakubi ist eine große Station, an dem durch eine Insel geteilten Ituri schön gelegen, mit prächtigen Alleen von Ölpalmen an breiten, geraden Wegen, mit hübschen Backsteinhäusern und schattigen Mangobäumen. In einiger Entfernung von dem Posten liegt eine große Wangwana-Siedlung, in der auch einige Araber als Händler sich niedergelassen haben. Am Abend unserer Ankunft fand ein offizielles Diner statt; das Offizielle bestand bei mir darin, daß ich seit Juni 1907 zum ersten Male wieder gestärktes Hemd und Kragen, sowie schwarze Krawatte trug. Auch der Pater Superior Wulfers[1]) der benachbarten Mission war zugegen.

Am folgenden Tage machte ich dort allein einen Besuch. Die Mission, die auf einer Lichtung schön gelegen ist, macht mit ihren neuen Backsteinhäusern, die namentlich in der großen Kirche dem romanischen Stil sich nähern, einen ebenso freundlichen wie stattlichen Eindruck.

Am 25. April wurden unsere getreuen Askari zur Heimat entlassen. Als sie zum letzten Male in altgewohnter Strammheit vor mir antraten, dankte ich ihnen für die treuen Dienste, die sie uns fast während eines Jahres geleistet hatten. Das Zeugnis, daß ich ihnen ausstellen kann, ist ein vorzügliches. Getreu ihrer Pflicht nicht nur, sondern darüber hinaus, haben sie mit wenigen Ausnahmen niemals Anlaß zu ernster Klage gegeben. Einzelne von ihnen hielt ein Begleitkommando der zur Küste gehenden wissenschaftlichen Lasten monatelang von der Expedition getrennt, andere eilten wochenlang mit Briefpost von einer Einzelsafari zur anderen. Trotzdem sind Ausschreitungen während dieser Zeit niemals vorgekommen. Das Benehmen dieser Soldaten spricht eine beredte Sprache für die deutsche Erziehungsmethode und den Drill, der selbst in Abwesenheit des Herrn die straffe Disziplin nicht locker werden läßt.

An den Schluß dieses Kapitels möchte ich noch einige allgemeine Angaben Mildbraeds über den Wald stellen, in denen er auch eines der wichtigsten Ergebnisse unserer botanischen Sammlungen kurz skizziert:

---

[1]) Pater Wulfers ist in diesem Frühjahr gelegentlich einer Dienstreise tödlich verunglückt.

"Über die Ausdehnung und den Charakter des Tropenwaldes in Afrika und über den sogenannten Äquatorialwald im besonderen findet man auch in neueren Werken häufig Anschauungen, die der Wirklichkeit nicht entsprechen. Als Beleg möchte ich einige Stellen im Wortlaut anführen: „... Schon seine Ausdehnung ist geringer (im Vergleich zum malesischen und brasilianischen); er beschränkt sich auf einen relativ schmalen Streifen an der Guinea=Küste bis Kamerun und südlich weiter nach Gabun und ins mittlere Angola hinein. Von da ostwärts reicht er unter sichtlicher Verarmung und mit Savannen wechselnd im Kongo=System bis zu den großen Seen usw." — Oder aber: „Tief im Innern des Kongo=Gebietes und ohne Zusammenhang mit den Küstenwäldern erstreckt sich weithin der große, düstere, von Stanley, Emin Pascha, Graf Götzen und wenigen anderen Reisenden durchwanderte Äquatorialwald, der aber mit den Urwäldern Brasiliens oder der Sunda=Inseln durchaus nicht vergleichbar ist." — In dem ersten Zitat ist von einem großen **ununterbrochenen** Wald im Kongo=Becken überhaupt nicht die Rede; es wird offenbar angenommen, daß in diesem Gebiet mehr oder minder breite Streifen oder Parzellen mit Savannen wechseln; die zweite angeführte Stelle kennt zwar den Äquatorialwald, spricht ihm aber den Charakter des tropischen Urwaldes und den Zusammenhang mit den küsten=nahen Wäldern Westafrikas ab.

Demgegenüber möchte ich einen Satz Stanleys stellen: „Man hat Brasilien im Kongo=Becken, im Kongo=Flusse den Amazonenstrom, und dessen ungeheure Wälder haben ihresgleichen in dem zentralafrikanischen Walde." — Von der Kamerun= und Gabun=Küste des Atlantischen Ozeans rauschen nördlich des Äquators die Wogen eines afrikanischen Urwaldmeeres ununter=brochen bis an den Fuß des Ruwenzori fern im Osten, nur zwischen dem südöstlichsten Zipfel Kameruns und dem Ubangi durch Savannenlandschaften gleichsam in einer Meerenge zusammengeschnürt. Fassen wir nur den östlich dieser Einschnürung liegenden Teil, den eigentlichen Äquatorialwald, ins Auge, so sehen wir eine ungeheure Waldmasse, die begrenzt wird von dem Bogen des Kongo=Lualaba von Coquilhatville am Äquator bis Nyangwe, weiter durch eine Linie von Nyangwe zum Burton=Golf des Tanganjika, im Osten ungefähr durch den Westrand des zentralafrikanischen Grabens, im Norden durch den Uelle=Ubangi und im Westen durch den Unterlauf des Ubangi; hier aber steht sie mit den Wäldern Süd=Kameruns in Verbindung. Es ist dies ein Gebiet von rund 600 000 Quadratkilometern, in dem weder nennenswerte Gebirge noch irgend ein Streifen Grasland den Zusammenhang des reinen Tropenwaldes unterbrechen, ein Gebiet, das nicht nur jeden der küstennahen Waldkomplexe Westafrikas weit übertrifft, sondern in dieser Geschlossenheit wohl nur noch im Amazonas=Becken seinesgleichen findet. Ziehen wir durch dieses etwas unregelmäßig begrenzte Stück eine Linie von Nyangwe am Lualaba über Stanleyville nach Djabbir am Uelle, so erhalten wir östlich davon ein wuchtiges geschlossenes Trapez von immer noch 400 000 Quadratkilometern. Betrachten wir jetzt die Lage dieses Kom= plexes im Verhältnis zur Küste, so finden wir das überraschende Resultat, daß sein Mittelpunkt, etwa der Schnittpunkt des 27° ö. L. mit dem Äquator, von dem nächsten Punkte an der Westküste, Banana an der Kongo= Mündung, rund 1750 km, von dem der Ostküste, Tanga, aber noch nicht 1500 km entfernt ist, oder mit anderen Worten, daß der größere Teil des gesamten Äquatorialwaldes der Ostküste näher liegt als der Westküste. Diese Angaben, die man übrigens schon bei Stanley finden kann, zur Richtig= stellung der ersten eingangs zitierten Stelle. — Jetzt bleibt noch die Frage: Ist dieser Wald auch wirklich „Urwald", d. h. tropischer Regenwald in typischer Ausbildung? Eine Frage, die in dem zweiten Zitat offenbar verneint wird. In seinem größten Teil ist er es aber sicherlich. Ich greife wieder auf Stanley zurück. Er schreibt: „Man denke sich ganz Frankreich und die Iberische Halbinsel dicht besetzt mit Bäumen von 6—60 m Höhe, glatten Stämmen, deren Blattkronen sich so nahe befinden, daß sie sich untereinander verwickeln und den Anblick des Himmels und der Sonne verhindern, und jeden Baum von wenigen Zentimetern bis über einen Meter dick. Alsdann laufen von einem Baum zum andern Taue von 5—40 (?) cm Durchmesser, welche die Formen von Schlingen und Festons haben oder sich in großen dichten Kreisen wie endlose Anakondas um die Stämme ringeln, bis sie die höchste Spitze erreicht haben. Laß sie üppig blühen und Blätter treiben und sich mit dem Blattwerk der Bäume vereinigen, um die Sonne zu ver= bergen, laß von den höchsten Zweigen die Taue zu Hunderten bis beinahe auf den Erdboden herabfallen und schlanke Ranken herabhängen... Arbeite alles gehörig durcheinander, so wirr wie möglich usw." — Das klingt reichlich phantastisch, wenn man aber den „heroischen Reporterstil" Stanleys etwas reduziert und das herausnimmt, was an Tatsachen in dieser Schil= derung steckt, dann ist sie völlig zutreffend. Dieser Wald hat von den charakteristischen Merkmalen des tropischen Urwaldes die gewaltige Höhe

Ein überbrücktes Hindernis im Kongo-Urwalde.

seiner Bäume, die zahlreichen Lianen, unter denen die Rotan=Palmen die auf=
fälligsten sind, und auch viele Epiphyten. Von besonderen biologischen Eigen=
tümlichkeiten, die nur dem Tropenwalde zukommen, beobachtete ich im

Bach im Kongo=Urwald; vorn rechts Palm=Lianen (Rotan).

Ituri=Gebiet noch: Bretterwurzeln oder Plankengerüste, jene eigentüm=
liche Bildung, die man sich am besten vorstellen kann, wenn man sich denkt,
daß eine Wurzel sich verflacht und als flügelartige Leiste bis zu 2 m und
mehr am Stamme emporreicht, so daß das Ganze an gewisse einbeinige

Ziertische erinnert; Kauliflorie oder Stammblütigkeit, die Erscheinung, daß die Blüten nicht an den letzten Zweigen, sondern am Stamm oder stärkeren Ästen hervorbrechen, sowie das „Ausschütten des Laubes", das einen besonders merkwürdigen Anblick gewährt, indem die jungen Blätter bis zur Erlangung ihrer vollen Größe quastenartig schlaff herabhängen und noch des Blattgrüns entbehren, so daß sie durch weißliche, rosenrote oder auch zart lila Farbe von dem grünen Laube abstechen. Diese Bemerkungen dürften genügend beweisen, daß dieser Äquatorialwald typischer tropischer Regenwald ist. In der Entwicklung der Epiphyten steht allerdings der afrikanische Urwald bedeutend dem amerikanischen und malayischen nach, denn ihm fehlen ganz die Bromeliaceen, und die Orchideen und Araceen sind bedeutend spärlicher, es ist das aber, wenn der Ausdruck erlaubt ist, ein floristisches und kein ökologisches Manko.

Jetzt bliebe noch eine dritte Frage: Wie verhält sich der „Äquatorialwald" in seiner floristischen Zusammensetzung zu den schon einigermaßen bekannten Wäldern in der Nähe der Westküste? Besteht die allgemein verbreitete Anschauung zu Recht, daß er ihnen an Formenreichtum und namentlich im Reichtum an endemischen Gattungen nachsteht? Auch diese Frage, und darin sehe ich das wichtigste botanische Ergebnis der Expedition, dürfen wir verneinen. Dieser Wald, den wir ja in seinem alleröstlichsten Teile kennen lernten, gibt auch in der Fülle interessanter Typen denen Kameruns und Gabuns nichts nach. Eine Gegend, die dank der langjährigen Tätigkeit eines eifrigen Sammlers (Zenker) besonders reich an Endemismen, d. h. an nur ihr zukommenden Formen zu sein schien, Bipinde in Kamerun, liegt von dem Zentrum des Sammelgebietes der Expedition im Ituri=Walde rund 2000 Kilometer entfernt, und die Überraschung war daher ziemlich groß, als bei der Bearbeitung meiner Sammlungen die Bipinde=Flora auf einmal en masse fast am Fuße des Ruwenzori auftauchte. Wenn man dazu die Zwischenstationen nimmt, die durch die Tätigkeit der belgischen Botaniker von verschiedenen Punkten des Mittel=Kongo bekannt geworden sind, so kann man wohl sagen, daß die Wälder der afrikanischen Westküste und der Äquatorialwald nicht nur räumlich zusammenhängen, sondern auch floristisch eine geschlossene Einheit bilden; wenn man sich ferner die weite Erstreckung des Waldes nach Osten vergegenwärtigt, dann erscheint es als das Beste, die leicht zu irrtümlichen Vorstellungen führende Bezeichnung des westafrikanischen Waldgebietes fallen zu lassen und dafür den Namen

Afrikanische Hylaea zu setzen, um damit gleich die Analogie zum Ausdruck zu bringen, die zwischen dem riesigen afrikanischen Walde und der von Alexander von Humboldt so getauften Hylaea Brasiliens vorhanden ist.

Eine Analogie, die wohl zwischen diesen Hyläen besteht, möchte ich hier wenigstens andeuten. Im Amazonas-Gebiet unterscheidet man den „Jgapo"-Wald im Bereiche der Überschwemmungen mit großem Reichtum an Palmen und den „Ete"-Wald auf niemals überschwemmtem Boden. Wenn ich nach den flüchtigen Eindrücken einer Dampferfahrt urteilen darf, kennt auch die afrikanische Hylaea diesen Unterschied. Dem „Jgapo" entsprechen die Bestände auf dem völlig ebenen, nur wenig über den Spiegel des Kongo sich erhebenden Alluvialland; hier stehen ganze Haine von Raphia-Palmen auf den tausend Inseln des Stromes, und Rotan-Dickichte wuchern ohne Stütze gleich Schilfbänken halb im Wasser. Vergebens aber sucht man hier den gewaltigen Urwald des höher gelegenen Landes, den Wald, auf den Stanleys Schilderung paßte. Da nun der Kongo die Hauptverkehrsader des ganzen Landes bildet, so haben die belgischen Sammler sicher einen großen Teil ihrer Arbeit dem ihnen zunächst zugänglichen „Jgapo"-Wald zugewandt und es sind ihnen viele Schätze entgangen, die der formenreichere „Ete"-Wald birgt, der z. B. im Gebiete des Jturi zwischen 600 und 1000 m über dem Meere liegt. Doch das sind nur Andeutungen, können auch weiter nichts sein, und es wird noch der intensiven Arbeit geschulter Sammler und vor allem Beobachter bedürfen, ehe wir eine befriedigende Kenntnis von der Gliederung der riesigen afrikanischen Hylaea erhalten."

„Rebeckchen"
(Cercopithecus schmidti).

X.

Heimwärts.

Wangilima. Aruwimi.

X.
Heimwärts.

Am 27. April verließen wir Avakubi. Nicht ohne freudige Erwartung hatten wir dem Abschiedstag entgegengesehen, sollten doch den heißen Märschen durch das Laubgewirre angenehme und bequeme Reisetage in den großen Eingeborenen=Booten folgen. Wild schäumend rauscht der Ituri, zackige Felsgebilde überströmend, mitten durch den Ort hindurch, der sich malerisch an seinen beiden Ufern aufbaut. Unterhalb der langgestreckten Stadt aber wechselt er den stürmischen Charakter und in träger Breite wälzt er, von jetzt ab Aruwimi genannt, seine dunklen Wasserfluten in langsamem Gefälle talwärts. Hier beginnt auch seine unterbrochene Schiffbarkeit aufs neue, und hier erwarteten uns die 20 Boote, die uns zum Kongo tragen sollten.

Nach dreiviertelstündigem Ritt erreichten wir vom Innern der Stadt aus Kifuku, den Einschiffungsplatz. Hier schieben sich die Felsen bis in den Fluß hinein, und an seinen dunklen Fluten bewegte sich ein buntes Bild. Die Ruderer eilten geschäftig hin und her, nahmen Zelt= und Proviantlasten auf und verstauten sie in den Booten. Eine Menge Volks trieb sich umher, die uns neugierig gefolgt war. Einzelne Araber, letzte Repräsentanten dieses stolzen, einst Afrika beherrschenden Volksstammes, begrüßten uns und überreichten Geschenke aus geschnitztem Elfenbein. Den Terrassenaufbau des Ufers aber hielt eine enorme Menschenmenge besetzt, die lebhaft durcheinander schwatzte und in ohrenbetäubendes Geschrei ausbrach, als die Flottille endlich abstieß. Es waren Augenblicke wüstester Unordnung und wildes Getöse erfüllte die Luft. Weil alle Boote zugleich abfahren wollten, stießen sie aufeinander und quetschten die Insassen, die laut aufschrien. Verspätet eintreffende Ruderer schwangen sich ins erste beste Kanu und sprangen mit wilden Gebärden von Boot zu Boot, bis sie das ihrige schließlich erreicht hatten. Wir suchten Ordnung in das Chaos zu bringen, erreichten aber nur das Gegenteil. Da alles schrie, konnte sich kein Mensch verständlich machen. Endlich, endlich entwirrte sich das Knäuel, wir bekamen Kurs, und unter lautem Gesange der Bootsmannschaft setzte sich der Zug in Bewegung. Noch ein kurzes Winken zu unseren Freunden hinüber am langsam entschwindenden Ufer, dann richteten wir den Blick nach vorn; die letzte Etappe der Reise begann.

Der Typ der Boote ist der übliche des Einbaums. Die Fahrzeuge sind aber länger als die sonst gebräuchlichen und gewähren außer für den Europäer, die Boys und Askari, sowie für etwa 20 Lasten noch Raum für ebensoviel Ruderer, die auf dem jachtartig weggeschnittenen Bug und Heck postiert sind. Diese Ruderer setzen sich aus Wabudu= und Wangilima=Leuten zusammen, prachtvollen Gestalten, deren besonders ausgeprägte Schultermuskulatur das Resultat eines vollendeten Trainings verrät. Ihr nackter Körper glänzt von Fett. Den Kopf bedeckt eine Mütze aus dem langhaarigen Fell eines Affen oder eine das Haar eng umschließende, mit Rotholz und Fett beschmierte Kappe, den Badekappen unserer Damen vergleichbar. Auch erinnerten mich diese Mützen an Formen, die ich bei den Wandorobbo in der Massai=Steppe sah.

Im Gleichtakt tief sich niederbeugend, tauchten die Baharia[1]) ihre schön geschnittenen, kupferverzierten Ruder tief in die Fluten, um sie mit eigentümlich schnellendem Ruck herauszureißen, der sich ihrem ganzen Körper mitteilt und das Boot stets leicht erschüttert. Die Leute sind vorzügliche, sehr ausdauernde Flußschiffer, die, wenn sie angefeuert werden, viele Stunden hindurch unermüdlich ihre Arbeit verrichten. Diese selbst begleitet gewöhn=

---

[1]) Baharia = Ruderer.

Wangilima-Ruderer. Aruwimi. (Tempo I).

Wangilima-Ruderer. Aruwimi. (Tempo II).

lich ein überaus melodischer Gesang von so reinem Wohlklang, wie ich mich nicht erinnern kann, anderwärts gehört zu haben.

Der Fluß, durch die kleine Regenzeit geschwellt, hatte lebhaftes Gefälle und so glitten die Boote ziemlich schnell über die tiefdunkle majestätische Wasserfläche dahin. Wir alle empfanden es als eine unbeschreibliche Wohltat, die anstrengenden und ermüdenden Märsche durch den Urwald mit dieser angenehmen Art des Reisens vertauschen zu können. Im süßen dolce far niente, im bequemen Stuhle ausgestreckt unter dem schützenden Sonnendach liegend, sahen wir die üppige Waldszenerie in ständigem Wechsel am Auge vorüberziehen. Man hätte diese Art des Reisens als ideal bezeichnen können, wenn nicht die leidigen Stromschnellen wieder für Ernüchterung gesorgt hätten. Wo der Fluß breit ist — bis zu 1000 m an manchen Stellen — fließt er ruhig und träge, wo sein Wasser aber durch Inseln eingeengt wird, schießt er wild schäumend in jähem Fall dahin.

So wurde schon unserer ersten Fahrt nach vier Stunden durch eine solche Schnelle bei Bosobangi ein Ende bereitet. Hier stürzt der Fluß 3 m tief als Kaskade hinab. Da die Boote aber diese hinab mußten, so wurden sie völlig entleert. Leute aus Bosobangi, schon mit dieser Arbeit vertraut, trugen die am Ufer aufgestapelten Sachen auf einem schmalen Pfade, dem auch wir folgten, um den Wasserfall herum. Auf einer vorspringenden Felsplatte faßten wir dann Posto und richteten den Kinematographen auf den schäumenden Gischt des Wassers. Auf ein verabredetes Zeichen näherte sich dann Boot auf Boot, mit je zwei Mann besetzt, der „chute" und schoß pfeilschnell hinab, im Wellenschaum verschwindend.

So spannend dieser Anblick ist, so wenig angenehm ist das Durchfahren der Schnellen selbst, falls dies mit beladenen Booten überhaupt möglich ist, denn es ist immer mit Gefahr des Kenterns verbunden. Ein Verfehlen der richtigen Passage oder ein Querstellen des Bootes zum Strome kann Verderben bringen.

Dies sollten wir am zweiten Tage erfahren. Ich befand mich mit meinem Boote an der Spitze der Flottille, die anderen in unregelmäßigen Abständen dahinter. Da nahten wir uns wieder einer Stromschnelle, die sich schon von weitem durch den weißlichen Gischt auf den Wogenkämmen kennzeichnete. Bei besonders gefährlichen Stellen pflegten die Wangilima aus irgendeinem nächstliegenden Dorfe, wie sie sich vielfach hart am Ufer in den Urwald einschmiegen, einen kundigen Piloten an Bord zu nehmen. Daß dies hier nicht geschah, konnte als beruhigendes Zeichen für die Leichtigkeit der Passage gelten, noch dazu bei hohem Wasserstand. So kamen wir der Schnelle immer näher und konnten schon ihr Rauschen vernehmen. Der Gesang verstummte und die Mannschaft stellte das Rudern ein. Ihre Tätigkeit be=

Mobali. Aruwimi.

schränkte sich nur darauf, das Boot in der Fahrtrichtung zu halten. Unwillkürlich setzten wir uns aufrecht im Stuhl und erfaßten mit der Hand den Bootsrand. Ein leises Gefühl des Unbehagens schlich sich in die Gegend des Magens da erreichten wir auch schon den Rand des Gefälles, das Boot kippte leicht nach vorne und schoß in rasender Fahrt durch die Strömung. Gischt und Schaum spritzte auf und benetzte die Insassen des gebrechlichen Fahrzeuges. — Einige Augenblicke nur — dann waren wir hindurch und glitten noch eine Zeitlang in erhöhter Geschwindigkeit fort. Die Gefahr, von deren Größe wir selbst nur unklare Vorstellung hatten, war vorüber. Aber das auf einmal lebhafter werdende Geschwatze der Ruderer und ihre lachenden Physiognomien kündigten uns doch an, daß ihre Sorglosigkeit eine nur scheinbare gewesen war.

Als wir uns umwandten, sahen wir, daß bereits das nächste der Boote die Fahrt über den felsigen Untergrund glatt zurückgelegt hatte. Eben kam das dritte, Czeczatkas „pirogue". Schon erreichte sein Bug die ersten Gischtberge, da drehte es sich auf einmal quer, allen verzweifelten Anstrengungen der Mannschaft, es gerade zu stellen, zum Trotz. So glitt es in die Stromschnelle hinein. Die Gefahr erkennend, springt ein kongolesischer Askari auf, da — ein seitlicher Stoß, und im Bogen verschwindet er in der Wasserflut, um nie mehr aufzutauchen. Im nächsten Augenblick überschlägt sich das Boot, alle Insassen unter sich begrabend. Entsetzen erfaßt uns alle. Von irgendeiner Hilfeleistung kann keine Rede sein, denn Boot auf Boot saust in die Schnelle, haltungslos, und jedes hat genug zu tun, nicht das Schicksal des verunglückten zu teilen. Das liegt gekentert zwischen Felsen festgeklemmt, und deshalb gelingt es einem Boy, auftauchend, erst den Bordrand und dann den Kiel zu erfassen und sich daran hinaufzuarbeiten. Neben ihm taucht eine Hand auf, es ist die des Unteroffiziers. Es gelingt ihm, sie zu ergreifen und festzuhalten. Dann taucht auch der Kopf aus den Fluten und es glückt dem braven Jungen, seinen Herrn zu sich heraufzuziehen. Nun löst sich das Fahrzeug durch den Wasserdruck los und schwimmt mit den beiden fort. Nach und nach erscheinen auch die übrigen Verunglückten an der Oberfläche, einige werden durch die Strömung fortgerissen, andere, schon aus dem Bereich der Felsen, schwimmen ans Ufer, wieder anderen ist es gelungen, sich auf größere Steine zu retten, wo sie, vom Wasser überspült, auf Befreiung harren.

Die Rettungsarbeiten waren nicht leicht, denn die Strömung trieb die Kanus immer wieder ab. Endlich gelang es aber, den eng zusammenhockenden eine Leine zuzuwerfen, und so wurde einer nach dem anderen geborgen. Fünf Leute aber wurden nicht mehr gesehen. Der Askari, drei Wangilima und ein Mann vom Stamme der Wabudu hatten ihren Tod gefunden. Verloren waren ferner noch eine Menge Gegenstände, darunter Czeczatkas Dienst- und Seitengewehr, sein Zelt, Patronen und ein Blechkoffer mit Schreibutensilien.

Nachdem wir uns überzeugt hatten, daß an die Rettung der Ver=

unglückten nicht mehr zu denken sei, wurde zur Weiterfahrt gerüstet. Czeczatka erhielt eins der anderen Boote. Ich gab ihm zwei meiner Leute ab, um die in die Mannschaft gerissene Lücke auszugleichen. Ein anderes Boot tat dasselbe. Dann war der Zwischenfall überwunden — vergessen — und bald tönte der schöne Gesang der Ruderer wieder sorglos über die breite Wasserfläche dahin und brach sich an der dichten Blätterwand des Ufers, die weit überhängend ihre unteren Spitzen ins Wasser tauchte.

Doch plötzlich brach er kurz ab. „Tembo, bana"[1]), wandte sich der Mann am Bug des Bootes nach mir um. Ich sprang auf. Wahrhaftig, da vorne ragten die gewaltigen Leiber von fünf Elefanten aus dem Wasser heraus, und wir beobachteten, wie sich die Kolosse bespritzten, in träger Ruhe bis zur halben Höhe im Wasser stehend. Ich legte die Büchse zurecht und machte den Teleapparat fertig, unschlüssig, was ich tun würde. Die Ruder wurden nur ganz leicht ins Wasser getaucht, um uns durch kein Geräusch zu verraten. So näherten wir uns lautlos, aber schnell. Der Fluß mochte hier ungefähr 600 m breit sein. Wir befanden uns in der Mitte desselben und so ließ ich das Boot auf die Kolosse zuhalten. Das Erscheinen des Fahrzeuges rief eine gewisse Unruhe bei ihnen hervor, die sich durch Heben der Rüssel und Klappen mit den Ohren äußerte. Sie traten dann auch, eine mächtige Bugwelle aufwühlend, näher an das Ufer, wo ein jüngeres Tier, das sich recht angriffslustig gebärdete, seine Wut an den Ästen der Uferbäume ausließ. Während die anderen, zu unheimlicher Größe empor=
wachsend, dem Bade entstiegen und krachend im Walde verschwanden, tobte dieses Tier noch eine Zeitlang trompetend und sich mehrfach im Kreise drehend im seichten Wasser des Ufers herum und spritzte das aufgesogene Naß mit dem Rüssel in die Luft. Da eine Gefahr aber für das Boot ausgeschlossen erschien, so ließ ich die Büchse ruhen und griff zum Apparat. Dann erst empfahl sich der ungezogene Bursche ebenfalls.

Die Fauna war sonst während der Flußreise eine recht ärmliche gewesen. Außer den wenigen Elefanten sichteten wir nur einzelne Krokodile. Einige Flüge Graupapageien zogen wiederholt über uns dahin, doch schien das Leben auf den Bäumen fast erstorben. Das Tierleben spielt sich am Tage eben im Innern des Waldes ab und nur des Nachts und am frühen Morgen sieht man die Ufer belebter, ehe das Wild nach erfolgter Tränke in den Schatten des schützenden Dickichts zurücktritt.

[1]) Elefanten, Herr.

Um 3 Uhr nachmittags erreichten wir die rapides bei „Awake". Dieser Ort hat wohl einen Namen, aber keine Häuser, deshalb stellten wir die Zelte im Walde hart am Ufer auf und genossen den prächtigen Anblick der Schnellen, welche die ganze Breite des Flusses einnehmen. Wir waren über das Ende der Fahrt recht erfreut, denn eine drückende Schwüle hatte sich über das Wasser gelagert.

Am Abend zogen ungeheure Scharen von Flughunden kreisend über das Lager hin. Im Zweifel, ob sie mit der Kwidschwi-Art identisch seien, holten wir mit den Flinten einige herunter. Wir waren aber sehr erstaunt, statt des einen Getroffenen meist deren zwei zu Boden fallen zu sehen, die sich im Sturze loslösten. Es waren Liebespaare, die während der Luftreise sich zärtliche Koseworte in die großen Ohren geflüstert haben mochten. Die Erlegten stellten wir als identisch mit der Kiwu-Spezies fest.

In Bomili lernten wir einen gutgehaltenen Europäerposten von größeren Dimensionen kennen. Hübsche, weißgetünchte Häuser winken einladend vom sanft ansteigenden Uferlande dem Ankommenden entgegen. Diesen gerade gegenüber strömt aus dem Grün des Waldes der Nepoko-Fluß heraus und vereinigt sich mit dem Aruwimi, der auch hier wieder starke Schnellen bildet. Da wir bei Bomili die Zone de l'Haut Ituri verließen, um in die Zone de Falls überzugehen, so kehrte unser liebenswürdiger Reisegenosse, Kommandant Engh, mit seiner Rudermannschaft nach Avakubi zurück. Engh, ein Norweger von Geburt, ist eine der markantesten Persönlichkeiten im ganzen Kongo. Sein ausdrucksvolles Gesicht und die schmalen Lippen verraten, daß in dem hageren Körper eine ungewöhnliche Willenskraft steckt, die im Verein mit klug angewandter Taktik den Eingeborenen gegenüber überall unendlich segensreich gewirkt hat. Die belgische Regierung hat hier den rechten Mann auf den rechten Platz gestellt; denn die Zone de l'Haut Ituri umschließt die großen Kautschukreviere, in denen, wie ich an anderer Stelle ausgeführt habe, die Eingeborenenfrage eine besonders schwierige, die Verwaltung also eine sehr verantwortungsvolle ist.

Unsere neue Bootsmannschaft zeigte sich ebenso erfahren als die alte und wußte vor allem die Fahrzeuge mit besonderer Geschicklichkeit durch die schweren und sich lang hinziehenden Schnellen von Kalagwa zu bugsieren, die wir in der Frühe des 1. Mai durchfahren mußten. Da sich der Fluß hier durch klippenreiche Inseln windet, so sind die Schnellen besonders reißend und werden sehr gefürchtet. Jedes Boot nahm also aus den benachbarten Dörfern der Mobali einen oder zwei mit den Eigentümlichkeiten des Wassers vertraute Piloten an Bord. Vorn am Bug gaben diese mit der Hand die Richtung an, und die treu zusammenarbeitende Mannschaft versuchte die Boote mit langen Stöcken zu der einzig fahrbaren Passage zu dirigieren. Während die anderen glücklich die dreistündige Fahrt durch die Wellen und den schäumenden Gischt des reißenden Stromes absolvierten, gerieten die Boote Wieses, Schubotz' und Mildbraeds in Gefahr. Wenn auch die uns gewordene Prophezeiung, hier mindestens mit dem Verlust eines Bootes rechnen zu müssen, glücklicherweise nicht in Erfüllung ging, gelang die Befreiung der Kanus aus ihrer mißlichen Lage doch erst nach längerem Bemühen.

So ging es bis Djambi, wo die Schnellen zu Lande umgangen werden mußten. Hier sahen wir zum ersten Male eine von der gewöhnlichen ganz abweichende Hüttenform. Die Wangilima, deren Stamm hier vorherrscht, bauen über ihren engen Wohnräumen spitze, pyramidenförmige Dächer, deren Gerüst sie dick mit Blätterwerk überziehen. Diese Form gewährt, nach Aussage der Dorfbewohner, einzig und allein Schutz gegen die alles durchdringende Nässe der Regenzeit. Diese Bauart erscheint jedoch nur vereinzelt, zwei Tagereisen darauf war sie wieder der gewöhnlichen Hüttenform ge=

Mobali. Aruwimi.

Wangilima-Dorf. Aruwimi.

Wangilima-Dorf. Aruwimi.

wichen. Am Eingang des Dorfes überraschte uns der Anblick eines Affen in menschlicher Gestalt oder umgekehrt. Die Erscheinung entpuppte sich dann aber als der Chef des Dorfes. Um seine Reize noch zu erhöhen, war der ganze Körper dieses Mannes mit Rotholz knallrot beschmiert.

Dorfchef in Djambi. Aruwimi.

Des Nachmittags, kurz vor Panga, prasselte ein Wolkenbruch mit solcher Gewalt hernieder, daß er die Ufer dem Auge entrückte und die Spritzer der Regentropfen und der aufwallende Wasserdampf des Flusses sogar die Sicht auf die vor uns fahrenden Boote raubte.

Bei Panga sahen wir die imposantesten Katarakte. Diese Fälle haben gewaltige Höhen, und das Brausen der sich überstürzenden Wassermenge erfüllt weithin die Luft. Die Kaskaden werden nur durch einzelne mit Gestrüpp bestandene Felsblöcke getrennt, nehmen sonst die gesamte Breite des Stromes ein. Im Lichte der scheidenden Sonne boten sie ganz prachtvolle, malerische Motive, die wir wenigstens mit Meister Voigtländers Apparaten festzuhalten versuchten. Da diese Katarakte für unpassierbar gelten, wechselten wir hier Boote und Mannschaft. Ich hatte schon betrübt Abschied genommen von meinem schönen Kanu, das mich trotz eines Leckes sicher getragen hatte. Um so größer war meine Überraschung, es am Nachmittag wohlbehalten unter den neuen Fahrzeugen jenseits des Falles vorzufinden. Die Leute hatten es fertig gebracht, das Boot an langen Lianen vom Ufer aus durch den tosenden Fall zu lancieren.

Den Wasserfällen ist eine Insel vorgelagert, auf welcher Mr. Hannam, der Entdecker fast aller wertvollen Minen des Kongostaates, wohnt. Auch hier hatte der berühmte Prospektor in Konglomeraten Goldfunde gemacht, die zu den schönsten Hoffnungen berechtigten und die Wahrscheinlichkeit der Abbaufähigkeit verrieten. Zwei seiner Agenten prospektierten weiter unterhalb am Flusse und, wie es scheint, ebenfalls erfolgreich. Diese Funde gaben wiederum ein Zeugnis von den Werten, die noch überall dort unausgenutzt im Boden ruhen. Mr. Hannam, dessen biedere, einfache Art jedermann gefangen nimmt, ist, wie erklärlich, einer der gefeiertesten Leute des Staates. Ausgerüstet mit großer Fachkenntnis, die er auf den bedeutendsten Minen des Erdballes gewonnen, nahm ihn der Kongostaat in seine Dienste, und wahrhaftig nicht zu seinem Schaden. Denn er war es, der die überreichen Kupfer- und Goldlager bei Katanga entdeckte, in denen allein von ersterem Metalle noch Milliardenwerte lagern, und auf seinen Rat setzte die prosperierende Tätigkeit in Kilo ein. Seiner Findigkeit verdankt ferner auch eine Reihe kleinerer Metallager ihre Ausnutzung. Der Staat zeigt sich ihm hierfür dankbar durch Gewährung eines Gehaltes, das auch den höchsten Ansprüchen genügen muß, sowie durch vollkommen freie Verpflegung während seines Aufenthaltes in Afrika. Da diese Verpflegung obendrein bequem zur Ernährung einer ganzen Familie ausreichen würde, ist eine Begegnung mit Mr. Hannam stets sehr gesucht, denn unbeschenkt verläßt niemand seine einsame Insel. Auch wir erfuhren seine vielgerühmte Güte, und in Mupele, das wir nach siebenstündiger Weiterfahrt erreichten, erklangen die Gläser mit Hannamschem Sekt gefüllt auf das Wohl des gastfreundlichen Gebers.

Aber noch ein anderes Erlebnis erhöhte den Genuß dieses seit Monaten entbehrten Getränkes, nämlich die erste Begegnung mit einer europäischen Dame seit Jahresfrist! Mitten auf dem Strom, der in majestätischer Breite kaum merklich dahinfloß, begegneten wir fünf anderen Booten. Und unter dem Sonnendach des ersten heraus leuchtete das jugendfrische Gesicht der Gattin des Chef de secteur von Banalia, Madame Milies, die hier, im innersten Afrika, seit Jahren Leben und Schicksal mit ihrem Gatten teilt. So kurz die Augenblicke angeregter Unterhaltung von Boot zu

Die Fälle des Aruwimi bei Panga.

Boot auch nur währten, so berührten sie uns doch seltsam und wie ein Gruß aus ferner Zivilisation

Am folgenden Tage war es recht kühl und dichter Nebel hinderte jeden Ausblick, dazu hatten wir eine fast achtstündige Fahrt, während welcher die Sonne, allmählich siegend, den Dunst bezwang und schließlich sengende Strahlen herniedersandte, so daß der Lagerplatz Banalia freudig begrüßt wurde. Mehrere Elefanten sahen wir während der Fahrt im Wasser stehen, und einer von ihnen durchschwamm die ganze Breite des Flusses unmittelbar vor unseren Booten. Einmal ist es mir gelungen, bei einem ähnlichen Anlaß einen der Dickhäuter vom Boote aus zur Strecke zu bringen. Rauschend versank der alte Bursche nach Empfang der tödlichen Kugel in den Fluten. Ein mächtiger Strudel bezeichnete die Stelle seines Unterganges.

Wohlig dehnte man die vom unbeweglichen Sitzen fast steif gewordenen Glieder. Eine lange, aber wenig Wasser führende Stromschnelle, auf deren Grund zahlreiche Muschelbänke sitzen, nimmt vor dem Posten die Breite des Flusses ein. Viele junge Weiber sieht man dort die Fischerei betreiben, indem sie mehrere Minuten unter Wasser bleibend die Muscheln von den

Kriegs= und Signaltrommel der Eingeborenen am Aruwimi.

Bänken schlagen. Die Schalen werden zu Zieraten verwandt; die austern= ähnlichen Tiere (Aetheria spec.) aber geben eine beliebte Nahrung ab.

Über Bakanga und die starken rapides von Bogbodet wurde am Nach= mittage des 8. Mai endlich Yambuŋa erreicht. Hier hatten die „romantischen" Fahrten im Eingeborenen=Boot ein Ende. Denn uns erwartete die erfreuliche Nachricht von der bevorstehenden Ankunft eines Dampfers, der zu unserer Abholung heraufkam, um uns nach Basoko zu bringen.

Auch dieser letzte Tag im Kanu sollte nicht ohne Unfall vorübergehen. Das Boot meines Dieners Weidemann, unser aller Faktotums im verwegensten Sinne des Wortes, geriet infolge Aufsetzens des Hecks auf einen sub= marinen Fels vorn unter Wasser und legte sich fast völlig auf die Seite, so daß seine Insassen in das Stromgefälle stürzten. Da dies Boot zufällig das letzte war, wurde sein Mißgeschick nicht bemerkt, und so dauerte es eine ganze Weile, ehe Eingeborene eines in der Nähe gelegenen Dorfes sich entschlossen, den heftig Rufenden und Winkenden Hilfe zu bringen. Wenn auch nach Stunden das zum Glück heil gebliebene Boot ans Ufer geschafft und nach völliger Entleerung zur Weiterfahrt verwendet werden konnte, so waren doch durch das eindringende Wasser eine Anzahl Vorräte, Patronen und Briefschaften, sowie über 1000 zum Glück noch unbelichtete Platten unwiederbringlich dahin.

Yambuya hat neben Basoko auf der denkwürdigen Reise Stanleys zum Entsatze Emins als Stützpunkt eine bedeutende Rolle gespielt und noch heute sind die Umwallungen des alten Lagerplatzes erkennbar. Ihnen gerade gegenüber lag der Ankerplatz der „Délivrance", die wir sehnlichst erwarteten. Und als der helle Pfiff der Dampfpfeife endlich durch das stille Flußtal tönte, lief alles in heller Aufregung zum Strande, um sich an dem Anblick eines regulären Dampfers sattzusehen.

Die „Délivrance"=Klasse bedeutet den kleinsten Typ der Kongo=Dampfer. Sie ist, wie die anderen, mit einem großen Heckrad ausgerüstet, mit einem dem Wasserspiegel fast gleichliegenden Deck und einem Oberdeck versehen. Das letztere würde einen prächtigen Aufenthalt gewähren, wenn nicht die Funken der Holzasche, die dem Schornstein entfahren, darauf herunterregnen und große Löcher in die Kleidung brennen würden. So scharten wir uns um unseren dänischen Kapitän zusammen und machten es uns auf der Brücke von 1½ m Breite und 3 m Länge „bequem". Irgendwelche Kabinen existieren außer der des Kapitäns nicht.

Mit Dr. Mildbraed und dem Chef de poste, Mr. Lemoine, einem drolligen, gemütlichen Kauz, besuchte ich noch die große Lianenplantage Patalongo, deren Namen ich schon früher erwähnte. Die Pflanzung ist, so viel ich weiß, die einzige, welche nur Lianen kultiviert; auf 800 ha befanden sich dort damals 320 000 Landolphia= und 200 000 Clitandra=Sämlinge. Die Pflanzung ist teils in lichten Bestandteilen des Waldes selber eingebaut, teils auf gerodeten Plätzen angelegt, und letztere, die der Sonne freien Zutritt gewähren, scheinen den Pflänzlingen zuträglicher zu sein. Bedauerlicherweise wird aber auch hier die Entwicklung der Plantage durch dauernden Arbeiter=

mangel gehemmt. Die besten Kräfte müssen zur Rodung und Reinhaltung verwandt werden. Die Arbeiter sind als ständige verpflichtet und werden vom Staate meist für die Periode eines Jahres engagiert.

Das langsame Wachstum der Liane, welche die Anzapfung erst nach 20 Jahren gestattet, dürfte aber wohl dieser groß angelegten Plantage auch das Todesurteil sprechen, denn ich erwähnte an anderer Stelle schon, daß der Staat der großen pekuniären Opfer und der daraus entstehenden Unrentabilität wegen alle weiteren Versuche eingestellt und sich mit der Anpflanzung von Kautschukbäumen begnügt hat.

Mittlerweile waren alle Lasten an Bord der „Délivrance" gebracht und um die Mittagsstunde des 10. Mai lichtete sie die Anker; bald trieben uns die Umdrehungen des mächtigen Heckrades den Aruwimi in langentbehrter, wohltuender Schnelligkeit abwärts. Nach wenigen Stunden flotter Fahrt, auf welcher der Sandbänke wegen fortwährend im Zickzack über den Fluß manövriert werden mußte, ankerten wir bei dem Posten Mogandju, um dort nach einem anregenden Abend im Kreise liebenswürdiger belgischer Herren die Nacht zu verbringen.

Mogandju ist der bestgehaltene Posten am ganzen Aruwimi=Lauf. Er wird von ausgedehnten Kaffee= und Kakaokulturen, sowie von einer größeren Kautschukpflanzung umgeben. Auch sind hier Versuche mit der Kultivierung von Baumwolle vorgenommen worden. Wenn auch, der Jugend ihrer Anlage entsprechend, ein endgültiges Urteil über deren Zukunft noch nicht gefällt werden kann, so schien doch der gute Stand der Pflanzung darauf hinzudeuten, daß die Qualität des Bodens ihr zusage.

Früh ging es dann nach herzlichem Abschied weiter in Begleitung des bisherigen Chef de poste von Mogandju, Mr. Bisteau, der nach Ablauf seines „terme" den Heimatsurlaub antrat. Das ganze Dorf mit allen seinen Chefs war zu seinem Abschiede herbeigeeilt, und man konnte den braven Burschen ehrliche Betrübnis vom Gesicht ablesen, ihren gütigen und vergötterten Herrn verlieren zu müssen. Immer wieder drängten sie zu ihm heran, reichten ihm die Hand und forderten ihn zur Wiederkehr auf, und als der Dampfer schon längst auf den Fluten schwamm, winkten sie ihm immer noch nach. Die Stimmung, die hier zutage trat, war echt; ein Zeichen festgewurzelter Solidarität zwischen Vorgesetzten und Untergebenen.

Sorglos genossen wir die schöne Fahrt, als ein heftiger Stoß den Dampfer erschütterte und einen Augenblick aus der Fahrtrichtung brachte. Mit voller Kraft waren wir auf eine in der Karte falsch oder gar nicht verzeichnete Klippe gefahren, und durch das mächtige Leck, welches an Backbord klaffte, strömte das Wasser unaufhaltsam in den Raum, wo unsere Lasten lagen. Die fortwährend schöpfenden Leute konnten das Eindringen des nassen Elementes nicht verhindern, der Bug sank immer tiefer weg, das Fahrzeug war nicht flott zu halten und drohte ganz zu sinken. So blieb uns nichts übrig, als die „Délivrance" auf Grund zu setzen. Mit voller Kraft fuhren wir daher in das Buschwerk des nördlichen Ufers hinein. Vergeblich! Der Dampfer prallte wie ein Ball mit heftigen Schwankungen am Astwerk ab. „Volldampf rückwärts, Ruder hart Backbord und äußerste Kraft vorwärts, quer über den Fluß", lauteten jetzt die Befehle, die mit bewunderungswürdiger Ruhe ausgeführt wurden. Da gewahrten wir am jenseitigen Ufer unterhalb eines Dorfes flachen Strand. Um das Topgewicht zu verringern, gingen wir alle auf das untere Deck hinab, das schon fast vom Wasser überspült wurde. Was die Maschine leisten konnte, sausten wir gerade auf das Ufer los, noch 50 Schritt, 30, 10, dann ein furchtbarer Stoß; schwer legt sich der Dampfer über, richtet sich wieder auf und sitzt fest. Ein befreiendes Hurra entringt sich unseren Kehlen. Unsere braven Boys aber warteten in ihrer Angst die „ungewöhnliche" Landung nicht erst ab, sondern sprangen, wie sie waren, über Bord.

Nach Entleerung des Dampfers von allem Gepäck wurde mit der Notreparatur begonnen. Erst als die Sonne sich zur Neige rüstete, konnten wir die unterbrochene Fahrt wieder aufnehmen. Aber wir bedauerten den Aufenthalt nicht, denn leise lagerte sich jetzt die Dämmerung über den Urwald, und das Schweigen, das rings umher herrschte, löste weihevolle Festtagsstimmung in uns aus. Hinter den Wolken brach die glänzende Scheibe des Mondes in voller Klarheit hervor und breitete über die Landschaft jenen unaussprechlichen Tropenzauber aus, der dem Naturfreund so unbezwingliche Sehnsucht ins Herz senkt und der ihn, aller Strapazen und Gefahren ungeachtet, immer und immer wieder in die großen, geheimnisvollen Gebiete des unerforschten Afrika zurücktreibt. Lautlos saßen wir an Deck, ergriffen von dem wahrhaft feenhaften Bilde.

So ging es durch die nächtlichen Gefilde. Nach Stunden tauchte in weiter Ferne ein einzelnes flackerndes Licht auf, dann ein zweites, dann mehrere.

Wir näherten uns dem Ziele. Neben der Umfassungsmauer Basokos am Kai erkannten wir die Umrisse eines großen Dampfers. Es war die „Flandre", die uns den Kongo abwärts tragen sollte. Langsam näherten wir uns ihr. Kommandorufe ertönten. „Stopp!" „Rückwärts!" Rauschend greifen die Schaufeln in das silberglitzernde Wasser und hemmen die Fahrt. Längsseit des großen Schwesterschiffes machten wir fest. Dort standen die Herren des Postens, an ihrer Spitze der Commissaire général, Kommandant van Dert, zur Begrüßung bereit. Und als wir in seiner Begleitung die weiten, ausgedehnten Anlagen Basokos betraten, fühlten wir uns fast wieder der europäischen Kultur zurückgegeben. Und als wir später zum ersten Male seit Jahresfrist im bequemen europäischen Bette liegend die Ereignisse des letzten Jahres nochmals im Geiste vorüberziehen ließen, konnten wir voller Befriedigung den Schlußstrich ziehen. Alle Mühen und Gefahren waren glücklich überstanden. Die Reise auf dem Kongo, die unserer noch harrte, war ein Kinderspiel. Die Arbeit der Expedition war beendet.

Basoko gehört zu den wichtigsten und größten Stationen am oberen Kongo. Es ist ein altes, befestigtes Lager Stanleys, das in der Geschichte des Kongostaates, namentlich in der Zeit des Araberaufstandes, mehrmals eine bedeutende Rolle spielte. Die Befestigungen bestehen aus Türmen und einer mit Schießscharten versehenen Mauer, die sich längs des Aruwimi hinzieht. Die ausgedehnte Station umfaßt eine größere Anzahl von Europäerwohnhäusern, Magazinen, Kasernen, ein Krankenhaus und ein Gefängnis. Breite, schattige, saubergehaltene Mango=Alleen geben ihr ein freundliches Aussehen. Der Commissaire général van Dert, dem der Aruwimi=Distrikt damals unterstellt war, zeigte uns auf einem längeren Spaziergange die Früchte seiner und seiner Vorgänger Arbeit.

Bei dieser Gelegenheit warfen wir auch einen Blick in eins der großen Warenmagazine. Es war gefüllt mit Kisten jeder Größe, die alle die mannigfachen Artikel, mit denen der Staat seine Arbeiter besoldet, enthielten. Ganze Ladungen von Stoffen, Draht und Perlen lagen hier aufgestapelt, daneben Berge von Strohhüten, Ledergürteln und anderen europäischen Massenartikeln, die vermutlich irgendeinem Basar Brüssels oder Antwerpens entstammten. Bargeld kennt man auch am oberen Kongo nicht. Der Staat bezahlt die ihm geleistete Arbeit mit Waren, deren Wert er selber festsetzt,

Basoko-Mann.

und befriedigt auf diese Weise gleichzeitig die Zivilisationsbedürfnisse der Eingeborenen.

Basoko genießt seines Klimas wegen einen üblen Ruf. Malaria, Schwarzwasserfieber und Dysenterie wurden vielen Europäern verhängnis=

Basoko=Mann.

voll. Auf dem stimmungsvollen Friedhof am westlichen Ende der Station, im Schatten von Palmen und Mangobäumen fanden sie ihre letzte Ruhestätte. Eine lange Reihe von Grabhügeln, massiv aus Ziegeln und Kalk aufgeführt, trägt Namen und Todestag der unter ihnen Begrabenen. Früher mag kaum ein Jahr vergangen sein, ohne daß diese Gräberreihe um eins oder zwei vermehrt wurde. Heute ist auch darin eine Besserung eingetreten. Die Fortschritte der Tropenmedizin, die ihren glänzendsten Erfolg in der Chinin=

prophylaxe feiert, hat der Malaria und mit ihr dem Schwarzwasserfieber einen großen Teil ihrer Schrecken genommen und auch die Dysenterie ist nach der Erkennung ihrer Ursachen seltener geworden. Trotzdem stellen diese Krankheiten immer noch die größten Gefahren eines Tropenaufenthaltes dar.

An dieser Stelle sollen ein paar Worte über den Gesundheitszustand von uns Expeditionsmitgliedern Platz finden. Abgesehen von dem Unglück, das die Herren v. Raven und Weiß betraf, ist kaum einer ernstlich krank, d. h. längere Zeit bettlägerig gewesen. Kleinere Malaria-, Rückfallfieber und Ruhranfälle blieben zwar nicht aus, waren aber durchweg harmloser Natur. Ich selbst bin von jeder Krankheit verschont geblieben. Der einzige, welcher von einer heftigen Malariakrisis befallen wurde, war der Unteroffizier Czeczatka. Bei ihm nahm das Fieber einen bedrohlichen Charakter an. Er war aber auch der einzige, der sich, wie er selbst zugab, nicht streng an die von uns geübte Kochsche Malariaprophylaxe — jeden 7. und 8. Tag 1 g — gehalten hatte.

Unser zweitägiger Aufenthalt in Basoko wurde durch die wenig angenehme Arbeit des Packens vollauf in Anspruch genommen. Unsere eigentliche Forschertätigkeit war ja nunmehr beendet und der ganze dazu nötig gewesene umfangreiche Apparat und die letzten, während der Aruwimi-Fahrt noch angelegten Sammlungen mußten so verpackt werden, daß wir sie mit gutem Gewissen dem Laderaum der „Flandre" und in Leopoldville einem Spediteur zur Beförderung nach Europa anvertrauen konnten. Als schließlich die letzte Kiste vernagelt und mit Signatur versehen im Bauche der „Flandre" verschwunden war, atmete alles erleichtert auf, und wie Festtagsstimmung kam es über uns, als wir am Morgen des 14. Mai das abfahrtbereite Schiff betraten.

Die „Flandre" ist äußerlich kein schönes Schiff, wie keiner der Dampfer, die den oberen Kongo befahren. Sie gleicht dem Typ der Délivrance, ist aber von weit größeren Dimensionen und wird getrieben durch zwei im Heck angebrachte Räder. Einzig und allein die Zweckmäßigkeit war bei der Konstruktion aller Dampfer maßgebend. Den schwierigen Wasserverhältnissen des Kongo, seinen zahlreichen Untiefen, die ihre Lage von Zeit zu Zeit wechseln, mußte durch einen möglichst geringen Tiefgang der Schiffe Rechnung getragen werden. Das hatte, um den Raumgehalt nicht zu verringern, eine relative Breite und einen hohen Aufbau zur Folge, und so entstand ein Gebäude, das eigentlich wenig Schiffsähnlichkeit hat. Aber

mit diesen Mängeln äußerer Schönheit versöhnte uns schnell die Bequemlich=
keit der inneren Einrichtung. Das Schiff hat ebenfalls zwei übereinander=
liegende Decks. Das untere dient teils als Laderaum, teils als Aufenthalts=
ort für die schwarzen Passagiere und das Schiffspersonal. In der oberen
Etage befinden sich die Europäerkammern. Sie liegen, etwa 16 an der
Zahl, mittschiffs in zwei Reihen angeordnet, Türen und Fenster nach dem
Promenadendeck hin, das als etwa 1½ m breiter Gang ringförmig das
ganze Schiff umgibt. Gespeist wurde auf einem geräumigen Platze des
Vorderschiffs, hinter der Kapitänskajüte, welcher der Luft ungehindert Zu=
tritt gewährte, und wo der Regen durch herabzulassende Vorhänge fern=
gehalten werden konnte. Alles in allem übertraf die „Flandre" unsere Vor=
stellungen von der Bequemlichkeit auf einem Kongo=Dampfer bei weitem.
Und noch gesteigert wurde unsere Behaglichkeit dadurch, daß das Gouverne=
ment in höchst dankenswerter Freundlichkeit den Dampfer ganz zu meiner
Verfügung gestellt hatte, so daß außer uns nur noch vier Belgier, auf
meine Einladung hin, als Passagiere sich an Bord befanden.

  Basoko liegt 1 km vor dem Zusammenfluß von Kongo und Aruwimi.
Es harrte unserer also noch der große Moment, wo wir den gewaltigsten
Strom des Kontinents erblicken sollten. Aber sein Eindruck wirkte weniger
ergreifend auf uns, als ihn frühere Afrikadurchquerer, Stanley oder Graf
Goetzen, schildern. Durch unsere 14 tägige Fahrt auf dem Aruwimi waren
wir an den Anblick gewaltiger Wasserflächen gewöhnt, und von dem wunder=
baren Gefühl, erlöst zu sein von jahrelangen Entbehrungen, Hungersnöten
und Todesgefahren, das unsere ersten Vorgänger angesichts des Kongo
empfanden, blieb uns, gemäß den im Laufe der Zeit sehr verringerten Reise=
schwierigkeiten, nur noch ein kleiner Rest zu kosten übrig. So merkten wir
das Einbiegen in den Kongo kaum, fanden wir doch keinen großen Unter=
schied zwischen dem uns vertraut gewordenen Bilde des unteren Aruwimi
und diesem nicht viel breiter erscheinenden neuen Strom. Das liegt haupt=
sächlich daran, daß wir nicht, wie überhaupt niemals, während der ganzen
Kongofahrt unter dem vollen Eindruck der ungeheuren Breite und Mächtig=
keit dieses Stromes standen, dessen breiteste Stelle 30 km übertrifft; denn
zahllose, in fast ununterbrochener Reihe sich folgende, manchmal meilen=
lange Inseln begrenzen den Blick.

  Der Distriktschef von Basoko hatte uns empfohlen, die nur eine Stunde
Dampferfahrt entfernte Pflanzung Barumbu zu besichtigen, bis wohin er

uns freundlicherweise selbst das Geleite gab. Die sehr große Pflanzung liegt hart am Ufer des Flusses und umfaßt Kakao-, Kaffee-, Kautschuk- und Baumwollkulturen. Letztere beide stecken noch in den Anfängen, während die Kaffee- und namentlich die Kakaobäume schon sehr gute Erträge liefern. Die Kakaoernte der letzten vier Monate betrug beispielsweise 34 Tons. Die oberen Beamten von Basoko besitzen in Barumbu eine Art Tuskulum, ein ansehnliches, geräumiges Haus, das, sehr hübsch inmitten eines Palmen-

Plantage Barumbu (Kongo).

haines und blühender Gartenanlagen auf einem Hügel gelegen, einen wundervollen Blick auf den urwaldumrahmten Fluß gewährt.

Ohne Zweifel gibt es interessantere Fahrten in Afrika, als eine Reise auf dem Kongo. So abwechslungsreich und spannend wie die Fahrt mit der Uganda-Bahn z. B. ist sie nicht. Aber sie ganz reizlos zu schelten, wie man es gerade von Kongobeamten hört, ist meiner Meinung nach unrecht. Wie etwas ganz Neues genossen wir die Annehmlichkeit, vom gedeckten Eßtisch aus Wälder und Dörfer, einer Panoramavorstellung gleich, vorüberziehen zu sehen. An den Kapitän stellt die Fahrt ganz bedeutende Anforderungen. Er muß das Wasser mit gespanntester Aufmerksamkeit „lesen", d. h. am leichten Kräuseln der Wellen die seichten, gefahrdrohenden Sandbänke erkennen und ihnen durch fortwährendes Zickzackfahren ausweichen. Seinen Platz am Vorderende des Oberdecks darf er während der Dauer der Fahrt nicht verlassen. Hinter ihm führt ein zuverlässiger Schwarzer das Ruder und unten auf dem tieferen Deck messen, unausgesetzt den Augen des Kapitäns sichtbar, zwei Schwarze mit langen Stöcken den jeweiligen Wasserstand. Aber dennoch ist das Auflaufen eines Dampfers nichts Seltenes, der dann tage- oder gar wochenlang auf Befreiung durch die Hilfe eines anderen Schiffes warten muß.

Kongo-Dampfer (Raddampfer mittlerer Größe).

Dank der Tüchtigkeit unseres Kapitäns und des hohen Wasserstandes blieben wir von diesem Mißgeschick verschont. Natürlich wird nur bei Tageslicht gefahren, nachts geht man irgendwo, wenn möglich bei einem Dorfe, vor Anker. Diese Halteplätze dienen gleichzeitig als Stapelorte für das mangels Kohlen zur Feuerung ausschließlich verwandte Holz, dessen Vorratsergänzung Sache der Eingeborenen ist. Eine einmalige Holzeinnahme genügt nicht für den Tagesverbrauch eines 150 Tonnen-Dampfers wie die „Flandre"; mehrmals mußte das Feuerungsmaterial im Laufe des Tages ergänzt werden. Doch die Ufer des Kongo sind reich bevölkert und Holz ist im Überfluß vorhanden. Erst kurz vor der Kasai-Mündung hört der Urwaldcharakter der Ufer auf und Baumsteppe tritt an seine Stelle. Bis dahin wird die grüne Mauer, die den Fluß einfaßt, nur von recht zahlreichen menschlichen Ansiedlungen und selten von Grasebenen kleineren Umfanges unterbrochen, die wohl periodischen Überschwemmungen ihr Dasein verdanken. Sie wurden von uns stets eifrig mit dem Glase abgesucht, in der Hoffnung, irgendein Stück Wild darauf zu entdecken. Und in der Tat gewahrten wir hin und wieder mittelgroße, rote Antilopen und einmal sogar den Kopf eines Elefanten, der träumerisch mit den mächtigen Ohren klappte. In derselben Gegend, kurz vor der Kasai=Mündung, wird auch die Flußfauna reichhaltiger. Krokodile und Flußpferde waren uns auf dem Kongo bisher nicht begegnet. Hier präsentierten sie sich in recht erheblicher Menge. Auch Pelikane, Flamingos und Schreiseeadler belebten den Fluß und sehr ergötzlich war es, auf einer der flachen, fahlen und kahlen Sandbänke ein langgestrecktes Krokodil, einige hochbeinige Flamingos und ein paar Pelikane stillebengleich vereinigt zu sehen, und keinem fiel es ein, sich in seinem Schlafe oder seinen Träumen durch das vorbeigleitende Schiff auch nur im geringsten stören zu lassen.

Der Verkehr auf dem oberen Kongo und den unteren Läufen seiner großen Nebenflüsse wird bis jetzt ausschließlich durch die Flotte des Freistaats aufrecht erhalten. Privatdampfer befinden sich nur in dem Besitz der konzessionierten Handelsgesellschaften und einiger Missionsstationen und kamen bisher für den Verkehr noch nicht in Betracht. Die Flotte zählt etwa 45 Dampfboote von 35—500 Tons Raumgehalt. Die drei größten dienen hauptsächlich dem Frachtverkehr. Der zweitgrößte Typ, den unsere „Flandre" und zwei Schwesterschiffe vorstellten, hat 150 Tons und ist in erster Linie für Passagiere bestimmt. Dann folgen verschiedene andere Typen und Größen, bis zu 35 Tons herunter. Alle 14 Tage verläßt je ein Dampfer Stanleyville und Leopoldville, und zwar abwechselnd ein größerer und ein kleinerer. Die Strecke von Leopoldville nach Stanleyville wird fahrplanmäßig in etwa drei Wochen zurückgelegt. In umgekehrter Richtung, stromabwärts, gebraucht man 14 Tage. Wir hatten, weil wir nirgends Ladung nahmen, nur 11 Tage dazu nötig.

Wiederholt begegneten wir im Laufe unserer Fahrt stromaufwärts fahrenden Schiffen, die nicht alle so komfortabel schienen wie unsere „Flandre". Weil es dem Staat bei der Beförderung seiner Waren und Agenten weniger auf Geschwindigkeit als auf Sparsamkeit ankommt und die Dampfer der kleineren Typen nicht viel Raum enthalten, wird vielfach längsseit eines kleinen Fahrzeuges ein Leichter (barge) befestigt. Einem solchen Vehikel begegneten wir ein paar Tage nach unserer Abfahrt von Basoko. Es hatte neun verfügbare Betten, aber 12 Passagiere, Agents d'Etat, an Bord. Drei von ihnen kampierten auf dem gerade nicht geräumigen Deck.

Die Militärstationen am oberen Kongo sind so zahlreich, daß wir jeden zweiten Tag eine solche anliefen und stets auf das freundlichste bewillkommnet wurden. So ankerten wir bei Lisala, einem der großen Truppenlager, deren

Kongo=Dampfer (Typ der Barge).

Einrichtung ich schon an anderer Stelle erwähnte. Das sehr ausgedehnte Lager liegt auf dem 84 m hohen rechten Kongo=Ufer und gewährt einen schönen Blick über den hier 8 km breiten Fluß mit seinem Inselgewirre.

Bald nach der Abfahrt von Lisala passierten wir die Stelle, wo kurz vorher die „Ville de Bruges", ein 35 Tonnen=Dampfer, durch einen mit großer Gewalt über den Strom heraufziehenden Orkan zum Kentern gebracht worden war. Fast die ganze Besatzung, darunter sechs Weiße, fanden ihren Tod. Mehrere Europäer erreichten schwimmend das Ufer, wurden aber von den Eingeborenen, die sofort überall auftauchten, weil sie es auf das Strandgut abgesehen hatten, getötet und fielen dem Kannibalismus zum Opfer. Nur ein einziger Weißer, ein Finne, kam mit dem Leben davon. An einer Planke sich haltend, trieb er stromabwärts. Zwei Tage nach der

Katastrophe fand man ihn auf einer unbewohnten Insel, halb von Sinnen vor Hunger und den ausgestandenen Gefahren. Zum Unglück kannte dieser Mann keine andere Sprache als die seine. So stand man dem einzigen Zeugen der Katastrophe verständnisunfähig gegenüber. Der Radkasten des Schiffes aber ragte noch als trauriges Wahrzeichen an der Unglücksstätte aus den Wellen hervor, eine eindringliche Mahnung, daß selbst eine harmlos erscheinende Kongoreise Gefahren bringen kann.

Schwere Unwetter hatten auch wir während unserer Fahrt zu bestehen gehabt. Sie äußerten sich in heftigen Gewittern und in Regengüssen, die, man möchte sagen, aus heiterem Himmel mit solcher Gewalt niedergingen, daß die Ufer hinter den herabprasselnden Wassermassen verschwanden. Damit hörte für den Kapitän jede Möglichkeit der Orientierung auf und das Schiff mußte schleunigst vor Anker gehen. War heftiger Wind mit solch einem Platzregen verbunden, so suchten wir eine leidlich geschützte Stelle in der Nähe des Ufers zu erreichen und lagen hier oft stundenlang, ehe das Wetter sich klärte. Auch dichte Morgennebel zwangen zuweilen zu lästigem Warten vor Anker.

Nouvelle Anvers, eine der größten Stationen des Inneren, die von 15 Weißen besetzt ist, erreichten wir am Nachmittag des 17. Mai. Die zahlreichen durchweg massiv ausgeführten Baulichkeiten machen einen vortrefflichen Eindruck. Die Kirche der Mission verblüfft geradezu durch ihre Größe und würdige Schönheit und ist ein ausgezeichnetes Beispiel für die bauliche Leistungsfähigkeit der Neger unter europäischer Leitung. Die Station liegt im Mittelpunkt eines durch die Schlafkrankheit schwer heimgesuchten Bezirks. Davon zeugten etwa 100 Kranke, die im dortigen Hospital der Atoxylbehandlung unterzogen wurden. Der Freistaat ist sich, wie ich früher erwähnte, der furchtbaren Gefahr dieser Seuche, die sich am oberen Kongo mehr und mehr ausbreitet, wohl bewußt und scheut kein Mittel, ihr entgegenzutreten. Namentlich in dem Laboratorium des großen Krankenhauses in Leopoldville ist man mit der Erweiterung der wissenschaftlichen Grundlagen für die Behandlung eifrig beschäftigt, jedoch von positiven, dauernden Erfolgen ist man auch hier noch nicht überzeugt.

Am Vormittag des 19. erreichten wir die große Station Coquilhatville, den Endpunkt der Telegraphenleitung von der Küste her. Sie liegt weit ausgedehnt und sehr anziehend inmitten schöner gärtnerischer Anlagen. Dort weilte der Commissaire Royal Mr. Henry, ein Spezialgesandter des Königs, der im Allerhöchsten Auftrage den Staat bereiste, um die Verhältnisse auf den Stationen und die Lage der Eingeborenen zu prüfen und darüber direkt, unter Umgehung des Gouverneurs, an den König zu berichten. Derartige Reisen, die sich in gewissen Abständen wiederholen, lassen keinen Zweifel darüber, daß es der Regierung nicht an gutem Willen fehlt, ungerechte Behandlung der Eingeborenen zu verhüten.

Zwanzig Minuten Dampferfahrt von Coquilhatville entfernt liegt der botanische Versuchsgarten Eala, den wir unter der kundigen Führung seines Leiters besichtigen durften. Er dient wissenschaftlichen und praktischen Zwecken zugleich. Seine sehr umfangreichen Kulturen umfassen Kautschuk, Guttapercha, Kakao, Tee, Vanille, Coca, Patschuli und anderes. Namentlich für unseren Botaniker war dieser Besuch von ganz besonderem Interesse, aber auch uns Laien war es ein Vergnügen, unter den tausendfachen Pflanzen des ganz vorzüglich gehaltenen Gartens die Spender so altbekannter Genußmittel aus der Nähe zu betrachten, wie es Tee, Vanille, und wenn man will, auch Patschuli bei uns zulande sind.

Am 20. früh verließen wir Coquilhatville und erreichten bald nach Mittag Irebu, ein anderes großes Truppenlager des Freistaats. 800 in Ausbildung begriffene schwarze Soldaten waren dort zurzeit vorhanden. Unter des Kommandanten Jeauniaux Kommando zeigten sie einige Übungen, die mit einem Vorbeimarsch endeten und uns Gelegenheit gaben, ihre anerkennenswerten Leistungen zu würdigen. Bei der Kompagnie standen vier soeben aus der Heimat eingetroffene skandinavische Leutnants, blutjunge Herren — der älteste zählte 20 Lenze — von denen vorläufig noch keiner die französische Sprache beherrschte. Abends ward uns das langentbehrte Vergnügen, in Gesellschaft einer Dame, der Madame Jeauniaux, im Hause des Kommandanten zu speisen, und nach dem Diner der Genuß eines regelrechten Konzertes, Gesang mit Harmoniumbegleitung. Der Vortrag deutscher Lieder durch eine hübsche weibliche Stimme berührte uns, die wir ein Jahr lang nur heisere Grammophonmusik genossen hatten, seltsam, fast möchte ich sagen ergreifend.

Nun trennten uns nur noch vier Tagereisen von Leopoldville, dem Endpunkt unserer Dampferfahrt. Sie vergingen recht schnell, denn die Uferszenerien wechselten jetzt häufiger. Es liegen nur kleinere Posten auf dieser Strecke des Kongo, die für die Aufrechterhaltung der telegraphischen Verbindung Sorge tragen. Ihre Verpflichtung ist eine besonders schwere, denn

die zu überwachenden Strecken sind sehr lang und ziehen sich durch fieber=
reiche, meilenweite Sümpfe hin. Das zwingt die Beamten dauernd zu
strapaziösen Reisen, um die durch Elefanten oder andere „höhere Gewalten"
verursachten Beschädigungen der Leitung baldmöglichst auszubessern.

Am 23. Mai passierten wir die Mündung des Kasai, dessen Erforschung
mit dem Namen Hermann von Wißmanns so eng verknüpft ist. Er ist der
mächtigste linke Zufluß des Kongo. Seine gewaltigen Wassermassen geben
letzterem streckenweit rötlichbraune Färbung. Der Strom erschließt wirt=
schaftlich höchst wertvolle Bezirke im Süden des Staates. Gleich nach der
Kasai=Mündung verengert sich der vorher 7—8 km breite Kongo um mehr
als die Hälfte. Er bildet hier den sogenannten „Chenal", ein sich bis zum
Stanley=Pool hin erstreckendes, in hohe Ufer eingeschnittenes, schmales und
wenig gewundenes Flußbett. Landschaftlich ist dieser Teil des Kongo wohl
der schönste zwischen Basoko und Leopoldville. Die Ufer erreichen hier eine
Höhe wie nie zuvor und riefen mit ihren sanft gerundeten Kuppen Kiwu=
Erinnerungen in uns wach. Nur das rechte Ufer ist noch bewaldet. Das
linke bedeckt Baumsteppe, unterbrochen von kleinen Borassuspalmenwäldern.

Am Morgen des 24. kreuzten wir den Stanley=Pool, jenes mehr als
200 Gevierkilometer große Becken, das die Wassermassen des Kongo kurz
vor ihrem Durchbruch durch das westafrikanische Randgebirge aufnimmt.
Dichter Nebel lag auf dem Wasser und zwang uns wieder einmal zu stunden=
langem Stillliegen. Als die Sonne endlich durchbrach, leuchteten in der Ferne
die weißen Gebäude Brazzavilles vom nördlichen und Leopoldvilles vom süd=
lichen Gestade zu uns herüber. Ich wollte die Gelegenheit, die Hauptstadt
einer französischen Kolonie kennen zu lernen, nicht versäumen und hatte des=
halb schon Tags vorher dem Gouverneur[1]) des Kongo français, der in Brazza=
ville residiert, unsere Ankunft angekündigt. Die Stadt liegt, vom Flusse aus
gesehen, sehr hübsch auf ziemlich hohem, reich mit Bäumen und Gärten be=
wachsenem Ufer. Eine saubere, gewundene Straße führt vom Flusse hinauf
zu dem inmitten grüner Anlagen gelegenen hübschen Gouvernements=
palais, wohin uns zwei zu unserem Empfang erschienene Beamte geleiteten.
Nach Vorstellung der dort versammelten Spitzen der Behörden traten wir
einen kurzen Rundgang zur Besichtigung des Hospitals, der Schule, Kaserne
und anderen Baulichkeiten an, der uns einen sehr günstigen Eindruck fran=
zösischer Kolonialarbeit hinterließ. Da die Zeit drängte, verließen wir nach

---

[1]) Der offizielle Titel lautet: Commissaire général.

kaum drei Stunden Brazzaville wieder und trafen nach kurzer Fahrt über den Pool bald nach Mittag in Leopoldville ein.

Die Bedeutung dieser Stadt als Ausgangspunkt der Schiffahrt zum oberen Kongo, Haupthandelsplatz des Innern und Sitz einer höheren Verwaltungsbehörde, äußert sich schon aus der Ferne durch ihre große Ausdehnung auf dem Höhenzuge am südlichen Ufer des Pools. Am Kai herrschte reges Leben. Eine ganze Anzahl Kongo-Dampfer aller Größen hatte festgemacht. Mehrere lagen zu Reparatur- und Reinigungszwecken auf der Werft. Hier werden auch die Dampfer aus den in Europa gegossenen Eisenplatten zusammengesetzt und vom Stapel gelassen. Unmittelbar am Kai liegt der Bahnhof, der Endpunkt der Eisenbahn Matadi—Leopoldville, welche die gewaltigen Livingstone-Fälle des Kongo umgeht und diese Strecke seines Laufes abschneidet. Der Chef des Distrikts und der Garnisonkommandant erschienen zur Begrüßung auf der „Flandre" und überbrachten uns Briefe und Zeitungen aus Europa, die immer Freude erregten. Der Nachmittag war zu einem Spaziergang durch die Stadt bestimmt. Bemerkenswert schien uns auf unserm Rundgang die große Anzahl von Faktoreien, die hier, wie es scheint, florieren. Während unserer bisherigen Reise im Kongostaat hatten wir den Privathandel stets vermißt. Der Staat ist dort der einzige Handeltreibende, insofern er die Wünsche der Eingeborenen nach Stoffen, Perlen usw. mittels Tauschartikel befriedigt. Die Straßen und Häuser Leopoldvilles sind durchweg sauber und hübsch. Kokospalmenalleen und Gartenanlagen heben noch den Gesamteindruck. Einen bevorzugten Platz auf einem die Stadt überragenden Hügel hat das von erfahrenen Tropenärzten geleitete Hospital. Die Schlafkrankheit steht auch hier im Mittelpunkt des Interesses. Bis vor nicht allzu langer Zeit waren Fälle von Trypanosomiasis bei Weißen noch so gut wie unbekannt. Leider häufen sie sich neuerdings mehr und mehr, und der leitende Arzt in Leopoldville berichtete, daß jetzt fast allmonatlich ein mit Schlafkrankheit behafteter Europäer den Kongo abwärts kommt.

Für die Fahrt von Leopoldville nach Matadi hatte uns die Regierung in liebenswürdiger Zuvorkommenheit einen aus drei Wagen bestehenden Extrazug gestellt, der Leopoldville am 25. früh gegen 8 Uhr verließ. Die Bahn hat 80 cm Spurweite. Die Wagen sind teils offen, teils geschlossen. Letztere, für europäische Reisende bestimmt, enthalten 12 durch kleine Klapptische getrennte Lehnsessel. Zu den Freuden des Lebens gehört die Fahrt in einem solchen Wagen nicht. Öffnet man die Fenster auch nur handbreit, so benimmt einem der überaus reichliche Qualm und Staub den Atem, und schließt man sie, so fühlt man sich bald wie in einem türkischen Bade. So war unser anfängliches Entzücken über die erste Eisenbahnfahrt schnell verflogen, und eine stattliche Anzahl Bier= und Sodawasserflaschen mußte über die körperlichen und ein großer Stoß „neuer" deutscher Zeitungen, über die geistigen Beschwerden dieser Fahrt hinweghelfen. Denn auch landschaftlich hielt die Reise nicht, was sie versprach, gemäß den enthusiastischen Schilderungen kongolesischer Beamter, die etwas Alpenbahnähnliches vermuten ließen. In der ziemlich reizlosen Landschaft wechselten Kulturländereien, Elefantengrassteppe und kleinere Waldgebiete ab. Alles das aber, was die Fahrt mit der Uganda=Bahn so reizvoll macht, unübersehbar weite, von Wild bedeckte Ebenen, wilde Schluchten und üppige Bergwälder, ließ dieser Teil der Reise völlig vermissen. Nach neunstündiger Fahrt entstiegen wir dem Zuge, um in Thysville, das die 480 km lange Strecke Matadi—Leopoldville in annähernd zwei Hälften teilt, die Nacht zu verbringen. In einem der Bahngesellschaft gehörigen ausgezeichneten Hotel bezogen wir Quartier. Die Station liegt 740 m über dem Meere und nahezu 500 m über Leopoldville, was sich in sehr angenehmer Weise durch die Frische der Temperatur bemerkbar macht. Deshalb wird sie von Erholungsbedürftigen aus Leopoldville und Matadi gern besucht. Am nächsten Morgen, bald nach 6 Uhr, erfolgte die Weiterfahrt. Die Szenerie unterschied sich zunächst wenig von der des vorigen Tages. Vielleicht war die Steigung anfangs etwas höher, und dafür ging es gegen Ende umso steiler bergab, aber wirklich interessant wurde die Fahrt erst in ihren letzten Stunden. Die Anlage und Ausführung dieser Bahnstrecke ist bewundernswert. Mit augenfälligem Geschick hat es der Ingenieur verstanden, durch zahlreiche Serpentinen besonders große Höhenunterschiede auszugleichen. Trotzdem Tunnel fehlen und größere Brückenbauten auf der ganzen Strecke nur selten erforderlich waren, blieben genug andere arge Schwierigkeiten zu überwinden übrig. Der Bahndamm selber ist überall in musterhafter Ordnung. Der Dienst in den Zügen einschließlich der Führung der Lokomotive und der Beaufsichtigung und Reparatur der Strecke liegt ausschließlich in den Händen von Schwarzen, die ihren Dienst mit der Geschicklichkeit von Europäern versehen. Kurz vor Matadi senkt sich die Bahn in ziemlich starkem Gefälle zum Kongo hinab; sie überschreitet mehrere reißende Gebirgsbäche und tiefe Schluchten. An steilen Abhängen ging es in langen Windungen entlang, drei bis vier Serpentinen folgten einige

Male ganz dicht aufeinander und nun hatte man wirklich den Eindruck einer wie in den Alpen kühn angelegten Gebirgsbahn.

An der letzten Station vor Matadi überbrückt der Schienenstrang noch einmal einen tief im Tal rauschenden, bedeutenden Zufluß des Kongo, den Mposo, und gleich darauf wird ersterer selbst, den wir bei Leopoldville verließen, in ganzer Majestät wieder sichtbar. Von hohen Bergen umrahmt, rauscht er in mächtiger Breite dem Meere zu. Eine halbe Stunde noch, während der die Bahn am linken Ufer des Kongo allmählich absteigt, und der Zug fährt auf den Bahnhof von Matadi ein. Es war ½ 5 Uhr nach-

Matadi.

mittags. Eine ganze Anzahl Europäer wartete auf dem Bahnsteig, zum Teil auf uns, zum Teil auf den bald nach uns eintreffenden fahrplanmäßigen Zug. Herr Vizekonsul Schmidt, Inhaber des deutschen Hauses Walter Karl, und der Kommandant von Matadi empfingen uns und wiesen uns unsere Quartiere an. Auf dem Wege dorthin genossen wir einen hübschen Blick über die Stadt und den Hafen. Matadi ist als eigentlicher Hafenplatz des Kongostaates, bis wohin auch Ozeandampfer den Strom befahren können, von großer Bedeutung. Zahlreiche Regierungs- und Privatgebäude erstrecken sich vom Hafen aus bis ziemlich hoch auf die Berge des linken Ufers hinauf. Alles ist aus Eisen und Wellblech gebaut und darum nicht so freundlich, wie wir es auf den Stationen des oberen Kongo zu finden gewohnt waren. Die Stadt ist übel beleumundet wegen ihrer großen Hitze, denn die umgebenden Berge halten alle Kühlung bringenden Winde fern. Wir fanden sie indessen, vielleicht dank unserer Gewöhnung an heißere Temperaturen, besser als ihren Ruf. Im Hafen lagen zwei Schiffe, die „Albertville", ein 4000 Tonnendampfer der Compagnie Belge Maritime du Congo, die einen dreiwöchentlichen Verkehr zwischen Antwerpen und Matadi vermittelt, und die Jacht „Hirondelle" des Generalgouverneurs, welche uns am nächsten Morgen nach Boma bringen sollte. Im gastfreundlichen Hause des Herrn Vizekonsuls Schmidt und seiner Gattin erfuhren wir, daß wir in den nächsten Tagen schon Gelegenheit haben würden, auf dem englischen Dampfer „Mandingo" der Elder-Dempster-Linie, die Kamerun anläuft, Boma zu verlassen. Denn eine andere regelmäßige Verbindung zwischen dem Kongo und unserem Schutzgebiet besteht noch nicht. Zwar war der „Mandingo" schon von Matadi zunächst nach dem südlich gelegenen St. Paul de Loanda abgedampft, doch hatte der Kapitän sich bereit erklärt, uns bei seiner Rückkehr und Fahrt nach Kamerun auf hoher See vor der Kongomündung an Bord zu nehmen.

Am anderen Morgen brachte uns die schmucke „Hirondelle" in zweieinhalbstündiger Fahrt nach Boma. Gegen 11½ Uhr mittags kam die Stadt in Sicht, lang hingestreckt, am rechten Ufer des Stromes. An der Landungsbrücke empfingen uns der Generalsekretär des Gouverneurs und der Kommandant der force publique, um uns namens des durch Unpäßlichkeit ans Zimmer gefesselten Gouverneurs, Mr. Fuchs, willkommen zu heißen. Im gastlichen Hause dieses trefflichen Mannes, der seit 15 Jahren am Kongo weilt, der infolge mehrjähriger Reisen durch das ganze Gebiet zum besten Kenner des Landes geworden ist, und der sich dank seiner Erfahrungen und seiner großen persönlichen Liebenswürdigkeit allgemeiner Wertschätzung erfreut, ließen wir die Annehmlichkeiten der Zivilisation zum ersten Male wieder voll auf uns einwirken. In angeregter Unterhaltung mit den Herren und Damen der Stadt vergingen die Stunden im Fluge.

Boma liegt inmitten grüner Gärten und schattiger Alleen. Das Hospital, Privat- und Amtsgebäude liegen in einiger Entfernung vom Flusse auf niedrigen Höhen, die eigentliche Handelsstadt, die Faktoreien und das Negerviertel ziehen sich am Ufer des Flusses entlang. Eine Dampfstraßenbahn, deren Benutzung für Beamte unentgeltlich ist, verbindet diese beiden Stadtteile. Einen besonders schönen Platz hat das Gouverneursgebäude inne. Es liegt in einem hübschen, mit Nachbildungen antiker Statuen geschmückten Park. Eine breite Freitreppe führt zu ihm von der Straße hinauf. Unter sachkundiger Leitung wurden uns die wichtigsten

Gebäude und ihre Einrichtung gezeigt: das nach modernen hygienischen Grund=
sätzen erbaute Eingeborenen=Hospital, die Kaserne, die Schule, das Gefängnis
usw. Letzteres enthält auch einen für Weiße bestimmten Teil, der aus 30 Einzel=
zellen und einem gemeinsamen Messeraum besteht. Diese Einrichtung hat sich
als nötig herausgestellt, soll es doch vorgekommen sein, daß 20 Europäer
hier gleichzeitig ihre Strafen — meistens wegen Übergriffe gegen Eingeborene
— abbüßten. Alles, was wir in Boma sahen, deutet auf praktische Er=
fahrung und musterhafte Ordnung hin. Als wir am folgenden Himmel=
fahrtstage den jardin puplique betraten, zur Stunde, da das elegante Boma
dort promenierte, erklangen die Töne einer Negerkapelle. Manche bekannte
Melodie fand sich unter den gewählten Stücken und ließ unsere allen Klanges
entwöhnte Ohren nur „Schönes" vernehmen.

Inzwischen hatte der Kapitän des „Mandingo" aus Loanda seine Ankunft
vor der Kongo=Mündung für die Mittagsstunde des 29. Mai angemeldet.
Bis dorthin sollte uns der „Wall" bringen, ein kleiner Seedampfer des Frei=
staates, der zwischen Boma und Matadi verkehrt. So hieß es also Abschied
nehmen vom Kongo. Geleitet vom Gouverneur und den uns bekannt ge=
wordenen Herren, begaben wir uns an Bord des „Wall" und bei lachender
Sonne, freudig bewegt in der Erwartung, gerade nach einem Jahre das
Meer wiederzusehen, stießen wir in See.

In Gedanken versunken fuhren wir der Kongo=Mündung entgegen und
achteten kaum darauf, daß die Ufer des Stromes mehr und mehr zurück=
traten, das Wasser eine andere Farbe annahm und bewegter wurde, bis die
heftiger werdende Brise und das zunehmende Stampfen des Schiffes uns
des Ozeans Nähe merken ließen. Und als die großen Inseln, welche die
Blicke hemmend im Flußbett liegen, überholt waren, lag er vor uns,
endlos und blau! Der Sonne Strahlen ließen die Wellen wie Flitter er=
glänzen und aus der Ferne winkten weiße Schaumkämme grüßend zu uns
herüber. Ein, zwei Stunden kreuzten wir noch vor der Mündung des Kongo
umher, bis endlich ein schwarzes Wölkchen am Horizont die Ankunft des
„Mandingo" verriet.

Bald lagen wir auf 100 m neben dem stolzen schönen Schiff, dessen
Anker in die Tiefe rasselten. Auf hochwogender See nahm der „Mandingo"
uns und unser vieles Gepäck an Bord, dann ging es wieder Anker auf
und wir nahmen den Kurs nach Norden. Grüßend senkte sich die Flagge

des „Wall" als letztes Lebewohl, während die meines Heimatlandes am Top des „Mandingo" emporstieg.

Ein kurzer Aufenthalt in Kamerun und ein Tagesbesuch in Lome, der Hauptstadt Togos, führten uns noch einmal auf afrikanischen Boden zurück. Die Expedition als Forschungsreise aber hatte ihr Ende erreicht. Die Eindrücke, die sie uns gab, werden Jahrzehnte nicht verwischen. Durch sonnendurchglühte Steppen und unermeßliche Urwälder, über vier große Seen und auf schneebedeckte Gebirge hat sie uns geführt und uns allen eine Fülle unvergeßlicher Erinnerungen und geistiger Anregungen hinterlassen. Und noch erhöht wurde die gehobene Stimmung, die uns der Heimat zusteuernd alle beseelte, durch das Bewußtsein, unsere Pflicht getan zu haben im Dienste der Forschung und nach Kräften beigetragen zu haben zur Lösung manch wichtigen wissenschaftlichen Problems.

XI.
Die Ergebnisse der Expedition.

Verwitterungserscheinungen an Quarziten.

XI.
Die Ergebnisse der Expedition.

Als im Frühling dieses Jahres die Ausstellungshallen am Zoologischen Garten in Berlin ihre Tore öffneten, um den kolonial und wissenschaftlich interessierten Kreisen der Reichshauptstadt in einer Sonderausstellung einen Überblick über die vorläufigen Ergebnisse der Expedition zu bieten, da konnte man, selbst aus dem Munde durchaus sachverständiger Leute, manch Wort der Überraschung über die Fülle des Dargebotenen und Sehenswerten äußern hören. Der Überraschung, weil wohl die wenigsten sich bis dahin ein auch nur annähernd zutreffendes Gesamtbild von dem gemacht hatten, was während des einen Expeditionsjahres in freudiger Forschungsarbeit draußen geleistet worden war. Und doch bargen die drei Ausstellungssäle nur einen geringen Bruchteil des heimgebrachten Materials. Denn weitgehendste Beschränkung war mit Rücksicht auf die Raumfrage geboten; auch erschien es zweckmäßiger, blos eine charakteristische Auswahl aus den Sammlungen zu treffen, um das Auge nicht zu ermüden. Aber all die ausgestellten Spannblätter in der botanischen Abteilung, die mit großer Sorgfalt ausgeführten Karten und phototheodolitischen Spezialaufnahmen, die Gesteinsproben, die zahllosen Alkoholpräparate, die Felle und Schädel, nicht in letzter Linie endlich die reichen ethnographischen Sammlungen und die vielen Bilder von Land und Leuten genügten vollauf, um dem sachkundigen Beurteiler zu beweisen, daß jeder einzelne der Expeditionsteilnehmer seinen Platz im Rahmen des Ganzen nach bestem Können ausgefüllt hatte, kurzum: daß draußen gearbeitet worden war!

Um auch weiteren Kreisen eine Übersicht über das von der Expedition Geleistete zu ermöglichen, sei in den folgenden Zeilen eine knappe Zusammenstellung der hauptsächlichsten Resultate gegeben; vor allem für die, denen die später erscheinenden wissenschaftlichen Bände nicht zugänglich sein sollten. Ein detailliertes Eingehen auf spezielle Fachthemata an dieser Stelle verbietet sich von selbst. Auch dürfte ein abschließendes Urteil über die wissenschaftlichen Ergebnisse der Expedition erst in zwei bis drei Jahren, d. h. nach der endgültigen Bearbeitung des gesamten Materials, möglich sein.

Was zunächst die topographischen Ergebnisse betrifft, so bestehen diese einmal in der völligen Neuaufnahme des sogenannten „Weißen Fleckes", d. h. des Gebietes südlich von Mpororo zwischen Kagera und Kakitumbe-Bach, in zwei Meßtischblättern im Maßstabe 1 100000 mit einem Flächeninhalt von 2700 qkm; ferner in der Aufnahme des Vulkangebietes, beginnend an der Nordspitze des Kiwu-Sees bis fast an den 30. Längengrad, in zwei Meßtischblättern 1 100000 mit einem Flächeninhalt von 2500 qkm. — Von 51 phototheodolitischen Stationen wurden 130 Stereogramme aufgenommen, die nachher zuhause im Stereokomparator ausgerechnet worden sind und einen sicheren Anhalt für die Geländekonstruktion gegeben haben. Barometrisch und mit Hilfe der Siedethermometer wurden 350 Punkte der Höhe nach bestimmt. — Nach Beendigung der Meßtischaufnahmen konnte infolge beschleunigten Marsches nur noch mit Routenaufnahmen gearbeitet werden, die durch astronomische Beobachtungen und phototheodolitische Aufnahmen erweitert und verbessert wurden. Diese Routenaufnahmen sind nie unterbrochen worden. Nach Erkrankung des Topographen fanden sie von der Hängematte aus statt. An astronomischen Arbeiten wurden Längenübertragungen mit Hilfe von acht Chronometern, Zeit- und Breitenbestimmungen ausgeführt. Auf 14 Stationen wurden ferner mit Deviationsmagnetometer und Normalkompaß magnetische Beobachtungen angestellt. — Zurzeit liegen zwei Kartenblätter mit einem Flächeninhalt von 8670 qkm zum Druck fertig vor.

Hand in Hand mit den topographischen Arbeiten ging die geologische
Erkundung des nordwestlichen Teils von Deutsch=Ostafrika, insonderheit die
eingehende Untersuchung und geologische Kartierung des „Weißen Fleckes".
Das Zusammenarbeiten mit dem Topographen ermöglichte die Aufnahme
eines geologischen Profiles von Bukoba quer durch Karagwe und Ruanda
bis Kissenji am Kiwu=See. Besondere Aufmerksamkeit wurde auf das etwaige
Vorkommen nutzbarer Mineralien verwandt. Die nach dieser Richtung hin
angestellten Untersuchungen führten zur Auffindung von Eisenerzgängen in
den Quarziten. Ferner konnte ein wertvolles Beobachtungsmaterial über
die Entstehung und Verbreitung der bisher fälschlich als Raseneisenerze be=
zeichneten eisenschüssigen Konglomerate gewonnen werden. Bereits Bornhardt
hatte in seinem grundlegenden Werke über die Oberflächengestaltung und
Geologie Deutsch=Ostafrikas darauf hingewiesen, daß diese im ganzen tropi=
schen Afrika häufig vorkommende Gesteinsart keineswegs mit unseren Rasen=
eisenerzen identisch ist, brachte indessen ihre Entstehung irrtümlicherweise
mit dem Grundwasser in Verbindung. Weitere Studien waren den tropischen
Verwitterungsformen gewidmet, ferner den heißen Quellen von Mtagata in
Karagwe, sowie von Jrungatscho und Maji ja moto im zentralafrikanischen
Graben. Letztere Untersuchungen leiten bereits zu Kirschsteins mehr als halb=
jähriger Tätigkeit im Vulkan= und Seengebiet über, deren Ergebnis die voll=
ständige geologische Erforschung der Virunga=Vulkane nördlich vom Kiwu=See
hinsichtlich ihres Baues, der Eruptionsfolge ihrer Magmen, ihres Unter=
grundes und ihrer Beziehungen zur Tektonik ist. Die Untersuchungen über
den früheren Wasserstand und die Ausdehnung des Kiwu= und des Albert
Eduard=Sees, insonderheit über die Entstehung dieser beiden zentralafrika=
nischen Seen und über ihre Beziehungen zueinander, führten endlich zu dem
auf geologische und paläontologische Befunde gestützten Ergebnis, daß der
Kiwu= und der Albert Eduard=See vor der Entstehung der Vulkane ein
zusammenhängendes Wasserbecken gebildet haben, das nordwärts etwa
45 km über das heutige Nordufer des Albert Eduard=Sees hinausgereicht
hat. Nicht ein schmaler Kanal (etwa der Rutschuru=Fluß) bildete einst die
Verbindung zwischen den beiden Seen, sondern ein einziger großer See hat
die Sohle der gewaltigen tektonischen Senke ausgefüllt. — Es wurden im
ganzen 28 Lasten Gesteine gesammelt. Davon entfallen allein 17 Lasten
auf das Vulkangebiet; 5 Lasten kommen auf die Gesteine des nordwest=
lichen Teils von Deutsch=Ostafrika (Westufer des Viktoria=Sees, Karagwe,

Nord- und Ost-Ruanda), 2 Kasten auf die foſſile Molluskenfauna des Kiwu-Sees und 4 Kasten endlich auf die Gesteine vom Westrande des zentralafrikanischen Grabens und aus dem Kongo-Becken. — Ein vorläufiger Bericht über die Tätigkeit des Geologen ist in den Mitteil. a. d. Deutſch. Schutzgeb., Jahrg. 1908, S. 168, abgedruckt.

Die botanische Ausbeute der Expedition umfaßt 3466 Nummern. Der größte Teil ist bereits am Königlichen Botanischen Museum zu Berlin bearbeitet worden. Die Bestimmungen haben bis jetzt 49 neue Lebermooſe ergeben, eine Zahl, die nach einer vorläufigen Durchsicht bei den Laubmooſen noch überschritten werden dürfte, sowie 233 neue Arten und 4 neue Gattungen von Blütenpflanzen. Besonderes Interesse verdienen die Sammlungen aus dem Rugege-Wald, die die Bekanntschaft mit einem bisher gänzlich unbekannten, floristisch recht reichen Gebirgswald vermitteln, und die aus dem Vulkangebiet, da sie eine beträchtliche Lücke unserer Kenntnis der afrikanischen Hochgebirgsflora ausfüllen. Über diese Sammlungen, soweit sie im deutſchen Gebiete gemacht sind, ist bereits eine wissenschaftliche Abhandlung in den Sitzungsber. d. Königl. Preuß. Ak. d. Wiſſ. zu Berlin, Jahrg. 1909, XXXIX, erschienen unter dem Titel: „Die Vegetationsverhältnisse der zentralafrikanischen Seenzone vom Viktoria-See bis zu den Kiwu-Vulkanen. Bericht über die botanischen Ergebnisse der Expedition des Herzogs Adolf Friedrich zu Mecklenburg 1907—1908." Von J. Mildbraed. — Als das wichtigste Ergebnis ist aber jedenfalls die Festſtellung zu betrachten, daß eine große Zahl von Gattungen und Arten, die man bisher auf die Wälder in der Nähe der Westküste beschränkt glaubte, bis in die Gegend des oberen Ituri, fast bis an den Fuß des Ruwenzori reicht; daß also die große afrikaniſche Hylaea ein floristisch sehr einheitliches Gebiet ist, wie des näheren bereits am Schluß des X. Kapitels dieſes Buches ausgeführt wurde.

Über die zoologischen Beobachtungen und Resultate gibt ein vorläufiger Bericht Aufſchluß, den Schubotz in den Sitzungsber. d. Berl. Geſellſch. naturf. Freunde, Jahrg. 1909, Nr. 7, veröffentlicht hat („Vorläufiger Bericht über die Reise und die zoologischen Ergebnisse der Deutſchen Zentralafrika-Expedition 1907—1908." Von Hermann Schubotz.) Die dem Berliner Zoologischen Museum überwieſene Sammlung wurde auf alle Gruppen des Tierreiches ausgedehnt und stellt sich zahlenmäßig folgendermaßen dar: 834 Säuger (Felle, Skelette, Schädel,

Alkoholpräparate), 800 Vogelbälge, 173 Reptilien, 204 Amphibien, 708 Fische, 1452 Dekapoden, 686 Mollusken, 7603 Insekten und mehrere hundert kleiner Formen, 1181 Arachniden, 167 Myriopoden, 637 Würmer (Oligochaeten, Hirudineen, Nematoden, Cestoden und Turbellarien), 40 Gläser Plankton, 4 Gläser Bryozoen, 27 Spongien und viele Schlamm- und Moosproben. Die Bearbeitung dieses Materials seitens berufener Fachgelehrten wird mehrere Jahre in Anspruch nehmen. Unzweifelhaft enthält es, namentlich unter den niederen Tieren, eine große Menge neuer Formen. Aber auch unter den Wirbeltieren ergab die oberflächliche Durchsicht bereits manches Neue. So fanden sich allein unter den Vögeln, deren Bestimmung dank dem über die Ornis Afrikas vorliegenden großen Werke von Reichenow verhältnismäßig leicht war, 25 neue Arten. Von allgemeinerem Interesse ist die Beobachtung, daß die Artenzahl der Steppen-Fauna in Äquatorial-Afrika von Osten nach Westen abnimmt und daß die Verbreitung westlicher Tierformen nach Osten weiter vor sich geht, als die östlicher nach Westen. Diese Tatsachen stützen die Hypothese, daß der westafrikanische Wald früher viel weiter östlich, vielleicht bis zum indischen Ozean reichte und daß der Kontinent im Begriff ist, von Osten nach Westen seinen klimatischen und floristischen Charakter zu verändern. Hand in Hand damit scheinen ursprünglich weit nach Osten vorgeschobene Waldformen hier ihre Existenzmöglichkeit zu verlieren, während umgekehrt typische Steppenbewohner schrittweise nach Westen vordringen.

Die anthropologisch-ethnographischen Ergebnisse stellen sich wie folgt: Es wurden im ganzen 1017 Schädel und zirka 4000 Ethnographica gesammelt, 4500 Leute gemessen, 700 photographische Aufnahmen gemacht, von 36 Leuten Gipsmasken genommen (darunter von 8 Batwa und 5 Wambutti), sowie endlich 87 Phonogramme und 37 Sprachen aufgenommen. — Ein vorläufiger Bericht aus der Feder Czekanowskis über die anthropologisch-ethnographischen Arbeiten der Expedition für den Zeitraum vom 1. Juni 1907 bis 1. August 1908 (nebst einer ethnographischen Karte des Nil-Kongo-Zwischengebietes) findet sich in der Zeitschr. f. Ethnologie, Jahrg. 1909, Heft V.

Das sind in großen, allgemeinen Zügen die wissenschaftlichen Ergebnisse unserer Expedition ins innerste Afrika, soweit sie sich jetzt bereits überblicken lassen. Die Anerkennung seitens berufener Kritiker, der Direktoren der Berliner Königl. Museen, ist ihnen nicht versagt geblieben, und wenn, was zu erwarten ist, ihre vollständige Bearbeitung einen nicht unwesentlichen Beitrag zur Erweiterung unserer Kenntnisse Äquatorial-Afrikas bringen wird, so werden wir darin den schönsten Lohn für unsere Bemühungen und Entbehrungen erblicken.

Die technische Herstellung des Werkes besorgte das Graphische Institut Julius Klinkhardt in Leipzig. Die Bilder der Expeditionsteilnehmer sind nach Originalaufnahmen des Hofphotographen Erich Sellin in Berlin gefertigt.